QUEL EST TON SECRET,

PETIT VAN ?

Collectif dirigé par
Anne de Blaÿ

QUEL EST TON SECRET PETIT VAN ?

*

PRÉFACE de
Monseigneur François-Xavier Nguyên Van Thuân

Éditions Saint-Paul / *Les Amis de Van*
VERSAILLES, 2000

CHEZ LE MÊME ÉDITEUR :

ŒUVRES COMPLÈTES DE SAINT ALPHONSE DE LIGUORI :
Édition critique et annotée,
préfacée par le Père Théodule REY-MERMET, C.Ss.R. :

- *Les Gloires de Marie*, 5e édition, 442 p. - *La Voie du Salut*, 2e édition, 472 p. - *Les Visites au Saint-Sacrement*, 3e édition, 472 p. - *L'Art d'aimer Jésus-Christ*, 2e édition, 326 p. - *Noël, Neuvaine et méditations*, 1993, 357 p. - *Jésus, Amour des hommes*, 1996, 160 p. - *Le Grand Moyen de la prière*, 1998, 262 p.

*

OUVRAGES SUR MARCEL VAN

Par le Père Marie-Michel, *Le Sarment*-FAYARD :
L'amour ne peut mourir, 1990, 264 p.
L'amour me connaît, 1990, 304 p.
L'enfant de l'aurore, 1990, 304 p.

*

Couv. : N.-D. du Perpétuel Secours ; Marcel VAN ; THÉRÈSE DE LISIEUX ; St ALPHONSE DE LIGUORI (Portrait par G.-A. LOMUSCIO) ; Père A. BOUCHER.

BP 652 - 78006 Versailles Cx

ISBN 2 85049 830 0

Sommaire

PRÉFACE

Van, un vrai Vietnamien

Monseigneur FRANÇOIS-XAVIER NGUYEN VAN THUAN
Postulateur de la Cause de Marcel Van,
Ancien Evêque Co-Adjuteur de Saigon
Président du Conseil Pontifical *Justice et Paix* à Rome

Un vrai Vietnamien doit vivre selon sa culture millénaire. Celle-ci comporte quatre dimensions :

– La relation entre souverain et sujets,
– La relation entre père et fils,
– La relation entre mari et femme
– La relation entre amis.

La paix et le bonheur dans la société vietnamienne se développent grâce à la pratique harmonieuse de ces quatre principes.

« GRÂCE À MA MÈRE… »

Le petit Van était né le 15 mars 1928. De petite taille mais d'une maturité étonnamment précoce, il était vif et intelligent, doté d'une mémoire exceptionnelle, se montrant joueur et espiègle. Cependant, les deux extrêmes s'affrontaient dans ce petit être dur mais fragile, si doué mais si exposé. Sa maman avait beaucoup de soucis pour son avenir. Il lui arriva de s'écrier, comme la mère de saint Maximilien Kolbe : *« Je ne savais trop ce qu'il deviendrait plus tard »* (aut 15). Elle ne se doutait pas que sa parole était prophétique.

Heureux, petit Van, Dieu lui a donné une sainte mère pour l'accompagner dans sa vocation. Il a dit lui-même plus tard : « *Si j'étais sage, c'était grâce à ma mère, et je voudrais encore affirmer que tout le bien qu'il y avait en moi, je le devais à la bonté de son cœur maternel* » (aut 17). En Van se vérifie le proverbe vietnamien : « Toute la vie d'une personne dépend de la vertu de sa maman ».

Dans la culture vietnamienne, les enfants prennent conscience de leur responsabilité dans la vie familiale dès leur plus jeune âge. Autant Van s'est-il réjoui d'avoir bénéficié d'une famille unie et heureuse, autant a-t-il souffert de l'attitude de son papa qui délaissa son travail de tailleur pour le jeu et l'alcool. Il avait à peine sept ans : « *Jamais auparavant je n'avais vu ma mère affligée à ce point. Jamais non plus je n'avais senti à un tel degré la piété filiale qui débordait de mon cœur* » (aut 97).

Dans la famille vietnamienne, le garçon porte toute la responsabilité de la famille, après le père, surtout si ce dernier néglige son devoir paternel. Van avait à peine quinze ans qu'il devait déjà s'occuper, avec sa maman, de l'avenir de ses sœurs.

La piété filiale qu'il conservait dans son cœur, l'a aidé à surmonter la rancune en la remplaçant par la compassion envers son papa. Ayant réuni tout son courage, Van lui écrivit pour parler à son cœur... Grâce à sa persévérance dans la prière et le sacrifice, et stimulé par l'amour qu'il éprouvait pour sa maman, Van a pu voir la conversion définitive de son papa en 1954.

FIDÉLITÉ À LA PATRIE VIETNAMIENNE ET AMI DE LA FRANCE

Tout sujet doit respecter son souverain selon l'adage : « La Providence s'occupe des peuples en leur donnant des rois et des maîtres ». En outre, le roi est le chef de la grande famille nationale. Il doit au nom du peuple, offrir des sacrifices au Ciel, sur la grande esplanade royale des sacrifices. Les touristes peuvent encore la visiter dans la ville impériale de Hué. C'est « La religion du Ciel ».

En temps ordinaire, ces sentiments patriotiques sont absolument naturels et indiscutables. Mais Van se trouvait dans des conjonctures très délicates. Seuls ceux qui ont vécu dans ces contextes peuvent comprendre la complexité des positions extrémistes qui risquent de diviser gravement les familles et les communautés religieuses.

Aux lendemains de la deuxième guerre mondiale, tous les pays colonisés étaient en effervescence pour réclamer leur indépendance. Il n'y avait pas d'alternative, si vous parliez d'indépendance, vous étiez révolutionnaire, voire communiste car le parti communiste qui avait pris le pouvoir portait le flambeau de l'indépendance. Si vous optiez, comme on l'appelait à l'époque, pour « le pouvoir établi » ayant à sa tête l'empereur Bao Dai, l'autre tendance vous considérait comme des traîtres, des collaborateurs de l'impérialisme. Je ne m'étendrai pas sur ce sujet mais mes lecteurs comprendront la gravité de la situation, en sachant que plus d'un grand séminaire a été fermé, que des grands séminaristes, des diacres et sous-diacres ont été renvoyés avec la mention : « sans espoir de retour ». Heureusement, les esprits s'apaisèrent peu à peu et ces diacres et sous-diacres furent ordonnés prêtres en 1951.

En lisant ces lignes, le lecteur comprend davantage le déchirement du cœur de ce jeune religieux qui voit partir des jeunes comme lui, volontaires, pour libérer leur patrie. On peut se demander, surpris, comment s'opère en Van cette évolution, comment au lieu de la haine acharnée et du mépris envers les mauvais colonisateurs, il a pu se maîtriser pour rester serein. Comment ce jeune homme sans instruction arrive-t-il à avoir un discernement si lucide, sachant distinguer le bon du mauvais ? Comment ce jeune religieux surchauffé a-t-il réussi à vider son cœur de toute vengeance, de toute incrimination et de toute amertume pour le remplir de compassion, de prière et d'amour pour les uns et pour les autres ?

Au moment où les esprits étaient échauffés, non seulement Van a su maîtriser ses réactions et ses impressions, amplifiées chaque jour par la propagande, mais surtout atteindre une grande élévation d'âme, dans une vision transcendante, avec un grand courage pour garder son identité de bon Vietnamien, tout en restant ami de la France. Il y voit sa vocation, sa mission. C'est Jésus qui lui a appris tout cela.

Je ne veux pas faire de longues citations, je préfère au contraire laisser au lecteur le plaisir de découvrir l'œuvre de la grâce dans l'âme de ce petit religieux à travers ses écrits. C'est Jésus qui l'a choisi : *« Je veux que tu serves d'intermédiaire à mon amour auprès de tes compatriotes du Vietnam. Mon enfant ! Tu éprouves probablement un certain trouble à m'entendre parler ainsi...*

C'est bien. Je te permets de demander conseil à ton directeur, cependant je suis certain que ce dernier sera aussi d'accord... » (col 1-2).

Pourquoi Jésus a-t-il choisi Van pour porter ce message de paix, de rapprochement entre Français et Vietnamiens ? Dans les *Colloques*, Jésus lui dit : « *Oui, Marcel, toi la première fleur du Vietnam, tu es très faible. Je n'ai jamais vu une âme plus faible que la tienne. Toutefois, Marcel, il ne faut pas te décourager, n'est-ce pas ? Peu importe que tu sois faible : après m'avoir tout remis entre les mains, pourquoi aurais-tu peur de ta faiblesse ? Tout ce qui te reste à faire, c'est de m'aimer ; pour le reste, je m'en charge. En effet, que savent faire les petits enfants : Aimer, voilà leur unique occupation* » (col 235).

Taipeh, 24 novembre 1999
Fête des Saints Martyrs du Vietnam

AVANT-PROPOS

ANNE DE BLAŸ
Présidente des *Amis de Van*

Plus on s'approche de Van, plus on se sent mystérieusement attiré par ce jeune religieux vietnamien, né en 1928 au Nord Vietnam et mort dans un camp de rééducation en 1959.

Le petit Van a un secret qui nous rejoint dans ce que nous avons de plus intime : l'appel universel à la sainteté. Van n'a pas de modèle, c'est même ce qui le décourage. Il est sûr que l'unique chemin pour parvenir à la sainteté, c'est l'amour. Mais qui le lui confirmera ? On comprend son « explosion » de joie quand il découvre sainte Thérèse de l'Enfant-Jésus et de la Sainte Face et sa « Petite Voie »...

Van est un *enfant*, un petit enfant comme celui que Jésus choisit dans la foule : « Si vous ne redevenez comme des petits enfants, vous n'entrerez pas dans le Royaume des Cieux » (Mc 10, 15). Avec quelle maturité spirituelle il a traversé les terribles épreuves de son enfance ! Et pourtant, les difficultés de sa vie d'adulte ne lui ont rien fait perdre de sa fraîcheur ! Il y a là un secret que Dieu se plaît à révéler aux pauvres et aux petits.

Les premiers théologiens intéressés par Van ont été séduits par son langage simple et réaliste. Emerveillés par sa grande liberté de dialogue avec Jésus, Marie, et Thérèse, ils ont très vite saisi l'ampleur des écrits que son père spirituel, Rédemptoriste, Antonio Boucher, lui avait demandé de rédiger : « ... Je me sentais contraint, dit celui-ci, de ne rien laisser perdre du trésor qui me passait sous les yeux, par les mains et par le cœur. Je reconnais humblement que le Frère Marcel m'a appris sur la vie spirituelle beaucoup plus que j'ai pu lui en apprendre moi-même ».

Nous avons voulu engager des travaux de recherches théologiques pour répondre à l'insistance de très nombreux chrétiens désireux de mieux connaître Van, si simple, si proche de tous ; d'en savoir toujours davantage sur sa spiritualité. Depuis la publication par le Père Marie-Michel aux Éditions *Le Sarment*-Fayard (1990-91) de trois ouvrages sur Van, depuis l'ouverture du Procès diocésain pour la béatification de Marcel Van (le 26 mars 1997) par Monseigneur Guy Bagnard, évêque de Belley-Ars, et du fait du rayonnement international de l'association *Les Amis de Van* fondée il y a dix ans, les demandes affluent du monde entier, de groupes de prière, de communautés religieuses ou de simples particuliers.

L'amorce de réflexions sur les écrits de Van arrive après que Monseigneur Guy Gaucher, Évêque auxiliaire de Bayeux et Lisieux, a tant œuvré pour le rayonnement international de Thérèse de Lisieux, lequel a été validé par la proclamation de son Doctorat le 19 octobre 1997, honorant ainsi la « Petite Voie », comme chemin de sainteté. Ce jeune Vietnamien vient dilater le message de Thérèse : en le confirmant, il montre combien il est universel et prophétique.

Au fil des études que présente cet ouvrage, on suit Van dans sa montée spirituelle : – son enfance, – sa rencontre avec les saints qui l'ont accompagné. Il est le fils de saint Alphonse et le petit frère de Thérèse, chacun prenant une part unique et irremplaçable dans sa vie. Le lecteur découvrira ensuite le rayonnement de Van, « missionnaire de l'Amour », dans sa famille, puis dans sa Communauté dont nous avons ici un représentant privilégié, en la personne du Père Joseph Lê Phung (frère André). Enfin seront analysés plus rigoureusement des aspects spécifiques de la vocation de Van qui apporteront un éclairage déterminant sur la radicalité de sa consécration à Jésus.

Ces recherches témoignent de l'intérêt que suscite Van aujourd'hui chez de nombreux théologiens d'horizons variés : certains sont déjà renommés grâce à leurs ministères et leurs publications : Mgr G. Gaucher, G. Blaquière, Père P. Descouvemont, Père F. Frost, Père M.-D. Molinié o.p., Père T. de Roucy s.j.m., R. de Tryon Montalembert ; d'autres aux compétences déjà reconnues, assurent des enseignements : Père A. Birot, Père E. de Kermadec m.r.i., Père J. Mimeault C.Ss.R., Père O. de Roulhac o.s.b., Frère Silouane de la Communauté des Béatitudes, Père B.-M. Simon o.p., Père J.-C. Thibaut, etc. Originaires de quatre continents, laïcs, religieux, membres de Communautés nouvelles, ils se sont trouvés entraînés par Van vers des « hauteurs » qu'ils ne soupçonnaient pas.

La dernière partie présente des contributions, assez volumineuses, parce qu'elles étudient en profondeur les points fondamentaux de la spiritualité de Van. En effet, au fur et à mesure de la progression de leur travail, les auteurs voyaient s'ouvrir devant eux de nouvelles perspectives qu'ils ont bien voulu nous faire partager. La rencontre avec Van ne fait que commencer !

A la veille du troisième millénaire, Marcel Van se révèle à nous comme l'apôtre des jeunes et des enfants, des plus malheureux. Comme « apôtre caché de l'amour », il est tout spécialement l'apôtre des prêtres et des consacrés ; il joue aussi un rôle important auprès des familles. Comme Rédemptoriste, il est « mémoire vivante du Rédempteur » et vient rejoindre les projets de Jean-Paul II dont tout l'enseignement est fondé sur le mystère de la Rédemption.

Comme « petit frère » de Thérèse, il met en pratique la « Petite Voie » qu'il rend accessible à tous. Comme « vrai fils du Vietnam » comme le définit Monseigneur Nguyen Van Thuan, que nous remercions tout particulièrement pour sa belle préface, Van ouvre un immense chemin d'Espérance pour l'Asie, laquelle serait le « centre du monde » de ce troisième millénaire. Van est un grand témoin de l'Eglise universelle pour notre temps ; il répond à d'innombrables appels, à l'heure de la mondialisation.

Ne serait-ce pas là le mystère de la Communion des saints ?

Événements majeurs de la vie du Frère Marcel Van

	15 mars 1928	Naissance à Ngam Giao (Province de Bac Ninh-Tonkin) – 3ème enfant après Liet (garçon) et Lê (fille) Père tailleur, mère au foyer, sage-femme
4 ans	1932	Naissance d'Anne-Marie Tê. Van reste 2 ans chez sa tante Khanh à 8 km de Ngam Giao
6 ans	1934	Première Communion à Ngam Giao
7 ans	mai 1935	Van est confié par sa mère à l'abbé Joseph Nha, curé de Huu Bang, à 50 km au nord de Hanoi
–	juin-juillet 1935	Premières épreuves morales et physiques
8 ans	1936	Van est de plus en plus accaparé par le service du curé Nha, ce qui rend incertain son avenir sacerdotal.
9 ans	1937	S'étant luxé le genou, Van est accueilli et soigné par Mme Sau à Bao Son et lui restera attaché ainsi qu'à sa fille Sau.
10 ans	1938	Sa famille réduite à la misère, sa mère demande au Curé Nha de s'occuper totalement de Van : il devient son « esclave ».
11 ans	1939	Van passe son certificat d'études, mais reste soumis à de nombreux travaux à la Cure.
12 ans	1940	Van est considéré dans la maison de Huu Bang comme moins qu'un chien. Il n'est pas autorisé à poursuivre ses études. Van fait 6 tentatives de fuite.
–	Nuit de Noël 1940	« (...) En un instant mon âme a été transformée... la souffrance, c'est la sainte et mystérieuse volonté de Dieu, c'est le cadeau de l'Amour »
13 ans	1941	Van passe les 9 premiers mois chez sa tante Khanh, jusqu'à l'Ascension, puis dans sa famille à Ngam Giao. Il accepte, à la demande de la Sainte Vierge, de revenir à Huu Bang : il organise les « Anges de la Résistance »
14 ans	1942	Van rejoint son ami Tân au séminaire de Langson où se trouve le Père Drayer Dufer o.p. Il est admis en 1942 dans la troupe des « Cadets de Notre-Dame ». En août, il quitte Langson avec Hien et Tân. Il est mis dans le train par le séminariste Lang (futur évêque) et arrive à la Cure de Quang Uyen où se trouvent les Pères Maillet et Brébion o.p.
–	octobre 1942	Van découvre l'*Histoire d'une âme* et rencontre « sa sœur Thérèse » au pied de la montagne.
–	novembre 1942	Thérèse annonce à Van : « Dieu m'a fait connaître que tu ne seras pas prêtre (...) Toujours tu auras pour fonction d'être l'apôtre caché de l'Amour »
–	décembre 1942	St Alphonse apparaît à Van : « Mon enfant, veux-tu ? »
15 ans	1943	Printemps terrible à la Cure de Quang Uyen

–	juin 1943	Le Père Maillet chasse Van de la Cure de Quang Uyen. Le Père Brébion dit à Van : « Ne t'attriste pas outre mesure, car à part Dieu seul, personne ne peut te comprendre ».
–	août 1943	Après un passage chez ses parents où sa mère l'autorise à rentrer chez les Rédemptoristes si l'Abbé Nha approuve, Van revient à la Cure de Huu Bang et commence ses démarches pour entrer chez les Rédemptoristes de Hanoï.
16 ans	22 juin 1944	Le Père Létourneau autorise Van à entrer en communauté dès que possible.
–	1er août 1944	Admis au Monastère de Hanoï comme aide-jardinier.
–	16 octobre 1944	Fête de saint Gérard, patron des frères coadjuteurs de la Congrégation. Le lendemain, le Père Recteur l'accueille dans la congrégation.
–	8 septembre 1945	Prise d'habit et noviciat.
18 ans	8 septembre 1946	Vœux temporaires. Van devient Frère.
22 ans	11 février 1950	Van « se repose » à la maison de Saïgon.
24 ans	1952	Le 8 mars, il commence son second noviciat à Dalat.
–	8 septembre 1952	Vœux perpétuels de Van qui reste à Dalat.
26 ans	1954	Accords de Genève.
	14 septembre1954	Van est autorisé à retourner à Hanoï.
27 ans	7 mai 1955	Arrestation à Hanoï.
–	octobre 1955	Après 5 mois de cachot, le Frère Marcel est transféré à la prison centrale de Hanoï
28 ans	mai 1956	Comparution devant le tribunal populaire
–	juin 1956	Il est au camp de rééducation N°1 à Mochen
29 ans	août 1957	Il est transféré au camp de rééducation NÒ, à Yen Binh
31 ans	10 juillet 1959	Le Frère Marcel rejoint son Seigneur à midi.

AVERTISSEMENT

Plusieurs des auteurs, dans leur analyse des critères de sainteté chez Van, utilisent le mot « saint » dans leur article. Il faut le comprendre ici avec le sens communément employé dans le langage courant et non avec le sens strict du droit canon, sauf si l'auteur le précise ou que cela ressort clairement du contexte.

Conformément aux décrets du Pape Urbain VIII, nous déclarons par ce livre sur le Serviteur de Dieu Marcel Van, n'anticiper en rien le jugement officiel de l'Église à qui seule appartient de décerner le titre de Saint. À l'avance, nous nous soumettons filialement et sans réserve à sa décision.

De la même manière certains auteurs ont parlé de « martyre » en évoquant la mort de Van. L'ouvrage que nous vous proposons montre que le plus grand martyre que Van ait subi depuis son enfance est le martyre du cœur comme l'a vécu sa sœur, Thérèse de l'Enfant-Jésus. Ce mot fait référence aux circonstances dramatiques dans lesquelles Van est mort mais nous rappelons que son procès de béatification est engagé comme « confesseur » et non comme « martyr ».

ABRÉVIATIONS

Toutes les références proposées correspondent à des numéros de folios des cahiers et feuillets de l'Œuvre complète originale des écrits de Van en Vietnamien.

aut : quatrième autobiographie, définitive
1aut : première version de l'autobiographie
2aut : deuxième version de l'autobiographie
3aut : troisième version de l'autobiographie.
Les trois premières versions sont considérées par Van comme des brouillons.

Le Père Antonio Boucher en a conservé une partie pour des additions.

col : *Colloques*
cor : *Correspondances,* suivies de la date et du nom du destinataire
écr : *Écrits,* notes de retraits, carnets, feuillets, avec références à la traduction du Père Antonio Boucher, tant que les travaux de la Cause sont en cours.

PROCÈS DE BÉATIFICATION DE MARCEL VAN

ouvert le 26 mars 1997, au Foyer Sacerdotal d'Ars - Diocèse de BELLEY-ARS

Cérémonie d'ouverture du Procès :

- *Assis au premier rang, de gauche à droite :* Mgr Vincent THU, secrétaire particulier (de 1988 à 1996) du pape Jean Paul II ; Mgr Guy BAGNARD, Evêque de Belley-Ars, chargé de l'enquête diocésaine ; Mgr François-Xavier NGUYEN VAN THUAN, Evêque Co-adjuteur de Saïgon, Président du Conseil Pontifical *Justice et Paix* du Vatican et **Postulateur de la Cause de Van**.

Mgr Dominique NGUYEN VAN LANG, Evêque de Xuân Lôc (décédé en 1988) aux côtés du pape Jean Paul II (1988). Mgr Lang, "frère Lang", fut un ami personnel de Van au séminaire de Lang-Son. *"... Je me fais une obligation de penser à vous et de prier pour vous, car je dois beaucoup au diocèse de Lang-Son et à vous-même. En effet, je me sens toujours intimement uni à vous par un lien spirituel que personne ne voit, et que Dieu est seul à connaître. (...) Jusqu'au moment où j'irai à votre rencontre sur votre lit d'agonie, je prierai pour vous, je serai près de vous, plus encore, je resterai uni à vous à chaque instant de votre vie d'apôtre"* (lettre du 22.04.1951).

La situation du Vietnam ne lui permettant pas d'engager la procédure dans son diocèse de Xuan Loc (lieu de résidence de la famille de Van, émigrée au Sud), Mgr Lang donne sa délégation à Mgr Charles VALOIS, évêque de Saint-Jérôme (Canada), le 6 janvier 1986.

Mgr Charles VALOIS

Mgr Charles Valois engage, avec l'aide du Père Boucher C.Ss.R et de Sœur Anne-Marie TE, Rédemptoristine à Sainte Thérèse (diocèse de St Jérôme), dès 1984, les premières démarches avec la Cause des Saints. Le Père Boucher meurt en 1991. En 1994, la réputation de sainteté de Van se développe très vite en France entraînant un nouveau transfert de la Cause, de Mgr Valois à Mgr Bagnard, évêque de Belley-Ars.

TRIBUNAL DIOCÉSAIN (suite)

Les membres du Tribunal ecclésiastique de la Cause de Van et de l'Association des *Amis de Van*, lors d'une session à Houston (U.S.A., mars 1998), invités par Mgr Joseph FIORENZA, évêque de Houston (aujourd'hui Président de la Conférence des Evêques des États-Unis). *A la gauche de l'évêque :* le Père KHAN (appelé Tan dans les Ecrits de Van) fut séminariste à Lang-Son et à Quang-Uyen et ami de Van.

Père Olivier de ROULHAC o.s.b., et Père Joseph PHUNG C.Ss.R.
Le Père de Roulhac, Moine bénédictin à l'Abbaye de St Wandrille, est **Vice-Postulateur de la Cause de béatification de Van**.
Le Père Phung, qui est le "Frère André" des Ecrits, est pour Van un ami de cœur :
"*... parmi les confrères de la communauté, je me considère comme étant votre petit frère très proche ; il n'y a donc rien qui nous empêche de communiquer l'un à l'autre certains sentiments intimes ou douloureux (lettre du 22.05.1949).*"
Il est aujourd'hui membre de la Commission Historique, et réside à Houston (Province Extra-patriam du Vietnam).

PÈRES RÉDEMPTORISTES

Père Louis ROY C.Ss.R (1940).
Père Supérieur du Monastère de Hanoi, en place à l'arrivée de M. Van en 1944. Van l'appelait "Jésus Barbe rousse". Il est Vice-Provincial au Sud Vietnam quand Van demande à retourner dans le Nord en 1954 : "pour qu'il y ait quelqu'un qui aime Dieu au milieu des communistes" (cité par le Père Paquette).

Père Denis PAQUETTE C.Ss.R (env. 1990).
Le dernier Père Supérieur Canadien du Monastère de Thai-Hà-Ap des Rédemptoristes (Hanoi), avant l'expulsion des étrangers ; il a visité Van en prison.

Père Antonio BOUCHER C.Ss.R (1934).
Rédemptoriste canadien, arrivé au Vietnam en 1935, il sera le Père spirituel du Frère Marcel toute sa vie durant. Celui-ci le nommera "Jésus Barbu". C'est grâce au Père Boucher que nous avons tous les Ecrits de Van.

Père Joseph Vu-Ngoc BICH C.Ss.R (1998).
Ce Père Rédemptoriste est resté seul au Monastère de Hanoi après l'expulsion des Canadiens, jusqu'en 1995, où il a eu la joie de voir la réouverure officielle du Monastère. C'est au Père Bich que VAN a adressé sa dernière lettre du camp II B de Yên-Bai, le 8 septembre 1957.

A l'exception du Père BOUCHER, décédé le 4 juillet 1991, les trois autres prêtres vivent au Canada et au Vietnam.

Le 8 septembre 1952 :
Profession perpétuelle de Marcel VAN.

- *De gauche à droite* :
Frère Eugène ; Frère André (Père Joseph PHUNG) ; Frère Marc ; Frère Marcel.

- *Assis au centre* :
Père Alphonse TREMBLAY, Vice-Provincial de la Vice-Province du Vietnam.

Décembre 1997 :
Anne de BLAŸ et le Père Joseph HIEN consultent les lettres qu'il a écrites à VAN.

Le Père Hiên fut séminariste et ami personnel de Van, aux séminaires de Lang-Son et de Quang Uyen. Il réside aujourd'hui en Allemagne. Anne de BLAŸ est la Présidente des *Amis de VAN*.

Marcel VAN

Portrait de saint Alphonse de Liguori, C.Ss.R.

(1696-1787) : Fondateur des Rédemptoristes, proclamé Docteur de l'Eglise en 1851 ("Docteur de la Prière").

Première Partie

L'enfant Van

LA GRÂCE D'UNE MÈRE ADMIRABLE

GEORGETTE BLAQUIÈRE*
Théologienne et mère de famille

Parler de Van et de sa mère, c'est parler d'une histoire d'amour entre deux êtres exceptionnels. C'est évoquer aussi de grandes souffrances, à la mesure même de cet amour. On pourrait dire qu'ils se sont beaucoup aimés et beaucoup fait souffrir. Mais leur amour même blessé a porté fruit. Au travers de l'histoire de leur relation « mère-fils », nous pourrons relire nos propres histoires, et l'histoire de la fidélité de Dieu dans le combat qui se perpétue au fil des siècles, pour mettre des hommes au monde, pour mettre des âmes au monde.

« LA PÉRIODE SI DOUCE DE MA PREMIÈRE ENFANCE »

Une maman modèle pour un enfant étrange...

Le 15 Mars 1928, une jeune femme vietnamienne, Anna Pham-thi-Maû met au monde son troisième enfant, un tout petit garçon, baptisé le lendemain, sous le nom de Joachim Van. C'est une famille toute simple qui habite dans le village de Ngam-Giao, dans la province du Nord Vietnam qui à ce moment-là, s'appelle encore le Tonkin. Le père est tailleur; la mère, née dans une famille d'agriculteurs sait lire mais ne sait pas écrire, à l'époque les filles n'allaient pas à l'école. Elle mène la vie paisible d'une jeune femme vietnamienne à la campagne. Elle s'occupe de sa famille et va travailler à la rizière. Ce sont des chrétiens à la foi fervente.

---

* Membre du Conseil épiscopal pour le Renouveau. Auteur de nombreux ouvrages, dont le plus récent : *Femmes selon le cœur de Dieu,* St Paul, 1999.

Tous les jours on va à l'église, à la messe du matin et on s'y retrouve le soir pour dire le chapelet. La jeune femme est très pieuse. Quoique semblant assez secrète, elle est très présente à ses enfants qu'elle éduque avec intelligence, ce qui lui vaut une réputation de grande sagesse dans le village. Le père, à ce moment-là, est gai, il aime jouer avec ses enfants. Bref c'est dans une famille unie et heureuse, que le petit Van fait son entrée en ce monde encore paisible, avant les grandes tempêtes qui le secoueront quelques années plus tard.

Ce petit garçon est tout menu et quand il sera plus grand, cela lui attirera bien des moqueries et des déboires. Le curé lui-même hésitera plus de six mois à l'admettre à sa première communion uniquement à cause de sa petite taille. C'est d'autant plus difficile à vivre que Van est un enfant d'une maturité étonnamment précoce. Vif, intelligent, doué d'une mémoire hors du commun, il veut en toutes choses faire comme les grands, Liet et Lê, ses aînés. Avec cela, au dire de sa famille, joueur, espiègle, surtout hypersensible et pleurant pour un rien, voilà bien des contradictions à assumer pour un si petit bonhomme !

Sa mère très observatrice, ne cache pas son souci pour l'avenir de cet « enfant bien étrange », dit-elle : « Il était tout petit, mais extraordinairement entêté, dominateur, inflexible. Il ne ressemblait en rien à son frère et à sa sœur : au contraire il se montrait toujours un enfant terrible... Je ne savais trop ce qu'il deviendrait plus tard ». Mais elle ne désespère pas. « Heureusement, il y a chez lui quelque chose qui me console beaucoup, c'est que malgré ses défauts, quand j'emploie pour le corriger des paroles de douceur, il obéit immédiatement et fait tout ce qu'on lui dit » (aut 15).

Cette femme sentait particulièrement bien, avec quelle délicatesse il lui fallait aborder ce petit être, à la fois dur et fragile, si doué sur tous les plans et en même temps si exposé. Aussi Van pourra-t-il dire plus tard : « Si j'étais sage, c'était également grâce à ma mère, et je voudrais encore affirmer que tout le bien qu'il y avait chez moi, je le devais à la bonté de son cœur maternel » (aut 17).

Très tôt elle l'oriente vers Dieu. Plus tard, ses filles et Van lui-même en témoigneront, à peine sait-il balbutier qu'elle lui enseigne à répéter le nom de Jésus, le Notre Père, le Je vous salue Marie, les prières rituelles. Elle apprend à l'enfant à faire le signe de la Croix dès que sa main « est capable de tenir quelque chose ». Sans cesse sa mère veille particulièrement à tourner son cœur vers la présence maternelle de Marie. Dès la toute petite enfance le petit Van est initié par sa mère à la familiarité avec le ciel.

Aussi lui est-il passionnément attaché. Il lui voue une affection qu'on pourrait qualifier de « dévorante ». Elle est pour lui tendresse, consolation, protection, sécurité, – il est si petit ! – et en même temps elle lui apporte les règles de vie dont l'enfant violent et absolu a un impérieux besoin et que son père ne semble pas capable de mettre en place. Van écrira plus tard :

« Mon amour pour elle n'était pas un amour ordinaire, comme celui de mon frère et de ma sœur... Je la suivais tout le jour, et si on m'obligeait à m'éloigner d'elle, j'étais alors inconsolable... J'aimais beaucoup ma mère, et pour moi aucun plaisir n'était comparable à celui de me trouver auprès d'elle, car Dieu l'avait douée d'un amour ardent qui savait allier la prudence à la bonté. Très habile à me soigner, elle était capable aussi à me former à la sainteté » (aut 10).

« Ma petite sœur est à moi... »

Ainsi grandit l'enfant. Il n'a pas encore quatre ans en 1932 quand un événement nouveau intervient dans sa vie, bouleversant son caractère et la tranquillité de sa vie familiale, l'arrivée d'une petite sœur, Anne-Marie Tê. Il l'a attendue avec ferveur, dans la prière, avec sa maman. Aussi avant même sa naissance lui appartient-elle. La joie de Van est démesurée et quelque peu ambiguë. Il ne semble pas en être jaloux, du moins consciemment mais il se place résolument « du côté des grands », comme un double de sa mère en quelque sorte... tant il entretient avec elle des relations fusionnelles. Il s'approprie cette petite fille avec une affection tellement possessive et démonstrative, qu'il semble mettre parfois sa vie en danger.

Première séparation

Alors sa mère prend la décision grave de se séparer de Van et de l'envoyer chez sa sœur, la tante Khanh, dans le village de Tù Son, à 8 km de Ngam-Giao. La séparation est terrible, d'autant plus qu'on lui a raconté un mensonge pour l'éloigner de la maison. Pendant plus d'une semaine Van est inconsolable.

Il ne faut sûrement pas minimiser l'épreuve que vit l'enfant d'être ainsi séparé brutalement d'avec sa mère et d'avec cette petite sœur qui le faisait basculer dans le monde des aînés ; surtout c'est la première blessure à la confiance aveugle qu'il accordait à sa mère. Il sait désormais que les adultes peuvent le tromper... Pour un enfant, c'est toujours une expérience traumatisante... et initiatique !

Van restera deux ans chez sa tante avec de courts séjours dans sa famille. Il grandira de quatre à six ans avec ses cousins et ses cousines, dans une famille pauvre, à la piété rigoureuse, où il sera entouré d'une affection qui ne se démentira pas au long de sa vie. Il va y découvrir les lectures de vies de saints qui vont donner un espace à ses rêves d'absolu.

Une mère courageuse pour un enfant heureux...

Il a presque six ans quand on lui permet de retourner à la maison. Il retrouve sa mère et sa petite sœur avec laquelle il joue comme un fou. Mais cela ne l'empêche pas d'accompagner sa mère tous les matins à la messe, de désirer ardemment faire sa première communion, de proclamer à qui veut l'entendre qu'il veut être un saint, lui aussi... Et pour cela il compte sur sa mère... « Maman fais que je devienne un saint »... « Maman, comment fait-on pour devenir un saint ? ». Peu importe si on se moque de lui en le traitant de « Saint de poche » ! Sa mère, elle, le prend au sérieux.

« Au dire de tout le monde, j'étais trop petit... Seule ma mère osait affirmer que malgré ma petite taille, je pouvais très bien faire ma première communion » (aut 76).

Elle assure elle-même son instruction religieuse, même si le curé impose à Van de suivre les cours à la paroisse. Il rendra ce témoignage : « Tout ce que j'ai pu apprendre et comprendre clairement, je le dois uniquement à ma mère qui me l'a enseigné à la maison... » (aut 80).

Et la veille de la cérémonie, elle obtient du ciel – et du curé – que l'enfant soit admis avec les premiers communiants. De ce jour, Van va communier tous les jours, comme un « grand », avec sa mère qu'il accompagne à la messe matinale. Mimétisme, comportement fusionnel ? Certes Van suit la route que sa mère lui trace, mais je dirai plutôt que l'exemple de sa mère sert de révélateur à ses propres désirs, et lui permet de s'affirmer déjà dans sa volonté de devenir prêtre... et saint !

Premiers nuages

Pour la famille, avoir un fils prêtre est considéré comme un grand honneur. Et sa mère va tout mettre en œuvre pour favoriser cette vocation.

Mais l'horizon s'obscurcit. Le fils aîné Liet, vient de perdre la vue et c'est une rude épreuve que le père assume mal. Elle-même est enceinte à nouveau. Un petit garçon naîtra en 1935 et mourra à quatre mois. Surtout elle voit petit à petit son foyer se défaire, son mari délaisser le travail pour le jeu et l'alcool. L'enfant pourtant si jeune est associé à son souci.

« Elle avait des soucis jour et nuit, priant et nous exhortant à faire pénitence... afin que le bonheur de la famille en train de sombrer soit de nouveau raffermi » (aut 97).

Et Van continue : *« Arrivé à ce point de mon récit, j'éprouve dans mon cœur une amertume impossible à décrire. Jamais auparavant je n'avais vu ma mère affligée à ce point. Jamais non plus je n'avais senti à un tel degré la piété filiale qui débordait de mon cœur... »* (aut 97).

La situation de la famille se dégradant de plus en plus, sa mère décide de confier Van à un prêtre qu'elle a connu dans sa jeunesse, l'abbé Joseph Nha, curé de paroisse à Huu-Bang. Il accueille de jeunes garçons dans son presbytère pour les préparer au sacerdoce. Peut-être pense-t-elle trouver là une solution à la carence paternelle, pour permettre à cet enfant absolu et fragile de pousser droit, sous la conduite d'un maître et d'un guide pouvant se charger de son éducation et de la préparation au séminaire. Elle décide donc d'aller le voir avec Van et au passage lui fait visiter la petite ville de Bac Ninh. Van est ébloui.

« Ma mère pour éviter que ces choses extérieurement belles et grandioses ne séduisent mon cœur, me serrait dans ses bras... Elle m'expliquait que ces beautés fastueuses sont incapables de donner au cœur de l'homme un bonheur durable... Et elle concluait : il n'y a que l'amour de Dieu qui soit stable et ce qu'il y a de plus beau, c'est d'accomplir parfaitement la volonté de Dieu d'un cœur joyeux » (aut 119).

Comme si elle avait conscience qu'une page se tournait, elle livre là à son petit garçon une sorte de testament spirituel qui sera comme le fil rouge qui conduira sa vie. Le lendemain ils arrivent à Huu Bang et sont reçus très cordialement à la cure. Elle ne le sait pas encore et Van non plus, mais l'enfance de Van est finie... Il n'a que sept ans !

CHEMINS DE SOUFFRANCE

La rupture du cordon ombilical

Écoutons Van raconter lui-même l'événement imprévisible de ce séjour :

« *Ma mère se préparait à me ramener à la maison. Avant le départ nous sommes entrés dire au revoir au curé, et pendant que nous causions joyeusement, ma mère pour me taquiner me dit en souriant : "Van, je retourne avec ta cousine, toi tu resteras avec Monsieur le Curé". Puis regardant sa cousine en clignant de l'œil, elle se demandait ce que j'allais répondre. Peut-être pensait-elle intérieurement : "Van va certainement éclater en sanglots, en m'écoutant parler ainsi". Au contraire à ces paroles de ma mère, je m'écriais tout joyeux : "Ah ! très bien Maman, laisse-moi ici avec Monsieur le Curé, et quand je serai prêtre, je retournerai". Etonnée, ma mère regarda sa cousine... "Van, tu aurais ce courage ? Mais je disais cela pour rire. Reviens avec ta petite sœur pour grandir encore un peu puis quand elle sera grande, je vous laisserai partir tous les deux" – "Non maman ! Je suis déjà assez grand. Retourne, et quand ma petite sœur aura grandi, tu l'enverras ici avec moi pour se faire religieuse." À ces mots je disparus* » (aut 124-125).

Et Van ajoute :

« *Ainsi donc à cette heure où je me séparais de ma mère, je n'en ressentis aucune tristesse, aucun regret. Ce fut bien la première et l'unique fois de ma vie où je pris une attitude ferme au moment de la séparation, alors que normalement cette séparation aurait été capable d'arrêter les battements dans mon cœur. Ah ! il a fallu la puissante intervention de la grâce divine ! Si, à ce moment-là, Dieu n'avait pas paralysé en moi la source de l'émotion, il est certain que je n'aurais jamais pu garder une attitude aussi résolue* » (aut 125).

Affrontée ainsi à l'inconsciente dureté d'un enfant tout tendu vers le but qu'il s'est fixé, sa mère s'en va après cette imprévue et brutale séparation. Pour elle, c'est une brisure irréversible. Cinq ans plus tard dans un moment d'intimité, elle confiera à Van ce que fut sa souffrance ce jour-là et l'arrachement qu'elle a vécu :

« *Ce jour-là, quelle amertume me torturait le cœur en pensant à vous, à toi mon enfant le plus cher... Quand je montais sur le train, je ne pus que m'asseoir, exténuée, et réciter le chapelet... Je te le dis franchement chaque ave était une larme qui tombait sur ma poitrine, quand mes mains vides ne sentaient plus le contact de tes petits doigts... Je n'entendais plus ta voix qui autrefois me répétait pour me consoler : "Maman pourquoi pleurer ainsi. Assez ! ne pleure plus. Nous sommes les enfants du Bon Dieu". Tu étais l'ange de paix envoyé par Dieu pour être ma consolation aux jours de tristesse... Je me sentais de plus en plus seule, je ne pouvais que répéter "Dieu me comprend"... Je me préoccupais de toi, me demandant si tu pourrais persévérer ou si, une fois passé l'attrait des premiers moments, tu n'irais pas tout abandonner, ce qui serait pour moi une épreuve plus pénible encore. Car en me séparant de toi, au prix de tant de tristesse et d'amertume, je voulais par ces souffrances, réjouir le cœur de Dieu, c'est-à-dire t'obtenir la force de persévérer, à son service jusqu'au bout...* » (aut 126-127).

Quel abîme de souffrance et de solitude ces confidences nous dévoilent ! Nous pouvons être choqués aujourd'hui par la conception doloriste de la foi et du sacrifice qui parasitait la piété de ce temps-là. Mais bien plus profondément comment ne pas être touchés par la force de foi et la profondeur de l'amour dans l'oubli de soi de cette humble femme. Elle met son enfant au monde une seconde fois, elle le met au monde de Dieu, au prix de la brisure de son propre cœur.

Des chemins parallèles : souffrance et incompréhensions

Curieusement Van et sa mère vont suivre des chemins parallèles et vivre, au même moment des épreuves analogues. Ils auront pourtant bien du mal parfois à se comprendre et à se rencontrer.

L'un et l'autre vont aller de déceptions en déceptions, de souffrances en souffrances, victimes de la violence de ceux-là même qui auraient dû les protéger.

Alors que sa mère lui a inculqué le respect absolu du prêtre, l'enfant découvre le laisser-aller qui règne à la cure de Huu Bang, les graves désordres sous couvert de la piété. Son zèle religieux attire la jalousie. Petit à petit, il est soumis à un régime de travail épuisant, il est battu, victime du sadisme d'un assistant catéchiste, écrasé, échappant de justesse par deux fois à une tentative de viol, achetant la permission de communier au prix de corrections qui le laissent parfois exsangue sur le sol, enfant martyr dont les larmes silencieuses crient vers Dieu.

De son côté, sa mère vit un douloureux chemin de croix. La jeune femme si digne, qui jouissait d'une si bonne réputation d'intelligence et de sagesse, devient une femme humiliée, battue, exposée sans défense à toute la violence d'un mari devenu esclave du jeu et de l'alcool.

L'un et l'autre vont connaître les pires humiliations, qu'ils affrontent sans se plaindre, et l'inexorable descente dans la misère.

C'est la misère dans la famille de Van depuis l'inondation qui a ravagé le village. Mais le pire n'est pas l'inondation mais surtout le fait que le père ait cessé pratiquement tout travail et dilapide l'argent de la famille au jeu et à l'alcool : *« Vint un jour où il a fallu vendre les rizières, engager l'héritage, et même les briques de la cour pour satisfaire sa passion du jeu et acheter du riz. Ma mère, mes frères, mes sœurs, tous, vivaient plus de leurs larmes qu'ils ne vivaient de riz... »* (aut 163).

La mère s'épuise au travail, héroïquement : *« Elle restait la colonne qui tenait la famille. Plus que personne elle ressentait dans son cœur de nombreuses blessures. Très courageuse, elle ne se plaignait jamais, et gardait un visage très souriant... »* (aut 164), même lorsque ce visage est violacé et tuméfié par les coups qu'il reçoit !

De pensionnaire candidat au sacerdoce, Van, dont la famille ne peut plus assumer la charge, devient le boy du curé puis « l'esclave » souffre-douleur de la maison. Ses études sont arrêtées. Il est, dit-il, à la cure « moins qu'un chien ». Aucune humiliation ne lui sera épargnée, il va connaître outre les souffrances physiques, la faim, le froid, toutes les brimades, les accusations injustes, la dérision.

Mais le pire pour la mère comme pour le fils, c'est l'épreuve de la solitude. N'oublions pas que Van n'est encore qu'un enfant de huit ans, neuf ans, dix ans ! Personne pour le défendre, pour le protéger, aucun recours ni secours de quelque côté qu'il se tourne. Même sa mère l'a abandonné... N'a-t-elle pas écrit au curé après les inondations : *« Nous comptons entièrement sur vous. Van sera désormais, plus votre enfant que le nôtre. Vivant ou mort, bon ou mauvais, nous vous demandons de vous occuper de lui »* (aut 167) ? Alors il se tourne vers la Vierge Marie, qu'il n'a cessé de prier, à qui il confie ses larmes et son angoisse, comme à une mère qui ne saurait l'abandonner. Après un court répit dans la maison de madame Sau, une veuve qui le recueille et le soigne, à qui il gardera toujours une affection fidèle, il se retrouve encore plus seul, encore plus abandonné. Il écrira plus tard en évoquant son enfance : *« Sans être orphelin de père ni de mère, avant même d'avoir atteint l'âge de sept ans, je portais déjà la croix de l'orphelin. Dieu a permis que je rencontre beaucoup de difficultés sans avoir pour me soutenir la main de ma mère selon la chair »* (Cor 18-25/01/48 à Sau).

De son côté, sa mère vit en silence les épreuves qui semblent s'accumuler. Après la perte de ses cinquième et sixième enfants, elle doit affronter seule des difficultés matérielles insolubles. Mais, dit Van, *« la plus grande souffrance de ma mère n'était pas la perte de l'héritage mais bien le manque d'amour* » (aut 164).

Devant l'échec de son foyer, il ne lui reste plus rien, aucune consolation ici-bas, sinon d'avoir, en toutes circonstances, cherché à accomplir courageusement et en silence ce qu'elle pensait être la volonté de Dieu.

Un dramatique malentendu

Van n'a pas encore touché le fond de la détresse. À bout de souffrance, il va chercher à fuir : fuites ratées, punitions, retours à la cure se succèdent jusqu'au moment où il arrive à s'échapper pour de bon. Il décide de revenir « chez lui ». Là, pense-t-il, il pourra s'expliquer, être compris, retrouver la protection de ses parents. En haillons, sale, brûlé par le soleil, affamé, après deux jours de marche, Van se présente sur le seuil de la maison familiale. Mais avant même de lui laisser dire un mot, son père devinant qu'il s'était enfui, à grands cris, le repoussa comme un vulgaire mendiant. Van se souvient :

« *Juste à ce moment ma mère arrivait du marché. Espérant trouver près d'elle quelque consolation, je courus pour me jeter dans ses bras. Mais elle recula, et fixa sur moi son regard mécontent comme si elle n'avait plus aucune pitié pour moi. Puis elle me réprimanda en ces termes "Tu as osé prendre la fuite, n'est ce pas ? Malheur à toi misérable !" Puis elle continua de me faire un long sermon qui ne cédait en rien à celui de mon père. Je me sentais rejeté. Assis dans un coin je n'avais que mes larmes pour crier mon innocence* » (aut 293).

Comment expliquer pareille dureté ! Il faut, je crois, comprendre ce qui se passe dans l'âme de cette humble femme, si droite qu'elle ne peut imaginer la perversité des autres, surtout quand il s'agit de prêtres. Elle a mis toute son espérance et sa fierté dans l'espoir d'avoir un fils prêtre. Elle a offert, pour qu'il persévère, toutes ses souffrances et voilà qu'elle doit renoncer aussi à ce rêve. Sans doute aussi remonte à sa mémoire toute l'inquiétude qui l'habitait devant « cet enfant étrange » qui, dès son plus jeune âge, la déconcertait. Elle a tant investi pour l'éduquer ! Pour qu'il ne ressemble pas à son père... ! Devant lui aujourd'hui elle se sent impuissante ; sa colère n'est que le cri de son angoisse, sa souffrance devant ce qu'elle perçoit comme un échec total.

Pendant trois jours l'enfant pleure « toutes les larmes de son corps » au point que ses yeux ne peuvent plus supporter la lumière. Devant pareille détresse, sa mère va chercher à le rejoindre et à le consoler. Il souffre surtout d'être soupçonné de mensonge, car elle se refuse à croire à ce qu'il raconte de ce qui se passe à la cure et de l'enfer qu'il a vécu. Mais plus profondément quelque chose en lui est définitivement cassé. Il n'a plus une pierre où reposer sa tête... plus de « chez lui ». Il ne lui reste plus rien que Dieu seul et Marie ! Il a dix ans !...

Sa mère reste inflexible et le ramène à la cure. Affronté aux mêmes problèmes, il s'échappera de nouveau, mais cette fois ne rentrera plus chez lui. À quoi bon ! Pendant quelques mois, il mène la vie errante d'un gamin des rues, vivant d'expédients et de mendicité, dormant à la belle étoile ou dans un wagon abandonné, affronté aux pires dangers et y échappant *in extremis*... Nous le retrouvons de retour chez sa tante, puis chez ses parents où il séjourne quelque temps. Mais les relations familiales sont difficiles.

« *Dès mon retour à la maison je fus traité par mes parents comme un fils dégénéré... Un cœur de mère reste toujours un cœur de mère. Cependant je constatais que ma mère très mécontente de ma fuite, pour me faire expier ma faute, me traitait comme si je n'avais plus été son enfant. A partir de ce moment, la porte de mon cœur se ferma hermétiquement. Je n'osais plus desserrer les dents pour adresser une parole affectueuse. Il ne me restait plus que les larmes répandues pendant les longues nuits, pour exprimer ma profonde tristesse* » (aut 405-406).

« VOICI TA MÈRE »

Van a perdu la spontanéité affective de l'enfance... Mais il a gagné en maturité humaine et spirituelle, en maîtrise de soi. « *J'ai remporté la victoire sur les vives affections qui bouillonnaient dans mon corps débile* » (aut 220).

Du coup la relation à sa mère va s'inverser. Près d'elle il cherchait consolation, c'est désormais lui qui va apprendre à la consoler. Il cherchait protection, c'est lui qui va devoir la protéger. Il cherchait un cœur qui l'écoute et le comprenne, c'est à l'enfant de recueillir les confidences de la mère et de comprendre sa peine, en s'oubliant lui-même, comme si Dieu la lui confiait. Petit à petit, par la compassion qu'elle lui inspire, Van apprend à passer d'un amour combien possessif et exigeant à un amour d'oubli de soi, de dévouement. La petite Thérèse va l'y éduquer. De renoncements en renoncements, cela le conduira jusqu'au martyre.

« Portez le fardeau les uns des autres… »

Déjà sur la route qui le ramenait à la cure, sa maman avait commencé à lui ouvrir son cœur :

« *Elle me fit part de sa désolation... Je sanglotais et la suppliais de me laisser retourner avec elle... Nous marchions lentement, nous faisant part de notre mutuelle tristesse. Ensuite ma mère me pressa la tête contre son cœur et me dit doucement : "Mon enfant, tu peux aussi comprendre un peu mon désarroi. Connais-tu la malheureuse situation où se trouve la famille à cause de ton père ? Si tu la connais, je te demande d'accepter aussi ta part avec moi..."* » (aut 301).

Van souffrira beaucoup de ne pouvoir secourir sa mère un jour où il assiste impuissant à une terrible scène de violence : «*Je ne pouvais plus m'imaginer que cet homme fût mon père. J'aurais voulu m'élancer pour secourir ma mère ; et si j'avais été un boxeur, j'aurais été capable de tuer mon père sur le champ. Mais j'étais impuissant...* » (aut 165).

Après bien des tâtonnements, en 1944, Van va enfin trouver sa voie en entrant au noviciat des Rédemptoristes. Il raconte avec émotion le dernier entretien avec sa mère et le testament spirituel qu'elle lui transmet en l'exhortant à la fidélité et à l'obéissance. «*Je ne sais où ma mère a appris ces choses* » s'étonne-t-il. Puis elle laisse libre cours à sa tendresse et à ses larmes. « *Mon enfant ! Je souffre beaucoup de devoir me séparer de toi !... Mais puisque Dieu le veut, c'est de bon cœur que je te laisse partir en paix...* » (aut 752).

Pour Van, c'est un déchirement de ne pouvoir plus rien faire pour sa famille. Il prie avec force et persévérance et petit à petit la compassion pour son père remplace la rancune et entre dans son cœur. Plus que tous les autres, c'est lui qui a besoin d'être sauvé des démons qui l'habitent. En union avec sa mère, Van prie et s'offre. « *Moi-même en voyant que mon père a le cœur ainsi endurci, je ne peux pas demeurer en paix* » écrit-il à son curé[1].

Jusqu'au jour où, devant la misère grandissante où sa mère se débat, Van prend la situation en mains. Il a vingt ans. Il trouve un lieu d'accueil

1. Lettre à l'Abbé Nguyen Duc, curé de Ngam Giao, du 13 avril 1948.

à Hanoi pour Tê et Luc, les deux derniers enfants. Puis il décide d'écrire à son père et de parler à son cœur, tout en le mettant en face de ses responsabilités et en l'invitant à faire une retraite. Dans ses lettres de 1948-49, Van fait allusion à de brefs séjours chez lui, à des démarches difficiles, à l'amertume qui a souvent rempli son cœur, à des rencontres avec son père que nous devinons fort douloureuses. Faux espoirs, rechutes se succèdent. Finalement Van avec l'aide des Pères du noviciat, ramène sa famille à Hanoi pour la protéger. Quelque temps après, par une grâce de Dieu si longtemps attendue, le père entre enfin dans un chemin de conversion qui deviendra définitive en 1954 lorsque devant la poussée communiste toute la famille se réfugiera à Saigon.

« TOUT EST ACCOMPLI… »

« Ma sainte Maman »

Pendant tout ce temps d'épreuves, Van retrouve avec sa mère une profonde communion spirituelle. Tous deux demeurent fermes dans l'espérance d'être exaucés, dans la foi inébranlable en l'efficacité de la prière et du sacrifice. Elle lui est un exemple vivant d'obéissance à Dieu :

« *Chaque fois que je te regarde, je sens comme une force qui me pousse à aller généreusement sur la route*[2] » lui écrit-il. « *Je dois avouer avec certitude que sans toi, je n'aurais jamais eu le courage de marcher jusqu'au but où je suis parvenu aujourd'hui, je n'aurais jamais connu ce qu'est une vie consacrée à l'amour de Dieu* »[3].

Le 1er de l'an 1951 Van écrit à sa mère : « *Je te souhaite de devenir une sainte, une sainte qui accepte la volonté de Dieu, une sainte qui sait accepter les humiliations et les souffrances par amour pour Dieu.. Maman, je te souhaite de devenir une sainte ; vivre comme tu vis, c'est être sainte, tu es ma sainte Maman. C'est là une pensée qui jamais ne s'efface de mon esprit. Et cela précisément parce qu'il m'a été donné d'avoir sous les yeux ta vie exemplaire… En ce printemps de l'année sainte, je te souhaite de croître dans la grâce, d'être riche de cette charité qui enveloppe la famille morcelée… situation qui m'inspire une profonde compassion* »… Et en 1952 il écrit encore à sa mère : « *Tu as pénétré très loin dans la*

2. Lettre à ses parents du 22 janvier 1949
3. Lettre à sa mère du 16 juillet 1949

voie d'abandon suivie par ma sœur Thérèse de l'Enfant Jésus. C'est toi-même qui m'as appris à gravir la montagne de la perfection selon l'esprit de cette sainte, dès le moment où, toute résignée à la volonté de Dieu, tu me donnais le sein ou me portais dans tes bras... Maman ! Dieu me fait sentir que tu as atteint un très haut degré de sainteté... Prie pour moi afin que je suive toujours ton exemple pour devenir un saint »[4].

Van reverra ses parents réfugiés à Saïgon quinze jours avant de partir vers le Nord-Vietnam, où il sera arrêté et mourra, en 1958, après quatre années de camps de détention. Sa mère mourra doucement en 1975, dans la paix de la bonne servante ayant accompli sa tâche fidèlement jusqu'au bout. Elle avait enfanté un tout petit garçon, elle a mis au monde « un saint. »

Que pourrions-nous ajouter ? Désormais tout est accompli ! Le souhait du gamin de six ans accroché aux jupes de sa maman est réalisé. Elle en a payé le prix mais elle a réussi, parce qu'elle a beaucoup aimé, de cet amour que la petite Thérèse a si parfaitement défini : « Aimer, c'est tout donner et se donner soi-même ».

Peut-être avons-nous à recueillir la leçon que nous recevons de cette humble femme vietnamienne, en un temps où l'amour maternel est tellement remis en question, où tant d'enfants sont orphelins de fait, où l'enfance même n'est plus respectée. Le théologien orthodoxe Evdokimov écrit que Dieu ne peut pas naître dans ce monde parce qu'il n'y a plus de mères... car Dieu lui-même pour expérimenter l'homme a eu besoin d'une mère. Puissent Van et « sa sainte maman » nous réapprendre aujourd'hui la grandeur et la fécondité de l'amour maternel et de l'amour filial, jaillis du cœur même du Dieu-Trinité, amour qui fait des miracles, qui donne vie et qui passe toutes les morts pour rejaillir en joie éternelle.

4. Lettre à papa, à maman et à toute la famille du 5 octobre 1952

Un « saint de poche »

RENÉE DE TRYON-MONTALEMBERT*
Théologienne

Qui es-tu, petit Van, toi, cet *enfant-mystère,* dont le secret nous échappe et dont la « sainteté » nous déconcerte ?

Quel est-il ce secret de sainteté, que tu n'apprendras que plus tard de ta « sœur » *Thérèse de l'Enfant Jésus*, et qui pourtant, dès ton plus jeune âge, exerce sur ta vie intérieure et ton comportement une irrésistible influence, ô toi qui te regardes comme un simple pétale détaché de cette fleur incomparable qui fut et qui demeure la sainte de Lisieux ?

Qui plus est, dans le sillage de ta céleste amie, te serait-elle confiée, à toi, enfant Van, de façon toute particulière, à ton cœur d'enfant, devenu par la grâce divine vaste comme l'univers, *cette grande pitié du monde de l'enfance*, la détresse insondable de ce peuple d'enfants, voué au pire des esclavages, celui de la drogue, du sexe et de la violence, alors que chacun d'entre eux est appelé – par son nom – à devenir un « saint » ?

Et, davantage encore, serais-tu, petit Van, enfant Van, comme une offrande de prémices, un tout nouveau petit « saint » pour ces *terres d'Asie* dont l'importance ne cesse de grandir en ces *aubes nouvelles* des temps que nous vivons, ce troisième millénaire chrétien où nous introduit le grand Jubilé de l'an 2000 ?

Quel est-il, enfin, ce *message universel de l'enfance spirituelle*, que tu viens adresser au monde des adultes avec l'urgence de cette conversion à laquelle nous presse, de façon plus vive chaque jour, la solennelle invita-

* Auteur de nombreux ouvrages sur Anne de GUIGNÉ.

tion jubilaire qu'en ces jours de grâce, le Père des cieux ne cesse d'adresser à chacun et à tous ?

Nous aurons donc à nous attacher aux points qui déterminent le caractère comme aussi les enjeux de cette rencontre avec Van : – Van tout-petit, Van garçonnet, Van, jeune adolescent –, une rencontre sous l'angle de la « sainteté ». Nous prenons ce mot, non pas dans son acception technique réservée pour l'heureux lauréat au front nimbé d'une auréole, mais dans son sens le plus simple, celui qui désigne cette invasion de la grâce du Dieu trois fois Saint dans le cœur d'un enfant.

VAN, L'ENFANT MYSTERE

Il est toujours redoutable d'étudier la vie d'un enfant, de scruter sa personnalité naissante, d'oser approcher le secret de son âme.

Mystère de l'enfance

Un enfant, quel qu'il soit, est à peine sorti encore des mains de Dieu. Aussi avec quel respect nous faut-il approcher cette créature toute neuve et toute fraîche qui réduit à rien le désenchantement d'un *Qohélet* hanté par l'éternel recommencement de tout ce qui tourne sous le soleil (Qo 1,2-10). Car chaque naissance d'un petit d'homme apporte du nouveau dans l'univers de Dieu, comme une irruption dans nos vieillissements de la jeunesse toujours inédite de l'Esprit créateur.

Mystère de l'enfant Van

Et puis, et surtout avouons-le, nous sommes tout à la fois séduits et décontenancés par ce petit bonhomme, si court de taille, mais si grand – déjà – dans l'amour ; d'une innocence qui va jusqu'à la candeur et pourtant pétri de malice ; prompt à sangloter comme à « pouffer de rire » et cependant d'une singulière maturité ; gamin espiègle s'il en fût, tout en se montrant capable d'affronter le martyre.

Le voyez-vous, cet enfant Van ? Il plonge dans vos yeux son regard si pur, son regard d'enfant, un regard d'innocence, ironique parfois, nostalgique souvent, naïf et candide toujours.

Un enfant « bien étrange »

Sa mère est la première à constater son extrême sensibilité qui le fait passer d'un instant à l'autre du rire aux larmes, comme du désespoir à la consolation. « *C'est un enfant bien étrange. Il aime la joie et l'espièglerie ; de plus il est très sensible, et un rien suffit pour le faire pleurer* » (aut 9). Il est, par ailleurs, chétif et volontaire.

« *Il était tout petit, continue sa mère, mais extrêmement entêté, dominateur, inflexible. Il ne ressemblait en rien à son frère et à sa sœur ; au contraire, il se montrait toujours un enfant terrible..., je ne savais trop ce qu'il deviendrait plus tard* » (aut 15).

Il faut le voir, comme un petit roi sur son trône, juché sur les épaules de son père, passionné d'ardeur pour le jeu, s'amusant avec les souris, les oiseaux et la chatte, mais capable aussi de se battre avec la « bonne » jusqu'à lui griffer le visage, comme aussi de foncer, tête baissée, sur la porte interdite de la chambre maternelle, dès l'annonce de la naissance d'Anne-Marie Tê, en criant à tue-tête : « *Ma petite sœur est à moi et non pas à maman !* » (aut 53).

Un « Saint de poche »

Ce mélange souvent discordant d'émotivité et de fougue n'empêche en rien, chez Van, l'éclosion d'une piété enfantine, qu'alimente une foi vive, puisée, sur le plan humain, dans la très haute qualité chrétienne du milieu familial.

Le matin, pas besoin de réveil : « *Maman, le coq a chanté : c'est l'heure de la Messe* ». Et non seulement il se précipite à l'église, mais, dès ses quatre ans, il veut servir la Messe. Un désir l'habite, qui prime tous les autres et qui reviendra sans cesse sur ses lèvres : « *Maman, je veux devenir un saint !* »

« *De là que, chaque soir, la famille de ma tante ne manquait pas d'histoires intéressantes pour rire. Après avoir mis tout le monde à la joie, j'écoutais mes cousins et cousines lire la vie des saints. J'aimais passionnément cette lecture et je retenais tout dans les moindres détails. La lecture terminée, je prenais immédiatement cette résolution : demain, j'imiterai ce saint ou cette sainte. Aussi mes cousins et cousines m'appelaient, pour badiner*, le saint de poche, *c'est-à-dire le tout petit saint. Mais moi, je pensais que jamais je ne serais un saint car j'avais encore une peur terrible de la discipline* » (aut 72).

Hélas, on ne le prend guère au sérieux. Les plaisanteries fusent. On se moque de sa petite taille, et ce qui l'angoisse bien davantage, de sa peur du rotin. Comment fera-t-il pour se donner la discipline et pour supporter les austérités sans lesquelles – telle est, du moins, l'opinion générale – il ne saurait être question de sainteté ?

Ses tentatives de jouer à l'anachorète dans le jardin de ses parents ne convaincront personne dans son entourage et c'est dans le rire de tous que sombre son projet.

« C'est Jésus que j'aime le plus ! »

Jeux d'enfant ? Nous faut-il y discerner une autre réalité plus profonde ?

Il semble qu'une réponse affirmative puisse – et même doive – être donnée à cette question, surtout à partir du jour où l'enfant fait à sa mère la grande confidence : *« Maman, permets-moi d'entrer en religion, car je pense que le bon Dieu le veut ainsi »* (aut 102).

Et combien davantage encore le sent-on épris de Dieu, à partir de ce jour de bonheur sans nuages, qui est celui de sa première communion ! Et il n'a que six ans.

Dès lors, est-ce par manière de jeu et comme pour la prendre au mot que Van réplique joyeusement et du tac au tac à sa mère qui, par plaisanterie, lui propose au cours d'une visite à l'Abbé Joseph Nha de rester chez ce prêtre, dont la cure constitue une sorte de petit séminaire : *« Ah ! très bien, Maman. Laisse-moi ici avec Monsieur le Curé..., et quand je serai prêtre, je retournerai »* (aut 124-125). Mais, cette fois, le jeu fait place à la décision, une décision irrévocable. Bien au-delà d'un jeu sublime, il s'agit d' un choix ou plus exactement de la réponse à un appel. L'enfant Van s'engage en cet instant au service du Seigneur, et il y demeurera pour toujours. Et il n'a que sept ans.

Un pamplemousse aux fruits croisés

C'est alors que vont commencer pour l'enfant, de longs mois de toutes sortes d'épreuves dont ne sont pas totalement absentes les consolations, mais qui n'en constituent pas moins un fardeau exceptionnellement lourd, dur apprentissage d'une vie vouée à la Croix.

Il existe un pamplemoussier qui donne des fruits très juteux, mais d'une saveur spéciale, moitié sucrée, moitié acide. Van a tôt fait d'y dénicher une parabole. C'est là l'image de sa vie, une vie douce-amère, et dont l'amertume l'emportera, un nombre incalculable de fois sur la douceur, tout en se trouvant allégée, çà et là, par l'une de ces rencontres providentielles qui rappellent au « pauvre Van » que Dieu existe et le protège.

Les souffrances de Van viennent surtout de la jalousie des catéchistes, jeunes pensionnaires de l'Abbé Nha, qui le prendront pour leur souffre-douleurs, exerçant à son égard, et par des réactions de basse envie, d'invraisemblables brimades qui vont de la privation de nourriture et de la bastonnade à coups de rotin, jusqu'à le terroriser et à le réduire au désespoir. Même la calomnie, plus tard, ne l'épargnera pas. Ne l'accusera-t-on pas d'avoir volé l'argent des Messes ?

Pire encore. Van l'enfant pur, l'enfant aux yeux de source, découvre dans quel guêpier il s'est fourvoyé, en comptant recevoir une formation sacerdotale correcte dans cet établissement où on le traite comme un esclave et qui n'est, en fait, que le triste repaire des vices les plus honteux.

Mais, ce qui constitue sans aucun doute pour Van la pire des souffrances, c'est de se trouver contraint, par d'odieux chantages, à renoncer à cette communion quotidienne qui est la vie de sa vie et le cœur de son cœur (aut 168). Les « catéchistes » ne sont-ils pas parvenus, en effet, à le persuader de son indignité, au point de lui rendre impossible l'approche de l'Eucharistie ?

Et cela au moment même où l'enfant se trouve aux prises avec les combats redoutables contre l'impureté, sous toutes ses formes, qui a envahi la totalité de la maison. Nul doute que cette force intérieure qui l'a toujours préservé ne soit l'œuvre de la Vierge Marie qu'il n'a jamais cessé de prier (aut 150).

« ... *Je ne savais que mettre ma confiance en Dieu, lui demandant, fût-ce au prix de ma vie, de ne jamais permettre que je tombe dans le péché* (aut 149). *Et j'ose affirmer avec certitude que jamais je n'ai volontairement laissé le démon ternir la blanche robe de ma pureté* » (aut 150).

Le fruit germe et mûrit dans la fleur

En définitive, qui es-tu donc petit Van, et comment définir ton identité profonde, c'est-à-dire le rêve de Dieu sur toi en t'appelant à l'être ?

Certes, c'est seulement le déroulement de ta vie tout entière qui nous apportera la réponse. Mais déjà, à partir de tes années d'enfance, nous pouvons la pressentir. C'est l'Amour qui t'appelle, et l'Amour le plus grand, l'Amour éternel.

Et pour aimer l'Amour, tu es prêt à tout supporter, depuis les coups de rotin qui déchirent ta chair et dont les catéchistes ne cessent de labourer ton corps, jusqu'à la privation de nourriture qu'accompagnent humiliations et mauvais traitements. Tout, et jusqu'à la mort elle-même.

Depuis le jour de ta première Communion, elle est demeurée intacte la grande, l'unique passion de ton cœur : Jésus seul est tout pour toi. Et cela, à la vie, à la mort... (aut 93 et 94).

Et si les épreuves redoublent de tous côtés, lui venant aussi de sa famille qui va le rejeter, sa « grâce de Noël », dans la nuit du 25 décembre 1940 lui permet de comprendre que 1a souffrance est un cadeau de l'Amour, qui peut – et même qui doit – s'épanouir dans le plus pur bonheur, celui de souffrir pour le Seigneur (aut 436).

Ta sœur, Anne-Marie Tê, nous le confirmera :

« Oui, vraiment, depuis bien longtemps déjà, Van se préparait et attendait le jour où il lui serait donné de témoigner de cet amour par l'acte suprême de sa vie : le martyre. »

Mais, pour répondre à cet appel, tu as besoin de l'aide fraternelle, d'une « sœur », et ce sera l'intervention de la sainte de Lisieux dans ta vie.

SIMPLE PÉTALE D'UNE FLEUR

Un second point particulièrement important de notre étude concerne la relation de Van avec Thérèse. Et cela même si celle-ci ne s'est manifestée à lui qu'en octobre 1942, c'est-à-dire au-delà de ses années d'enfance à proprement parler, puisqu'il est alors un adolescent de quatorze ans. De fait, c'est toute la prise de conscience de sa vie intérieure – et antérieure – qui va s'en trouver profondément marquée, comme si la présence de Thérèse avait enveloppé l'enfant Van dès son entrée dans notre monde, et n'avait cessé de projeter sur le déroulement de chacun de ses jours, une grande ombre lumineuse.

Oui, Thérèse est un don magnifique de Dieu au petit Van. Mais, l'enfant Van est tout autant un don fait par Dieu à Thérèse.

Thérèse : un don de Dieu au petit Van

1 – Van est le pétale, Thérèse, la corolle

Nous laissons de côté, en tant que tels, les phénomènes d'ordre proprement mystiques – et notamment les entretiens avec Thérèse – qui tiennent une place importante dans la biographie de Van. Ils exigeraient une étude approfondie, effectuée par des spécialistes expérimentés. Et nous n'avons pas davantage l'intention d'émettre à leur sujet aucun jugement de valeur, laissant à la sainte Église le soin de se prononcer sur leur authenticité.

En revanche, dès que nous commençons la lecture de l'*Autobiographie* de Van, nous constatons aussitôt l'influence que ces entretiens avec Thérèse ont exercée, de façon *en quelque sorte rétroactive*, sur l'éclosion et la croissance de sa personnalité spirituelle.

Ceci est d'autant plus frappant si nous comparons l'autobiographie avec les récits écrits en parallèle par Anne-Marie Tê et si nous rappelons que cette *Autobiographie*, rédigée bien des années plus tard, avait été demandée à Van, au nom de la « sainte obéissance », par le Père Boucher, son père spirituel.

Cette influence se manifeste à plusieurs niveaux, c'est-à-dire, et plus précisément en ce qui concerne les années d'enfance de Van, à travers l'expression verbale ainsi que la relecture d'événements passés, mais aussi et surtout dans le développement chez le jeune Van d'une profonde unité intérieure : à l'école de Thérèse, l'âme de l'enfant devient un ciel paisible ; et son regard, un pur reflet de Dieu.

2 – Un pétale qui ne sait pas parler (aut 3)

Nous ne nous attacherons pas au style de Van, constamment imprégné par celui de Thérèse dans l'*Histoire d'une âme*. Ce livre, tout d'abord, ne l'attirait guère. Et comment ne pas évoquer ici l'aventure d'un saint Augustin, vaincu dans ses résistances intérieures à l'encontre des Épîtres de Paul, par la voix d'un enfant : « *Prends et lis* » ?

Van n'est pas dupe de la ressemblance scripturaire de ses écrits avec ceux de sa céleste maîtresse ; et c'est avec une bonne grâce souriante qu'il prend soin de nous avertir :

« ... *Pour parler en toute simplicité, je veux prendre comme modèle l'histoire même de sainte Thérèse. Par conséquent, si dans mon récit il se trouve des passages semblables, il ne faudra pas rire ni m'accuser d'être un plagiaire* » (aut 8).

3 – À travers le prisme thérésien

Van demeure aussi parfaitement conscient – et loin de la récuser, il la revendique – d'une interprétation de tous les événements de sa vie à la lumière de ce qu'a vécu Thérèse elle-même.

Comme elle, il a été préservé du péché grave. Comme elle, il a connu l'ivresse de la première rencontre eucharistique. Comme elle, son besoin d'être aimé le rend vulnérable à toute rudesse, à toute froideur. La crainte le paralyse, et il ne lui est possible de prendre son élan et de donner sa pleine mesure que si viennent à s'ouvrir devant lui, les voies infinies de la confiance et de l'amour. Comme elle, il recevra sa « grâce de Noël ».

« *Car ce sont là en réalité les lieux de rencontre de nos deux âmes. Chaque fleur a son parfum propre ; Thérèse est la fleur, et moi, étant un pétale de cette fleur, comment pourrais-je ne pas lui ressembler ?* » (aut 8).

Et pourtant, sur ce même fond de simplicité spontanée et confiante, que de différences entre la carmélite de Normandie et le petit asiatique, inséré dans son univers de rizières et de bambous !

Aussi, bien loin de voir réduire sa personnalité à une sorte de « clonage » servile, Van va-t-il, tout au contraire, découvrir dans ce céleste compagnonnage, sa véritable identité.

4 – La « petite voie de l'enfance spirituelle »

Un drame intérieur le déchirait depuis toujours, qui brisait son élan intérieur vers Dieu : il n'arrivait pas à prier, comme on le lui demandait, ni à être ce « saint » qu'il s'était promis de devenir ni à calmer ses inquiétudes.

Et voici la réponse de Thérèse à son tourment : il n'est d'autre solution que l'Amour, un amour qui s'exprime à travers la SIMPLICITÉ, l'HUMILITÉ et la CONFIANCE du tout petit enfant.

SIMPLICITÉ – LA PRIÈRE SIMPLE DES ENFANTS

Van a toujours souffert lorsqu'on lui imposait la récitation de prières, une récitation qui le gênait dans ses intimes « colloques » avec le Seigneur ou la Vierge Marie.

Comme Thérèse, il lui est nécessaire, pour prier, de laisser libre cours à la spontanéité de son âme. Mais que de persécutions à supporter !

Ses catéchistes tortionnaires de l'école veulent-ils l'empêcher de prier avec son chapelet ! Il a recours à un stratagème, en faisant glisser dix fèves entre ses doigts, d'une de ses poches dans l'autre, puis dans la ceinture de son pantalon. Mais le voilà aussitôt accusé de manquer de respect envers la Sainte Vierge !

L'envoie-t-on aux champs pour faire paître le bœuf ? Il métamorphose son travail, jusqu'à en faire un jeu sacré qui est une véritable liturgie.

« J'allais donc faire paître mon bœuf à part en tâchant de me divertir avec la Sainte Vierge. Seul avec mon bœuf, mon plus grand plaisir était d'organiser une procession nouveau genre. Je divisais le champ en plusieurs parties à une certaine distance l'une de l'autre, j'ornais le mieux possible mon bœuf des fleurs les plus variées que je lui fixais aux cornes. Ensuite, m'agenouillant sur son dos et tenant en main l'image de la Sainte Vierge, je le faisais paître lentement au bord de la rizière en récitant le chapelet à haute voix. Quand j'avais terminé une dizaine et que le bœuf n'avait pas atteint la limite fixée pour la dizaine suivante, je me mettais debout sur le dos du bœuf et je chantais un cantique en l'honneur de la Sainte Vierge. D'ordinaire, ces processions duraient deux ou trois heures, mais jamais je ne sentais de fatigue. Et quand le bœuf était rassasié, j'interrompais la procession pour le ramener à l'étable. »

Mais le voilà à nouveau en butte à la critique et accusé de mépriser la dignité de Marie !

C'est Thérèse qui, plus tard, le délivrera en lui expliquant que la vraie prière consiste dans l'élan du cœur. Quel apaisement et quelle consolation ! Van comprend, à présent, toute la profondeur des grâces spirituelles dont il s'est vu tant de fois comblé depuis son plus jeune âge !

HUMILITÉ – LA SAINTETÉ SANS LE ROTIN

« Non, il n'est pas possible que je devienne un saint. J'ai une grande peur de la discipline, j'ai l'estomac trop faible pour jeûner et je suis incapable de rester long-

temps à genoux pour méditer... Ô mon Dieu, viens à mon secours, délivre-moi de cette tentation » (aut 565).

Van a profondément souffert de cette tentation vraiment diabolique qui lui faisait confondre la sainteté – œuvre surnaturelle de la grâce divine en nous – avec les performances d'une ascèse tout humaine. Il s'agit de la méprise, par ailleurs fréquente, qui nous fait prendre le héros pour le saint, et dont le petit Van va apprendre, avec un discernement spirituel qui lui vient de Thérèse, à déceler le subtil orgueil.

La sainte moniale lui fera, en effet, comprendre, par la suite, et à partir de sa propre expérience, que la sainteté est impossible à l'homme sans la grâce, bref que l'aspiration à la sainteté, en faisant prendre conscience à l'élu de Dieu de son incapacité foncière à faire le bien, l'enracine, de ce fait même, dans le terreau solide de l'humilité.

CONFIANCE – L'ENFANT DANS LES BRAS DE SON PÈRE

Van a souffert d'angoisses intérieures, jusqu'à se croire damné. Il avait alors recours à la Vierge Marie. Et il est aisé de sentir son émotion, lorsqu'il en écrit le récit, des années plus tard, mais à la lumière de la petite voie qui lui aura, dans l'intervalle, été transmise par Thérèse. Cette « petite voie de l'enfance spirituelle » il en fera sa nourriture et l'aliment de son ascension vers les cimes de la « sainteté ». Avec quel enthousiasme il en parlera, par la suite, au Père Boucher !

« *Vous voyez, mon Père, combien d'âmes dans leurs rapports avec Dieu ont encore peur de lui comme d'un être très élevé et très lointain. Au fond d'eux-mêmes, ces gens-là n'osent jamais se permettre une pensée d'intimité avec Dieu, parce qu'ils ne comprennent pas encore ce qu'est l'Amour. Ils se contentent de regarder Dieu comme un Roi au-dessus de tous les rois, et possédant une autorité incomparable, de sorte que l'intimité avec lui leur semble chose tout à fait impossible* » (aut 449).

Et il conclut comme un enfant qui danse sa joie devant Dieu :

« *Non, jamais Dieu n'a été pour moi un être lointain ; sans l'avoir jamais vu se manifester à moi de façon sensible, cependant toutes les créatures sont comme une voix, comme un signe qui s'attache à lui et me presse de l'admirer. De là que les champs me paraissaient de jour en jour revêtus d'une plus grande beauté, et me faisaient pénétrer plus profondément dans le cœur de Dieu* » (aut 451).

Le petit Van : un don de Dieu à Thérèse

On ne peut s'empêcher, à la lecture de la vie de l'enfant Van, d'évoquer certaines aspirations, parmi les plus profondes, de l'âme de Thérèse.

Les ardeurs des grands désirs missionnaires qui brûlaient son cœur embrassaient certes le monde entier, mais avec une prédilection marquée pour le salut éternel des tout-petits enfants, ainsi que pour tout ce qui a trait aux Missions d'Extrême-Orient. Rappelons-nous son poème dédié à ses « petits frères du ciel », les Saints Innocents :

« *Mes souffrances, mes joies, je les offre en échange d'âmes d'enfants...* »[1]

N'avait-elle pas rêvé, un moment, d'être assignée au Carmel de Hanoï ? Et ne se sentait-elle pas étonnamment proche d'un Théophane Vénard[2] ainsi que de tous les martyrs qui ont versé leur sang pour la Chine et pour le Vietnam ?

Cette extraordinaire amitié qui se déploie au-delà des limites de notre temps et de nos espaces, dans une candeur d'aurore, entre la jeune sainte Française et Van, le petit Vietnamien, ne serait-elle donc pas – parmi d'autres, certes[3] – mais avec une beauté tout à fait singulière – une réponse de Celui qui se plaît à combler la démesure de nos attentes et à dépasser toute espérance et tout désir ?

Et lorsque Van se regarde comme un pétale détaché de cette fleur qu'est Thérèse, comment ne pas évoquer ce désir qui dévore la carmélite : « s'effeuiller », jetant ses pétales à tout vent, pour réjouir le Bien-Aimé et embraser des âmes innombrables qui l'aimeront éternellement ?[4]

---

1. Sainte Thérèse DE L'ENFANT JÉSUS, « Poésies », PN 44, « À mes petits frères du ciel, les Saints Innocents », 28 déc. 1896.

2. Son affection pour le jeune Théophane Vénard à qui elle a consacré un poème est également empreinte d'une exquise fraîcheur.

3. N'oublions pas les liens spirituels de Thérèse avec le Père Bellière, puis avec le Père Roulland des Missions Étrangères de Paris.

4. Cf. : sainte Thérèse DE L'ENFANT JÉSUS, Poésies PN 34 : « Jeter des fleurs » et PN 51, « Une rose effeuillée ».

VAN, PETIT APÔTRE DES ENFANTS

Depuis son plus jeune âge, Van avait voulu – et avec quelle passion ! – être prêtre. Thérèse lui fera connaître qu'il est appelé non pas au sacerdoce ministériel, mais à devenir « apôtre de l'Amour caché ». Et, de fait, avant même qu'il ait appris, des lèvres de sa « sœur », la Volonté divine, Van perçoit, peu à peu, dans son cœur, deux appels. Le premier – l'appel à une pureté virginale – le concerne directement. Le second – un appel à l'apostolat – découle du premier et en constitue l'indispensable corollaire.

Blotti sous le manteau immaculé de la Vierge

Les difficultés rencontrées par Van dans la « cure » de Huu-Bang, avec l'ambiance pervertie qui y règne, lui font découvrir le remède radical : s'engager, sur-le-champ dans la douce et implacable lumière du vœu de parfaite chasteté.

« *Je réfléchis... je conclus : si les saints ont pu garder ainsi leur cœur parfaitement pur, c'est certainement parce qu'ils ont fait à la Sainte Vierge le vœu de rester vierges. Il en sera donc de même pour moi. Je veux moi aussi garder la virginité comme les saints, et je dois m'engager par serment à vivre comme eux, en dépit de toutes les épreuves et de toutes les souffrances* » (aut 463).

Aussitôt dit, aussitôt fait.

« *Les yeux bien secs, le visage épanoui et le cœur apaisé, je me levai en hâte et j'entrai rapidement à l'église. Là, je m'agenouillai devant l'image de Notre-Dame du Perpétuel Secours, puis les deux mains posées sur l'autel, et le regard fixé sur ma Mère Marie, je prononçai les paroles suivantes :*
- Ô Mère, je fais le vœu de garder la virginité comme toi durant toute ma vie » (aut 463).

Et voici qu'éclate sa joie : Béatitude des cœurs purs !

« *Ces paroles à peine prononcées, je sentis mon cœur inondé d'une joie qu'aucune plume ne peut décrire. Incapable de me contenir, j'ai dû sortir aussitôt de l'église. J'avais l'assurance que désormais la Sainte Vierge serait la gardienne de ma virginité, puisque je lui avais fait le vœu de garder la virginité perpétuelle. Ma vie sera désormais sa vie, mes peines seront aussi ses peines, et mon rôle à moi sera de rester toujours blotti sous son manteau immaculé. En sortant de l'église, je me mis à cou-*

rir et à sauter en tous sens comme l'écume blanche qui danse au pied d'une chute » (aut 463-464).

Telle est alors, pour Van, la conséquence immédiate et logique d'un tel engagement : ce pur diamant qui brille en son âme comme un soleil divin, il ne doit pas le dissimuler, comme on cache la lampe sous le boisseau ; mais, il lui faut, tout au contraire, permettre à la divine Présence qui l'habite, d'éclairer, de purifier, de réchauffer tous ceux que le Seigneur ne cesse de placer sur sa route.

Tant qu'il y aura un homme à sauver

Est-ce donc là l'urgence d'un apostolat qui lui serait confié ?

« *Je n 'ai pas entendu le bon Dieu me parler, mais à part moi, je me disais : même s'il ne restait plus dans le monde qu 'un seul homme à sauver, je devrais encore agir et mettre en œuvre tous les moyens pour le sauver* » (aut 465).

Enfant parmi les enfants

Or, ce sont les enfants qu'il lui faut sauver en premier, ces enfants qui constituent son univers quotidien, chacun d'entre eux étant son prochain le plus proche.

« *À partir de ce jour, je me mis de nouveau à réfléchir pour trouver un moyen de m'opposer aux mauvais exemples. N'était-ce pas là la nouvelle mission que Dieu voulait me confier, et à laquelle il m'avait préparé depuis quelques mois ?* » (aut 465).

À vrai dire, ce sont des groupes d'enfants fort différents qui constitueront, selon les cas, ses divers champs d'action apostolique, depuis les bandes de voyous qui hantent les bas-quartiers des villes voisines jusqu'à ces « Anges de la Résistance » dont il deviendra le chef, sans compter ses amis, les petits conducteurs de buffles et les jeunes élèves du catéchisme dont on lui confie l'initiation chrétienne et l'approfondissement de la foi.

1 – Mendiant sans feu ni lieu

Lorsqu'il a douze ans et son certificat d'études en poche, il apprend qu'on lui refuse de continuer ses études. Au lieu de la préparation au sacerdoce, il ne lui est plus offert d'autres perspectives que de soigner les canards du Curé et de le servir en qualité d'esclave. Il décide donc de partir. Ce sera pour lui une expérience de vie inoubliable où il fera l'apprentissage de cette misère qui est celle de si nombreux enfants et adolescents de son âge.

Ce sont d'abord de petits travaux pour lesquels il n'arrive pas à empocher le moindre salaire.

« *Là, je rôdais sur la place du marché en offrant mes services. Je charroyais de l'eau et lavais la vaisselle dans les auberges. Je travaillais un jour ici, un jour là..., mais sans ramasser un sou, car les maîtres de restaurants ne me donnaient à manger que les restes laissés par les clients, sans vouloir me donner d'argent* » (aut 334).

Il va donc se trouver contraint de mendier.

« *Mon métier consistera désormais à tendre la main aux passants qui circulaient de l'église à la gare puis de la gare à l'église. Je menais une vie très irrégulière. Quand il faisait soleil, tout allait bien, mais il y avait aussi les jours de pluie, surtout en cette saison si changeante de l'automne. J'étais donc tantôt rassasié, tantôt affamé, de sorte que la tristesse ne me quittait pas un instant. La nuit venue, je me couchais au pied de quelques gros arbres, ou sous les auvents en bordure de la rue* » (aut 380-381).

Et il commence à subir cette dégradation physique et psychologique qui est propre à l'enfant de la rue.

« *... si quelqu'un que j'avais rencontré auparavant m'avait aperçu, il n'aurait pas pu me reconnaître. Je constatais moi-même avec évidence le changement opéré dans ma personne. J'avais les mains et les pieds amaigris, la peau brunie par le soleil, et quand je me touchais les joues, je ne sentais plus que les os de mes mâchoires décharnées. Ma chevelure était démesurément longue et probablement très malpropre... Même sans miroir, je pouvais me rendre compte que mon corps avait beaucoup changé* » (aut 381).

« *Je portais toujours le même habit qu'au moment de ma fuite et il n'avait pas encore été lavé ; il avait évidemment perdu sa blancheur première et était devenu très jaune, se confondant avec la couleur de la terre. À cela s'ajoutaient les taches d'huile et de graisse, sans compter celles provenant des restes d'aliments. À part cet unique habit, je n'avais qu'un grand sac à patates que j'avais ramassé devant la gare de Bac-Ninh et qui me servait à la fois de manteau, de coiffure, de foulard et aussi de serviette pour contenir les restes que les gens me donnaient en aumône. Et quand venait la nuit, il était encore pour moi une couverture commode, pouvant me couvrir du ventre jusqu'aux pieds* » (aut 382).

Une seule chose le soutient : sa foi. Il continue à adorer le Saint-Sacrement dans les églises et à réciter son chapelet, ce qui le conduit à découvrir la Béatitude des pauvres.

« *Malgré tout, je ne trouvais rien de pénible dans cette vie de pauvre vagabond ; j'éprouvais au contraire une joie paisible à souffrir pour Dieu. Je savais qu'en m'évadant, j'avais fui le péché, j'avais fui ce qui afflige le cœur de Dieu. Aussi, malgré le côté très pénible de ma situation, je l'acceptais de bon cœur, sans avoir peur de la souffrance, bien que cette souffrance fût capable d'émouvoir mon cœur et de m'arracher des larmes* » (aut 382).

Ce partage de la vie des enfants de la rue le marquera profondément, en attirant son attention sur cette multitude de ses petits frères souffrants, victimes de l'égoïsme des nantis et des fauteurs de scandales.

2 – *L'apôtre des petits gardiens de buffles*

Quelque temps après, alors qu'il se trouve dans sa famille, et en butte à d'autres épreuves non moins douloureuses, il lui est donné de s'occuper de tout un groupe de petits gardiens de buffles.

« *Durant ce temps-là, j'exerçais en secret l'apostolat auprès d'un groupe d'enfants qui louaient leurs services, c'est-à-dire que je jouais amicalement avec eux, que je les exhortais à suivre ce que je comprenais et pratiquais dans ma vie chrétienne. Ayant vécu une vie semblable à la leur, j'étais très au courant de leur situation et du mépris dont ils étaient l'objet. Aussi j'éprouvais naturellement de la joie à jouer avec eux, et de leur côté, ces enfants me laissaient voir leur compréhension et leur affection pour moi* » (aut 421-422).

Malheureusement, le zèle missionnaire de Van n'est pas compris. Sa mère, une parfaite chrétienne cependant, va jusqu'à le lui interdire.

« *Mais quand on me vit fréquenter amicalement des enfants que tout le monde considérait comme des gamins illettrés et sans éducation, j'ai été d'autant plus vilipendé. C'était le seul plaisir qui me restait, et voilà que ma mère me l'interdit absolument... Les premières fois que cela se produisit, je fis à ma mère ce raisonnement :*

– Tous les hommes sont les enfants de Dieu, et en ce monde, nous sommes tous frères.

Mais plus je raisonnais, plus je recevais de coups sur la tête et plus ma famille me détestait. J'ai donc dû me taire, et pour obéir à ma mère, renoncer à fréquenter ces enfants méprisés et rejetés » (aut 422-423).

3 – En tête des Anges de la résistance

C'est lorsqu'il retourne au milieu de ses petits compagnons d'infortune, les élèves de la « cure », qu'il donne sa pleine mesure :

« *Ce soir-là, grâce à Dieu, je réussis à mettre sur pied une troupe que l'on nomma : "Les Anges de la résistance". Je choisis ce nom dans l'intention d'honorer nos Anges gardiens et de demander leur protection. De là que le premier article de notre règlement nous prescrivait une grande confiance en notre Ange gardien, avec l'obligation de penser à lui tous les jours et d'implorer son secours pour le succès de notre entreprise. Le même soir nous avons voté pour élire un chef. Sur six bulletins, cinq portaient mon nom. J'avais naturellement donné mon vote à un autre ; mais au moment de dépouiller le scrutin, mes compagnons prirent même mon bulletin portant le nom d'un autre pour y inscrire mon propre nom. Et à partir de ce moment il m'appelèrent "chef"* » (aut 469-470)

4 – Van catéchiste

Van aime les enfants et ceux-ci le lui rendent sans retour. L'abbé Nha lui confie l'enseignement du catéchisme (aut 731-733) et Van fait le récit de cette nouvelle expérience :

« *Mon Père, voilà un des résultats obtenus dont j'ai voulu vous faire part. Les enfants étaient naturellement simples et ouverts avec moi. Attachés à moi comme à un grand frère, ils se faisaient un bonheur de suivre toutes les directives que je leur donnais. Les gens disaient :*
– Partout où il va, les enfants l'entourent comme des mouches autour d'un gâteau de riz gluant.

C'est bien vrai. Cependant, il en est peu qui comprennent pourquoi j'aime les enfants, et pourquoi les enfants m'aiment. Les uns croient que je les aime par tempérament ; mais je dois ajouter ceci :
– Si les enfants m'attirent et me sont chers, ce n'est pas seulement affaire de tempérament, mais encore en raison de la beauté et de la limpidité de leur âme toute remplie de l'Amour de Dieu. Pour moi, vivre au milieu d'un groupe d'enfants, c'est comme vivre dans un paradis. Et, à ce que je pense, si le bon Dieu ne m'avait pas

appelé à mener une vie cachée en religion, il est probable que je serais devenu un prêtre uniquement voué au service des enfants... » (aut 733-734).

AUX CARREFOURS DE L'ESPACE ET DU TEMPS

Mais Van, l'enfant Van, n'en a pas fini de nous déranger, de nous stimuler, nous forçant d'élargir sans cesse les perspectives de nos horizons. Ce n'est sans doute pas pour rien si le Seigneur a suscité cet étonnant jumelage entre lui et Thérèse, une Thérèse qui, dans sa déconcertante simplicité n'en vient pas moins d'être proclamée Docteur de l'Église universelle. Comment, avec une vocation aussi totalement « catholique », n'entraînerait-elle pas son jeune disciple, son « petit frère » sur des pistes d'envol, où nous sommes délivrés de toutes nos étroitesses de l'esprit et du cœur, nous laissant emporter au-delà de toutes nos limites de l'espace et du temps ?

Ainsi, au petit Van, cet enfant du Sud-Est asiatique, qui fut donné au monde, à une époque qui, pour notre Occident, est celle de l'inauguration d'un nouveau millénaire, une mission serait-elle confiée, celle de faire rayonner l'esprit d'enfance au cœur même de l'Extrême-Orient en ce nouveau millénaire ?

Pour que l'âme de l'Asie chante la gloire de Dieu

1 – Mystère de ces terres où le soleil se lève

Extrême-Orient, terres des rizières et des bambous, pays des fleuves et des roseaux où pépient et d'où s'envolent des myriades d'oiseaux, c'est là un monde qui nous fascine, mais que nous connaissons de manière insuffisante et combien superficielle !

Et cependant, pour ces terres évangélisées depuis des siècles et fécondées par le sang d'innombrables martyrs,

– pour ces terres d'élection de 1' Église missionnaire ;
– pour ces terres aimées d' amour par Thérèse, la patronne des missions ;
– et afin de poursuivre l'œuvre commencée, nous avons besoin de saints qui soient des enfants et des jeunes, enflammés d'amour pour le Christ, tout en demeurant insérés, avec passion, dans leur propre culture.

Van, enfant Van, serais-tu de ceux-là ?

2 – Orient et Occident se rencontrent

Mais, il nous faut être réalistes. Van n'aime guère les Français, – c'est le moins qu'on puisse dire –, ces colonialistes, « cette bande de diables blancs ». Les missionnaires français cependant trouvent grâce à ses yeux. Mais Thérèse devra toutefois l'éduquer, en lui expliquant patiemment que la seule vraie libération est celle qui s'obtient dans la prière.

Prier pour les Français ? Ce sera dur.

« *Chaque fois que je dois prier pour la France, je sens un malaise et je souffre comme si je déposais un baiser sur une branche couverte d'épines* » (aut 625).

Mais l'amour n'est-il pas à ce prix ?

Oui, nous avons besoin de saints qui soient des enfants et des jeunes, enflammés d'amour pour le Christ tout en demeurant pétris de leurs traditions et amoureux de leur patrie, mais capables aussi de comprendre et d'aimer les autres peuples dans leurs vocations propres.

Van, enfant Van serais-tu de ceux-là ?

D'un millénaire à l'autre

Nous vivons aujourd'hui, dans l'Église, un événement d'une exceptionnelle importance. Il s'agit de ce grand Jubilé qui, à l'occasion du bimillénaire de la venue du Verbe fait chair parmi nous, vient offrir à chacun et à tous la joie d'un véritable renouvellement spirituel.

Et ce n'est pas seulement l'Église, en tant que telle, qui se trouve concernée, mais c'est le monde entier. L'Église n'est-elle pas sacrement du salut aux dimensions du monde ?

Or, il est un fait hautement symbolique qui, dans le calendrier de cette « Année sainte » attire notre attention. La toute première des manifestations jubilaires se trouve – au 2 janvier de l'an 2000 –, réservée aux enfants. C'est un cortège immense de 45 000 enfants et jeunes adolescents, petits pèlerins en provenance du monde entier, qui est appelé à franchir, en premier, le seuil de la Porte Sainte, et à s'élancer sur ces terres encore vierges du troisième millénaire, précédant et entraînant avec lui tout l'ensemble du peuple de Dieu.

On comprend d'autant mieux l'actualité du message d'enfance que nous apporte Van.

Il est vrai que son « martyre », subi à l'âge de trente-et-un ans, ne nous permet pas de le placer, *strictu sensu*, au nombre de ces « enfants saints » – ni martyrs, ni pubères – dont la béatification (en ce qui concerne Laura Vincuna et les pastoureaux de Fatima) et déjà la reconnaissance de « l'héroïcité des vertus » (en ce qui concerne Galileo Nicolini, Vigolungo Maggiorino, Anne de Guigné, Marie-Carmen Gonzalès) constituent une merveilleuse nouveauté dans l'Église. Grâce à ces fleurs précoces, en effet, nous comprenons que la « sainteté » d'un enfant est d'une valeur si grande que, pour en atteindre la plénitude, peu d'années suffisent au petit « élu ». Et cette authentification d'une telle « sainteté » de l'enfant, qui semble s'effectuer aujourd'hui, de façon progressive par l'Église et qu'avaient préparée de longue date les intuitions du Pape Pie X, de Thérèse de l'Enfant-Jésus et du Concile Vatican II, permettent de se demander si le XXIe siècle ne serait pas, dans la pensée de Dieu, le siècle de l'enfant ?[5]

En revanche, les « enfances des saints » – quelle que puisse être la durée de leur existence terrestre – peuvent nous apporter également de magnifiques témoignages.

Ainsi se trouvent rassurés les parents effrayés devant ces tout-petits qui s'endorment, en riant, pour le Ciel. Car, malgré le courage qu'apporte la certitude de la Foi, le départ auprès de Dieu d'un tout petit enfant laisse au cœur d'un père, d'une mère, une blessure inguérissable.

Mais non, la sainteté ne fait pas mourir ! L'enfant doit être un « saint enfant », pour devenir – dans la plupart des cas – un « saint adolescent », puis un « saint adulte », peut-être un « saint vieillard »...

Puisse le message de Van manifester à l'Église et au monde, que cette voie de sainteté qu'est l'enfance spirituelle, demeure la « perle » par excellence et le trésor caché qui vaut pour tous les âges comme pour tous les temps.

---

5. Cf. : article du Père Nicolas HÉDREUL-TANOUARN o.p, Postulateur de la cause d'Anne de Guigné, paru dans « Enfance et Sainteté », n°50 (Supplément).

VAN, L'ENFANT « PROPHETE »[6]

Telle est donc, en un mot, la vocation ultime de Van : rappeler au monde que Dieu – en qui seul nous trouvons le secret de la véritable enfance – demande à chacun d'entre nous d'accueillir la grâce filiale de l'adoption divine, qui nous fait enfants du Père et fils dans le Fils, dans l'unité de l'Esprit-Saint.

C'est à l'adoration radieuse du Père que nous sommes conviés, ainsi qu'à la suite inconditionnelle du Fils unique et Bien-Aimé, Verbe de Vérité, venu épouser notre chair dans le sein de Marie, et à l'universel Amour de Celui en qui les Trois sont UN.

Van, enfant Van, vois, notre monde est blasé et les hommes périssent d'ennui. Ils ne connaissent plus la joie de chanter Dieu ni de Le louer pour Sa Bonté. Qu'à ta prière d'enfant, nos cœurs s'ouvrent à l'émerveillement devant la beauté de Ses œuvres et frémissent d'allégresse devant la gratuité de Son amour.

Van, enfant Van, notre monde rejette l'enfant ainsi que l'esprit d'enfance. Pire encore, il détruit sa vie, celle du corps par le crime odieux de l'avortement, celle de l'âme par le scandale, plus nocif encore qui entraîne le péché. Que ton intimité avec Jésus, l'Ami des enfants, nous console et, nous faisant surabonder d'espérance, nous fortifie pour les combats de la Vérité.

Van, enfant Van, nos cœurs sont desséchés comme des citernes vides et nous avons perdu la fraîcheur du premier amour. Que l'Esprit-Saint, Âme et Cœur de l'Église, fasse jaillir, à ta prière et pour chacun d'entre nous, sur le seuil de ce troisième millénaire, les sources vives d'une enfance nouvelle.

Va, petit Van... Va, enfant prophète, et, avec la force de Dieu, va et libère ton peuple, ce peuple des enfants, ce peuple des petits, et tous ceux

6. Nous prenons ici le mot prophète, non pas dans son sens strict dont il est fait usage lorsqu'il s'agit des messagers auxquels Dieu confie la tâche redoutable de faire connaître aux hommes les trésors de la Révélation. Van n'est pas Daniel, celui-ci fût-il enfant prophète. Mais nous prenons ici le mot prophète dans un sens très large, pour rappeler surtout le message de Van touchant la sainteté des enfants et la petite voie de l'enfance spirituelle.

dont ton Dieu – notre Dieu – ne veut pas que même le plus pauvre, et le plus pécheur, ne se perde.

Van, enfant Van, prends-nous par la main et entraîne-nous sur ces chemins de la véritable enfance, toi, simple goutte de rosée tout offerte à l'Amour.

Une sainte audace

Père Marie-Dominique MOLINIÉ o.p.*
Théologien

Pour comprendre l'importance de l'intervention de Thérèse dans la vie de Van, il faut partir du découragement provoqué chez lui par la lecture de la vie des saints. Leurs mortifications le terrifient, comme elles nous terrifient tous. Quand on pense à ce qu'il a dû endurer dès l'âge de sept ans, on peut être surpris qu'il ne se rende pas compte d'avoir été déjà mis à l'école de la Croix : son confesseur le lui a pourtant dit en toutes lettres. Il le sait, il se veut sans péché, il est prêt à mourir pour garder sa virginité, mais il avait eu l'espoir de nager sans trêve dans le pressentiment du Ciel et la joie de l'Eucharistie, et soudain l'Eucharistie lui est refusée...

Il se voit digne de l'enfer sous l'effet des accusations qui voilent son regard, alors il est écrasé devant les mortifications des saints. Ignorant que les croix envoyées par Dieu sont plus sanctifiantes que celles qu'on se donne soi-même, il se sent incapable de passer des nuits à prier... Et lequel d'entre nous, en somme, se sentirait capable de vivre comme Siméon le Stylite par exemple ?

Je ne sais pas dans quelle mesure ni à quel moment les autres saints ont fait la découverte de leur impuissance. Je sais seulement que cette découverte est le pivot de ce que Thérèse appellera sa petite voie, dont elle expliquera à Van le secret explosif et libérateur. Je dois dire ici que ce fut mon propre cas, même si je n'ai pas la prétention de me comparer à ces deux grandes figures : non seulement je n'ai pas cette prétention, mais je sens bien qu'une certaine manière découragée de souligner la différence

* Auteur de nombreux ouvrages dont *Je choisis tout,* CLD, 1992, 248 p ; *Le courage d'avoir peur,* Cerf, Foi vivante, 1997, p. 229 et les plus récents : *Qui comprendra le Cœur de Dieu*, SAINT-PAUL, 1994 ; *La Gloire et la Croix*, Téqui, 1999.

qui nous sépare d'eux constitue en fait une tentation subtile qui, sous couleur d'humilité, nous rend aveugles à la profondeur de leur doctrine.

Donc je comprends que Van ait éprouvé ce découragement. Je ne sais pas ce qu'il avait sous la main quand il dit avoir parcouru :

« *toute la série de la vie des saints, sans en trouver un seul qui ait été joyeux, qui ait ri et se soit montré espiègle comme moi. Tous, dès leur enfance, avaient fait preuve d'aptitude à endurer la faim et à passer de longues heures en prière. Et quant aux saints qui avaient d'abord mené une vie de péché pour se convertir, ils avaient pratiqué des pénitences corporelles effrayantes* » (aut 563).

Il aurait pu se réconforter, croyons-nous, en pensant à ce qu'il avait souffert : un véritable martyre à nos yeux, et en vérité. Mais cela n'effleure pas son esprit, et c'est lui qui a raison, car ce n'est pas du tout la question : il est habité par le pressentiment brûlant de la vraie sainteté avant même d'avoir lu l'*Histoire d'une âme*. C'est justement pour cela qu'il explosera littéralement à cette lecture.

« *Suivant mon idée personnelle, j'aurais voulu que ma vie de sainteté soit conforme à cette pensée de saint Augustin : "Aime et fais ce que tu veux". Oui, j'aurais voulu que toutes mes actions, tous mes gestes soient consacrés au service de Dieu, dans l'intention d'arriver jusqu'à Lui qui est la perfection absolue. Mais comment oser courir un tel risque alors que je n'avais pas encore réussi à trouver un seul guide officiellement reconnu, pour approuver comme admissible ma conception de la sainteté... et de moi-même, je n'osais pas inventer une voie nouvelle. Alors comment faire ?*

« *Le Bon Dieu devait sans doute me comprendre. Je l'aimais et je désirais lui prouver mon amour de n'importe quelle manière, soit même par un sourire ou une bouchée de riz... quand on aime, qu'est-il besoin de se donner la discipline ? D'ordinaire, les gens trouvent plus de plaisir dans un simple regard d'amour que dans mille cadeaux...*

« *J'en concluais que mon désir de la sainteté était une pure folie, une grave tentation qu'il me fallait repousser fermement. Mais je ne sais pourquoi, plus je chassais cette tentation, plus elle me harcelait. J'avais beau la fuir, elle revenait avec encore plus d'insistance. Souvent je devais supplier la Sainte Vierge de me libérer de cette pensée importune. Il m'était évidemment impossible de devenir un saint...*

« *Un soir, à l'heure de la visite au Saint Sacrement, soudain mon esprit fut envahi par une pensée étrange qui me fit perdre toute la douceur que je goûtais en présence de Dieu ; une pensée qui m'incitait à devenir un saint. Ah ! devenir un saint ? Comme bien d'autres fois, je considérais cette pensée comme une tentation d'orgueil, et je la chassai de toutes mes forces... mais j'étais impuissant devant cette pensée, comme si une force surnaturelle m'avait obligé à y fixer mon esprit. Non ! Je décidai de résister. Ô mon Dieu viens à mon secours, délivrez-moi de cette tentation... c'est comme si cette pensée obsédait totalement mon esprit et mon cœur. Je tremblais, à force de résister... j'avais peur, en disant oui à ma conscience, de commettre un péché, pour avoir osé désirer devenir un saint ! Je refusais donc toujours catégoriquement* » (aut 563-565).

Il y avait en effet une contradiction complète entre l'idée de la sainteté que Van pressentait et celle que lui proposait, non pas l'Église mais le clergé, non la Parole de Dieu mais les livres mis à sa disposition. Et cette contradiction, Thérèse l'a connue à sa manière, c'est pourquoi elle a eu conscience « d'inventer une voie nouvelle » destinée aux petites âmes, incapables de ne pas se laisser décourager par le spectacle de la sainteté « classique ».

Obstacle réel, obstacle grave. Même si à leur manière tous les saints ont dû connaître cet obstacle et le surmonter, aucun ne l'a compris avec la clarté de Thérèse, c'est un fait : tous ils ont dû se débrouiller autrement. Je ne me charge pas ici d'expliquer comment. Je dis seulement que Van nous montre avec une extraordinaire clarté que Thérèse ne se trompait pas en sentant que Dieu lui donnait la mission d'ouvrir un chemin *nouveau*[1] devant les âmes apeurées par le spectacle des grands saints tels que les livres les présentaient, et tels *qu'eux-mêmes se sont présentés* : car la lumière de Thérèse ne leur fut pas donnée de cette façon – qui pour Van et tant d'autres était une question de vie ou de mort.

Alors il supplie la Sainte Vierge de lui donner un signe pour savoir si son désir vient de Dieu ou du démon, afin de retrouver la paix. Il décide de s'en remettre à Elle, de choisir un livre au hasard en récitant une sorte de formule magique pour diriger sa main, il tombe sur l'*Histoire d'une âme*... est tenté de ne pas l'ouvrir :

« *Qu'est-ce que cette* Histoire d'une âme *et cette Thérèse de l'Enfant Jésus ? Certainement elle ressemble à tant d'autres : depuis sa naissance jusqu'à son dernier soupir, elle a eu beaucoup d'extases et fait quantité de miracles ; elle jeûnait au pain et à l'eau, ne prenant qu'un repas par jour ; elle passait des nuits en prière et se donnait la discipline jusqu'au sang.* »

Seulement il vient d'invoquer solennellement la Sainte Vierge, comment refuser ce qu'elle propose ? Ce fut alors enfin l'arrivée de la pluie sur une terre desséchée. Desséchée non dans ses profondeurs, Thérèse elle-même le dira à Van, mais à la surface, dans sa conduite au quotidien, sa psychologie concrète – celle qui permet de parler, de prier, de savoir que Dieu nous aime, comment on peut l'aimer, et comment si j'ose dire on peut pécher... puisque nous sommes des pécheurs, que « le juste pèche sept fois par jour et que toutes nos justices sont des vêtements souillés ».

Si j'ose tenter un début d'explication, je le chercherai du côté du péché originel[2] qui obscurcit le visage de Dieu à nos yeux, et *aux yeux des saints eux-mêmes* tant qu'ils ne le sont pas encore.

Le privilège extraordinaire de Thérèse et de Van, c'est d'avoir reçu dès leur prime enfance, à travers une famille chaleureuse et profondément catholique, une lumière très vive sur la tendresse de Dieu, l'amour de Jésus pour les petits, la protection maternelle de Marie. Van dit lui-même avec Thérèse que les enfants sont comme de la cire sur laquelle il est très facile d'imprimer le blanc ou le noir, le bien ou le mal, la lumière ou les ténèbres.

Naturellement leur liberté joue un rôle décisif, mais à supposer qu'elle soit fidèle, les enfants reçoivent beaucoup plus vite que les adultes une lumière pénétrante sur ce que Dieu est *vraiment* – au-delà des apparences qui en font un Tout-Puissant redoutable ou un Juge sévère. Il y faut encore une fois des conditions exceptionnelles que Dieu offre mais ne remplace pas, car elles seules sont conformes à la nature humaine. Éclairer un enfant contre son environnement, c'est un peu ce que Dieu a fait pour Van, et cela suffit pour entraîner un déchirement inexprimable que Thérèse n'a pas connu, entre ses intuitions profondes et la doctrine officielle qu'on lui assénait avec une puissance supérieure à celle des théologiens accablant Jeanne d'Arc : dissociation intolérable à laquelle Dieu a mis fin au bout de cinq ans en lui envoyant Thérèse.

Le privilège de ces enfants, c'est d'être éclairés sur la Miséricorde divine bien avant d'être des saints et d'avoir chassé leurs défauts – sauf précisément ceux qui leur voileraient la tendresse de Dieu. De tels enfants se démarquent nécessairement du chemin normal de ceux qui n'ont pas reçu cette lumière, car ils sont libérés aussitôt de l'aveuglement fondamental faisant de Dieu un être à redouter plus qu'à aimer.

Il me semble que tout est là. Les adultes qui n'ont pas reçu cette grâce ont affaire à un visage divin défiguré par les théologiens et les prédicateurs sous l'effet des ténèbres du péché originel, et les plus grands saints eux-mêmes ont eu bien du mal à surmonter ces « hallucinations d'un cœur crispé ».

Mais le Saint-Esprit a voulu nous offrir un remède par la manifestation progressive de Marie dont parle Grignion de Montfort, et par le message de Thérèse de l'Enfant Jésus, dont la gloire s'est répandue comme un ouragan sur le monde entier. Ce n'est pas moi qui le dis, c'est la voix de l'Église et des Papes : « La plus grande sainte des temps modernes », cette expression est de Pie XI. Pour quiconque n'a pas été préservé dans son cœur d'enfant selon le privilège dont je viens de parler, se tourner vers Marie, écouter le message de Thérèse et se mettre à son école, sont deux actes d'humilité qui permettent d'entrer rapidement et facilement dans la catégorie de ceux « qui ressemblent aux enfants », selon la parole du Christ.

À l'intention de ces chrétiens, et plus encore des enfants eux-mêmes, si monstrueusement corrompus et « scandalisés » dans le monde actuel, Van se présente à son tour comme le *« secrétaire de Thérèse »* pour diffuser son message. La seule question est de savoir, pour lui comme pour Jeanne d'Arc, « si ses voix l'ont trompé » – si Jésus, Marie et Thérèse lui ont vraiment parlé, ou s'il faut brûler ses écrits comme on a brûlé Jeanne d'Arc à titre de sorcière.

Si oui, je répète qu'on le fasse. Mais si non, on ne peut pas prendre à la légère une vie qui a commencé en somme comme celle de Thérèse pour se terminer comme celle de Jeanne d'Arc. Il faut lui demander les miracles requis pour la bonne règle : le Ciel ne manquera pas de répondre à l'Église, et l'Église alors devra s'incliner en le canonisant. Car il ne faut pas contrister l'Esprit de Dieu, ni étouffer ce qui peut dévoiler son vrai Visage à nos cœurs enténébrés. Là est le risque que nous courons si l'Église ne le canonise pas – d'où l'importance de le faire si « ses voix ne l'ont pas trompé ». On voit que l'enjeu dépasse celui d'une canonisation ordinaire...

---

1. Thérèse dit ailleurs à Van:

« *C'est dans l'intention de préserver du découragement toutes les âmes qui tendent à la perfection que Dieu a bien voulu me prendre par la main et me guider sur la route. Son intention n'était pas du tout que j'invente une voie nouvelle mais uniquement que j'explique clairement la voie de la perfection qu'ont suivie les saints d'autrefois* » (ecr 2).

Et de fait elle écrit bien dans l'*Histoire d'une âme* que : « Jésus se plaît à me montrer **l'unique chemin** (je souligne) qui conduit à cette fournaise divine » (ch. IX) : il n'y a donc qu'un chemin, et tous les saints ont dû l'emprunter.

Mais elle dit aussi au chapitre X, comme pour répondre d'avance au découragement de Van : « J'ai toujours désiré d'être une sainte, mais hélas, j'ai constaté qu'il y a entre eux et moi la même différence qui existe entre une montagne et le grain de sable obscur foulé sous les pieds des passants... Je me suis dit le Bon Dieu ne saurait inspirer des désirs irréalisables, je puis donc malgré ma petitesse aspirer à la sainteté... Je veux chercher le moyen d'aller au Ciel par une petite voie bien droite, bien courte, une petite voie **toute nouvelle** (je souligne encore) ».

La contradiction n'est qu'apparente s'il s'agit en fait d'une lumière nouvelle et plus explicite sur ce qui a toujours fait le secret de la sainteté. J'ai tenté de m'expliquer plus longuement là-dessus dans le livre *Je choisis tout.*

2. Le péché originel est effacé par le baptême, mais les ténèbres du péché originel ne le sont pas, et ne disparaissent qu'au terme d'une longue purification et d'un long combat.

C'est la doctrine de tous les Pères de l'Église, enracinée dans le *Nouveau Testament* (« Je sens deux hommes en moi » dit à peu près saint Paul dans l'*Epître aux Romains*, ch. 7).

Saint Thomas dit que la permanence de ces ténèbres et de cette souillure, appelée par les théologiens le *fomes peccati*, est voulue par Dieu à cause de la splendeur du combat livré par les saints contre la faiblesse et les aveuglements de la chair. Saint Jean de la Croix de son côté a longuement décrit ce combat et cette « Nuit obscure ».

Il n'y a donc pas à s'étonner que les ténèbres du péché originel (plus précisément du *fomes peccati*) obscurcissent pendant longtemps le regard des saints eux-mêmes.

« *Ô Marie, tu es ma véritable Mère* »

Père Eric de KERMADEC m.r.i.,
Modérateur Général de la Fraternité de Marie-Reine Immaculée
Professeur de Mariologie au Séminaire d'Ars

Toute la vie de Van chante la maternité de Marie avec des accents qui renvoient, sans surprise, à celle qu'il reçoit pour mission de « seconder » : sainte Thérèse de l'Enfant-Jésus. Jésus le lui avait annoncé : « *Dans le Ciel, je te donnerai comme fonction d'aider Thérèse, ta sœur aînée, à répandre dans le monde la confiance en mon amour* » (col 108).

Marie, aimée et contemplée comme Mère, sera pour Van comme cette « cité-refuge » toujours ouverte, dans son pèlerinage de la terre, celle que chante l'*Alma Redemptoris Mater* : « Porte du ciel, toujours ouverte, Étoile de la mer ».

MARIE ET VAN : UN MYSTÈRE D'ALLIANCE

Il est difficile de résumer ce qui apparaît surtout comme une vie, bien avant d'être une doctrine. Cette vie transparaît avant tout dans l'admirable *Autobiographie* que Van nous a laissée et qui, de la même manière que son « aînée » Thérèse, commence par une prière à Marie, puisque *« le cœur de Marie est vraiment un livre où se trouve enregistrée clairement la vie de chacun de ses enfants* » (aut 5). Ainsi, pour offrir, par obéissance à son père spirituel, le récit de l'œuvre de Dieu dans sa vie, Van n'a qu'à plonger son regard dans le Cœur maternel de Marie, ce Cœur où il a appris à demeurer dans les temps de joie et surtout dans les « mystères douloureux » de son existence marquée par la Croix.

« Je vivais avec la Sainte Vierge »

Dès son enfance, Van reçoit comme naturellement la grâce d'expérimenter dans la foi la présence aimante et enveloppante de Marie : sa mère de la terre ouvre son cœur sensible à sa Mère du ciel. Et bien vite, la beauté de Marie, qu'il perçoit sous le voile de la nature en fleurs du mois de mai – qu'il appellera plus tard tout simplement le mois de « Mère » ! – lui fait désirer *« être une fleur sans fruit, afin de répandre mon parfum devant le trône de Marie durant toute ma vie. De là que la pensée d'entrer en religion devenait de plus en plus forte chez moi »* (aut 38). Dans ce climat de « printemps de l'âme », Van fait une première expérience forte d'offrande de toute sa vie à sa Mère du ciel :

> *« Tous mes bons sentiments et mes bonnes intentions, je les entassais sur l'autel de ma Mère Marie, je la regardais avec tendresse, attendant qu'elle m'accepte comme le tendre bouton d'une petite fleur encore caressé par la brise du monde. Mais craignant qu'un jour il ne vienne à se flétrir, je l'ai offert dès mon enfance afin que, grâce à la protection maternelle de Marie, mon âme puisse garder toujours sa fraîcheur jusqu'à la fin de ma vie. Depuis ce moment-là, j'ai senti dans mon cœur une joie débordante. J'ai donc la certitude que Marie m'a regardé, qu'elle a donné à mon âme un sourire mystérieux ; et cette joie même est le témoignage de l'engagement pris par la Sainte Vierge de garder à la fleur de mon cœur sa fraîcheur perpétuelle »* (aut 39).

Cette expérience est fondatrice dans l'affection filiale de Van pour Marie : Marie l'attire dans un regard de tendresse, dans un mystérieux sourire – que l'on pourrait rapprocher du sourire qui guérit Thérèse – reçu dans la foi. Marie l'assure de sa présence, de sa protection aimante, et l'Épouse de l'Esprit-Saint peut déposer dans son cœur ce don de la joie, une « joie débordante », apanage des cœurs dilatés dans l'amour.

Van grandit dans cette magnifique proximité de tous les instants. Marie éduque ainsi son cœur en profondeur :

> *« Je peux dire que je vivais avec la Sainte Vierge, me tenant sans cesse à ses côtés. Aussi me couvrait-elle de sa protection maternelle, m'inspirant de l'amour pour la vie calme des saints, me poussant à me tourner sans cesse vers elle, écartant de mon âme tout sentiment de tristesse »* (aut 73).

Cette éducation dans l'intimité de Marie, à l'ombre de son « doux regard maternel », passe d'une manière privilégiée par la récitation fidèle du chapelet. Et toujours l'accompagne la joie, fruit et sceau de l'authenticité de sa vie intérieure :

« *Ah ! quand la Sainte Vierge m'aime à ce point, comment pourrais-je jamais l'oublier et ne pas l'aimer ?* »(aut 74).

« Marie ma Mère est toujours venue à mon secours »

Devant les premières contradictions que rencontre son cœur d'enfant ardent et sensible grandit en lui une confiance « éperdue » en Marie, comme celle qui l'aime, le comprend et l'exauce plus que tout autre. Marie devient le « lieu de son espérance » :

« *Je gardais toujours confiance en la bonté de ma Mère du ciel, et j'allais chaque jour épancher mon cœur dans le sien. Marie a bien compris mes sentiments et m'a exaucé au-delà de mes désirs* »(aut 82).

Bien établi dans cette ferme disposition intérieure à l'égard de Marie, sa Mère bien-aimée, Van peut désormais subir les « tempêtes » qui vont souffler sur son âme d'enfant à la triste cure de Huu-Bang :

« *La lampe de mon cœur brillait toujours sans discontinuer. Voyant cela, le démon, furieux plus qu'on ne pourrait le dire, était bien décidé de déclarer une bonne fois la guerre à l'enfant choyé de la Sainte Vierge* »(aut 132).

Avec Marie et par elle, soutenu par l'arme du chapelet qu'il sera finalement contraint de réciter sur ses dix doigts – le chapelet des pauvres –, Van subit les assauts de l'Adversaire qui, n'ayant aucune prise sur la Femme, « s'en alla faire la guerre contre le reste de sa descendance, ceux qui observent les commandements de Dieu et gardent le témoignage de Jésus » (Ap 12,17). Il expérimente la puissance du Rosaire récité avec le cœur, cet instrument choisi entre tous par Marie dans le combat à la victoire assurée contre le Prince de ce monde :

« *Je me disais : à supposer que je doive encore sacrifier même les dix bouts de mes doigts, jamais mon cœur ne cessera d'exprimer son amour envers la Sainte Vierge par la récitation du chapelet ; car c'est grâce à cette pratique que Marie ma Mère est toujours venue à mon secours, forçant le démon à me craindre, si bien qu'il n'a jamais réussi à me vaincre. Bien plus, il s'est fait encore asséner de ces coups imprévus qui ont déjoué ses ruses les plus secrètes. C'est pourquoi, la haine implacable entre le démon et moi n'a jamais connu de trêve* » (aut 152).

« D'ordinaire, j'avais recours à la Sainte Vierge »

Dans le climat délétère de Huu-Bang, l'audace de Van est à la mesure de sa confiance et de sa remise continuelle entre les mains maternelles et agissantes de Marie. Et Marie, qui connaît ce qu'endure son enfant, se prête magnifiquement à ses initiatives :

« *Souvent, il n'était pas facile de voler le curé. Aussi, d'ordinaire, j'avais recours à la Sainte Vierge. Après m'être présenté devant elle et lui avoir exposé tous les malheurs de ma vie, je m'approchais du tronc des offrandes et je cherchais un moyen d'en extraire quelques sous. Si quelqu'un m'avait pris sur le fait, j'aurais été traité de voleur ; mais aux yeux de la Sainte Vierge j'étais innocent, puisque c'est avec sa permission que j'osais prendre cet argent. Chaque fois que j'ai extrait de l'argent du tronc de la Sainte Vierge, la chose a été facile, et tout s'est passé comme je l'avais désiré* » (aut 182).

Une autre fois, toujours dans le domaine matériel où Marie excelle, telle le « gérant trompeur » de l'Évangile (cf. : Lc 16, 1-13), Van doit s'en remettre à elle pour se procurer du papier et de l'encre, sans quoi il serait chassé de l'école :

« *Tout en larmes, j'accourus au pied de la Sainte Vierge, et le cœur rempli d'amertume, je lui exposai mon malheureux sort, comparé à celui de beaucoup d'autres enfants. Après ma prière, une pensée se présenta doucement à mon esprit. Je m'approchais du tronc de la Sainte Vierge dans l'intention de soutirer quelque chose ; et voilà que, à peine arrivé, j'aperçus, ressortant de l'ouverture du tronc un billet de vingt sous, plus qu'il n'en fallait pour m'acheter du papier et de l'encre violette. Et c'est grâce à ce billet que j'ai pu décrocher mon certificat primaire* » (aut 183).

Au cœur de sa découverte de l'amour maternel de Marie se place sa situation particulière d'enfant vivant éloigné de sa famille, et en particulier de sa mère de la terre. Depuis que sa mère l'a confié au curé de Huu-Bang dans la perspective lointaine du sacerdoce, à l'âge de sept ans, Van vit en « interne », comme dans un douloureux exil qu'aggrave le despotisme de l'Abbé Nha. La nostalgie du foyer familial, de la tendresse de sa mère, va bien souvent habiter son cœur. Dans la vigueur de sa foi, Van s'en remet à sa Mère Marie, implorant son secours dans tous ses malheurs.

« Me remettant tout entier entre les mains de la Sainte Vierge »

De Huu-Bang, Van part, soulagé, pour la paroisse de Thai-Nguyên, au terme d'une neuvaine de prières à Notre-Dame du Perpétuel-Secours. Ce départ qui clôt une période douloureuse, sur fond d'humiliations répétées, n'entame pas la paix de son cœur. Sa force intérieure, qui surprend ses compagnons de voyage, témoigne de la vitalité et de la profondeur de sa détermination :

« Quand je fus monté sur le train, je poussai un long soupir et me mis à chanter : Ô Mère, comme je te remercie... Mes deux compagnons, voyant que j'avais l'air de me moquer de la vie, me dirent : – Après avoir reçu tant d'insultes, comment peux-tu avoir l'air si calme ? Je ne répondis pas. Ils ajoutèrent : – Tu es quelqu'un qui ne sait plus s'émouvoir, un type au visage épais.

C'est vrai, si je n'avais pas eu le "visage épais", il n'est pas sûr que j'aurais pu endurer toutes les humiliations dont on m'a accablé. Mais parce que j'ai le "visage épais", on a beau me souffleter, la joie et le calme continuent de régner dans mon cœur » (aut 278-279).

« Visage épais » qui renvoie au mystère du Serviteur souffrant qui « a rendu son visage dur comme la pierre » (Is 50,7). Mystère d'un enfant mûri au creuset de la souffrance et qui s' « enfonce » toujours plus dans le cœur maternel de Marie : la très grande sensibilité de Van est portée et dépassée dans son appartenance plénière à Marie. Marie règne avec tendresse et force sur son cœur comme lui est remis le soin de régler tous les détails de sa vie quotidienne, et spécialement la réussite de plusieurs « évasions », que les événements rendront nécessaires. Ainsi, un matin,

« quand le jour parut, je me déclarai malade, mais une fois tout le monde rendu à l'église pour la prière, je me levai, me mis à genoux pour faire l'offrande de ma journée, me remettant tout entier entre les mains de la Sainte Vierge et lui demandant de protéger ma fuite afin qu'elle s'effectue sans encombre (aut 318). *(...) Quand la messe fut terminée, les deux petits servants quittèrent l'église, se précipitèrent dans le dortoir et ne me voyant pas, ils sortirent affolés en criant : – C'est vrai, Van s'est enfui... il s'est enfui.*

Lentement, je me retirai du côté de la forêt et me cachai dans un buisson touffu. Là j'étais attentif à la poursuite des petits et je disais mon chapelet avec ferveur demandant à la Sainte Vierge de ne pas me laisser tomber entre leurs mains » (aut 321).

Autant d'épisodes douloureux qui lui donnent d'expérimenter la protection concrète de Marie, conduisant les événements et déposant en Van des inspirations ou invitations pressantes à poser tel ou tel geste salutaire. Même les pires souffrances, comme les violentes corrections de son père, sont adoucies par Marie :

« Mon père était lui-même le bourreau, quel autre restait pour avoir encore un peu pitié de moi ? Cet abandon me portait à regarder le ciel. Je levai mes yeux

pleins de larmes sur l'image de la Sainte Vierge, je l'invoquai dans l'espoir qu'elle viendrait à mon secours et me donnerait au moins assez de courage pour endurer les coups de rotin de cette nuit-là. De fait, après avoir levé mon regard vers cette bonne Mère du ciel, ces événements fâcheux allaient devenir doux à supporter... Mon père me frappait à coups accélérés, mais chaque coup portait sur le cadre du lit de camp qui se trouvait à un niveau plus élevé que la toile sur laquelle j'étais étendu, si bien que je ne sentais aucune douleur. Malgré cela, j'ai pleuré toute la nuit, car au fond de mon cœur j'éprouvais une immense tristesse impossible à contenir » (aut 418).

« Toujours la Sainte Vierge me répondait »

Rien n'entamera cette confiance résolue en Marie, pas même les suggestions désespérantes du démon le vouant aux châtiments de l'enfer. Face à cette tentation, Van prie Marie avec une candeur et une noblesse qui désarment les « traits enflammés du Mauvais » (Ep 6,16) :

« *Ma vie, de quelque côté que je la regarde, n'est que souffrance continuelle ; cependant, si telle est la volonté de Dieu sur moi, j'accepte tout de bon cœur. Et si un jour par ma faute il m'arrive de manquer, de déplaire à Dieu et de mériter un châtiment éternel, je te demande encore de m'aider éternellement à endurer ce châtiment pour glorifier la sainte volonté de Dieu.*

Je pense que le démon redoutait beaucoup cette prière. Aussi, quand je me sentais troublé, je ne manquais jamais de répéter fois sur fois ces paroles, et toujours la Sainte Vierge me répondait par une consolation surnaturelle dont il est impossible de décrire toute la force mystérieuse » (aut 435).

« J'ai su me jeter sur le Cœur de la Sainte Vierge »

Van est heureux en présence de Marie, avec toute la liberté que donne l'amour et l'inventivité d'un cœur d'enfant. Cette intimité se traduit en familiarité : avec Marie comme avec Jésus, Van sera comme le chantre de la « toute-proximité » du Ciel, de Dieu et de Marie. S'étant vu reprocher d'oser réciter le chapelet sur le dos d'un bœuf, Van écrit ces lignes qui disent bien la soif et la joie intimes de son cœur :

Quant à moi, chaque fois que j'ai su me jeter sur le Cœur de la Sainte Vierge, j'ai senti que cette Mère me rapprochait davantage de Jésus. Oui, je sentais que Dieu était près de moi tout comme la fleur des champs, le murmure du vent dans les pins, la splendeur de l'aurore, ou le chant de l'oiseau résonnant partout dans l'espace. (aut 449-451).

« O Mère, je fais le vœu de garder la virginité comme toi »

Instruit par un songe où il contemple « un autre monde composé uniquement de saints gardant la virginité », Van découvre en Marie la source et le rempart de cette beauté et pureté de vie. Immédiatement, dans la hâte et l'obéissance aimante à cette invitation divine, il s'engage aux pieds de Marie :

(...) J'avais l'assurance que désormais la Sainte Vierge serait la gardienne de ma virginité, puisque je lui avais fait le vœu de garder la virginité perpétuelle. Ma vie sera désormais sa vie, mes peines seront aussi ses peines, et mon rôle à moi sera de rester toujours blotti sous son manteau immaculé. En sortant de l'église, je me mis à courir et à sauter en tous sens comme l'écume blanche qui danse au pied d'une chute » (aut 463-464).

A chaque nouveau pas en avant dans la remise de tout lui-même à Marie, Van reçoit en partage le cadeau de la joie. Joie chrétienne des béatitudes que ne sauraient vaincre, quelque déroutantes qu'elles puissent être parfois, les lames de fond de l'épreuve, de l'aridité, de la souffrance. Au creux même des larmes perce la douce consolation que le « discret baiser » de Marie dépose dans son cœur...

« Le petit secrétaire de Marie ma Mère »

A la tête des Anges de la Résistance, Van fait de Marie sa conseillère tactique afin de remédier efficacement au climat dépravé de la cure de Huu-Bang. Détournant et contrefaisant le courrier souvent licencieux qui circule entre les catéchistes et les jeunes filles du voisinage, Van entreprend, avec l'aide de Marie, une vraie restauration morale de cette "communauté de misère". Audace intrépide d'un enfant de treize ans, qui suscitera la reconnaissance de plusieurs de ces jeunes filles :

« J'ai même osé leur avouer la méthode que j'avais employée pour les arracher à ces amitiés-là. Et alors, au lieu d'être fâchées de ma conduite, elles m'en témoignèrent de la reconnaissance. Celles qui autrefois m'appelaient souvent "chien de Van" ne m'appelleront plus que "petit ange" ou encore "Mademoiselle Marie". Elles me donneront ces noms parce que, dans la suite, en leur écrivant, je signais toujours mes lettres par ces mots : "un ange", ou encore "le petit secrétaire de Marie ma Mère" » (aut 516).

« Ô Mère, viens me guider dans ma nouvelle voie »

Une étape décisive va marquer toute sa vie, à l'automne 1942. Van a quatorze ans. Là encore apparaît, indiscutable, la signature maternelle de Marie. Van, qui veut devenir un saint, est comme paralysé par l'image ascétique qu'il se fait de la sainteté. Qui saura l'illuminer et le libérer sur le chemin de sa vocation authentique à la sainteté ?

« J'allai me jeter au pied de la statue de Notre-Dame des Grâces, et lui fis cette prière :
– Ô Mère chérie, viens montrer que tu es vraiment ma Mère. Je t'en supplie, donne-moi un signe qui me permette de comprendre si la pensée qui torture mon cœur en ce moment vient de Dieu, ou si elle vient du démon qui veut m'importuner. Je désire que tu exauces ma prière. Demain, permets que je revienne près de toi dans l'espoir de recevoir tes conseils et de recouvrer la paix.
Je retournai ensuite à la salle d'études. (...) Après réflexion, je décidai de choisir une vie de saint en tirant au sort la vie de saint qui me tomberait sous la main. Je la lirais, même si je l'avais déjà lue auparavant. Et je passai aussitôt à l'exécution. Les yeux bien fermés, de mes deux mains, je mis tous les livres pêle-mêle, puis agitant trois fois le bras, je laissai tomber la main sur le monceau de livres, et comme convenu, celui sur lequel mon index se poserait fermement, je le prendrais pour le lire. Tout en posant ces gestes, je récitais un genre de formule magique demandant à la Sainte Vierge de diriger ma main sur un volume au moins un peu intéressant. C'est fait !... J'ouvris les yeux, je ne comprenais pas ce qui se passait et je ne savais que faire. Je venais de mettre la main sur un livre... que je n'avais pas encore lu mais que j'avais déjà exclu comme ne renfermant rien d'extraordinaire. Je le saisis et en regardai le titre... » (aut 566-567).

Van vient de recevoir de la main même de Marie *Histoire d'une âme* de sainte Thérèse de l'Enfant-Jésus. La « petite voie » de Thérèse est pour Van, son « petit frère », « une voie nouvelle ». Van remercie Marie d'avoir si magnifiquement exaucé sa prière :

« Sainte Vierge, ma Mère, c'est vraiment aujourd'hui le premier jour qu'il m'est donné de goûter un bonheur si doux ; le jour qui m'introduit dans une voie nouvelle. Je sens que Dieu m'aime, et parce qu'il m'aime il m'a appelé à le suivre sur le sentier de la perfection. Ô Mère, son amour est vraiment un amour infini, et à la vue d'un tel amour, je ne sais quelles paroles employer pour lui dire ma reconnaissance, ni quel cœur lui offrir qui soit capable d'un amour qui réponde à son Amour. Permets que je vienne à toi avec mon pauvre cœur, que je le dépose entre tes mains, afin de l'offrir par toi au Dieu Trinité. Tu sais bien aussi que la digne offrande que je présente au Dieu Trinité n'est rien autre que l'Amour de Dieu ;

mais pour contenir cet Amour de Dieu, je n'ai rien que mon pauvre cœur. Désormais, ô Mère viens me guider dans ma nouvelle voie ; viens m'apprendre à aimer Dieu parfaitement et à m'offrir à lui avec une entière confiance »(aut 576).

C'est bien Marie qui a conduit Van sur ces sentiers de la confiance, de la pauvreté offerte à l'amour débordant de Dieu, par l'entremise de sa messagère Thérèse : « le trésor de la Mère appartient à l'enfant ». Telle une grande sœur, Thérèse entre ainsi, porteuse des intentions du Cœur maternel de Marie, dans l'intimité de Van. Temps de grâce et de joie qui saute aux yeux des proches :

« *En ces jours-là, la Sainte Vierge me gâtait de façon très évidente ; beaucoup de faveurs désirées, que les gens venaient tout juste de me confier pour les présenter à la Sainte Vierge, leur étaient aussitôt accordées comme par un miracle éclatant. De là que, on me soupçonnait encore davantage d'avoir eu des apparitions de la Sainte Vierge. De fait, elle ne m'est jamais apparue, mais il m'a été donné d'entendre sa voix tout comme celle de ma sœur sainte Thérèse* » (aut 634).

« O Mère, oui je le veux »

Thérèse invite Van à confier l'orientation de sa vocation de consacré au bon soin de Marie. Et Marie lui répondra par un songe, tandis qu'il récite les mystères douloureux du Rosaire au fond de son lit. C'est saint Alphonse-Marie de Liguori, fondateur des Rédemptoristes, qui vient l'inviter... Ignorant encore tout des Rédemptoristes et de Saint Alphonse, Van croit candidement reconnaître Notre-Dame des Sept Douleurs, vêtue de noir ! Le récit n'en est que plus savoureux :

« *Le personnage s'était avancé jusqu'à la tête de mon lit. J'aperçus distinctement les traits de son visage épanoui et souriant. Il me regardait avec affection ; la beauté de sa personne était telle qu'elle avait l'aspect d'un très doux rayon de lumière. A la vue d'une telle beauté, je me tournai brusquement pour me coucher sur le dos, afin de la contempler plus à mon aise, et je poussai ce cri de joie :*

– Oh ! Sainte Vierge, comme tu es belle !

Son doux regard restait fixé sur moi, et moi, je regardais avidement ce personnage sans cligner des yeux, car c'était la première fois que je voyais en ce monde une pareille beauté, une beauté que j'avais la certitude de ne plus revoir qu'au ciel. Voyant que je laissais paraître une certaine crainte, le personnage me caressa la tête de sa main droite et par son sourire il semblait me dire :

– N'aie pas peur !

Cela dura quelques instants, et du fond de mon cœur je ne cessais de pousser des cris d'admiration :
– Sainte Vierge, comme tu es belle ! Oui, extrêmement belle !
Toutefois, je n'osais demander à ce personnage qui il était, parce que, selon moi, il n'y avait pas de doute : seule Notre-Dame des Sept Douleurs pouvait s'habiller ainsi tout de noir. Pourtant, je doutais encore un peu à cause de la petite calotte qui avait une forme un peu étrange. Il ne serait pas exact de dire que la Sainte Vierge avait la tête couverte d'un voile ; mais il est bien certain qu'elle portait une petite calotte. Le personnage me laissait donc le regarder et penser de lui tout ce que je voulais. Quant à lui, sans dire qui il était, il se contentait de sourire et de me caresser d'une façon on ne peut plus affectueuse. Après, je vis son visage s'illuminer encore davantage, et tout son corps rayonner d'une beauté ravissante. Je regrette beaucoup de devoir me borner à dire qu'il était beau, mais sans pouvoir décrire la nature de cette beauté. Puis le personnage me posa doucement cette question :
Mon enfant, veux-tu ?
Surpris, je ne comprenais pas bien ce qu'il pouvait me demander de vouloir ; mais spontanément je répondis :
– O Mère, oui je le veux. » (aut 662).

Thérèse lui confirmera que le personnage du songe était saint Alphonse, envoyé par Marie pour inviter Van à entrer dans sa Congrégation du Très Saint Rédempteur.

« *Je commençai à connaître et à aimer la Congrégation pour cette simple raison que les Rédemptoristes avaient une dévotion toute spéciale envers la Sainte Vierge. De là que la Congrégation me plaisait, et que mon unique désir était d'y être admis. J'exposai donc cette affaire à ma sœur sainte Thérèse qui me répondit avec joie :*
– Tu veux entrer chez les Rédemptoristes ? Très bien, petit frère, c'est précisément la Congrégation où la Sainte Vierge veut te conduire. Maintenant que tu y consens, sa volonté se trouve réalisée. Oui, plus tard tu entreras chez les Rédemptoristes » (aut 669-670).

« O Mère chérie, je m'abandonne entièrement à toi »

Les mois qui précèdent son entrée sont difficiles. La voix de Thérèse s'est tue, on le chasse de la cure de la paroisse Sainte Thérèse de l'Enfant-Jésus de Quang-Uyên. Van ne peut, une fois de plus, que s'en remettre de tout son être à l'amour et aux soins maternels de sa Mère Marie, soutenu par sa mère, courageuse et méritante en présence d'un mari irresponsable :

« Ô Mère chérie, j'ai pu passer à travers une bataille terrible ; j'ai fait un premier pas difficile sur la route où Jésus m'appelle. Mais, ô Mère, j'ai senti ce soir combien mon âme était faible et presque à bout de force. En face du long chemin qui me reste à parcourir, je suis extrêmement triste, n'éprouvant que crainte et dégoût. J'ignore si j'aurai le courage d'aller jusqu'au bout, ou si j'arriverai à remporter encore au moins une victoire ?... O Mère, comme je souffre dans mon cœur !... Cependant, ô Mère chérie, je m'abandonne entièrement à toi. Avec toi, j'ose affirmer que j'irai jusqu'au bout, et je suis bien décidé de remporter la victoire... Aujourd'hui, sous les tristes rayons du crépuscule, les yeux remplis de larmes, je ne sais quoi dire pour te remercier de ta sollicitude à veiller sur moi. Tout petit et malingre que je suis, je n'ai que mes blessures et mes larmes à t'offrir comme témoignage d'amour et de reconnaissance, en retour de la protection que tu m'as accordée dans ce combat redoutable. O Marie ! ma Mère, reçois mon cœur, et désormais je te prie de ne jamais t'éloigner de moi, car dans ton regard se trouve la force qui me mènera à la victoire. Tu es encore, ô Mère, mon rempart de protection, le remède à mes blessures, et l'infirmière aux mains toujours empressées à panser les plaies du cœur et à essuyer les larmes. O Marie, je ne puis que garder mon regard toujours fixé sur toi et me confier à ta protection » (aut 702).

Sur son chemin, Marie sera la confidente des heures de déréliction, la Mère pleine de bonté et de sollicitude, celle par qui adviendra la victoire dans le combat. « Dans ton regard se trouve la force qui me mènera à la victoire » : confession admirable de la puissance contenue dans le regard de Marie. Marie, porteuse du regard de Jésus, « dont les yeux sont comme une flamme ardente » (Ap 2,18), pose sur son petit enfant bien-aimé le regard d'une mère toute-puissante, d'une Reine victorieuse. Elle contemple la victoire de Dieu, « qui ne laisse ravir sa gloire par personne » (Is 42,8).

« Sur le Cœur de notre très sainte Mère Marie »

Entré chez les Rédemptoristes, celui qui est devenu frère Marcel se laisse plonger dans « les profondeurs de l'Amour », invité par Jésus à la simplicité toute sincère d'une relation d'amitié avec lui pour ne faire « plus qu'un dans l'Amour indestructible ». Le 8 septembre 1946, Van fait ses vœux temporaires, tendu vers l'amour éternel qu'il vivra avec Jésus au Ciel « sur le Cœur de notre très sainte Mère Marie » :

« Ô Jésus, je te tiens étroitement embrassé, et jamais je ne te lâcherai... Ce jour de nos épousailles est un vrai jour du paradis, et j'ai la certitude qu'il me sera

donné de le revivre un jour dans les secrets parvis du ciel. En attendant cet heureux moment, ô Jésus, mon frère, t'en supplie, ne permets pour aucune raison que mon amour ne s'éloigne de ton Amour, ni ne se refroidisse au contact de cette vie tourmentée. C'est là chez moi une ferme décision, mais j'ai besoin de ton aide pour te suivre sans broncher sur le chemin semé d'épines qui mène à l'éternité ; et là, sur le Cœur de notre très sainte Mère Marie, nous goûterons ensemble le bonheur de nous aimer comme aujourd'hui » (aut 864).

Et c'est signé : « Marcel, Ta petite épouse ». De ces épousailles, Marie est l'éducatrice dans le Saint-Esprit, la « conseillère des noces ».

Au soir de sa vie, à l'instar d'un autre enfant très chéri de Marie, saint Maximilien-Marie Kolbe, Van arrachera l'admiration d'un jeune païen de son camp-prison : « Une telle force d'âme chez un jeune comme le Frère Marcel est un témoignage de la vitalité extraordinaire de l'esprit catholique » (Biographie des Pères Joseph Laplante et Denis Paquette).

Force d'âme d'un fils de Marie, établi dans le Cœur de sa Mère toute-puissante, ayant appris à faire de sa vie un « *fiat* » continuel à la ressemblance de celle qui, du joyeux « *fiat* » de l'Annonciation au « *fiat* » glorieux de son Assomption, sut prononcer dans le silence de son Cœur immaculé le « *fiat* » douloureux et universellement fécond du Golgotha.

LE REGARD DE VAN SUR MARIE : UNE MÈRE TOUTE-AIMANTE ET TOUTE-PUISSANTE

Pour préciser le regard que Van porte sur Marie – un regard qui est vie pour lui, jamais une construction intellectuelle ou scientifique, qui resterait comme à distance de l'« objet » aimé –, s'offre à nous la contribution incomparable de ses entretiens intimes avec Jésus, Marie et Thérèse, sous forme de « locutions intérieures » : ce sont les *Colloques*.

« Tu dois aimer ma Mère tout comme je l'aime moi-même »

Jésus invite Van, au nom de l'unité d'amour de leurs « épousailles », à recevoir Marie dans son cœur comme lui :

« *Marie étant ma Mère, et mes épouses ne faisant qu'un avec moi, il en résulte que ma Mère est également la Mère de mes épouses. Petit ami, écoute bien ce que je vais te dire, ne sois pas distrait. C'est grâce à Marie que mes épouses peuvent s'unir à mon amour de façon intime et durable. Mon petit ami, ne l'oublie jamais : Tu dois aimer ma Mère tout comme je l'aime moi-même* » (col 31).

Devenu « un » avec Jésus, Van est invité à entrer dans le regard que Jésus porte sur sa Mère, à partager l'amour qu'il lui voue et veut dévoiler à ses intimes. Cette intimité d'amour, toute remplie de la familiarité d'un enfant chéri de sa Mère, transparaît dans un dialogue avec Jésus :

« *J'aime beaucoup le nom de Marie : elle est ma Mère, et d'ordinaire, elle me dit que, au ciel, elle me fera asseoir sur ses genoux pour me permettre de m'entretenir avec toi* »(col 204).

Cet amour, Marie le lui rend bien, amour teinté de tendre compassion :

« *Envers le petit Jésus, mon cœur n'éprouve que de l'amour, tandis qu'envers toi, il éprouve et de l'amour et de la pitié. Seul le petit Jésus peut être aimé purement et simplement ; quant à toi, tu ne peux être aimé que d'un amour mélangé de pitié. Mon cher enfant, rien ne m'est plus doux que de t'entendre m'appeler ta Mère. Oui, vraiment, je suis ta Mère, et rien ne me plaît tant que de constater que tu m'aimes réellement d'un cœur simple et sincère. Je te reconnais comme mon enfant chéri, je te porte dans mes bras, je t'offre au petit Jésus et lui te consumera dans le feu de l'amour, de sorte que mes mains seront comme l'autel du sacrifice, tandis que toi, tu seras, à l'exemple de la Petite Thérèse de l'Enfant-Jésus, la victime d'holocauste offerte à l'amour, et que le petit Jésus acceptera. O mon enfant, quel bonheur peut être égal au tien ?* » (col 248-249).

« Je t'appellerai toujours du nom de Mère »

C'est au creux de leur relation d'amour que Marie et Van se donnent l'un à l'autre les noms qui exprimeront le mieux le mystère de leurs personnes, dans cette alliance. Van demande à Marie de l'appeler « Petit Marcel », comme Thérèse avait voulu être appelée « Petite Thérèse ». Et pour Marie, il choisit le nom de « Mère » :

« *Une fois rendu au ciel, je t'appellerai toujours du nom de Mère, comme le fait ma sœur Thérèse. Et si les saints chantent en ton honneur quelque cantique où ils te donnent le nom de "Reine", pour ma part, arrivé à ce mot "Reine", je le remplacerai par le mot "Mère". Oui, ce nom de Mère est le seul que j'aime à te donner. Je n'aime pas t'appeler du nom de Reine ou de tout autre nom. O Marie, tu es Mère, uniquement Mère, et pas autre chose. Pour moi, tu es Mère, et la seule à être véritablement ma Mère* » (col 250).

Ce nom de Mère sera, dans le cœur et sur les lèvres de Van, comme un *leitmotiv*: Marie est sa Mère, sa Mère est Marie. C'est comme si tout autre nom ou considération à l'égard de Marie s'étaient évanouis devant le cri d'un enfant assoiffé de tendresse maternelle, de tendresse tout court. Tout ce qui pourrait, dans la sensibilité de Van ou dans la perception plus ou moins diffuse de la piété de son temps, ressembler à une relation d'autorité quelque peu lointaine, devient inacceptable, puisque sa « vie mariale » est celle de la proximité tout aimante d'une Mère pleine de bonté, de compréhension et de sollicitude. Et l'attitude de Van, très « existentielle », sera d'autant plus tranchée que son cœur d'enfant a enduré bien des frustrations du côté de sa mère, pourtant admirable à ses yeux. C'est bien dans le contexte de cette attente très forte de Van, à laquelle Marie répond avec un « tact » chargé d'amour et de compassion, que l'on peut comprendre le dialogue qui suit :

« – Ô Mère, plus tard au ciel, tu continueras de m'appeler ton enfant, n'est-ce pas ? Et moi, je te donnerai le nom de Mère à l'exclusion de tout autre nom. À propos, ô Mère, si je ne t'appelle pas du nom de "Reine", est-ce que tu seras contente de moi ? Y a-t-il quelque faute à ne pas t'appeler "Reine" ?

– Mon enfant, je te pose moi aussi une question, n'est-ce pas ? Avant de mourir, est-ce que Jésus t'a dit de m'appeler Reine, ou t'a-t-il dit de m'appeler Mère ? Est-ce qu'il a dit : "Voici Marie, ta Reine" ? Non, jamais il n'a dit cela. En me donnant à toi pour être ta Mère, et en te donnant à moi pour être mon enfant, il a dit tout simplement : "Voici ta Mère, voilà ton enfant". Par conséquent, le fait de ne pas m'appeler Reine, cela n'a aucune importance. Je ne suis pas Reine, je n'ai que le pouvoir d'une reine. Par rapport à mes enfants les hommes, je suis uniquement et toujours votre véritable Mère. Jamais je n'ose traiter avec vous comme une reine avec ses sujets, de peur de faire mentir la parole de Jésus m'exprimant ses dernières volontés. Jamais la Trinité ne m'a établie Reine, elle m'a établie Mère seulement. Par conséquent, au ciel, jamais tu n'entendras le mot Reine, mais uniquement le mot Mère » (col 671-672).

Van lui-même donne la clé permettant de comprendre sa préférence « exclusive » à l'égard de ce doux nom de Marie Mère, lorsqu'il écrit :

« Ô Mère, mère ! mère ! Voilà le nom que je veux te donner à jamais ; même dans le ciel, je ne veux pas échanger ce nom de mère pour celui de reine, car dans le mot reine, il y a moins d'amour que dans celui de mère » (col 326).

On retrouve ailleurs, dans ses écrits, cette même propension à choisir pour Dieu le Père les noms de « Père » ou de « Papa », plutôt que celui de

« Dieu » ou de « Seigneur » ou de « Roi au-dessus de tous les rois ». Ces derniers noms, évoquant la grandeur et l'autorité de Dieu pour ses serviteurs contrasteraient par trop avec l'intimité aimante du Père pour ses enfants, pour ses fils dans le Fils... Dans le même registre, on voit facilement quelle perception négative Van pouvait avoir des reines de la terre, lorsqu'il écrit, par exemple, à propos d'une jeune fille semant le trouble à la cure de Huu-Bang :

« Rien d'étonnant qu'elle ait pris un air fier et menaçant comme le ferait une reine. Elle défiait même le curé » (aut 228).

Et c'est pourquoi il peut encore écrire, s'adressant à Marie :

« Si on disait aux pécheurs que tu es leur vraie Mère, certainement qu'ils en seraient un peu consolés et qu'ils viendraient à toi. Ne serait-ce pas alors bien beau ? Si au contraire on continue à t'appeler reine, qui n'aurait pas peur de toi ?

Les enfants dans leurs relations avec leur mère sont très naturels, mais il n'en est pas de même des sujets envers leur reine. Pour moi, même si on me donnait une montagne de pierres précieuses, je n'oserais pas m'en approcher » (col 673).

« Mon rôle à moi sera de rester toujours blotti sous son manteau immaculé »

Ce serait se méprendre sur ces paroles que de les considérer hors de leur contexte, celui de Van qui, dans son affectivité et dans l'expression de sa foi, n'a pas été éveillé au caractère authentiquement évangélique de la royauté, même s'il y renvoie souvent au plan sémantique, par exemple lorsqu'il évoque le manteau ou le trône de Marie. A ce cœur aimant et vrai, assoiffé et candide, Marie répond selon une pédagogie toute de condescendance d'amour. A la grande sensibilité d'un enfant qui n'oserait s'approcher de celle que la Trinité a couronnée Reine du Ciel et de la terre au jour glorieux de son Assomption répond la délicatesse d'une Mère qui veut, précisément en vertu de son état glorieux, partager la vie de ses enfants et, dans la grâce de sa royauté, les conduire à la victoire plénière de l'amour.

Jésus, Roi par nature et par conquête, s'est associé Marie dans l'œuvre de la récapitulation de toutes choses en lui (cf. : Ep 1, 10 ; Col 1, 15-20) : mystère de la maternité divine et de la coopération unique de Marie à l'œuvre de la Rédemption. Cette œuvre commune dans le gouvernement divin se poursuit au Ciel dans l'intercession de Marie et sa participation à la diffusion de la grâce : mystère de la Nouvelle Eve, Reine immaculée, selon l'enseignement constant de l'Église jusqu'à la proclamation de la Royauté universelle de Marie par le Pape Pie XII en 1954. Saint François de Sales a su exprimer comme nul autre combien maternité et royauté, loin de s'opposer, offrent, telles les facettes d'un diamant, l'éclat unifié de l'amour tout-puissant et de la puissance tout aimante de la personne de Marie : « Ne dites pas, gracieuse Vierge, que vous ne pouvez ! car votre bien-aimé Fils vous a donné tout pouvoir, tant au Ciel comme en terre. Si vous ne pouviez, je vous excuserais, disant : il est vrai qu'elle est ma Mère et qu'elle me chérit comme son fils, mais la pauvrette manque d'avoir et de pouvoir. Si vous n'étiez ma Mère, avec raison je patienterais, disant : elle est bien assez riche pour m'assister ; mais, hélas ! n'étant pas ma mère, elle ne m'aime pas. Puis donc, très douce Vierge, que vous êtes ma Mère et ma Reine, comment vous excuserais-je si vous ne me soulagez et ne prêtez votre secours et assistance ? »

Si la royauté de grâce de Jésus et de Marie, dans l'unité de leurs deux Cœurs qu'aime évoquer Van dans ses *Correspondances*, « ne vient pas de ce monde » (cf. : Jn 18, 36), n'est-elle pas pour ce monde, pour les enfants de ce monde, afin que le règne de l'amour de Jésus, afin que le règne de Marie, s'étendent sur ce monde que Dieu aime et veut sauver ? « Le titre de Reine ne remplace certes pas celui de Mère : sa royauté demeure un corollaire de sa mission maternelle particulière, et exprime simplement le pouvoir qui lui a été conféré pour accomplir une telle mission » (Jean Paul II, Catéchèse consacrée à Marie, Reine de l'univers, le 24/7/1997). « Exaltée par le Seigneur comme la Reine de l'univers, afin d'être plus pleinement conformée à son Fils, Seigneur des seigneurs et vainqueur du péché et de la mort » (Concile Vatican II, *Lumen Gentium* 59), Marie a dans son Cœur de Mère glorifié au Ciel le pouvoir de nous porter jusqu'à notre propre demeure de gloire, dans une proximité continuelle que Van a reçue dans la foi.

Invité à porter dans son cœur et dans sa prière l'expansion du règne de Marie dans l'univers en « apôtre des apôtres » de ce règne, Van est devenu lui-même ce « petit roi » épanoui dans la foi, l'espérance et l'amour : enfant aux mains vides mais au cœur comblé, c'est-à-dire habité par ses Amours du Ciel et ses prochains de la terre. Jésus ne se plut-il pas à appeler *« l'enfant privilégié de la sainte Vierge »* (cor 05/09/1943 au Père Boucher) *« mon petit roitelet »* ?

Seconde partie

Filiations spirituelles de Van

Van, un vrai fils de saint Alphonse sans le savoir

PÈRE JOSEPH PHUNG LÊ C.SS.R.
Rédemptoriste de la Province *Extra-Patriam* du Vietnam (U.S.A.)
Ami très proche de Van (Frère André)

« Le but de l'Institut du Très Saint Rédempteur est de suivre, d'aussi près que possible, les traces et les exemples de Jésus Christ, qui a passé en ce monde une vie toute détachée et toute mortifiée, pleine de souffrance et de mépris » (SAINT ALPHONSE DE LIGUORI, *Le Vrai Rédemptoriste*, p. 5).

En lisant l'histoire de Marcel Van, certains lecteurs seront peut-être surpris de voir que, dès son enfance, il avait déjà un fervent esprit de prière, une tendre dévotion envers la Sainte Vierge Marie, et une ardente vénération du Saint Sacrement. Ce sont là précisément des traits caractéristiques de saint Alphonse, fondateur de la Congrégation du Très Saint Rédempteur, et de tous ses fils.

Dans un monde sécularisé, où de nos jours, beaucoup de gens considèrent la prière comme une superstition, une perte de temps, ou une affaire de femmes (!), on n'a plus besoin de Dieu. L'homme peut se suffire à lui-même, il est maître de tout l'univers. Mais d'autre part, lorsqu'il s'éloigne de son Dieu, il se sent impuissant devant les souffrances humaines, devant les catastrophes naturelles de toutes sortes ; alors il invente d'autres « Veaux d'Or » qui ne peuvent sauver personne, c'est une impasse !

Et aujourd'hui plus que jamais, l'appel retentissant de saint Alphonse est toujours là, aussi actuel, comme une supplication urgente adressée au monde entier : « Priez ! Priez ! et Priez !... Celui qui prie se sauve ».

Il semble que Van, dès son enfance, ait déja compris cet appel et soit imprégné de cet esprit de prière de saint Alphonse, Docteur de la prière. Van, lorsqu'il était encore sur les genoux de sa maman, avait l'habitude de prier avant chaque têtée et de la remercier lorsqu'il avait fini.

La fuite plutôt que la compromission

Révolté par les scandales de la cure, Van décida de prendre la fuite :

« *Quand le jour parut, je me déclarai malade, mais une fois tout le monde rendu à l'église pour la prière, je me levai, me mis à genoux pour faire l'offrande de ma journée, me remettant tout entier entre les mains de la Sainte Vierge et lui demandant de protéger ma fuite afin qu'elle s'effectue sans encombre. Je priai aussi mon Ange gardien de m'indiquer la route à suivre afin d'échapper à tout danger de la part de ceux qui voudraient m'attraper. Enfin, je pensai aux âmes du purgatoire, et leur demandai leur protection* » (aut 318).

Vendu comme un esclave

Une autre fois plus tragique, lorsque Van a été mis en vente par une femme qui lui avait promis de l'aider :

« ... *J'ai supplié la Sainte Vierge de venir à mon secours, de m'aider à m'enfuir avant que cette femme ne vienne verser l'argent et me prendre chez elle. C'était donc la minute propice qui m'était offerte par la Sainte Vierge. Rassuré à la vue des deux époux qui dormaient toujours profondément, je pris le parti de m'enfuir sans retard suivant l'inspiration de mon âme. Je fis le signe de la croix et récitai trois* Ave Maria *pour demander la protection de la Sainte Vierge, et me glissai hors de cette maison. Après avoir franchi la porte, me sentant envahi par une grande anxiété, je me retournai pour voir si quelqu'un avait connaissance de ma fuite, et ne voyant personne, je sortis résolument sur la grande route pour courir d'un trait jusqu'au marché de Bac-Ninh* » (aut 373).

> « Recommandons-nous sans cesse à notre très-aimant Rédempteur, caché sous les voiles eucharistiques, ainsi qu'à la Très-Sainte Vierge, puisque tous les membres de l'Institut doivent professer un amour tout spécial envers le Saint-Sacrement et envers Marie Immaculée. » (SAINT ALPHONSE, *Le Vrai Rédemptoriste*, p. 32)

Une Vénération attachante au Saint Sacrement

Dès son jeune âge, à cinq-six ans, Van avait déjà l'habitude de visiter le Saint-Sacrement tous les soirs à l'église paroissiale avec sa maman, comme il nous le raconte :

« *Une autre faveur que j'ai demandée à la Sainte Vierge et qui m'a été accordée d'une facon très évidente, c'est de ne jamais permettre que j'arrive en retard à l'église pour les exercices de piété. Ma mère a été bien étonnée de cette faveur à laquelle je ne comprenais rien moi-même ; et elle a dû avouer : "Chose très étrange, il était passionné pour le jeu au point de lui sacrifier même un repas ; et pourtant quand approchait l'heure du premier son de cloche, je le voyais revenir ; il me demandait de lui laver la figure et de l'habiller pour aller à l'église, et cela invariablement tous les jours. Parfois aussi ne sachant en quel endroit il s'amusait, je me demandais où aller le chercher, mais quand je le voyais arriver, je savais que l'heure de la visite au Saint Sacrement approchait". À vrai dire, je n'y portais aucune attention ; j'avais tout simplement demandé à la Sainte Vierge et à mon Ange Gardien de me rappeler l'heure de la visite au Très-Saint-Sacrement. Ensuite, sans comprendre pourquoi, quand l'heure approchait, je cessais de jouer et me préparais à aller à l'église. Vous voyez par là, mon Père, comment la Sainte Vierge m'a aimé »* (aut 45-46).

« Avec le Christ, je suis fixé à la Croix ; je vis, mais ce n'est plus moi, c'est le Christ qui vit en moi... » (Jn 2, 19b-20).

Le but de la Congrégation, comme l'a dit saint Alphonse, est de suivre, d'imiter les exemples de notre Sauveur, le plus fidèlement possible, et plus particulièrement dans sa Passion douloureuse, comme nous le montrent clairement les Armoiries de l'Institut du Très-Saint-Rédempteur[1]... La vie de Van était déjà marquée par les stigmates de la Passion du Saint Rédempteur.

La marche vers le calvaire

« La lampe de mon cœur brillait toujours sans discontinuer. Voyant cela, le démon, furieux plus qu'on ne pourrait le dire, était bien décidé de déclarer une bonne fois la guerre à l'enfant choyé de la Sainte Vierge » (aut 132).

« Il engagea donc la bataille décisive. Suivant sa tactique de combat, il voulait couper la route par où arrivait à mon âme la nourriture spirituelle, nourriture unique qui n'était autre que le Corps Sacré de Jésus... » (aut 133).

Van, à l'image du Christ, traversait douloureusement ses chemins de Croix, sa « passion » et subissait le jugement, la condamnation... réservés à tous ceux qui veulent être son imitateur.

1. Sur trois monticules, la Croix flanquée de la lance et de l'éponge de la Passion, avec, comme devise : "copiosa apud eum redemptio" ("avec le Christ la Rédemption surabonde").

Le jugement

« *Profitant de l'occasion (de l'absence du curé), les catéchistes qui venaient d'être vertement réprimandés par le curé dressèrent un tribunal pour juger le cas du petit gars qui avait eu l'audace de se montrer à eux tout déshabillé. Mon maître de "vie parfaite" fut élu juge en chef du tribunal qui siégeait toujours le soir après la prière à l'église. En m'introduisant devant ce tribunal populaire, on me dépouillait de tous mes vêtements, puis on me fournissait une ceinture en feuilles de bananier, sauf certains jours où je n'en avais pas. Voyant la honte que j'éprouvais, mes juges, pour se moquer de moi, disaient :"Les ermites d'autrefois n'avaient même pas de feuilles de bananier pour se vêtir"* » (aut 141).

La condamnation sans raison

« *Finalement je fus condamné. Le juge en chef du tribunal populaire prononça ma sentence en ces termes : " A vrai dire, tu n'es coupable d'aucune faute, mais jusqu'à maintenant, bien que tu sois aspirant à la vie parfaite, tu n'as encore rien fait pour tendre à la perfection. Donc, afin de t'apprendre à te mortifier, je décide que désormais à chaque repas tu n'auras qu'un bol de riz avec de l'eau, et que tu mangeras avec le chien, pour expier tes minauderies avec Mr. Le curé"* » (aut 142).

La flagellation

« *Je décide que tu devrais désormais t'abstenir de communier tous les jours, et si tu veux le faire, je te le permettrai à condition que tu reçoives chaque fois trois coups de rotin* » (aut 142).

« *Peu de temps après, constatant que je continuais à communier tous les jours, mon juge voulut encore se servir de moi pour commettre une mauvaise action. Je résistai de toutes mes forces, malgré sa menace de m'enterrer vivant. Puis dans le but de m'intimider, il me dit : "Je te défends absolument de communier tous les jours. Et le soir même il réunissait le conseil populaire pour lui demander de confirmer cette défense absolue. Le conseil donna immédiatement son assentiment et prononca la sentence : Désormais, défense de communier"* » (aut 143-144).

« L'Ange Consolateur à Gethsémani »

Dans de sombres moments, c'est toujours près de la Sainte Vierge que Van trouve sa force et son appui, elle est comme l'Ange Consolateur de Gethsémani :

« Le curé, ne sachant rien de mon histoire, ignorait pourquoi j'étais ainsi malade et affaibli. Tout ce qu'il savait, c'est que je ne communiais plus souvent, de là qu'il cessa aussi de m'appeler de l'aimable nom de Benjamin. Il n'y a qu'aux heures où je récitais le chapelet que je sentais mon cœur se réchauffer et goûter un peu de joie puisée dans le cœur de Marie, ma Mère bien-aimée. Mais pour rester fidèle à la récitation quotidienne du chapelet, j'ai dû encore mener une lutte acharnée. D'abord, sans aucune raison, mon chapelet m'a été enlevé. J'ai trouvé moyen de le réciter quand même en mettant dix fèves noires dans une de mes poches. À chaque Ave, *je prenais une de ces fèves et la faisais passer dans l'autre poche. Et quand ma poche était vide, je récitais le* Gloria Patri... *Puis je recommençais de la même manière. Je croyais que cette méthode était bien discrète, et pourtant on a encore une fois réussi à me subtiliser ce genre de chapelet »* (aut 150-151).

> « Seigneur ! Achève ton ouvrage, et fais que, pour ta gloire, nous soyons entièrement à toi, afin que tous les sujets de cette Congrégation, jusqu'au jour du jugement, soient parfaitement agréables à tes yeux et te gagnent un nombre immense d'âmes ! Amen. Amen » (SAINT ALPHONSE, *Le Vrai Rédemptoriste*, p. 32).

Toutes les étapes de la vie de Van que nous avons observées jusqu'à maintenant sont tout à fait conformes à l'idéal suggéré par saint Alphonse à ses fils. Il n'y a aucune raison que le petit Van ne soit admis un jour dans la Congrégation du Très Saint Redempteur comme son fils, selon le songe prophétique que Van raconte.

Un personnage mystérieux

« Donc, durant ces nuits sans sommeil, je passais mon temps à dire le chapelet, veillant avec la Sainte Vierge et m'entretenant avec elle. Cette nuit-là, je suivais exactement le même programme, mais après avoir médité sur les mystères joyeux et commencé les mystères douloureux, je m'endormis soudain, et c'est alors que se produisit l'heureux songe que voici : Je rêvais que, étant couché sur le côté, la face tournée vers le mur, je continuais attentivement la récitation du chapelet, tout comme lorsque j'étais éveillé. Tout à coup, j'aperçus, venant du côté de la salle d'étude, quelqu'un qui s'avançait vers la tête de mon lit. La salle d'étude et le dortoir étaient deux chambres contigües séparées par une simple cloison, et la tête de mon lit se trouvait contre cette cloison qui, dans mon rêve n'existait pas.

Ce personnage venant à moi était assez grand, habillé tout de noir, et son visage reflétait une grande bonté. Je remarquai qu'il portait à l'intérieur un habit noir ajusté par une ceinture, et descendant jusqu'aux talons. Il était enveloppé dans un ample manteau de la même longueur et la tête couverte d'une calotte noire ; sur le collet de son habit émergeait quelque chose de blanc. Ses deux bras à moitié dissimulés sous son manteau n'étaient visibles qu'à partir du coude. De la main gauche, il tenait un chapelet aux gros grains qui descendait presqu'aux genoux, mais dont je ne voyais ni le crucifix ni l'extrémité. Tout au début, je croyais avoir affaire à un fantôme, et je me proposais de prendre la fuite. Mais, reprenant aussitôt mon calme, je me dis : est-ce qu'un fantôme tient un chapelet à la main ? C'est peut-être la Sainte Vierge ? Mais pourquoi est-elle tout habillée de noir ? À moins que ce ne soit Notre-Dame des Sept Douleurs ? Oui, c'est certainement elle qui vient à moi habillée de noir, parce que j'étais en train de méditer les mystères douloureux » (aut 659-661).

Après cette réponse, j'avais l'intention d'attendre pour voir si le personnage me communiquerait encore quelque chose. Je pensais en effet que peut-être, après cette question préliminaire, il me communiquerait ensuite un ordre ; mais il n'en fut rien. À peine ma réponse donnée, je le vis aussitôt me saluer de la tête et se retirer lentement à reculons vers la salle d'étude, me fixant de son regard et me souriant avec beaucoup d'affection... Malgré mon étonnement, je me sentis envahi par une joie immense qui semblait m'attirer vers lui. Aussi je voulais me lever en hâte pour courir après lui... Mais, déception ! Le cher songe s'était évanoui !... » (aut 661-663).

« Si tu veux devenir Rédemptoriste, il te faudra aussi accepter d'être maltraité comme Jésus Rédempteur. »

« Quelques jours après ce saint rêve, je fus chargé d'assurer la propreté dans une partie de la maison, et à cette occasion j'ai pu tirer du fond d'une armoire une pile de la revue "Notre-Dame du Perpétuel Secours", publiée par les Pères Rédemptoristes. C'était là je n'en doute pas une faveur de la Sainte Vierge. Je mis en ordre ces numéros et je les parcourus pour voir s'ils renfermaient quelques articles sur la Sainte Vierge. Je constatai bien vite que ces annales m'avaient aidé à intensifier ma dévotion envers ma Mère du Ciel, et de plus à me rapprocher du but vers lequel je tendais. Je commencai à connaître et à aimer la Congrégation pour cette simple raison que les Rédemptoristes avaient une dévotion toute spéciale envers la Sainte Vierge. De là que la Congrégation me plaisait, et que mon unique désir était d'y être admis » (aut 669).

Petit Van, tout joyeux, allait exposer cette affaire à sainte Thérèse, sa sœur, qui lui répondit aimablement :

« Tu veux entrer chez les Rédemptoristes ? Très bien, petit frère, c'est précisément la Congrégation où la Sainte Vierge veut te conduire. Maintenant que tu y consens, sa volonté se trouve réalisée. Oui, plus tard tu entreras chez les Rédemptoristes. »

Alors Thérèse, changeant de ton continua :

« Cependant, petit frère, ma toute petite âme, tu rencontreras des épines sur la route, et le ciel maintenant serein se couvrira de sombres nuages. Il faut que je t'avertisse d'avance, afin que tu sois prêt à accepter l'épreuve qui précédera ta rupture d'avec le monde pour entrer en religion, comme tu le désires. L'adversité t'attend... Tu verseras des larmes, tu perdras la joie et tu auras l'impression d'être un homme réduit au désespoir. Ici même à Quang Uyên, tu seras délaissé, on se moquera de toi comme de quelqu'un qui a perdu l'esprit, on te chassera et on te couvrira de honte. Mais rappelle-toi que c'est ainsi que le monde a traité Jésus, et si tu veux devenir Rédemptoriste, il te faudra aussi accepter d'être maltraité comme Jésus Rédempteur... » (aut 670).

L'enfant choyé de saint Alphonse

« ... Après le travail de la matinée, je me rendais à l'oratoire pour une courte visite au Saint Sacrement. En montant l'escalier, je levai les yeux en direction du mur et j'apercus, d'une facon tout à fait inattendue, une statue de saint Alphonse placée sur un socle ; il levait la main droite pour bénir, tenait une barrette dans la main gauche, et avec sa tête inclinée en avant, il avait une attitude presque semblable à celle de la Sainte Vierge se tenant autrefois affectueusement à la tête de mon lit. Je m'arrêtai à regarder attentivement la statue un long moment, et je me demandais : Est-ce que je ne me serais pas trompé ? Est-il bien certain que le personnage vu cette nuit-là était Notre-Dame des Sept Douleurs ? N'était-ce pas plutôt mon Père saint Alphonse ?

Soudain, j'entendis la voix de ma sœur Thérèse qui riait et répondit aimablement à ma place : Oh ! Tu n'as plus besoin de douter, cher petit frère, sois bien certain que le personnage qui t'est apparu cette nuit-là, n'était autre que ton Père saint Alphonse... Aujourd'hui, je n'ai plus à te le cacher, je te le dis franchement pour que tu reconnaisses ton erreur. Oui, le personnage que tu prenais pour Notre-Dame des Sept Douleurs était ton aimable Père saint Alphonse lui-même...

En apprenant aujourd'hui la vérité, tu peux considérer que c'est encore tôt, car en réalité, ton Père Alphonse reste toujours ton Père Alphonse, et tant que tu seras fidèle à sa Règle, la gardant minutieusement même dans les petits points, tu resteras son enfant chéri. Petit frère, quelles étaient tes impressions en le voyant s'intéresser à toi d'une manière si spéciale ? C'est la Sainte Vierge elle-même qui l'a envoyé vers toi pour qu'il t'accepte dans sa Congrégation. En réalité, cette nuit-là, en te disant "veux-tu ?" il avait l'intention de te demander si tu voulais revoir, en passant par cet escalier, l'un ou l'autre trait de Notre-Dame des Sept Douleurs ; en d'autres mots, si tu voulais entrer dans la Congrégation du Très Saint Rédempteur (Thérèse riait). Et quand tu as répondu : "Ô Mère, je le veux", il se fait que ta "Vierge Douloureuse" a agréé le désir de ton cœur, et à partir de ce jour-là, elle t'a considéré comme son enfant chéri, et qu'elle n'a cessé de t'attendre jusqu'à maintenant dans cet escalier » (aut 666-668).

La barque touche au port

« *Désormais, mon Frère… Vous êtes devenu L'enfant de la maison et notre Confrère* » (Père Létourneau, aut 794).

« *… On me conduisit dans ma chambre, puis tout le monde se dispersa, me laissant seul avec mes impressions nouvelles. À peine entré dans ma chambre, un sentiment de tristesse vint jeter le trouble dans mon cœur qui fut envahi d'une vague mélancolie !… Je m'affaissai sur le lit, et je promenai mon regard sur les quatre murs de la chambre. C'est grâce à ce regard que je puis trouver un consolateur. Il y avait là, pendus au mur, un crucifix et quatre images de papier*[2]*. Jésus en croix avait l'air désolé ; sa tête penchée en avant laissait voir ses yeux pleins de tendresse qu'il s'efforçait de garder à demi ouverts. Ce regard exprimait un amour ardent, mais que d'efforts il lui coûtait ! Les saints représentés par les quatre images de papier avaient tous les yeux fixés sur moi. Notre-Dame du Perpétuel Secours surtout me regardait avec amour, comme si elle avait suivi mes moindres mouvements dans cette chambre. Je sentais dans son regard comme une force qui m'attirait et qui me protégerait contre les dangers et la tristesse.* »

« *Après ces regards attentifs sur les murs de ma chambre, cette chambre est devenue aussitôt pour moi un lieu de ferveur. Je me sentis à l'instant tout à fait réconforté, et je pensais : je ne suis pas seul dans cette chambre ; toute la famille y habite dans l'intimité et la charité, le regard fixé sur moi avec la plus tendre affection. Je poussai de nouveau des cris de joie, mon cœur se mit à battre plus fort, et les larmes goutte à goutte coulèrent doucement de mes yeux. Je pleurais parce que je me sentais aimé. Il me vint encore cette pensée : Plus tard j'aurai certainement à lutter beaucoup contre la souffrance ; mais dans cette chambre, je trouverai des mains invisibles et des regards caressants pour me consoler et sécher mes larmes. Oh ! Quel bonheur ! Quelle joie surabondante ! Désormais l'Amour sera l'unique trésor de ma*

---

2. Les images représentaient : Notre-Dame du Perpétuel Secours, Saint Joseph, Saint Alphonse, Saint Gérard

vie. Je ne crois plus maintenant que vivre en religion soit mener une vie de pénible contrainte, une vie malheureuse privée de liberté et de tout ce qui nous plaît. Non, il n'en est pas ainsi. Au contraire, j'ai trouvé en religion une source de bonheur, j'y ai acquis le plus haut degré de liberté, et jamais je n'essuie de refus de la part de l'Amour. Ma joie, c'est d'aimer et d'être aimé, et cette joie je la possède en ce moment, parfaitement. Ô mon Dieu, comme il est précieux le bonheur de vivre dans ta maison. La nuit venue, je vis encore, posée sur mon oreiller, une croix de bois, sans Christ. Je compris que cette croix était la part personnelle de chaque religieux ; et, cette nuit-là, serrant avec bonheur sur mon cœur cette croix, je dormis profondément du sommeil des bienheureux, ce qui m'arrivait seulement lorsque j'étais plongé dans l'Amour » (aut 794-797).

Tout au long de sa jeunesse, alors qu'il était encore dans le monde, Van vivait déjà comme un religieux, comme un vrai fils de saint Alphonse sans le savoir. Il possédait tout ce que saint Alphonse exigeait de ses fils et de tous ceux qui voulaient entrer dans sa sainte Congrégation.

Une fois admis dans la Congrégation du Très Saint Rédempteur, Van était comme un poisson dans l'eau, tout ardent et tout heureux de pouvoir se conformer à la Sainte Volonté de Dieu dans tous les détails de sa vie religieuse.

Les événements qui entourent l'entrée de Van au monastère alors qu'il est tout juste sur le seuil du couvent, résument parfaitement tout son programme de vie religieuse dans les années qui suivirent. Van va parcourir les quatorze années qui lui restent à vivre comme les quatorze stations du chemin de la croix de notre Seigneur Jésus... allant jusqu'au sommet du Golgotha... Il va être battu... jugé... condamné... et mourir d'une mort ignominieuse aux mains de ses bourreaux !... Mais dans l'Espérance de la Résurrection avec le Christ.

> « Si le grain de blé tombé en terre ne meurt pas, il demeure seul,
> mais s'il meurt, il porte beaucoup de fruits » (Jn 12, 24).

De la blessure à l'offrande :

Petit Frère Van, missionnaire Rédemptoriste

Père Dominique Joly C.Ss.R.
Rédemptoriste français de la Province de Sainte Anne de Beaupré (Canada)

« Fondée par saint Alphonse, la Congrégation du Très Saint Rédempteur est un Institut missionnaire (...). Son but est de continuer le Christ Sauveur en annonçant la Parole de Dieu aux pauvres, selon ce qu'il a dit de lui-même : "Il m'a envoyé évangéliser les pauvres" » (Constitution rédemptoriste 1).

Il n'est pas besoin de présenter le « petit frère Van » : plusieurs ouvrages ont été publiés ces dernières années à son sujet. Son affinité spirituelle avec Thérèse de Lisieux est souvent remarquée. Moins connu cependant est le lien avec saint Alphonse de Liguori, fondateur de l'Institut missionnaire auquel Marcel Van, rédemptoriste, a appartenu.

Les lignes qui suivent tenteront modestement d'entrouvrir la porte sur cette parenté spirituelle. D'autres pourront par la suite, je l'espère, approfondir cette présentation qui veut rejoindre en particulier les jeunes. Parfois déroutés dans notre société dépressive, ils sont rejoints en profondeur par la vie de Van. Ils découvrent à travers lui, de façon heureuse, une spiritualité et un élan missionnaires qui répondent à leur quête de sens et de bonheur. Conscients de leurs fragilités, ils cherchent une route simple et possible pour rencontrer Jésus, le connaître et vivre de lui.

La courte existence de Van au Vietnam dans la première moitié du 20e siècle, les bouleverse. Un amour passionné enflammait son cœur. Ce même amour avait enflammé deux siècles auparavant, dans le Sud de l'Italie, un autre jeune homme : saint Alphonse de Liguori. Assoiffé d'absolu lui aussi. Animé d'un grand désir apostolique. Il allait fonder en

1732 la Congrégation du Très Saint Rédempteur. Aujourd'hui à sa suite, dans l'élan de la nouvelle évangélisation, six mille Rédemptoristes sont engagés sur tous les continents. Ils sont accompagnés dans la mission par leurs sœurs, les moniales Rédemptoristines, qui offrent leur vie dans la louange, l'adoration et le service. Ils forment ensemble, avec d'autres Communautés religieuses et Instituts séculiers nés du même souffle missionnaire alphonsien, une même famille spirituelle.

La vie d'Alphonse de Liguori et de Marcel Van ont été toutes deux marquées du sceau de la miséricorde divine. Miséricorde envers les plus pauvres, ceux qui sont oubliés ou exclus. La miséricorde est la passion du cœur de Dieu. « Passion-blessure » dans la vie d'Alphonse de Liguori qui fleurira dans l'existence silencieuse de Van comme une « passion-offrande ». *« Tenons-nous discrètement à côté de la croix »* écrivait le petit frère (cor 02/03/49 au Frère André). Cette passion entraîna Alphonse de Liguori sur les routes du Royaume de Naples, afin de rejoindre les plus abandonnés de secours spirituels. Elle conduisit Marcel Van au martyre... Confessant tous les deux leur foi et leur amour de Jésus Rédempteur.

« L'ESPRIT DU SEIGNEUR EST SUR MOI... »

Saint Alphonse de Liguori (1696-1787) est né dans une famille noble du Royaume de Naples. Il fut instruit à la maison paternelle par des professeurs prestigieux. Devenu brillant avocat, on le choisit pour défendre des causes fameuses. Il devait toutes les gagner en huit ans de plaidoirie... Mais en 1723, à l'âge de vingt-sept ans, il fut mis en échec pour la première fois : les juges avaient été corrompus... Alphonse blessé profondément dans son idéal de vie – il avait un grand sens de la justice et de la recherche honnête de la vérité – décida d'abandonner le barreau. « Il était entré au palais de justice avec l'ambition d'y faire son chemin et de s'y tailler un renom de grand jurisconsulte », avait écrit son premier biographe, le père Tannoia. Mais, ajoute le père Rey-Mermet « le barreau l'avait déçu très vite » (S.S.L. 109). Trois rencontres allaient transformer sa vie...

Le jeune avocat, ayant déposé sa toge, se rendit à l'Hôpital des « Incurables » de Naples. C'est là que Dieu l'attendait : au milieu des plus abandonnés, « nos Seigneurs les Incurables ». Ce sont eux qui allaient soigner ses propres plaies, en lui révélant la soif profonde et cachée de son cœur... Alphonse connaissait déjà ce milieu. Depuis huit années avec d'autres jeunes nobles, chaque semaine il prenait soin des malades.

> « Treize cents grabats, treize cents misères : physiques et mentales, hommes et femmes, la plupart à perpétuité : les Incurables. Tous des pauvres, car on soignait les riches chez eux. (...) Là pourrissaient les déchets de l'humanité, dans une puanteur et une contagion qu'on n'imagine pas ». Cet engagement l'avait amené « à approcher de près, à rencontrer longuement, à toucher de ses mains l'homme à terre, dépouillé, écorché, gémissant dans le fossé, en bordure de son chemin de riche » (S.S.L. 107-108).

Alphonse entendit l'appel de Dieu à se consacrer tout à lui par le service des plus pauvres et le témoignage de sa foi. En l'Église de Notre-Dame de la Merci, il déposa sur l'autel de la Vierge son épée de gentilhomme. Geste symbolique par lequel il coupait avec son statut social et ses références qui faisaient de lui quelqu'un de supérieur et d'honoré dans la société de son temps. Alphonse passait dans le monde des pauvres... Plus tard, il écrira dans *sa Neuvaine à la fête de Noël* :

> « Le Verbe éternel, bien que Dieu, s'est fait homme. Alors qu'il était grand, il s'est fait petit. En tant que maître, il s'est fait serviteur. Innocent, il s'est considéré comme coupable. Puissant, il a voulu être faible. Riche, il s'est fait pauvre. Étant tout en soi, il s'est fait tout en tous. Heureux, il a souhaité prendre nos souffrances ».

Cette période ne se déroula pas sans difficultés ni souffrances. Son père tout d'abord, qui avait mis tous ses espoirs en son fils aîné, ne voulut plus le rencontrer pendant des années. Quant à ses amis, nous rapporte le père Tannoia,

> « ils s'étaient détournés avec dégoût. Là même où son don de sympathie lui avait gagné tous les cœurs, il devint la risée de chacun. Les avocats, les conseillers qui l'avaient aimé et admiré, le traitaient maintenant de girouette et de tête folle » (S.S.L. 149)...

Alphonse fit sa première et dure expérience de rejet...

Mais Dieu n'avait pas fini de bouleverser sa vie... Son biographe, le père Tannoia, note qu'une fois ordonné prêtre, Alphonse dédiait la plus grande partie de ses activités aux quartiers les plus pauvres de Naples.

> « C'était sa joie de se trouver au milieu de ceux que l'on nomme les "Lazzaroni", et des autres petites gens de même métiers de misère. Plus qu'aux autres, il leur avait donné son cœur ».

Il les évangélisa avec ardeur et chaleur, sans ménager ses forces. Il créa ainsi, avec les laïcs des bas quartiers de la ville, des petites communautés de partage de vie, de partage de la Parole, de prière. On les appela : « Les chapelles du soir ». Dans les arrière-boutiques, les gens se réunissaient le soir, après leur rude journée de travail. Chaque membre du groupe devenait à son tour évangélisateur dans son milieu, et créait d'autres « chapelles ». Les responsables de ces fraternités étaient des laïcs. Alphonse devint leur ami et leur guide. Il avait foi en eux, et en la puissance de l'Esprit Saint en eux ! Il les évangélisait, leur apprenait à prier, puis les envoyait à leur tour porter la Bonne Nouvelle. La vie de tous ces quartiers de Naples en devint transformée. C'est là que Dieu attendait le jeune prêtre une seconde fois : ces pauvres du « Basso », il les avait choisis pour creuser le sillon plus profond dans le cœur d'Alphonse : lui faire découvrir les richesses des petits, et lui apprendre leurs besoins, leurs profondes souffrances, leur désarroi même. Ils allaient lui révéler sa mission... Alphonse saura écouter, et reconnaître en eux la voix du Dieu de la vie...

La troisième rencontre significative se produisit sur les hauteurs de Scala, un petit village au-dessus du golfe d'Amalfi, au nord de Naples. Alphonse s'y rendit en 1730 avec quelques amis prêtres, pour un temps de repos. A trente quatre ans, il découvrit dans cette région montagneuse et rude le grand dénuement des populations paysannes abandonnées.

> « Ce fut l'occasion, écrit le père Tannoia, dont Dieu se servit pour faire découvrir à Alphonse le grand dénuement spirituel dont souffrent tant d'âmes privées des sacrements et de la Parole de Dieu, et qui "pourrissent" abandonnées dans les campagnes et les hameaux » (S.S.L. 208). De retour à Naples, après deux années de consultations et de discernement, « faisant à Jésus Christ un sacrifice total de la ville de Naples, il s'offrit à vivre le reste de ses jours dans les bergeries et les chaumières, et à y mourir au milieu des pâtres et des campagnards » (S.S.L. 239).

Le père Rey-Mermet ajoute : « Qui ne saisit pas la mutation radicale que décide ici Alphonse, se condamne à ne pas comprendre Liguori fondateur, Liguori écrivain, Liguori moraliste ».

De nouveau, Alphonse connut le rejet. Dans les salons napolitains, les mots les plus acerbes et les moqueries allaient bon train : « Orgueilleux, dément, illusionné, infatué de lui-même »... jetant sur lui un discrédit total. Le 28 novembre 1732, quelques mois à peine après la fondation de l'Institut, ses premiers compagnons l'ayant quitté, Alphonse fit vœu « de ne pas abandonner l'Institut, ni de mettre en doute sa vocation ». Dans un courrier, il écrivait :

> « Je remercie le Seigneur qui me donne, au milieu de ces tempêtes, la force de tenir et de ne pas craquer. Voilà ce que j'ai gagné à subir ce que chacun sait, à m'aliéner famille, amis et archevêque en leur tournant le dos à tous pour obéir à Dieu » (S.S.L. 266).

Ces trois « rencontres » ont complètement bouleversé la vie du jeune avocat puis du jeune prêtre : sa vie semblait toute tracée d'avance par son appartenance sociale, sa fortune, son instruction, ses succès... Mais Dieu attendait l'heure avec amour, et... humour ! Il s'est servi des plus pauvres, de ceux que l'on écoute peu dans la société, et auxquels on ne fait pas attention, pour renverser ses sécurités et l'ouvrir à une autre manière de penser et de vivre...

Jusqu'à sa mort en 1787, Alphonse avec ses frères de communauté, sillonnera les campagnes les plus reculées pour rejoindre les populations qui étaient dépourvues de secours spirituels. Il écrivit au Pape en 1748 :

> « Ces paysans sont les plus démunis de secours spirituels. Souvent en effet, ils n'ont personne pour leur administrer les saints sacrements et leur annoncer la Parole de Dieu. C'est au point que beaucoup, faute d'ouvriers apostoliques, meurent sans même connaître les premiers mystères de la foi, parce qu'il y a eu peu de prêtres qui accordent du temps au soin spirituel des pauvres paysans : ils redoutent les dépenses à y consacrer et les multiples incommodités qu'il faut endurer dans ce ministère. »

Il se donna tout entier à la prédication de l'Évangile, passa des heures au confessionnal. Il écrivit des livres de spiritualité, composa des cantiques et fit graver des images, afin que les missions continuent à porter du fruit dans la vie quotidienne après le départ des missionnaires. Plus tard il entreprit d'écrire pour les confesseurs, son œuvre maîtresse : « La théologie morale ». Car beaucoup de prêtres formés à l'école du jansénisme, gardaient des attitudes pastorales sévères.

Les pauvres furent les maîtres d'Alphonse prédicateur, confesseur, moraliste. Ils lui ont appris la compassion du Bon Pasteur qui écoute avec le cœur et comprend les peines sans porter de jugement. Ils lui ont pris la main pour qu'il les accompagne patiemment sur le chemin de la prière et de la conversion. Ils l'ont aidé à changer son propre regard sur la vie et à adapter ses interventions pastorales. Ils lui ont demandé de les ouvrir à la miséricorde de Dieu. Enfin et surtout, ils l'ont confirmé dans ce feu intérieur que Dieu allumait en lui de plus en plus, et que seuls les pauvres savent révéler à celui qui vient à leur rencontre pour les aimer et se laisser modeler avec eux par la Parole de l'Evangile. Ils lui ont montré sa ressemblance avec les petits, les préférés de Dieu. Eux les exclus, l'ont aidé à naître, lui le notable. Naître au monde de leurs fragilités, de leurs peines, de leur espérance, de leur solitude. Naître aussi à la brûlure de l'amour de Jésus en son propre cœur. Ils l'ont aidé ainsi à relire sa propre histoire, et à reconnaître comment, à travers des chemins sinueux et surprenants, l'Esprit Saint l'avait conduit à descendre aux yeux du monde, mais pour une mission belle et heureuse. Alphonse humblement se laissa façonner et transformer :

> « Oui, sachez que ces pierres de Scala me donnent plus de joie que toutes les délices du monde. C'est pour moi le signe évident que le Seigneur m'a appelé à servir dans cette grande œuvre » (S.S.L. 279).

À son tour, Alphonse les guida et éclaira leur chemin de vie, par sa manière à lui d'être parmi eux, de les respecter, de les écouter, et de relire avec eux la Parole de Dieu dans le concret de leurs journées. C'est là, dans la simplicité de ces rencontres et la pauvreté du cadre, que le prédicateur, l'accompagnateur spirituel, le théologien moraliste, fit ses premiers « travaux pratiques ». Il porta un souffle d'espérance et pria avec les pauvres gens. Il leur apprit comment le sanctuaire le plus intime de l'être humain, la mémoire, éveillée et nourrie par la Parole de Jésus, conduit de l'émerveillement à la reconnaissance, et de la reconnaissance à la conversion vraie et profonde. « Pourquoi dire "diable, diable" quand on peut dire "Dieu, Dieu" ! » Il leur apprit à découvrir comment l'abîme du péché peut devenir, par un retournement du cœur dans la confiance, le lieu même de la quête de Dieu et de son amour inconditionnel. Là où Dieu initie les siens à la joie de sa miséricorde, et où la grâce surabonde.

> « Combien j'en ai rencontré, moi, de ces pauvres malheureux qui, parce qu'on leur avait refusé l'absolution, sont tombés dans le désespoir et ont vécu des années d'égarement en détestant les sacrements[1]. »

Il portait avec les gens simples fragilisés par l'exclusion économique, sociale ou même religieuse, le poids de leurs questions concrètes et de leur isolement. Ils ont toujours été le premier souci d'Alphonse dans son enseignement moral, respectueux de la dignité de la personne humaine et de sa vocation au bonheur. Il ne pouvait supporter que quiconque soit réduit à sa faute ou à son échec. Il devint avec audace l'apôtre des désespérés : il leur redonna le goût de vivre, de se lever et de marcher, par le chemin d'une spiritualité simple et profonde, centrée sur la personne de Jésus

1. *Homo Apostolicus*, Append. IV, XI.

qui recherche celui qui est éloigné, qui relève et qui aime inconditionnellement le plus misérable.

> « Regarde ses bras étendus pour t'accueillir, sa tête inclinée pour te donner le baiser de paix, son côté ouvert pour te recevoir en son cœur[2]. »

Amour silencieux et humble du Pauvre : amour méconnu à Bethléhem, amour rejeté au Golgotha, amour oublié au tabernacle. La crèche, la croix, l'Eucharistie : voilà les trois cris de l'amour de Dieu auxquels Alphonse voulait ouvrir les cœurs.

Il mit seize années pour écrire l'un des plus beaux joyaux de la littérature mariale, *Les gloires de Marie.* C'est dire tout le soin qu'il apporta pour faire connaître « la Mère de miséricorde », associée à la mission de Jésus. Il enseignait au cours des missions, comment la prier affectueusement :

> « Sais-tu mon désir, ô douce Marie ?
> Toi, mon espérance, je voudrais t'aimer,
> Me tenir toujours à côté de toi,
> Reine toute belle ne me chasse pas.
> A ton tour dis-moi, Reine de mon cœur,
> Ô Mère d'amour, que veux-tu de moi ?
> Plus ne sais offrir que mon propre cœur ;
> D'une main d'amour, je t'en fais le don » (S.S.L. 77).

Il avait écrit dans son carnet intime (« *Cose di coscienza* ») :

> « La Vierge m'aime parmi ses fils les plus chers... Jésus m'a confié à elle, afin qu'elle m'accompagne dans la conversion des âmes » (S.S.L. 229).

La Congrégation rédemptoriste dans laquelle va évoluer Marcel Van, repose sur deux expériences fondatrices d'Alphonse de Liguori : **la rencontre des pauvres** que Dieu a choisis pour lui révéler sa mission, et l'expérience intime de **la Parole de Jésus** : « L'Esprit du Seigneur est sur moi. Il m'a envoyé annoncer la Bonne Nouvelle aux pauvres... » (Lc 4,18-19). Ces deux expériences toutes liées, vont bouleverser sa vie. Elles vont ouvrir en lui deux blessures : celle de la **compassion** et celle de la **fidélité.** Pourquoi blessures ? Parce qu'il a consenti à se laisser aimer par Jésus et par les pauvres au point que toute son existence a basculé. Parce qu'il a aimé Jésus et les pauvres à en avoir mal... Compassion envers les

2. Cité par Th. REY-MERMET dans son introduction à : *Jésus Amour des hommes*, Éditions SAINT-PAUL, 1996.

petits, à qui il donna tous ses soins, tout son temps, et qu'il voulut accompagner patiemment, humblement... Fidélité à Jésus qui révèle par son abaissement, par les souffrances de sa passion, et par le don de son Eucharistie, le cœur miséricordieux de Dieu Père qui nous désire intensément... Compassion et fidélité d'Alphonse qui ont fait fleurir parmi les pauvres, dans les petites bourgades les plus reculées où il prêchait des missions avec sa communauté, un élan de confiance, de conversion et de ferveur. Deux blessures que le missionnaire-fondateur assuma parfois dans une grande solitude... Ici s'enracine pour les rédemptoristes, leur relation à Dieu et au monde. D'ici jaillit la spiritualité missionnaire de la Congrégation du Très Saint Rédempteur.

Quelle affinité existe-t-il entre Alphonse de Liguori, issu de la noblesse, avocat, prédicateur, écrivain, musicien, théologien, fondateur, souvent présenté comme un géant de sainteté... et le « petit frère Van », d'origine très modeste, mort jeune, martyr, et dont on commence à peine à découvrir la courte existence, si souffrante, si cachée et cependant si transparente ? Tout semble les séparer... Et pourtant... Approchons-nous du mystère en relisant sa vie, avec la délicatesse du cœur...

« J'AI TROUVÉ LE PLUS PRÉCIEUX TRÉSOR DE MA VIE » (aut 438)

Au cours d'une émission de radio il y a quelques années, le père Bernard Häring, rédemptoriste, partageait cette conviction profonde, fruit de ses longues années de ministère et d'enseignement de la morale : « Dieu veut des concélébrants à son amour[3] ». C'est là je crois une très belle expression que l'on peut reprendre en l'attribuant aux fils de saint Alphonse. Le petit frère Van fut, dans le creux de ses souffrances et de son silence d'offrande, comme dans les heures de liesse et d'émerveillement, le « concélébrant » de Jésus jusqu'au calvaire.

« Être saint, tendre à la perfection, je pensais autrefois que c'était une vie pleine de charme, comme un merveilleux printemps... Je pensais que la sainteté c'était la joie perpétuelle, sans l'ombre d'une tristesse. Mais avec le temps, plus j'avance, plus je vois que la sainteté, c'est une vie où il faut changer la tristesse en joie » (cor 28/01/1951 au Frère Alexandre).

3. Publié dans *Communicationes* N° 53, 1987.

Ses années de petite enfance furent heureuses, et marquées par une atmosphère familiale affectueuse. Il avait une disposition à la vie intérieure : à sa première communion, alors qu'il ressentait une « *intimité toute spontanée* » avec Jésus, ses catéchistes imposèrent la récitation de prières toutes faites « *sans harmonies avec les sentiments intimes de chacun des enfants* » (aut 88). N'est-ce pas souvent à cet âge que les enfants sont appelés à une ouverture mystique toute spéciale, et que peu d'adultes le reconnaissent ou y croient... Van en fut peiné. Il s'en souviendra quand il enseignera le catéchisme aux petits enfants. Il saura, comme naturellement, éveiller en eux ce jardin secret de leurs cœurs.

Mais la souffrance n'épargna pas Van qui en fit très tôt l'expérience. Tout d'abord à la petite école de son village Ngam Giao où la discipline était extrêmement sévère. Il la qualifia dans son autobiographie de « *camp de concentration pour enfants* » (aut 109) ! Puis à Huù Bang où il vécut par la suite durant environ sept ans. Sa mère l'avait confié au curé de la paroisse, car l'enfant avait exprimé le désir de devenir prêtre. Dans ce cadre pensait-elle, il pourrait trouver l'atmosphère et le soutien scolaire et spirituel pour se préparer à son avenir. C'était aussi une habitude pour les familles modestes, de confier ainsi leurs enfants qui se sentaient appelés au sacerdoce, avant une entrée éventuelle au petit séminaire. En contrepartie, le jeune rendait quelques menus services au curé et dans la paroisse. Pour Van, ce ne fut pas le cas... Il dût supporter de la part de certains catéchistes et professeurs d'humiliantes épreuves physiques et psychologiques. Sévices corporels, injustices, injures, moqueries, privations de repas, tentative de viol, et des menaces afin qu'il ne parle pas... Jusqu'à ce que la lingère de la cure s'aperçoive des traces de sang sur ses vêtements. Mais rien ne changea malgré tout... Par ailleurs, le père de Van dépensait de plus en plus le maigre revenu de la famille dans le jeu et l'alcool. La famille ne pouvant plus subvenir aux besoins du jeune garçon, celui-ci fut exploité et opprimé comme un petit esclave, et du coup ne pouvait plus poursuivre régulièrement ses études. Il tenta à six reprises de s'évader de la cure de Huù Bang... Sa mère et les siens comprenant difficilement ce qui se passait, l'acceptèrent mal, et furent très rudes avec lui. D'autant qu'on l'accusait de vol. Ses parents le repoussèrent « *comme un vulgaire mendiant* ». Il écrira dans les Colloques plus tard :

« Me rappelant toutes les souffrances qui me sont venues de mes parents avant mon entrée dans la Congrégation, j'ai trouvé cela extrêmement pénible, et ce souvenir m'a arraché des larmes. (...) Vraiment, je ne savais pas alors qui étaient mes parents ; et si quelqu'un me l'avait demandé, je les aurais certainement reniés en

disant : "Je n'ai pas de parents en ce monde ; je n'ai qu'un vrai Père et une vraie Mère au ciel..." » (col 694).

Lors d'une de ses fuites, après plusieurs jours d'errance et de mendicité, il fut recueilli par une femme qui s'occupa de lui... mais qui se révéla être une trafiquante d'enfants. Elle se préparait à le « vendre » comme esclave.

Van a été témoin et victime de la misère humaine : dans sa famille, dans l'Église, chez les éducateurs, et aussi parmi les jeunes dont certains étaient dévoyés et exploitaient les plus faibles... Tout cela aurait pu le provoquer à la violence, ou le marquer d'une profonde amertume. Il aurait pu aussi nourrir une soif haineuse de revanche... Ces rejets répétés en auraient conduit plus d'un au bord du suicide. C'était l'enfer ! « *Le sens mystérieux de la souffrance m'échappait* » (aut 437).

Jusqu'à cette messe de minuit, en ce Noël 1940... Dieu lui confia une grande grâce :

« *J'ai trouvé à ce moment, le trésor le plus précieux de ma vie... En un instant, mon âme fut transformée. Je n'avais plus peur de la souffrance. Dieu me confiait une mission : celle de changer la souffrance en bonheur. Je n'avais pas à la supprimer, mais à la changer en bonheur* » (aut 439).

C'est le grand tournant de sa vie : la révélation de sa mission sur la terre. Toute l'existence du petit Van va en être bouleversée.

« *Il me faut monter avec Jésus jusqu'au sommet du calvaire, et y endurer la mort en union avec lui* » (aut 859).
« *J'éprouve une grande joie, quand je vois que mon cœur, lui aussi, est atteint de nombreuses blessures qui ressemblent à celles de Jésus étendu sur la croix* » (cor 26/08/1951 au Père A. Boucher).

Ce n'était pas un comportement pathologique... Van ajoutera : « *je n'aime pas la souffrance* » (col 654). Mais cette grâce de Noël 1940 l'immerge totalement dans le mystère de la confiance rédemptrice, et le confirme dans son zèle missionnaire « *pour les âmes les plus abandonnées* ». C'est ici qu'il nous faut aborder plus en profondeur la parenté spirituelle entre Van et Alphonse.

« *Son amour triomphe de tout* » (cor 28/05/1951 au Père A. Boucher). Van était meurtri après tant de mépris dans sa vie passée. Il avait été submergé par tant de violences qui auraient pu briser sa personnalité, et le réduire à l'état de loque humaine. Dans la contemplation de Jésus sur la croix, la méditation de sa passion, et la confiance en Marie, celle qu'il avait choisie pour « *Mère* » (col 245), Van se sentit appelé à reproduire en lui, par la grâce du pur amour, l'offrande du Christ.

« *Quand je médite sur ta passion, je suis ému et j'ai soif de reproduire cette passion dans ma vie* » (carnet 3, 76).

Van ne désirait pas suivre l'exemple de saints dont la vie est extraordinaire et hors d'atteinte. Il voulait au contraire choisir une route adaptée à ses petites forces : « *Je dois reconnaître que c'est uniquement à cause de ma faiblesse et de ma misère, que je reçois de telles marques d'amour* » (col 21). Il avoue dans son autobiographie, qu'au commencement de sa vie religieuse, il n'éprouvait « *aucun attrait pour son Père saint Alphonse* » (ecr 1). Cela vient du fait probablement que certaines biographies de l'époque ont présenté parfois le fondateur comme un homme sévère, un géant d'ascèse et de mystique. Ces présentations qui parfois ont exagéré certains traits, avec une bonne intention, ont peut-être desservi, en rendant le saint fondateur lointain, peu abordable, peu aimable. Un peu plus tard heureusement, le connaissant mieux, Van ajoutait :

« *mes relations avec saint Alphonse sont devenues plus intimes... comprenant de mieux en mieux chaque jour sa grande simplicité et tout ce qu'il y a d'ordinaire dans sa vie* » (ecr 2).

En fait, saint Alphonse n'a jamais voulu vivre ni enseigner d'autre voie que celle « ordinaire » de la vie baptismale. Il la présentait comme un chemin de conversion rude souvent, mais heureux. Une rencontre de deux désirs profonds : le désir du cœur de Dieu lui-même. Désir premier car il fait surgir le nôtre, en creux.... Désir issu de sa plénitude de bonheur, de sa plénitude de vie qu'il veut nous partager. Désir d'aimer, de nous faire naître en nous aimant. Désir du don, du pardon... « L'abîme appelle l'abîme... » (Ps 41,8). Et puis notre désir humain, issu de nos limites. Désir d'être libéré du péché et de la mort. Désir d'être aimé, d'être à Dieu. Désir de communion et de vérité. Désir au cœur, comme un manque, une supplication. Une soif que Dieu seul peut étancher...

« Ô mon Dieu crucifié et mort pour moi... Je n'ai à t'offrir que cette âme rachetée au prix de ton sang... je te l'offre... car je ne veux que toi, mon Sauveur, mon Dieu, mon Amour, mon Tout »[4].

4. *Jésus Amour des hommes*, I, 14, Editions SAINT-PAUL,1996.

Ce désir si fort en nous, Dieu veut le combler, et lui seul le peut. Mais il attend que nous le lui demandions, parce qu'il veut nous apprendre la relation vraie faite d'attention aimante, de mémoire émerveillée, d'attente délicate de l'autre, dépouillée de tout repli sur soi. Il ne nous apprend pas à « consommer », mais à nous ouvrir à la gratuité de son don d'amour, dans la reconnaissance et le service des autres. Il attend notre « oui » en réponse au sien. Alphonse avait coutume de répéter : « amour pour amour » ! Marie l'avait appris à Van :

« *la prière est une arme et une nourriture… Prie en paroles, prie par tes soupirs, prie par tes désirs* » (col 256).

Aussi, Van en fit-il l'expérience au plus creux de la solitude et du découragement : « *La prière est la clé du trésor de la grâce divine* » (carnet 2, 39). Dès lors, toute sa vie devint une offrande et un service humble, passionné, confiant, aimant...

Ce ne fut pas cependant chose facile. Voici un extrait de lettre à son ami Tân, écrite en septembre 1946 qui nous donne un aperçu de son combat :

« *Combien d'amertumes j'ai dû goûter avant mon entrée en religion... Ce temps est maintenant passé, mon cher Tân, et je ne veux pas rappeler le souvenir de ces jours de souffrance.(…) Parce que mon affection ne s'est jamais portée sur une personne de ce monde, j'ai dû m'élever jusqu'au ciel pour donner cette affection à quelqu'un que je savais capable de satisfaire pleinement mon cœur, puisqu'il connaît toutes choses à fond. Ce quelqu'un, qui est-il ? Tu le sais déjà, celui que mon cœur aime, c'est Jésus. Ah ! oui, cher Tân, c'est lui, le Bien-Aimé que j'ai trouvé ; c'est à lui que j'ai donné tout mon cœur le 8 septembre 1946. Ô mon cher Tân, ce Bien-Aimé, je l'ai trouvé non pas à partir du moment où j'ai entendu son appel à Hưu-Bang ; non, je ne l'ai pas trouvé dans la joie ni la beauté du printemps, je ne l'ai pas trouvé non plus dans de grandes consolations ; au contraire, c'est dans la nuit de la souffrance et dans la rosée de mes larmes, que j'ai trouvé le bien-aimé de mon cœur.*

Hélas ! mon frère, que de souffrances j'ai eu à endurer, que de larmes j'ai versées à la recherche de mon Bien-Aimé... Mais quand il m'a été donné de l'apercevoir et de l'étreindre sur mon cœur, de quelles joies il m'a comblé, que de regards chargés d'amour, que de caresses et autres gestes d'amitié il m'a prodigués. Il a comblé à l'infini tous les désirs de mon cœur, si bien que je ne peux plus me rappeler les souffrances que j'ai endurées pendant que je courais à sa recherche... Oui, aimer Jésus, c'est là mon bonheur » (cor 15/09/1946 à Tân).

Van a reçu cependant des grâces bien spéciales d'intimité avec Jésus, Marie, Thérèse et Alphonse. Mais ce fut pour une seule raison : *la mission* ! De même dans un grand dépouillement, la grâce reçue par saint Alphonse, pour sa Congrégation et pour l'Église, fut bien la grâce missionnaire. D'ailleurs l'Église l'a reconnu *Doctor zelantissimus* : le Docteur très zélé. Tout dans la vie d'Alphonse était orienté vers la mission : faire rencontrer l'Amour vivant au cœur du monde désorienté et meurtri. Il l'enseignait par le chemin de l'attention du cœur, par la relecture de la vie quotidienne pour y découvrir la présence et l'action de l'Esprit. La grande douleur du cœur de Dieu répétait saint Alphonse, c'est l'ingratitude de ses enfants. Aussi, toute la mission était orientée vers un retournement complet du cœur : passer de la vie comme un dû, à la vie comme un don ! De la vie comme un « bien » dont il faut jouir, à la vie reçue comme un service à faire fleurir dans la gratitude.

Alphonse de Liguori et Marcel Van : une même blessure au cœur, celle des petits et des abandonnés qui ouvre au même feu apostolique : « Continuer le Christ Rédempteur dans sa mission de salut au monde ». Réveiller et nourrir la mémoire reconnaissante du cœur. Renouveler et raffermir l'espérance. Libérer dans les cœurs l'espace d'émerveillement où peut alors renaître l'hospitalité et la confiance. Saint Alphonse le savait qui faisait face au soupçon des philosophies nouvelles de son temps. Van l'avait aussi compris, qui devint cette mémoire de Dieu, dans le silence de l'offrande jusqu'au martyre.

> « Lisez l'histoire, écrit saint Alphonse, vous verrez que parmi tant de récits fabuleux et de capricieuses inventions, on ne put jamais imaginer un dieu épris d'amour comme notre Dieu, le vrai, l'est pour nous. Un Dieu qui, pour témoigner son amour à ses adorateurs et leur prodiguer les trésors de sa grâce, accomplit le prodige d'amour de se cacher dans une hostie et de rester ainsi, nuit et jour, sur l'autel, leur perpétuel compagnon, comme s'il ne pouvait, semble-t-il, se séparer d'eux, même un instant[5]. »

Van lui, s'adressait à son ami Nghi en ces termes :

« *Mets ta confiance en Dieu qui est la source de tout. Notre confiance en lui est comme une clé entre les mains de celui qui a la garde d'un trésor. Si nous voulons quelque chose, nous pouvons librement ouvrir le trésor infini de Dieu, pour y puiser tout ce qui nous est nécessaire et en jouir au besoin* » (cor 09/11/1949 à Nghi).

---

5. *Visites au Saint Sacrement*, 27, Editions SAINT-PAUL, 1990.

CROISER LE REGARD DE MARIE

À son arrivée au couvent des rédemptoristes, en octobre 1944, Van est tout de suite frappé par l'image de Notre-Dame du Perpétuel Secours, au mur de sa chambre. L'icône originale a été confiée à la Congrégation par le Pape Pie IX en 1866, avec la mission « *de la faire connaître et aimer* ». Une copie orne la chambre de chaque confrère. Van la connaissait déjà avant d'entrer en communauté. En effet, la dévotion à Notre-Dame avait été répandue au Vietnam grâce aux nombreuses missions prêchées par les rédemptoristes. Mais le soir de son arrivée, ayant à peine déposé son bagage, Van fut impressionné. Le regard de Marie le toucha particulièrement. Il rapporta : « *Je me mis à pleurer car je me sentais aimé* » (aut 795).

Voici un extrait du poème dédié à Notre-Dame du Perpétuel Secours, qu'il écrivit plus tard (8 décembre 1948) :

Ô Mère, pourquoi tant de tendresse dans ton regard ?
Quand tu penches la tête et fixes les yeux sur moi,
Je vois sur ton visage une extrême bonté.
Ton regard est pour moi une tendre caresse.

Ô Marie, que ton regard est attachant.
Je crois y lire ton ardent amour,
Ta profonde compassion pour mon âme,
Et pour ma vie toute remplie de souffrances.(…)

Ton regard est une invitation
À me jeter dans tes bras
Pour y être cajolé et guéri de mes blessures.(…)

Il me suffit de regarder ton visage
Pour recouvrer la paix.

En janvier 1948, Van écrivait à sa cousine Sau :

« *Sans être orphelin ni de père ni de mère, avant même d'avoir atteint l'âge de sept ans, je portais déjà la croix de l'orphelin… J'ai senti près de moi la présence d'une mère spirituelle. Cette mère n'est autre que Marie, notre mère bien-aimée* » (cor 18-25/01/48 à Sau).

Depuis tout jeune, Van avait trouvé en Marie sa confidente, sa Mère. Il lui parlait avec familiarité et en toute confiance. Elle était son soutien. Van trouvera en elle la consolatrice, mais aussi la femme forte, de la force de l'Esprit, qui l'accompagne dans ses combats :

«*Je gardais toujours confiance en la bonté de ma Mère du ciel, et j'allais chaque jour épancher mon cœur dans le sien. Marie a bien compris mes sentiments et m'a exaucé au-delà de mes désirs* » (aut 82).

Devant cette familiarité, cette simplicité et cette confiance sans limite qui caractérisent Alphonse et Van, on ne peut que s'émerveiller de l'harmonie de cette mélodie à deux voix, qui invite à une communion plus large…

L'AMOUR A ENCORE BESOIN DE L'AUMÔNE DE TES LARMES (col 154)

Bien des jeunes découvrent Van ces dernières années, et trouvent en lui un « grand frère » qui montre le chemin. Dans notre société contemporaine qui évacue toute question ultime au profit de l'immédiateté dans la consommation, nombreux sont les jeunes qui cherchent des témoins de vérité : des références justes, des phares dans la nuit. Van en est un. Il est crédible. Il est proche des jeunes parce que sa vie colle à la réalité quotidienne de leur existence confrontée souvent au vide spirituel et à la frénésie des modes. Au cœur de sa fragilité, Van révèle la force évangélique des béatitudes. Il annonce la toute puissance de l'amour qui se déploie dans sa faiblesse. A l'encontre de tous les pouvoirs, Van annonce la « force » des petits. A l'encontre de toutes les violences, Van annonce la souffrance rédemptrice. A l'encontre de toutes les idoles, Van annonce l'offrande des mains vides. « *Ce qui est faible dans le monde, ce qui est sans naissance… Dieu l'a choisi pour confondre les forts* » (1Co,1).

Mais il ne faut pas s'y tromper : Van ne se complaît pas dans cette faiblesse. Il l'assume quotidiennement devant Dieu qui peut seul la rendre fertile. « Lève-toi, prends ta civière et marche » dit Jésus au paralytique. Van est un homme debout au nom de sa foi au Christ vainqueur des ténèbres et de la mort, pas un rêveur déconnecté du réel. Sa vie de souffrance l'a plongé dans le combat de la justice, et de la dignité inaliénable de la personne humaine créée à l'image et à la ressemblance de Dieu. La conscience aiguë de sa petitesse ne l'a pas conduit à se cacher en se justifiant, mais au contraire à s'investir, au nom de sa foi, toujours. Ce choix nous le savons l'a conduit jusqu'au martyre.

Van ne serait-il pas ce sourire de Dieu adressé aux jeunes d'aujourd'hui, assoiffés d'absolu, qui cherchent un sens à leur vie, mais qui reconnaissent en même temps, avec tellement d'authenticité, leurs faiblesses, leur inconstance, leurs peurs ? Van ne serait-il pas un signe, humble et fragile, donné aux jeunes de notre époque pour leur montrer que la Miséricorde est plus forte que leurs blessures ? La Lumière plus profonde que leur nuit ? La Vérité capable seule de les sauver de leur détresse ?

Sa vie comme celle de saint Alphonse, en écho à l'Évangile, appelle inlassablement à la confiance en Jésus, qui de sa pauvreté nous fait riches de sa miséricorde. Tant que notre regard est fixé sur nous-mêmes, cela est impossible. Mais la conversion ne débute-t-elle pas par un changement de regard qui croise celui de Jésus (Mc 10,21) ? Van et Alphonse nous apprennent le regard de Dieu sur son Fils, et à découvrir en Lui la beauté de notre vie… pour sa joie !

« *Ayons confiance l'un en l'autre comme nous avons confiance en Dieu, car chacun de nous est un Rédempteur... N'est-ce pas ?* » (cor 28/12/1948 au Frère Bernard).

« Je veux bien souffrir sans le dire
Pour que Jésus soit consolé
Ma joie, c'est de le voir sourire
Lorsque mon cœur est exilé. »
Thérèse

« La sainteté, c'est une vie
Où il faut changer la tristesse en joie. »
Van

Thérèse et Van

Une étoile double de sainteté souriante

PÈRE PIERRE DESCOUVEMONT*
Docteur en Théologie, Prêtre du Diocèse de Cambrai

Elle est merveilleuse, la façon dont Thérèse est entrée dans la vie de Van en octobre 1942. Van a quatorze ans et demi. Plus que jamais, il désire devenir un saint. Mais il est découragé par tous les modèles qu'on lui en propose. Pour y parvenir, il faut jeûner, se donner la discipline, porter une chemise de crin, endurer le froid, la gale, etc. Il faut aussi passer des nuits entières en prière et y recevoir des extases. Pas une seule fois il n'a lu la vie d'un saint qui ait aimé rire et qui ait été espiègle comme lui.

Un soir qu'il vient de prier devant le Très Saint Sacrement, il s'agenouille devant la Vierge et la supplie de l'aider à discerner si son désir de sainteté est réalisable. Lui vient alors l'idée de répandre sur une table tout le rayon hagiographique de la bibliothèque. Puis, les yeux fermés, il prie

* Il a été Conseiller national des Equipes Notre-Dame (1991-98). Aujourd'hui prédicateur, il a rédigé de nombreux ouvrages dont des Guides de la foi. Les plus récents sont : *Marie au cœur de nos vies*, Cerf, 1998 ; *Le mariage dans tous ses états*, *Le Sarment*-Fayard, 1998.

Marie et fait tournoyer trois fois son bras au-dessus des livres. Sa main se pose sur l'*Histoire d'une âme*. Déception ! Un livre vieillot et qui doit encore raconter la vie d'une religieuse qui a bénéficié d'une quantité d'extases. Mais bientôt c'est la découverte émerveillée d'une âme qui est parvenue à la sainteté en n'accomplissant que de toutes petites choses.

« Un sourire, une parole ou un regard, pourvu que je fasse tout par amour. Oh ! quel bonheur ! Thérèse est une sainte qui répond tout à fait à l'idée que je me faisais de la sainteté. Désormais je ne crains plus de devenir un saint. J'ai enfin trouvé une voie » (aut 572).

LE « CHER PETIT FRÈRE » DE THÉRÈSE

Van pleure de joie toute la nuit suivante. Au petit matin il s'agenouille de nouveau devant Marie, en lui disant : *« Apprends-moi à aimer Dieu avec une entière confiance. Que je sois enveloppé de ton amour comme Thérèse l'a été… Qu'elle soit mon guide dans sa "petite voie". Je sens que Dieu a imprimé en moi l'attitude d'enfance comme un don inné »* (aut 576).

Il ose dire à ses deux amis Hien et Tân qu'il a trouvé *« une sœur spirituelle… tout à fait à la mode »* (aut 587). Il ne croyait pas si bien dire.

Fou de joie, il s'en va gambader en direction de la colline. Sur la route, il chante à tue-tête tous les chants de son répertoire. Arrivé au pied de la colline, il se laisse tomber sur une pierre et demeure là, immobile, les yeux fixés sur le soleil levant.

Soudain, il entend une voix qui l'appelle : *« Van, Van, mon cher petit frère ! »*. De nouveau la même voix féminine résonne doucement à ses oreilles. Étonné mais non effrayé, il pousse un cri de joie. – *« Oh ! c'est ma sœur Thérèse ! »*. La réponse ne se fait pas attendre :

« – Oui, c'est bien ta sœur Thérèse qui est ici. J'avais à peine entendu ta voix que je compris à fond ton cœur candide et pur. Je viens ici pour répondre à tes paroles qui ont eu un écho jusque dans mon cœur, petit frère ! Tu seras désormais personnellement mon petit frère, tout comme tu m'as choisie toi-même pour être personnellement ta grande sœur. À partir de ce jour, nos deux âmes ne seront plus séparées par aucun obstacle, comme elles l'étaient autrefois ; elles sont déjà unifiées dans le seul Amour de Dieu. Désormais je te communiquerai toutes mes belles pensées sur l'amour, ce qui est intervenu dans ma vie et m'a transformée en l'Amour

infini de Dieu. Sais-tu pourquoi nous nous rencontrons aujourd'hui ? C'est Dieu lui-même qui nous a ménagé cette rencontre. Il veut que les leçons d'amour qu'il m'a enseignées dans le secret de mon âme se perpétuent en ce monde : c'est pourquoi il a daigné te choisir comme un petit secrétaire pour exécuter le travail qu'il désire te confier. Mais avant ce choix, il a voulu la présente rencontre, pour te faire connaître par moi ta belle mission. Van, mon petit frère, de même que tu me considères comme une sainte selon ton désir, de même aussi tu es vraiment pour moi une âme entièrement selon mon désir.

– Dieu m'a donné de te connaître depuis très longtemps, c'est-à-dire avant même que tu existes. Ta vie est apparue dans le regard mystérieux de la Divinité, et moi, je t'ai vu dans la lumière provenant de ce mystérieux regard. Je t'ai vu, et Dieu m'a confié le soin de veiller sur toi comme l'Ange gardien de ta vie. J'étais avec toi, te suivant pas à pas, comme une mère à côté de son enfant. Grande était ma joie, quand je voyais dans ton âme des points de parfaite ressemblance avec la mienne, et une conception de l'Amour ne différant en rien de la mienne. C'est là un effet de l'Amour divin qui, dans sa sagesse, en a disposé ainsi » (aut 589-591).

Alors Thérèse commence à faire comprendre à son cher petit frère à quel point Dieu est Père, un Père dont il ne faut pas avoir peur, un Père en qui il faut avoir une entière confiance :

« *N'aie jamais peur de Dieu, il ne sait qu'aimer et désirer être aimé.*

Ne crains pas d'être familier avec le Bon Dieu comme avec un ami. Tu l'appelles Père, alors il faut te montrer son enfant. Raconte-lui ce que tu veux : Tu peux lui raconter tout ce que tu veux, lui parler du jeu de billes, de l'ascension d'une montagne, des taquineries de tes camarades ; et s'il t'arrive de te mettre en colère contre quelqu'un, dis-le aussi au bon Dieu en toute sincérité. Dieu prend plaisir à écouter, bien plus, il a soif d'entendre ces petites histoires dont les gens sont trop avares avec lui. Ils peuvent sacrifier des heures à raconter des histoires amusantes à leurs amis, mais quand il s'agit du bon Dieu qui a soif d'entendre des histoires semblables, au point de pouvoir en verser des larmes, il ne se trouve personne pour lui en raconter » (aut 601).

« *Mais,* objecte Van, *Dieu connaît déjà toutes ces choses. Qu'est-il encore besoin de les lui raconter ?* » Thérèse explique alors à Van que Dieu nous aime tellement qu'il est heureux de recevoir de ses enfants une parole d'amour jaillie de leur cœur. Pour le consoler, Van ne doit pas hésiter à lui offrir son cœur. Qu'il soit un nouveau paradis où toute la Trinité puisse trouver chaque jour ses délices.

Avant de prendre congé de son cher petit frère, Thérèse lui redit tout son amour :

« Petit frère, essaie d'y penser, pour voir. Il n'y a aucune exagération dans mes paroles. Je t'aime, parce que tu es une âme qui fait partie de ma brigade d'Amour. Vu que tu es mon petit frère, mon seul désir est de te voir accomplir les œuvres que l'Amour divin désire si ardemment de toi. Allons petit frère, écoute-moi. Désormais, dans tes relations avec ton Père du ciel, ne manque pas de suivre mes conseils.

Maintenant, il se fait tard, permets que j'interrompe ici notre conversation. Car c'est déjà l'heure du repas ; Tân et Hien t'attendent, et Tân commence à s'impatienter... Je te donne un baiser... Nous aurons encore beaucoup d'occasions de causer ensemble, et nous pourrons le faire n'importe où, sans craindre que personne ne le sache » (aut 604).

L'entretien a duré des heures et Van en ressort tout « chose » :

« J'étais comme quelqu'un qui sort d'un rêve, moitié inquiet, moitié heureux. Quand Thérèse me dit :

« – Je te donne un baiser, je sentis aussitôt comme une brise légère qui m'effleura le visage, et je fus envahi d'une joie telle que je perdis un instant connaissance. De cette joie suave, il me reste encore quelque chose aujourd'hui, mais je ne sais au juste à quoi la comparer » (aut 604-605).

Revenant à lui, il entend la voix de ses deux amis. Il quitte son rocher et revient en toute hâte vers la maison. Tân et Hien l'accablent de questions, mais Van garde bien son secret.

Désormais Thérèse va rendre régulièrement visite à son cher petit frère pour lui enseigner sa « petite voie ». Des entretiens très familiers : *« Van, il est l'heure ! Va au lit ! Cesse de te tracasser ! Abandonne-toi entre les mains de Dieu !... C'est l'heure du repas ! Bon appétit !... Ne jette pas si vite tes chaussettes trouées ! Elles peuvent encore servir ».*

Van est émerveillé en voyant que Thérèse parle si bien le Vietnamien !

Et puis, à la fin de chaque rencontre, c'est l'habituel : *« Petit frère, je te donne un baiser !... Au revoir !... »*

Mais voici que Hien s'aperçoit de la transformation qui s'est opérée dans la vie de son ami depuis le jour où il est resté longtemps au pied de la colline. Sans rien lui révéler des communications qu'il a avec le Ciel, Van sent qu'il doit aider Hien à entrer lui aussi dans la « petite voie » de

Thérèse. Il devient son guide, son frère spirituel. Et Thérèse devient leur petite sœur à tous deux.

Van reçoit la grâce de lire dans l'âme de Hien et peut lui donner ainsi des conseils appropriés. Un jour il entend son ami lui confier : *« Van, je pense que si je n'avais pas rencontré dans ma vie quelqu'un comme toi pour me comprendre, je serais sans doute mort de tristesse »* (aut 638).

« Oui, vraiment, écrit-il plus tard, Hien a été mon premier petit frère, la première fleur de la saison. Grâce à Thérèse, je l'ai trouvée... et j'ai pu la cueillir et l'offrir à Dieu ! »

Plus tard, quand Van recevra comme nom de religieux celui de Frère Marcel, il est quelque peu déçu. Il aurait tant voulu porter le même nom que Thérèse. Alors, dans le secret de son cœur, il s'appellera « **Frère Marcel de l'Enfant Jésus** ».

D'ailleurs, l'année suivante, le 13 novembre 1945, Jésus lui-même l'appellera ma *« seconde petite Thérèse »* et lui donnera comme mission d'aider sa sœur aînée à répandre dans le monde la confiance en son amour. Il devra comme sa sœur carmélite cueillir des roses en très grand nombre pour pouvoir les faire pleuvoir plus tard en pluie sur son pays et sur le monde entier.

Jésus lui dira encore qu'il est **l'humble pétale** tombé de la petite fleur qu'est Thérèse et qu'ils ont l'un et l'autre la même mission : le faire connaître et le faire aimer de par le monde.

Elle est toujours à ses côtés : quand il sommeille à l'oraison, elle est tout près de lui, priant à sa place.

LE DISCIPLE DE LA PETITE VOIE

Marcel Van a parfaitement assimilé et intensément vécu les trois éléments essentiels de la Petite Voie que Jésus, Marie et Thérèse lui ont enseignés tout au long de leurs colloques avec lui.

– Jésus nous aime d'un amour absolument *gratuit* : nous devons donc prendre le temps de nous laisser aimer et embrasser par Lui avec un cœur d'enfant.

– Jésus nous aime d'un amour infiniment *miséricordieux* : nous devons donc nous laisser pardonner avec confiance toutes nos faiblesses et tous nos péchés.

– Jésus nous aime d'un amour *mendiant*, réclamant de nous le pauvre amour de notre cœur : nous ne devons donc pas hésiter à Lui offrir le plus de sourires possible pour son plaisir.

L'amour absolument gratuit de Jésus

Jésus nous aime toujours le premier. Alors que nous sommes encore plongés dans le sommeil, Il nous aime déjà puisque, toute la nuit, Il ne cesse de nous créer à exemplaire unique, avec toute sa tendresse. Il n'attend pas que nous ouvrions les yeux pour nous sourire.

Le petit Van a expérimenté plus d'une fois la réalité de ce regard de Jésus sans cesse posé sur lui.

Un soir de juin 1945, alors que la seconde guerre mondiale touche à sa fin, Van adore le Très Saint Sacrement avec sa communauté. Soudain, pendant la bénédiction, Jésus se manifeste à lui :

« Je vis Jésus qui, venant de loin, marchait vers moi. Il s'avançait, le visage impassible et plein de douceur. Ses cheveux longs tombaient sur ses épaules : ce qui m'a surtout frappé, c'est la bonté de son regard... Un regard qui reflétait l'amour infini de son cœur » (aut 836).

« Et je pense qu'un seul de ses regards suffirait à jeter en extase tous les hommes... Il portait une longue robe claire, une ceinture et un manteau rouge... Jésus vint à côté de moi, et je me vis alors changé en petit enfant de deux ou trois ans. Pas le temps de m'étonner qu'il s'assit sur un socle de pierre, me prit dans ses bras et me serra sur son cœur » (aut 837).

Si Thérèse ne bénéficia pas d'une telle apparition, elle n'en vivait pas moins dans la joie de se savoir sans cesse regardée par Jésus. Le regard de Jésus, c'est déjà le « Ciel ici-bas » (PN 20). Toute jeune, en admirant un coucher de soleil au large de Trouville, elle avait pris la résolution de vivre toujours dans le rayonnement de ce regard, à la façon d'un voilier qui s'obligerait à demeurer dans le sillon d'or tracé sur les flots par les derniers feux du soleil couchant (A 22 r).

Thérèse le dit encore quand la nuit est descendue sur son âme. Dans un poème eucharistique de juin 1896 intitulé « Mon Ciel à moi », elle chante sa joie de vivre dès ici-bas sous ce regard !

> « Le regard de mon Dieu, son ravissant sourire
> Voilà mon Ciel à moi ! » (PN 32, 1)

Le 30 décembre 1945 Van, qui a pris l'habit le 8 septembre précédent, entend Jésus le prévenir qu'il connaîtra plus tard une souffrance tout à fait originale :

« Le seul fait d'entendre prononcer mon nom, le nom de Marie et des saints, par exemple celui de ta sœur Thérèse, suffira à te faire répandre toutes les larmes de tes yeux, et tu souhaiteras alors, si la chose était possible, de n'avoir jamais connu ces noms » (aut 212).

Mais qu'il ne s'affole pas. *« Jamais je ne m'éloigne de toi : toujours mon regard reste fixé sur toi »* (col 211). **Effectivement, il arrive souvent à Van d'apercevoir le sourire que Jésus pose sur lui.** Chaque fois, c'est une grande minute de bonheur. Un jour du mois de mai 1949, il rencontre Jésus sur la véranda du noviciat, serrant en ses bras une gerbe de fleurs. *« Il me paraissait aimable au point de me jeter en extase. J'étais au comble du bonheur »* (aut 837). Van ne peut s'empêcher de s'écrier :

*« Ô Jésus... **Voilà que tu me souris***
Que tes lèvres sont charmantes
Et ton regard captivant.
Pourquoi me sourire ainsi ? » (ecr 222).

Il se précipite pour l'embrasser. Mais subitement Jésus disparaît.

Grâce à cette rencontre renouvelée de Jésus et de son sourire, Van vit les événements les plus anodins de son existence sous son regard aimant. **Jésus, il le sait, s'intéresse à tout ce qui le touche. Aussi voyons-nous Van Lui raconter les mille et une péripéties de ses journées.** *« Petit Jésus, à midi j'ai très bien mangé. Je t'en remercie. Actuellement mon mal de cœur a diminué un peu. C'est moins fort que ce matin »* (col 490).

« Petit Jésus, le frère Augustin a des sandales neuves. Et moi qui ai des sandales si usées, tu ne m'en donnes pas de neuves. Il se fait que tu gâtes Augustin plus que moi » (col 611).

Un autre soir, Van se plaint à Jésus qu'on lui a donné une soutane bien trop serrée et des chemises beaucoup trop petites (col 449). Il n'aime pas non plus les chemises marron et, malgré son désir d'entrer au carmel, il n'aurait pas aimé porter des habits de cette couleur. Dans son enfance, il lui est même arrivé de déchirer un très beau pantalon couleur marron que sa mère lui avait confectionné : il n'aimait porter que des habits blancs (col 459).

Van sait très bien qu'il n'ennuie pas Jésus en lui parlant de toutes ces histoires, Jésus s'intéresse à tout. S'est-il fait extraire une dent ? « *C'est très bien, lui dit Jésus. Ta bouche est maintenant un peu plus jolie* » (col 446). Est-il fatigué ? Jésus lui demande de ne plus écrire les messages qu'il reçoit.

« *Allons, petit frère, fais-moi un bon sourire, dépose ta plume et contente-toi de m'écouter et de converser avec moi. Même si tu ne peux pas écrire, je vais continuer à parler avec toi* » (col 444).

Van comprend que Jésus a vraiment du plaisir à se pencher sur lui, à l'embrasser :

« *Mon enfant,* ***je te prends dans mes bras****, je t'élève au niveau de mes lèvres et* ***je te donne un baiser****. Voyant ton âme brûler d'amour pour moi, je me sens hors de moi-même et mon seul désir est de voir beaucoup d'âmes m'aimer aussi comme toi* » (col 14).

Évidemment Jésus ne met pas dans les baisers qu'Il nous donne ici-bas tout l'amour qui consume son cœur : s'Il le faisait, nous en mourrions de bonheur ! (col 40). Il n'empêche que l'amour qu'il a pour chacun d'entre nous est dès ici-bas « *sans limite* » (col 199).

Il est donc bien dommage, remarque Van, ***que tant d'âmes aient peur de Lui.***

« *Oui,* lui dit Jésus, *c'est bien étrange. Je ne comprends pas pourquoi bon nombre d'âmes ont ainsi peur de moi. Elles n'osent même pas ouvrir la bouche pour m'adresser une parole d'amitié. Pourtant je me comporte envers ces âmes tout comme envers toi-même. Mais elles ne veulent pas écouter mes paroles ni recevoir mes baisers. Si elles se servaient du regard de la foi pour sonder la profondeur de mon amour, il est certain que leur crainte s'évanouirait* » (col 224).

Il est donc clair que, tout comme Thérèse, son petit disciple vietnamien croyait de tout son cœur à l'amour absolument gratuit de Jésus pour chacun de ses enfants. Il vivait cette foi avec un esprit d'enfance particulièrement développé que Thérèse ne cessait de lui inculquer dans les nombreux colloques qu'elle avait avec lui.

L'amour miséricordieux de Jésus

Comme Thérèse et à son école, Van a également compris que nos péchés n'empêchent pas Jésus de nous aimer infiniment.

Van l'a particulièrement bien compris dans la grande vision dont Jésus le gratifia un soir de juin 1945. Après lui avoir manifesté, comme nous l'avons vu plus haut, la bonté de son regard, Jésus lui montra la foule immense de ceux et de celles qui le rejetaient : enfants et adultes de toutes conditions s'avançaient vers lui et ramassaient des pierres pour les lancer violemment contre son corps divin.

Mais dans la troisième partie de la vision Jésus se révéla à Van dans toute sa miséricorde.

« ***Au milieu des injures, Jésus gardait un visage plein de bonté et regardait cette foule avec amour, avec un immense amour.*** *En les voyant persister dans leur folle attitude, il eut compassion d'eux et laissa couler une à une ses larmes sur sa poitrine.*

Je pleurais avec lui et je ressentis au cœur une douleur capable de me faire mourir. Mais en contemplant la tendresse de son regard, je me sentais réconforté... » (aut 838-839).

Oui, le propre de l'Amour étant de s'abaisser, dirait Thérèse, Jésus prend plaisir à nous manifester la profondeur et la fidélité de son Amour à travers nos trop fréquentes lâchetés. On peut même dire qu'Il a un faible pour les faibles. Aussi prend-il plaisir à leur faire découvrir de façon particulière la tendresse infinie de son cœur.

C'est pourquoi la petite Thérèse éprouvait une espèce de sainte jalousie à l'égard de Marie-Madeleine. Elle suppliait Maurice Bellière, son cher petit frère, de prendre exemple sur elle : au lieu de ressasser sans cesse le souvenir de ses fautes, il ferait mieux d'imiter son amoureuse audace :

> « Son cœur a compris les abîmes d'amour et de miséricorde du Cœur de Jésus et que, toute pécheresse qu'elle est, ce Cœur d'amour est non seulement disposé à lui pardonner, mais encore à lui prodiguer les bienfaits de son intimité divine, à l'élever jusqu'aux plus hauts sommets de la contemplation » *(LT 247).*

Aussi Thérèse ne s'affligeait-elle pas en découvrant de plus en plus la faiblesse foncière de son âme.

> « Je ne suis qu'une enfant, impuissante et faible, écrit-elle un an avant sa mort ; cependant c'est ma faiblesse même qui me donne l'audace de m'offrir

comme Victime à ton Amour, ô Jésus ». En effet, poursuit Thérèse, « pour que l'Amour soit pleinement satisfait, il faut qu'Il s'abaisse, qu'il s'abaisse jusqu'au néant et qu'il transforme en feu ce néant » (B 3 v).

Thérèse n'a pas attendu la fin de sa vie pour expérimenter la joie qu'on éprouve à reconnaître sa faiblesse puisqu'en juillet 1890 – elle a dix-sept ans – elle écrit à sa cousine Marie Guérin tout empêtrée dans une crise de scrupules :

« Tu te trompes, ma chérie, si tu crois que ta petite Thérèse marche toujours avec ardeur dans le chemin de la vertu ; elle est faible et bien faible, tous les jours elle en fait une nouvelle expérience mais Jésus se plaît à lui enseigner comme à saint Paul la science de se glorifier dans ses infirmités. C'est une grande grâce que celle-là et je prie Jésus de te l'enseigner, car là seulement se trouvent la paix et le repos du cœur ; quand on se voit si misérable on ne veut plus se considérer et on ne regarde que l'unique Bien-Aimé » *(LT 109).*

C'est la même confiance qui habite le cœur de Van. Il a compris qu'en se présentant devant Jésus avec toute sa faiblesse, il suscite davantage sa tendresse. Jésus est comme fasciné par le regard suppliant d'une petite brebis qui crie vers Lui sa détresse :

« Ô Jésus, que je reconnaisse ma faiblesse, il n'y a en cela rien d'extraordinaire : tu connais déjà, en effet, l'état de mon âme. Cependant ma confiance est loin d'être faible. ***Je sais bien que seule la confiance est capable d'attirer à moi ton cœur...*** *Ô Jésus, je suis bien misérable, n'est-ce pas ? Quand je songe à mes faiblesses, cette pensée ne peut que me porter au découragement. Cependant une chose me console : c'est* ***que par un simple regard jeté sur ton amour je puis te fasciner,*** t'éblouir. *Je regarde donc ton amour, je me confie en ton amour ; j'ai la certitude que jamais ton amour ne m'abandonnera, que jamais non plus il ne s'attristera de mes faiblesses »* (col 298-299).

« Parfois, en songeant à mon sort, je me sens envahi par la crainte et je ne sais comment me défendre contre ce sentiment. Je n'ai qu'un seul moyen qui m'a été indiqué par ma sœur Thérèse et qui consiste à courir me cacher à l'ombre de l'amour, à confier toute chose à l'amour. Oui, oui, je continue à agir ainsi : je me livre à l'amour et j'ai la conviction que jamais l'amour ne refusera d'accueillir le regard d'une pauvre petite âme faible comme la mienne, car il trouve condensés dans ce regard tout l'amour et toute la confiance dont mon cœur est capable. Ainsi donc, ô Jésus, daigne accepter ce regard de ma faiblesse » (col 299-300).

Jésus lui-même confirme Van dans cette confiance :

« Van, le regard de ta faiblesse est encore plus puissant que le mien. Oui, un seul regard de ta faiblesse suffit à charmer mon amour et attirer mon cœur jusqu'à toi » (col 374).

Le 9 mai 1946, Van s'est fâché contre les frères choristes qui se sont permis de salir un plancher qu'il venait tout juste de laver. Il a lâché une parole dure à l'égard du frère Mach et il confie à Jésus sa peine *« de n'avoir pas cueilli cette fleur pour l'offrir à Marie »*.

« *Ah, tu es triste ?* lui répond Jésus. *Tu ne te rappelles donc pas que tu es très faible ? Assez, petit frère, ne t'attriste pas davantage. Si tu étais triste, Marie le serait sans doute encore davantage, car c'est à cause d'elle que tu serais dans cet état, pour n'avoir pas su cueillir une fleur à lui offrir. Offre-lui ta faiblesse avec joie et ce sera mieux. Marie sait bien que tu es très faible, que tu n'as même pas la force de cueillir une fleur spirituelle. Aussi, elle acceptera ta faiblesse avec plus de joie qu'elle n'accepterait une belle fleur que tu pourrais lui offrir.*

Petit frère, c'est cela la pauvreté. Ainsi, il est certain que Marie t'aimera davantage. Crois-tu cela ? Il en est de même aussi pour moi. Je t'aime davantage parce que tu es plus faible, plus misérable, je dirais même plus pauvre, pour te faire plaisir.

– Mais, objecte Van, j'ai fait de la peine à mes frères.

– Tant mieux, lui répond Jésus. *Tes confrères verront davantage que tu n'as aucune vertu, qu'un rien suffit à te faire perdre patience ; et du même coup tu leur révèles ton extrême faiblesse (...) Du fait que tu reconnais être faible et que même les autres te considèrent comme tel, je t'aime doublement. Ainsi favorisé, que peux-tu vouloir de plus. Ne t'attriste pas davantage. Offre cette faiblesse à Marie, ou bien laisse-moi la lui offrir à ta place* » (col 641-642).

On croirait entendre Thérèse confier à mère Agnès dans les dernières semaines de sa vie la façon dont elle métamorphosait en joie la tristesse consécutive à l'une de ses faiblesses :

> « Je rentre en moi-même et je me dis : Hélas ! j'en suis donc encore au même point comme autrefois ! Mais je me dis cela avec une grande douceur et sans tristesse. C'est si doux de se sentir faible et petite » (CJ 5.7.1).

Deux jours plus tôt, elle lui avait même dit :

> « Quand j'ai commis une faute qui me rend triste, je sais bien que cette tristesse est la conséquence de mon infidélité. Mais croyez-vous que j'en reste là ? Oh ! non, pas si sotte ! Je m'empresse de dire au bon Dieu : “Mon Dieu, je sais que ce sentiment de tristesse, je l'ai mérité, mais laissez-moi vous l'offrir tout de même, comme une épreuve que vous m'envoyez par amour. Je regrette mon péché, mais je suis contente d'avoir cette souffrance à vous offrir » (CJ 3.7.2).

Van avait d'autant plus besoin de cet enseignement qu'il avait, comme Thérèse, une fâcheuse tendance à s'inquiéter exagérément

de ses faiblesses. On se souvient qu'en octobre 1891 le père Alexis Prou avait déclaré à Thérèse que ses fautes « ne faisaient pas de peine au bon Dieu » et qu'elles ne devaient pas freiner son désir de se lancer « à pleines voiles sur les flots de la confiance et de l'amour » (A 80 v). C'est la même confiance que Jésus demande à Van de vivre à la suite de ses manquements.

« *Ils sont à mes yeux,* lui dit-il, *"comme des grains de poussière qui ternissent un peu ton âme, mais qui disparaissent entièrement dès qu'ils ont passé par le feu de mon amour. Voilà pourquoi je t'ai dit : "L'âme qui brûle intérieurement du feu de mon amour est toujours à mes yeux toute blanche de pureté* » (col 33).

« *N'étant pas des péchés, tes faiblesses ne peuvent en rien me contrister. Vu que tu restes toujours une pauvre petite âme, comment pourrais-tu éviter toute faiblesse ? (...) Tes faiblesses sont pour toi un motif de plus grande confiance en moi, ce qui rend notre union plus étroite encore. Qu'est-ce que t'a enseigné autrefois ta sœur Thérèse ? Tu as déjà tout oublié : c'est désespérant ! Et c'est aussi tant mieux, car ce que tu as oublié, je suis toujours là pour te le rappeler, et ainsi tu peux apprendre continuellement une nouvelle leçon. Quel bonheur peut-être comparable au tien ?* » (col 385-386).

Van ne doit donc plus s'attrister de ses récidives : Jésus lui-même n'en est pas triste. La seule chose qui m'attriste, lui répète-t-il souvent, « *c'est lorsque je te vois triste ;* ***quand je te vois joyeux, comment pourrais-je être triste ?*** *Sois donc toujours joyeux. Une seule de tes joies suffit pour me consoler beaucoup* » (col 33).

« *Tes faiblesses, bien loin d'éteindre dans ton cœur le feu de mon amour, ne font au contraire que l'attiser davantage, comme te l'a enseigné déjà ta sœur sainte Thérèse. De plus, si je te laisse ces faiblesses, c'est que je ne veux pas que tu sois en rien supérieur à tes confrères* » (col 118-119).

Le 4 mai 1946, Marie reproche à Van de n'être pas parvenu à se débarrasser complètement de ses scrupules. C'est une toile d'araignée qui encombre encore son logis. Son père spirituel ne manque pourtant pas de lui rappeler l'effort qu'il doit faire en ce sens. Aussi Marie demande-t-elle à Jésus et à Thérèse de l'aider à faire le ménage dans sa chambre, afin qu'il puisse enfin y respirer à pleins poumons ! (col 590).

Mais s'il lui arrive encore de se troubler, qu'il n'aille pas se troubler de s'être troublé ! Cette inquiétude n'est qu'une nouvelle manifestation de sa faiblesse. Chaque fois qu'il est troublé, fût-ce le temps d'une respiration, qu'il offre ce trouble en sacrifice. Satan se trouve ainsi frustré d'une victoire qu'il voulait remporter. Il en est pour ses frais. Il n'a pas réussi à installer l'inquiétude dans l'âme du petit frère de Jésus. (col 595-596).

La conversion *in extremis* d'un franc-maçon a contribué à faire grandir dans l'âme de Van la certitude qu'il ne fallait jamais désespérer du salut des plus grands pécheurs. Grand bienfaiteur de la communauté des Rédemptoristes d'Hanoï, le docteur Le Roy des Barres avait depuis longtemps quitté l'Église. Devenu gravement malade, il refusait catégoriquement de recevoir les derniers sacrements.

En pleine nuit, Van se sent poussé à prier pour lui. Il se lève et malgré une soif terrible, il s'oblige à ne rien prendre et prolonge sa prière d'intercession. Au petit matin il apprend que le docteur a expiré aux environs de minuit, une heure après le début de sa prière.

« Le Docteur est sauvé », pense-t-il. Pour en avoir le cœur net, il demande à Jésus de lui en donner un signe : que son père se confesse et communie au cours de l'année.

Et voilà que trois jours plus tard une personne de son village vient lui dire que c'est chose faite : son père a fait ses Pâques et vit désormais en bon chrétien. Van remonte dans sa chambre et se jette au pied de son crucifix. Le Docteur Le Roy est sauvé. Il éprouve une joie semblable à celle que connut Thérèse le 1er septembre 1887, lorsqu'elle apprit par le journal la conversion de Pranzini. Lui aussi vient de recevoir un signe, celui-là même qu'il avait demandé à Jésus de lui donner. Lui rappelant cet événement, Jésus lui dira plus tard :

« Il suffit d'un simple regard de confiance jeté sur moi pour arracher les âmes pécheresses des griffes du démon. Même si une âme se trouvait déjà à la porte de l'enfer, attendant son dernier soupir pour y tomber, si dans ce dernier soupir il y a le moindre degré de confiance en mon Amour infini, cela sera encore suffisant pour que mon Amour attire cette âme dans les bras de la Trinité ; c'est pourquoi je dis qu'il peut être très facile pour les hommes de monter au ciel, tandis qu'il peut être très difficile et même infiniment difficile de tomber en enfer, car jamais l'Amour ne peut souffrir qu'une âme se perde si facilement » (col 650).

Mais cette confiance éperdue en la Miséricorde de Dieu ne doit jamais dégénérer en quiétisme. C'est pourquoi, continue Jésus, les paroles que je te dis aujourd'hui « ne doivent pas être manifestées à toutes les âmes indistinctement ». Certaines âmes pourraient en effet y trouver prétexte à s'endurcir dans le mal.

On croirait entendre ici l'avertissement donné par Thérèse à sœur Marie de la Trinité, un jour que sa novice lui faisait part de son intention d'exposer la « Petite Voie » à ses parents :

« Faites bien attention en vous expliquant, lui dit Thérèse, car notre Petite Voie mal comprise pourrait être prise pour du quiétisme ou de l'illuminisme[1]. »

Cela dit, il reste vrai que les hommes, même les plus grands pécheurs, n'auront jamais trop de confiance en la Miséricorde du Seigneur. C'est une vérité que Jésus ne cesse de répéter à Van :

« Marcel, Marcel, ô petit frère, prie pour que les âmes pécheresses, si nombreuses, ne perdent jamais confiance : le royaume des cieux ne cesse de leur appartenir vraiment. » (col 648).

Et s'adressant aux âmes pécheresses, il leur dit :

« Même si votre misère est infinie, vous devez croire quand même que mes mérites sont aussi infinis. Même si vos péchés ont mérité l'enfer un nombre infini de fois, vous ne devez pas pour autant perdre confiance en mon Amour {...} Il n'y a absolument rien qui offense mon Amour, si ce n'est le manque de confiance en mon Amour » (col 647).

L'amour mendiant de Jésus

Le Seigneur nous aime gratuitement. Bien avant notre existence, Il nous aimait déjà. Et lorsque nous Lui tournons le dos, Il continue à nous aimer, toujours prêt à nous pardonner toutes nos infidélités. Son Amour fidèle est infiniment miséricordieux.

Mais Il nous aime tellement qu'Il attache du prix à l'amour des pauvres petites créatures que nous sommes. Il n'en a pas vraiment besoin, mais Il le réclame. Il le mendie. Thérèse a été fascinée par cet aspect de la Bonne Nouvelle :

« Voilà donc tout ce que Jésus réclame de nous : il n'a point besoin de nos œuvres, mais seulement de notre amour, car ce même Dieu qui déclare n'avoir point besoin de nous dire s'il a faim, n'a pas craint de **mendier** un peu d'eau à la Samaritaine. Il avait soif... Mais en disant

1. Sœur Marie de la Trinité, *Une novice de Sainte Thérèse*, Cerf, 1993, p. 22.

“donne-moi à boire”, c’était l’amour de sa pauvre créature que le Créateur de l’univers réclamait. Il avait soif d’amour » (B 1 v°).

Van, a compris lui aussi qu’il devait répondre par un amour de tous les instants à l’Amour infini de Jésus pour lui. Il sait que cette magnifique possibilité que nous avons de rendre « amour pour amour » à notre Epoux divin est un élément essentiel de la Petite Voie de Thérèse...

Jésus lui redit souvent que son amour, tout faible qu’il soit, a beaucoup de prix à ses yeux. À tous les cadeaux qu’on peut lui offrir, une maman ne préfère-t-elle les quelques mots que lui adresse le plus petit de ses enfants : « Maman, je t’aime beaucoup ! » Ainsi en est-il, lui explique Jésus, de l’amour de son petit Van :

« Mon enfant, plus ton amour pour moi est petit, plus le mien l’enveloppe de son intimité. Supposons que le petit ne sache même pas dire à sa maman les quelques paroles que je lui prêtais plus haut, et qu’il ne puisse que fixer son regard sur elle, sois certain qu’il recevrait alors de sa mère les marques d’un amour encore plus tendre... Ô mon enfant, mon amour enveloppe le tien, et cela durera jusqu’au moment où ton amour se perdra entièrement dans le mien... Ô mon enfant, à l’exemple du tout petit, contente-toi de me regarder, et je pénétrerai le fond de ton cœur mieux encore que la maman ne pénètre le cœur de son enfant ; et durant l’éternité, jamais mon amour ne se séparera de toi ; au contraire, il ne fera qu’accroître ton bonheur éternellement » (col 122).

Marcel n’a donc pas à se désoler d’être pauvre et de n’avoir guère de vertus. Il suffit qu’il dise : *« Jésus, je t’aime ! »* pour que Jésus soit très heureux et qu’Il ait envie de lui donner beaucoup de baisers ! (col 202).

Pour plaire au Seigneur, il n’est pas nécessaire d’accomplir des œuvres extraordinaires, mais de les réaliser avec beaucoup d’amour.

*« Lorsque tu travailles, Marcel, il n’est pas nécessaire d’abattre beaucoup de besogne ; il suffit de faire peu de chose, comme te l’a enseigné auparavant ta sœur Thérèse : **“Même si au cours de toute une journée tu n’arrivais à essuyer qu’une seule chaise, il ne faudrait pas t’en troubler”.** Ce n’est pas la quantité de travail qui me fait plaisir ; Thérèse te l’a déjà dit et tu l’as oublié. Je te le rappelle, ton devoir à toi, c’est d’aimer et de travailler. De travailler par amour pour moi »* (col 206).

Dans son journal intime, Van aime reprendre la comparaison chère à Thérèse, celle du **grain de sable** obscur, foulé négligemment par les pieds des passants mais qui plaît infiniment à son Créateur. Encore faut-il qu'il ne se prenne pas pour une haute montagne recouverte d'arbres et de fleurs magnifiques. Un orgueil qui le conduit à sa perte et l'empêche de plaire au Seigneur (carnet 2, 59). Mais il n'est pas question d'ignorer les grâces que Dieu nous a octroyées. « *L'humilité, c'est la vérité* », aime redire Van à la suite de Thérèse.

« *L'homme humble n'invoque pas telle ou telle raison pour se cacher. Il reconnaît toujours son néant mais, en même temps, il n'hésite pas à admettre qu'il est une créature sortie des mains de Dieu et chère à son cœur. Il reconnaît les grâces reçues de Dieu, de même que les talents qui lui ont été donnés pour travailler à la gloire de Dieu. Tout comme cette fleur qui, malgré sa grande fragilité, a toujours raison d'étaler ce qui fait sa grâce et sa beauté* » (carnet 2, 48).

Et ici encore, comme Thérèse, Van aime se comparer à **l'humble fleur des champs** que personne ne remarque, qui ne porte pas de nom particulier, mais qui est très précieuse « *aux yeux de l'amour* » (carnet 2, 41).

Van croit en effet de tout son cœur qu'il est capable, par ses actes d'amour, de faire plaisir à Jésus, tout comme une épouse fait la joie de son Epoux. Aussi accepte-t-il tout à fait que Jésus l'appelle son « épouse ».

« *Toutes les âmes sont mes épouses, lui dit Jésus. Si en ce moment je te faisais voir l'âme de ton père saint Alphonse avec celle de ta sœur Thérèse, mais sans aucune forme extérieure, tu ne pourrais certainement pas distinguer l'une de l'autre* » (col 539).

Hélas ! les hommes refusent souvent ce langage. Ainsi en est-il du frère Eugène. Van est donc chargé d'aller dire à son confrère :

« *Si dans les rapports avec Jésus, on n'a pas les sentiments de l'épouse à l'égard de son époux, on n'a pas non plus les sentiments de l'enfant à l'égard de son père. On n'a pas davantage ceux de l'élève à l'égard de son maître* » (col 635).

Dieu, en effet, est à la fois notre Père, notre Ami, notre Maître et notre Époux. Sans cette dimension nuptiale, continue Jésus, l'homme ne peut pas vivre vraiment le vœu de chasteté, « *car ce vœu oblige l'âme à s'unir à moi comme une véritable épouse* » (col 637).

D'ailleurs, dès les débuts de ses colloques avec Van, Jésus lui avait dit : « *Je suis l'Époux de ton âme* » (col 3) et, comme Thérèse, Van aimera reprendre les thèmes du *Cantique des cantiques* pour traduire sa quête éperdue du Bien-Aimé. Il le fait notamment en deux de ses poèmes :

Peine d'amour (5 août 1950) ; *L'appel lointain (*17 mars 1951).

Ce que Van a particulièrement perçu dans l'enseignement de Thérèse, c'est l'importance que Jésus accorde à notre sourire. Il veut que nous répondions par de fréquents sourires au sourire qu'Il ne cesse de poser sur nous. Sourires qui doivent exprimer notre joie d'être l'objet d'un tel Amour :

« Mon Dieu, tous les beaux rêves, toutes les belles poésies, je te les offre. Je veux vivre comme un petit enfant qui ne sait pas encore parler, qui ne sait pas encore réfléchir, qui ne sait que rire joyeusement, quand Dieu, dans son Amour, lui prodigue ses caresses » (carnet 2, 41).

Sourires qui seront d'autant plus précieux aux yeux du Seigneur que nous les Lui offrirons au milieu de nos tempêtes.

JOYEUX PAR AMOUR

Je suis toujours joyeux par amour...
Même si mon cœur connaît la sécheresse
J'ai toujours le sourire aux lèvres
Quand souffle le vent d'automne.

Je suis toujours joyeux par amour...
Même s'il est atteint par la souffrance
Ou sous le coup d'une profonde tristesse
Mon cœur ne cesse de vivre en paix.

Ce n'est pas la joie, mais bien l'Amour
Qui est ma source de joie.
Mon Jésus, comme tu es beau,
Et combien profonde ta tendresse.

Ce n'est pas la joie qui est cause de ma joie
Même si je n'ai rien à craindre,
Même si mon cœur bondit de joie,
C'est toujours là un effet de l'amour... (28 août 1948)

Ce que Jésus apprécie en effet le plus chez nous, c'est **la joie de notre visage. Nous ne devons donc jamais laisser paraître notre tristesse, cela le rendrait triste.** Thérèse le rappelle souvent à son cher petit frère :

« Le petit Jésus t'aime beaucoup. Jamais il ne veut te voir triste ; et si tu es triste, il ne sait plus avec qui rire. Tu es comme moi le jouet du petit Jésus : tu dois

donc faire en sorte qu'il soit joyeux, sans jamais laisser paraître de tristesse. S'il te voit triste, il est fort troublé, craignant de t'avoir peiné en quelque chose, et d'être lui-même la cause de ta tristesse » (col 230).

Van reprend ici de façon tout à fait originale le thème thérésien du « jouet de Jésus ». Thérèse s'était offerte à Jésus comme un jouet avec lequel il puisse s'amuser à sa guise, un jouet qu'il puisse démonter ou laisser dans un coin selon son bon plaisir (A 64 r°-v° ; LT 34, 36, 74, 78, 79, 176). **Van veut être l'enfant qui joue avec l'Enfant Jésus pour qu'il puisse avoir quelqu'un avec qui s'amuser, qui le fasse rire et lui fasse oublier toutes les tristesses que lui causent les hommes.**

« – *Jésus,* demande Van, *est-ce qu'il t'arrive parfois d'être triste à cause de moi ?*

– Mon enfant, si cela arrive, c'est uniquement lorsque je te vois triste. Quand tu es joyeux, comment pourrais-je être triste ? Sois donc toujours joyeux, n'est-ce pas ? Une seule de tes joies suffit pour me consoler beaucoup » (col 33).

Un autre jour, Jésus demande à Van de chanter et de s'amuser sous son regard pour lui faire plaisir. « *Te voir joyeux soulage la tristesse que me causent les ennemis de mon amour* » (col 109). Le même jour, Thérèse explique à Van le comportement qu'il doit adopter, lorsqu'il s'aperçoit que Jésus est triste. Le meilleur moyen de le consoler n'est pas de participer à sa tristesse, mais de lui faire oublier sa tristesse en étant le plus joyeux possible. Interprétation vraiment originale du commandement divin que nous transmet l'Apôtre : « Soyez toujours joyeux dans le Seigneur » (Ph 4, 4). C'est pour la joie du Seigneur lui-même que nous devons rester joyeux tous les jours de l'année. **Même en pleine semaine sainte** ! Le 20 avril 1946 – un Samedi Saint ! – Jésus dit à Van :

« *Petit frère, qui t'a chargé de pleurer sur mon crucifiement ? C'est encore te mêler de mes affaires. Ton rôle à toi n'est pas d'avoir pitié de moi, mais uniquement de m'aimer* » (col 485-486).

« *Il est normal,* lui avait-il dit quelques jours plus tôt, *que tu reçoives beaucoup de consolations durant la semaine sainte, car le jardinier que je suis trouve sa joie à rendre plus belle sa petite fleur : plus tu es joyeux, plus tu consoles l'amateur de fleurs !* » (col 447).

L'une des missions de Van est incontestablement de proclamer le désir formel du Seigneur : « Restez joyeux en toutes circonstances, pour ma joie à moi ! »

Van se sentait appelé à vivre jusqu'à la fin de sa vie ce charisme de joie. Dans la nuit du 24 décembre 1950 il écrit à Jésus :

« *En ce qui regarde le jour de mon départ pour le ciel, je te laisse le soin de t'en occuper. Quant à moi, même si je devais vivre jusqu'à l'âge de quatre-vingts ans sur cette terre, et dans le même état de tristesse qu'aujourd'hui, je l'accepte de bon cœur, pourvu que tu sois toujours là près de moi pour m'aider et me protéger. Ô Jésus, prends mon cœur.*

En toi, Avec toi et Pour toi. Je vivrai toujours joyeux, gardant un perpétuel sourire.

Ton petit ami qui t'aime.

Marcel » (carnet 8, 125).

Cette joie que le Seigneur nous demande de vivre et d'exprimer sur notre visage se situe évidemment dans les profondeurs du cœur : elle est donc compatible avec tous les sentiments de tristesse qui remplissent souvent notre affectivité. **Van chante plus d'une fois dans ses poèmes cette cohabitation en notre âme de la tristesse et de la joie :**

MA JOIE ET MA PAIX

Ma joie et ma paix
Ne consistent pas à jouir de la tranquillité,
A me complaire dans une vie de luxe
Ni à courir à la recherche des consolations

Ma joie, je la cherche dans la souffrance,
Dans la tristesse et les gémissements....
Je trouve la joie dans les jours sombres,
Je ris et je chante au milieu des difficultés.

Ce qui fait ma joie, c'est la recherche de la volonté de Dieu.
Que ma vie soit remplie de souffrances,
Que je rencontre des jours de pluie ou de soleil,
Je reste joyeux et je chante comme à l'ordinaire.

Ma joie, c'est de me complaire
Dans les choses pénibles et la fatigue ;
Toujours je suis joyeux dans l'affliction,
Et je trouve dans le mépris une consolation

Ma joie, c'est d'être rejeté,
De n'être aimé ni connu de personne,
D'être seul, abandonné,
Foulé aux pieds, comme la poussière sous la véranda.

Ma paix, c'est de vivre tout petit,
Sans souci, sans même rien demander,
De me faire petit enfant,
De m'appuyer sur Jésus à chacun de mes pas.

S'il m'arrive de tomber sur la route,
Qu'importe. Jésus est mon appui ;
Je suis sûr qu'il me tendra la main,
Me relèvera et me portera dans ses bras.

Par conséquent, même au plus fort de la tempête,
Mon cœur connaît la tranquillité.
Malgré les terreurs de la nuit,
Il n'éprouve ni trouble ni tristesse.

La paix, rien ne peut me l'enlever,
Puisque j'accepte l'épreuve avec joie,
Que je repose en sécurité dans les bras de Jésus,
Sans craindre de faire de faux pas.

Ô mon Dieu ! La paix que je possède
C'est toi-même, source de la paix.
Je t'aime, parce que je désire toujours
Posséder la JOIE et posséder la PAIX. (15 septembre 1948)

RÉDEMPTEUR AVEC JÉSUS

Novembre 1942. Van a quatorze ans et demi. Thérèse lui apprend qu'il doit renoncer à son désir du sacerdoce, mais lui révèle en même temps que sa vocation sera de mener, comme elle, une vie cachée où il sera apôtre par la prière et le sacrifice.

« Petit frère, réjouis-toi ! lui dit-elle. Sois heureux d'avoir été inscrit au nombre des apôtres de l'Amour. Ils sont cachés dans le Cœur de Dieu et deviennent la force vitale des apôtres missionnaires ! Oh ! Van ! peut-il y avoir un bonheur plus grand que celui-là ? » (aut 651).

Van prend tellement au sérieux l'annonce de cette vocation nouvelle qu'il demande à Jésus de le changer en fille pour qu'il puisse devenir carmélite comme sa petite sœur Thérèse et mener ainsi une vie bien cachée ! Une demande un peu folle, mais dont la naïveté ravit le Cœur de Jésus. Le mois suivant, saint Alphonse de Liguori apparaît à Van pour lui faire connaître la congrégation dans laquelle il pourra mener cette vie cachée : il sera frère rédemptoriste. **Thérèse prépare désormais son « petit frère chéri » aux épreuves qui l'attendent** :

« Tu rencontreras des épines sur la route, et le ciel maintenant serein se couvrira de sombres nuages. Je t'avertis pour que tu sois prêt à accepter l'épreuve à venir avant ton entrée en religion... Tu verseras des larmes, tu perdras la joie et tu seras comme un homme réduit au désespoir {...} Cependant, Van, n'aie pas peur. Pendant cette tempête, Jésus continuera à vivre dans la barque de ton âme » (aut 670).

Les épreuves se succèdent

Effectivement les épreuves – qui n'avaient pas épargné le petit Van – ne vont pas manquer de s'abattre sur l'adolescent.

Il est chassé de la cure de Quang-Uyen où il vivait depuis la fermeture du petit séminaire de Sainte Thérèse ; on le trouve trop jeune pour entrer au noviciat des frères rédemptoristes : et, quand il y est admis, il y est victime d'incessantes brimades.

Il est vrai que durant son noviciat au monastère de Hanoï (1945-1946), il va bénéficier de colloques réguliers avec Jésus, Marie et sa petite sœur Thérèse et qu'il a la joie de faire profession le 8 septembre 1946, en la fête de la Nativité de la Vierge – comme Thérèse ! Mais dès le lendemain tout bascule vers « l'éclatante beauté de la Croix ». **Dieu permet que son âme soit plongée dans la nuit.**

Une dernière fois, Jésus lui parle :

« Mon enfant, par amour pour les hommes, offre-toi avec moi pour qu'ils soient sauvés. Ta part à toi, maintenant, c'est de sacrifier les moments de douce intimité avec moi, pour me permettre d'aller à la recherche des pécheurs...

Ensuite, mon petit Van, sache que tu auras à souffrir de la part des supérieurs et des frères ; mais ces épreuves seront le signe que tu es agréable à mon cœur. Je te mendie toutes ces souffrances pour t'unir à moi dans l'œuvre de sanctification des prêtres afin que, selon leur vocation, ils travaillent avec ardeur au règne de l'Amour dans le cœur des hommes... » (aut 867).

Le voilà prévenu ! Après ces paroles, poursuit Van, « Jésus me laissa seul dans la nuit ». Il reste trois ans à Hanoï ; le 11 février 1950 il est envoyé se reposer dans la maison de Saïgon et en février 1952 il part à Dalat, où il commence son second noviciat. Il y prononce ses vœux solennels le 8 septembre de la même année et y reste encore deux ans, avant de rejoindre Hanoï, à sa demande, en septembre 1954.

Ce sont huit années de vie obscure, de vie cachée ! Il passe beaucoup de temps à coudre et à recoudre les habits de ses frères, mais son travail n'est pas souvent apprécié ! De faible constitution, il a une certaine appréhension devant tout effort musculaire. Néanmoins il n'écoute pas sa fatigue. « Les jours de lavage, rapportera son Père Maître, je l'ai vu plus d'une fois les larmes aux yeux, mais mettant toute sa bonne volonté à faire son travail, s'efforçant de sourire en dépit de la fatigue. »

Le 14 septembre 1954 – en la fête de la Sainte Croix – il s'envole de Saïgon pour rejoindre la communauté de Hanoï. Jésus lui a fait sentir qu'il doit aider ses frères du Nord Vietnam à tenir bon sous le règne de Ho-Chi-Minh. « ***J'y vais***, confie-t-il avant son départ, ***pour qu'il y ait quelqu'un qui aime le Bon Dieu au milieu des communistes*** ».

On connaît la suite. Arrêté le 7 mai 1955 par des agents de la Sûreté, il se retrouve seul, à l'âge de vingt-sept ans, au fond d'un cachot sans lumière. Cinq mois plus tard, il est transféré à la prison centrale de Hanoï. Ayant refusé par deux fois devant le tribunal de se reconnaître coupable d'avoir fait de la propagande pour le président du Sud Vietnam, il est envoyé dans un camp de rééducation où il n'est pas mécontent de retrouver des centaines de catholiques.

Août 1957. Il est transféré dans un autre camp. Après une tentative d'évasion pour aller chercher l'Eucharistie, il est repris...

Juin 1959. On le sort de son cachot. Rongé par la tuberculose et le béri-béri, il n'a plus que la peau sur les os. Relégué dans un coin de dortoir, il y meurt le 10 juillet.

Le sourire dans l'épreuve

Les épreuves successives ne désorientent pas le petit Van. **Durant toute son année de noviciat, il a été formé par Thérèse, Marie et**

Jésus lui-même à l'art à la fois difficile et merveilleux de changer les croix en roses.

«Je sais bien, dit-il à Marie, *que je possède un talent particulier et qui fait grandement plaisir à Jésus. Il consiste à recevoir toutes les croix et, une fois que je les tiens dans ma main, à les lancer en l'air où elles se changent en roses... Je sais aussi que depuis toujours, Jésus aime beaucoup les fleurs ; et quand il voit que j'ai le talent de changer les croix en roses, il semble qu'il oublie même mes peines et mes fatigues pour m'envoyer continuellement des croix.*
Ô Jésus, cela te console et te réjouit beaucoup, n'est-ce pas ? Eh bien c'est de tout cœur que je me sacrifie pour te procurer ce plaisir » (col 316).

Le lendemain, il revient sur cette grâce :

« Ô ma Mère, durant ce carême, j'ai de nouveau reçu une grâce semblable à celle du carême de l'an passé. Cette grâce, ô Mère, est-il besoin que je te la dise ? Je sais que tu la connais déjà ; cependant, il faut que je te la dise quand même pour te faire plaisir. Cette grâce, ô Mère, consiste à accepter la souffrance avec joie et dans le ferme espoir qu'un jour la souffrance prendra fin, que l'orage se dissipera, et qu'il me sera donné de revoir le soleil de l'amour... {..} ... Ma sœur Thérèse m'a donné le talent de changer les croix en roses pour Jésus. Grâce à ce talent, Jésus sait que je l'aime beaucoup. Ô Mère, c'est magnifique, n'est-ce pas ?... Se sacrifier...
Se sacrifier, voilà un mot que j'ai appris dès mon séjour à Quang Uyên. Ce mot est peut-être pour moi le plus nécessaire, et c'est pourquoi ma sœur Thérèse me l'a appris si tôt. N'est-ce pas, ô Mère ? Aussi, quand je suis sur le point de l'oublier je vois surgir de quelque part ce mot "se sacrifier" qui vient de nouveau me rappeler mon devoir... » (col 318-319).

Van se sent bien incapable d'exprimer avec de pauvres mots humains la profondeur de sa désolation intérieure. Qu'importe ! Thérèse elle-même a connu cette incapacité. L'essentiel est que Marie soit là pour le comprendre, le cacher sous son manteau et l'aider à sourire malgré tout.

« Ô Mère, si tu regardes en ce moment le fond de mon âme, tu verras qu'elle est vraiment dans la désolation. Et dans cet état, comment pourrais-je t'exprimer l'amertume de mon cœur ? Cependant, je crois réellement que tu connais mes sentiments, et plus clairement peut-être que je ne les connais moi-même... » (col 313).

« Ô Mère, tu comprends déjà, n'est-ce pas ? Et que tu comprennes, cela me suffit ; je ne te demande pas de me faire comprendre, de peur que je ne meure avant d'avoir reçu le dernier baiser de Jésus... Mais, ô ma véritable Mère, quels sont actuellement

mes sentiments ? Il est difficile, même pour toi, de répondre à cette question. De fait, je ne sais quelle parole humaine pourrait exprimer ce que j'éprouve en ce moment. Il ne me reste plus qu'à répéter les paroles de ma sœur bien-aimée. "Il y a bien des genres de souffrances qu'il est impossible de décrire en ce monde." C'est bien vrai, ô Mère. Le monde est si pauvre en paroles qu'il ne sait quels mots employer pour faire comprendre aux gens ce que sont les peines intérieures. Seules les âmes qui en ont fait l'expérience sont à même de le comprendre » (col 313-314).

« *Non, il n'est pas nécessaire que le monde sache que je souffre ; il suffit que toi-même le saches, ô ma Mère bien-aimée. Quant à moi, je n'ai pas non plus besoin de le savoir ; tu es là, ô Mère, et c'est à toi qu'il revient de t'occuper de tout à la place de ton enfant. Et moi, je me contente de te regarder, de me blottir dans tes bras, de me cacher sous ton manteau.*

Ô Marie, ô Mère chérie, j'endure en ce moment une souffrance qui, à mon avis, est capable de me donner la mort. Mais quand je te vois à côté de moi, toi, ma Mère véritable et très chérie, il m'est encore possible de sourire, d'être joyeux » (col 314).

L'apôtre caché de l'amour ne doit pas s'étonner non plus de ne pas comprendre le mystère de la croix. Un jour, il demande candidement :

« – *Petit Jésus, tu me parles de souffrance à tout propos : je n'aime pas cela du tout. Que ne puis-je te faire plaisir sans avoir à souffrir ?*

– *Il n'y a pas de meilleure manière que celle-là,* lui répond Jésus. *Même si tu n'aimes pas cela, il faut l'aimer quand même. De toute façon, pour me prouver ton amour, il faut que tu acceptes la souffrance* » (col 520).

Deux jours plus tard, Jésus lui dit qu'il ne peut pas du tout saisir l'espèce de souffrance mystérieuse qui habite l'Amour divin lui-même devant la souffrance de ses épouses (col 529).

Il ne doit pas s'étonner davantage de se trouver bien faible devant la souffrance. C'est l'amour qui permet de l'accepter et de l'endurer avec joie (col 529-530).

Thérèse ne cesse de former son petit frère chéri à cet art qu'elle a si bien vécu elle-même de garder le sourire au milieu de ses souffrances. Ne disait-elle pas à sœur Marie de la Trinité :

> « Le visage est le reflet de l'âme : il doit toujours être calme et serein comme celui d'un petit enfant toujours content même lorsque vous êtes seule, parce que vous êtes constamment en spectacle à Dieu et aux anges. »

Et un jour qu'elle causait avec elle du bonheur des martyrs et de l'éventualité d'une nouvelle persécution qui pourrait frapper en France les communautés religieuses, elle lui confiait :

> « Pour moi, je m'exerce déjà à souffrir joyeusement. Par exemple, lorsque je me donne la discipline, je m'imagine être sous les coups des bourreaux pour la confession de la foi : plus je me fais mal, plus je prends un air joyeux. J'agis de même pour toute autre souffrance corporelle : au lieu de laisser mon visage se contracter par la douleur, je fais un sourire » *(Sœur Marie de la Trinité*, p. 102).

C'est exactement le même message qu'elle délivre à Van. Le 10 avril 1946, – on est en plein Carême – Jésus rappelle à Van ce que Thérèse ne cesse de lui enseigner :

> *« Tu as beau faire des sacrifices, si tu n'es pas joyeux, je n'ai aucune envie de les accepter {...} Allons, petit Marcel, tu es mon petit frère, il faut que tu saches être joyeux ; sans cela, impossible pour toi de devenir l'apôtre des enfants. Il faut qu'on puisse dire de ta vie qu'elle est une vie joyeuse. J'ai un caractère très difficile : je n'aime à jouer qu'avec les petits frères et les petites sœurs qui sont joyeux. Quant à ceux qui sont tristes, je ne goûte aucune joie avec eux, comme je te l'ai déjà dit »* (col 415).

En cachant ainsi sa tristesse, Van trompera son monde. On s'imaginera qu'il nage toujours dans la béatitude. C'est ce qu'il note dans son journal intime un soir de tristesse à Saïgon :

> *« Je vis à côté de gens qui ne me connaissent pas. En me voyant plaisanter joyeusement tout le jour, ils me considèrent comme un homme sans souci. C'est qu'ils ne voient pas le fond de mon cœur enveloppé de tristesse et déchiré par tant de blessures secrètes que je dois cacher derrière un sourire. Ô mon Dieu, Père plein de tendresse, tu es le seul à me connaître, le seul à pouvoir me juger, moi, ton petit enfant. Impossible pour moi de faire connaître à personne les jours de tristesse que je vis en ce moment »* (carnet 1, 35).

Thérèse avait fait une réflexion semblable le 30 juillet 1897, avant de recevoir l'Extrême-Onction. Montrant sur sa table de chevet un verre qui contenait un remède très amer, mais qui ressemblait à une délicieuse liqueur de groseilles, elle disait :

> *« Ce petit verre, c'est l'image de ma vie {...} Voilà ce qui a paru aux yeux des créatures. Il leur a toujours semblé que je buvais des liqueurs exquises et c'était de l'amertume. Je dis de l'amertume, mais non ! car ma vie n'a pas été amère, parce que j'ai su faire ma joie et ma douceur de toute amertume »* (CJ 30.7.9).

Van pensait peut-être à cet épisode de la vie de Thérèse lorsque, le 28 avril 1946, il montre le médicament qu'il doit absorber pour soigner sa gorge enrouée.

« *A en juger extérieurement, on dirait que c'est une bouteille de vin ; et la preuve c'est que, hier, Jésus barbu (le père Boucher, son père spirituel) a fait voir ce médicament aux confrères, et tous de dire qu'il était très agréable au goût {...} Mais, quand on l'avale, on se rend compte qu'il ne l'est pas. Si je le prends, c'est uniquement par amour pour toi, Jésus* » (col 551).

La joie profonde de Jésus

Pour que Van comprenne mieux son devoir de rester joyeux au milieu de ses souffrances, **Jésus lui explique que Lui-même est resté joyeux toute sa vie, alors même qu'il subissait les plus affreux tourments.**

« *Petit Marcel, ma vie a été une vie de souffrance ; mais jamais je n'ai été triste d'avoir à souffrir. Par conséquent, ma vie doit être appelée une vie douloureuse, mais non pas une vie malheureuse. Si je m'étais alors attristé en face de la souffrance, comment pourrais-je maintenant t'exhorter à être toi-même joyeux quand tu rencontres la souffrance ? Marcel, il ne faut donc jamais croire que j'ai été triste d'avoir à souffrir, ni te troubler, si tu l'entends dire ; écoute bien ce que je te dis, n'est-ce pas ? Si je m'étais attristé de mes souffrances, ne semble-t-il pas que j'aurais montré moins de joie à me sacrifier pour les âmes, que les âmes n'en ont montré elles-mêmes à se sacrifier pour moi ?... Jamais je n'ai été triste ; au contraire, j'ai toujours été joyeux comme l'est un enfant qui nage dans les consolations. Si, en ce temps-là, j'avais été triste à cause de mes souffrances, certainement que je devrais l'être encore davantage maintenant dans le sacrement de l'Eucharistie... Non, petit Marcel, il n'en est pas ainsi. Plus je me sacrifiais pour les âmes, plus je désirais me sacrifier encore davantage, et toujours davantage. Et pour tout dire, c'est là une chose que seul l'Amour est capable de comprendre* » (col 368-369).

Thérèse avait été heureuse de trouver, sous la plume de F. de Lamennais une réflexion semblable dans son livre de l'*Imitation,* p. 23 :

> « Notre Seigneur au jardin des Oliviers jouissait de toutes les délices de la Trinité, et pourtant son agonie n'en était pas moins cruelle. C'est un mystère, mais je vous assure que j'en comprends quelque chose par ce que j'éprouve moi-même » *(CJ 6.7.4.).*

Comme celle du Christ, la joie profonde que connaît le chrétien au cœur de ses souffrances n'est pas le simple résultat d'un effort de volonté.

Elle est le fruit d'une certitude. La certitude de faire plaisir à Dieu et de sauver le monde. Une certitude vécue dans l'obscurité de la foi pour le chrétien.

Dès le début des colloques que Jésus lui accorde, Van s'entend dire que par ses souffrances il sera *« mère des âmes »*. *« C'est à force de souffrances que la mère parvient à faire de ses enfants des personnes de valeur »* (col 5).

La multitude d'enfants à sauver

Van n'oublie pas qu'il s'est laissé embarquer par Jésus dans une immense entreprise de sauvetage, qu'il a accepté de devenir, à l'école et à la suite de Thérèse, un apôtre caché de l'Amour.

Innombrables sont les personnes que Jésus lui donne à sauver : Jésus lui demande de prier spécialement pour les **prêtres**, car trop nombreux sont ceux qui ne l'aiment pas (col 477).

Malgré les torts causés par les Français aux Vietnamiens, Thérèse lui demande de prier aussi beaucoup pour **la France**, le pays dans lequel elle s'est elle-même épanouie.

Il doit évidemment prier également pour ses **frères rédemptoristes** du Vietnam et d'ailleurs. Le petit Van n'oublie pas non plus qu'il aura une mission très spéciale à exercer plus tard auprès des **enfants**. C'est Jésus qui le lui a révélé un jour qu'il était assis sur ses genoux. Il lui a fait comprendre que n'ayant pas eu le temps de parler de Marie aux enfants, Thérèse voulait se servir de lui à l'avenir pour cette mission (col 344-349). Une mission d'autant plus importante que Jésus aime beaucoup les enfants – les apôtres en ont été plus d'une fois les témoins ! – et qu'il est profondément triste d'en voir se perdre un trop grand nombre.

Dans sa grande vision de juin 1945, Van a pu constater que *« la plus grande douleur de Jésus était de voir des enfants encore candides lui jeter des pierres »*. Et Jésus lui demandait de l'aider à les sauver.

Van comprend aussi de plus en plus qu'il doit prier et offrir sa vie pour **les communistes** et, d'une façon plus large, pour tous **les incroyants. Comme Thérèse, il offre spécialement pour eux la nuit de sa foi**. Un jour qu'agenouillé devant le tabernacle, il priait les bras croisés sur la poitrine, il dit, le regard rivé sur Jésus :

« Oui, Jésus j'accepte de bon cœur la sécheresse, j'accepte volontiers que tes réponses d'amour prennent une autre direction, qu'elles s'adressent aux âmes plongées dans le péché... et que moi, j'endure en silence la sécheresse, afin que ces âmes malheureuses soient enflammées du feu de l'amour, qu'elles comprennent l'amour, qu'elles soient enivrées d'amour au point de courir après la source de l'amour... Jésus ! Jésus ! Je t'aime à la place de ces âmes et, comme réponse à mes paroles, je te demande de projeter directement ton amour sur ces cœurs de pierre » (carnet 2, 53).

Un autre jour, il se présente devant le Seigneur comme s'il était lui-même Hô-Chi-Minh. *« Je n'ai pas hésité à prendre son nom afin de prier pour lui {...} Je fais également la même chose pour Staline »* (ecr 162).

Le 21 décembre 1953, il demande même à Jésus de donner au moins dix baisers à Hô-Chi-Minh à l'occasion de Noël :

« Donne-moi un peu de peine à sa place, n'est-ce pas ? Et moi, je te donnerai mes "sacrifices" comme friandises. Ou encore, si nécessaire, je te donnerai des baisers en retour. Pour un baiser que tu lui donneras, je t'en donnerai dix. Tout le monde sait que mes baisers ne valent pas grand-chose, mais rendre dix pour un, c'est déjà très appréciable, n'est-ce pas Jésus ? » (carnet 2, 66).

La prière de Van ressemble étonnamment à celle que Thérèse adressait au Seigneur pour ses frères incroyants. Elle prie d'abord en leur nom. Assise à leur table, elle prie en reprenant humblement la prière du publicain. « Ayez pitié de nous, Seigneur, car nous sommes de pauvres pécheurs ! » **Mais aussitôt après**, sans même se donner la peine d'aller à la ligne, **elle prie non plus comme la petite sœur des pécheurs, solidaire de leur péché, mais comme leur petite « maman », heureuse d'offrir en leur faveur la générosité sans faille de sa foi et de son amour** :

« Ô Jésus, s'il faut que la table souillée par eux soit purifiée par une âme qui vous aime, je veux bien y manger seule le pain de l'épreuve jusqu'à ce qu'il vous plaise de m'introduire dans votre lumineux royaume. La seule grâce que je vous demande, c'est de ne jamais vous offenser » (C 6, r°).

Sans oublier sa condition de pécheresse, elle prie ici comme une princesse, comme une reine qui se sait capable d'obtenir le salut de ses frères par la persévérance de sa foi et de son amour.

« Qu'elle est donc grande, la puissance de la Prière ! écrivait Thérèse dans son dernier manuscrit. On dirait une reine ayant à chaque instant libre accès auprès du roi et pouvant obtenir tout ce qu'elle demande » (C 25 r°).

On retrouve le même merveilleux balancement – le même équilibre théologique – dans la prière de Van. Tantôt il se présente devant Jésus comme s'il se trouvait lui-même dans les rangs du Viet-Minh et implore pour tous les communistes comme pour lui-même la miséricorde du Seigneur. Tantôt il ose offrir ses baisers à Jésus pour qu'en retour il en donne à Hô-Chi-Minh. On retrouve donc chez lui la même audace que chez Thérèse et sa définition de la prière rejoint la sienne.

Dans une méditation datée du 11 octobre 1951, il écrivait :

« La prière est comme une princesse qui fréquente le palais du grand roi ; elle a le pouvoir de distribuer toutes les richesses du roi » – « La prière de l'homme humble, dit-il ailleurs, est comparable à une reine qui va et vient dans le palais du roi, avec le pouvoir de s'emparer de tout ce qu'elle demande » (carnet 2, 39).

Il y a bien d'autres aspects de la Bonne Nouvelle que Thérèse a aidé Van à découvrir et qui lui ont permis de vivre à fond la joie de l'Évangile : la présence de Marie dans notre vie et la possibilité de vivre sans cesse dans le rayonnement de son sourire et sous son manteau, la joyeuse attente du Ciel, la force inouïe de la prière, l'importance de l'humilité et de l'obéissance, la merveilleuse présence du Christ dans l'Eucharistie, la valeur du martyre, etc. Aspects qui sont développés dans les autres articles de cet ouvrage.

Il nous plaît de souligner ici en conclusion combien **Van a vécu de façon originale la spiritualité du sourire si chère à la pensée de Thérèse.** Il l'a vécue comme un enfant, **comme un enfant qui joue.**

Il est vrai que Thérèse désirait déjà faire plaisir à Jésus, le réjouir, le faire sourire. Elle se présentait même à Lui comme une petite balle avec laquelle Il pouvait s'amuser.

Van pousse à fond cette audace. A l'invitation même de Jésus, il passe beaucoup de temps à s'amuser avec Lui. Ils se taquinent mutuellement et Van ose croire que Jésus prend beaucoup de plaisir à s'amuser ainsi avec son petit frère. A condition, bien sûr, que tout en jouant celui-ci garde sans cesse un visage souriant. Car Jésus ne prend aucun plaisir à jouer avec quelqu'un dont le visage serait triste. Il le redit souvent au Frère Marcel : *« Je n'aime à jouer qu'avec les petits frères et les petites sœurs qui sont joyeux »* (col 415). D'ailleurs sans la joie, comment pourrait-il devenir « l'apôtre des enfants » ?

Ce n'est pas seulement la vie **cachée** de Jésus à Nazareth que Van est appelé à reproduire, mais **sa vie d'enfant riant et jouant avec d'autres**

enfants. Car telle fut bien sa manière de vivre à Nazareth. Il s'en explique un jour à Van. Celui-ci lui avait posé une question qui lui tenait à cœur depuis longtemps :

« Les gens disent que durant ton enfance, tu n'as jamais ri ni pleuré, que tu restais tranquille là où la Sainte Vierge voulait bien te déposer, et cela, même lorsque tu avais faim... Est-ce bien vrai ? » (col 364).

Jésus lui répond qu'il lui est arrivé de pleurer mais qu'alors Marie le consolait.

« Certes, je n'étais ni gourmand ni turbulent comme toi mais je riais... De plus, si un enfant ne riait jamais, il ferait perdre la joie à sa famille. Si donc, au milieu de la Sainte Famille, j'avais toujours gardé un visage sérieux, sans jamais rire, il est certain que Marie n'aurait pas osé m'appeler son enfant... » (col 365).

« ... Quand les enfants du village venaient pour jouer, je m'amusais de bon cœur avec eux, et je profitais de l'occasion pour leur faire mieux connaître le royaume des cieux. Ces enfants étaient aussi très contents de moi ; cependant, jamais je n'allais jouer loin de Marie » (aut 366).

« De même, durant les trois jours que j'ai passés à Jérusalem, à causer avec les docteurs de la loi, j'étais invité par d'autres enfants à entrer chez eux, à jouer avec eux. Tous les enfants aimaient m'emmener jouer avec eux, mais c'était plutôt les enfants des prêtres et des autres personnes au service du temple qui m'emmenaient chez eux » (col 605-606).

Eh bien ! Van est invité à prendre le relais. Et il le fait. Il s'amuse même à taquiner Jésus.

« Tu savais filer la laine et même tricoter des habits, lui dit-il, *mais tu ne savais pas comme moi coudre à la machine, puisqu'à l'époque, il n'en existait pas »* (col 353).

Il dit à Marie que Jésus devrait l'aider à balayer sa chambre, car il n'a pas le temps de le faire lui-même (col 589). Il raconte aussi à Jésus les joies et les peines qui remplissent ses journées, car Jésus lui a dit qu'il s'y intéressait vraiment.

« Marcel, tout me plaît chez les enfants : une parole, un sourire, même une larme qu'ils répandent dans un moment de tristesse, tout cela me fait plaisir » (col 375-376).

Mais il offre surtout à Jésus ses sourires : c'est ce qu'Il apprécie le plus en ses enfants. Même durant la Semaine Sainte, Thérèse, on l'a vu, exhorte son cher petit frère à chanter et à rester joyeux de façon à faire oublier à Jésus toutes les souffrances de sa Passion (col 384).

Il est vrai que, **même durant sa Passion, Jésus est resté profondément heureux, comme Il l'a rappelé à Van.** C'était aussi la conviction d'un saint Bernard ou d'une sainte Catherine de Sienne. Telle est bien en définitive **la source intarissable de la joie chrétienne : la jubilation profonde de l'âme du Christ.** Le Fils bien-aimé du Père a sans cesse fait passer dans son âme humaine cette espèce de tressaillement qu'Il connaît depuis toujours devant son Père au sein de la Vie Trinitaire, le tressaillement même de l'Esprit.

Et c'est cette joie humaine du Verbe incarné que l'Esprit fait maintenant passer dans le cœur des saints. Van et Thérèse en sont la preuve vivante.

Une joie que Van a conservée lorsqu'il fut plongé dans « l'enfer » des camps de rééducation. Il vécut alors pleinement ce qu'il écrivait en avril 1950 à sa petite sœur Anne-Marie Tê.

« *Quand tu souffres, ne laisse pas ton visage s'assombrir. Tu connais aussi les aventures de ma vie : comme un pétale détaché emporté par le vent dans toutes les directions, j'ai connu la souffrance, l'amertume, l'humiliation, les traitements inhumains ; j'ai connu tout cela. Et maintenant, quand je regarde en arrière, je me trouve heureux, car c'est par une grâce spéciale de Dieu que j'ai pu souffrir à ce point. Ainsi donc, je ne considère plus tout cela comme des souffrances, mais comme une grande joie.* »

Le rayonnement du Carmel de Lisieux en Indochine (1861-1956)

MGR GUY GAUCHER
Evêque auxiliaire de Bayeux et Lisieux

Pour saisir le sens du lien spirituel entre Marcel Van et sainte Thérèse de Lisieux, il n'est pas inutile de rappeler une page glorieuse de l'histoire des Missions au XIXe siècle : la fondation des carmels de Saïgon (1861) et de Hanoï (1895) par le carmel de Lisieux.

L'élan missionnaire universel de sœur Thérèse, entrée au Carmel de Lisieux en 1888, a trouvé là un humus favorable, au point qu'il fut très sérieusement question de son départ au carmel de Hanoï en 1896. Seule la maladie l'en empêcha. Son intense amitié spirituelle à la fin de sa vie pour le jeune martyr Théophane Vénard, mort au Tonkin en 1861, la lia profondément à ce pays qu'on évoquait souvent au carmel de Lisieux. L'histoire spirituelle de Marcel Van, si liée à sa sœur de Lisieux, trouve là son origine.

LA FONDATION DU CARMEL DE SAÏGON PAR LE CARMEL DE LISIEUX

Le 9 octobre 1861, quatre sœurs carmélites de Lisieux débarquaient à Saïgon pour y fonder le premier carmel d'Extrême-Orient ou plus précisément le premier carmel de tous les pays de Missions. Il s'agissait des sœurs Philomène de l'Immaculée Conception, responsable du groupe, Marie-Baptiste, Emmanuel et Xavier.

Après trois mois de voyage sur le navire *Labrador*, elles n'arrivaient pas dans les meilleures conditions pour une fondation. L'Empereur Tu-Duc

(1847-1883) promulguait des édits de persécution à répétition. En février 1861, le jeune missionnaire Théophane Vénard venait d'être décapité. En novembre 1862, Mgr Cuenot succombait dans sa prison, sous les mauvais traitements. Et combien d'autres !

Pourquoi se jeter ainsi dans la gueule du loup, alors que Tu-Duc, en 1860, venait justement de promulguer un édit visant spécialement les religieuses ?

Mgr Dominique Lefebvre, arrivé dans ce pays en 1835, en prison à Hué, souhaitait vivement l'établissement d'un carmel. Après d'énormes difficultés, le projet put se réaliser, grâce à un petit carmel normand.

Le 12 juillet 1861, Mère Geneviève de sainte Thérèse, fondatrice et prieure du Carmel de Lisieux, écrivait aux monastères de l'Ordre en France :

> « Vous nous avez félicitées que Dieu ait fait choix de notre pauvre petit Carmel pour fonder le premier Carmel annamite... Cette œuvre, en projet, a rencontré d'incessants obstacles, mais elle a acquis par là une preuve admirable de la volonté de Dieu... Sa puissance s'est manifestée dans le renversement de tout ce qui cherchait à entraver ses desseins et quand son heure est arrivée, il a fait voir qu'Il était Dieu... »

C'est Mère Geneviève qui encouragea sœur Philomène de l'Immaculée Conception, née le 17 février 1820 près de Lisieux, ayant fait ses vœux le 9 février 1846, à répondre à l'appel de son cousin, Mgr Lefebvre, Vicaire Apostolique de la Cochinchine Occidentale qui souhaitait ardemment cette fondation. Il avait été plusieurs fois condamné à mort et chaque fois l'exécution avait été reportée.

Le Carmel de Lisieux n'avait que douze ans d'existence à ce moment-là et d'autres fondations faisaient appel à lui. Mais Mère Geneviève, dans son zèle missionnaire, voulait répondre à cet appel lointain, malgré d'énormes difficultés, dont la moindre n'étaient pas les persécutions. Il faut dire que cette fondation était une grande première dans l'histoire du Carmel français.

Dix ans s'écoulèrent. Enfin, une certaine accalmie se produisant, Mgr Lefebvre affirma que l'heure de passer à l'acte était là. Mais le Carmel, très pauvre, n'avait pas les ressources nécessaires pour une telle entreprise.

Providentiellement, une dame de Lisieux, après un songe, légua dix mille francs au Carmel pour les Missions. Mère Geneviève fit une collecte dans tous les carmels qui envoyèrent des dons en argent et en nature.

Le Ministre de la marine fut informé de l'expédition et offrit le voyage aux carmélites : elles devaient embarquer à Toulon pour Saïgon. Le Supérieur du Carmel, Mgr Cagniard, et le confesseur, l'abbé Rohée, les accompagnèrent jusqu'au port. Des officiers revenant de Cochinchine, les dissuadèrent de partir : la situation à Saïgon était dangereuse. Mère Philomène écrivit : « Ces conseils n'ébranlèrent pas notre résolution. Eclairées par l'expérience des épreuves antérieures, nous ne vîmes en cela qu'un piège du démon et répondîmes que nous partirions quand même ».

Elles rejoignirent le *Labrador* sur un canot qui transportait aussi leurs dix-sept caisses de matériel et trouvèrent à bord dix sœurs de Saint-Paul de Chartres qui allaient aussi à Saïgon.

Le voyage fut très long, coupé de divers imprévus. Le 16 juillet 1861, fête de Notre-Dame du Mont Carmel, le *Labrador* mouillait enfin à Alexandrie trois semaines, pour des réparations. Les quatre carmélites furent reçues par les sœurs de Saint Vincent de Paul. Le 5 août, elles prenaient le train pour Suez. Là, elles embarquèrent sur le *Japon*, mais pour diverses raisons, il ne leva l'ancre que le 17. il y a avait à bord, entassés, neuf cents soldats et soixante officiers. La chaleur en mer était insupportable : « nous pensâmes être asphyxiées dans nos cabines » raconta Mère Philomène. Il y avait cinquante jours de voyage.

Mais le *Japon* faisait eau de toutes parts et les soldats se relayaient pour pomper l'eau. Le bateau continua à la voile ! A Ceylan, à Colombo, à Singapour, il fallut le réparer.

Enfin, Saïgon fut en vue. Accueillies avec joie par l'Evêque, elles allèrent voir leur terrain occupé par un grand bâtiment dont la moitié était pour elles. Le 10 octobre, le Père Poret, chapelain désigné, célébra la messe. Cinq jours plus tard, l'évêque vint célébrer sainte Thérèse d'Avila, et un tabernacle fut construit, une première dans le royaume d'Annam.

En 1863, Saïgon n'avait guère que sept à huit mille habitants. S'y trouvaient pas mal de chrétiens vivant dans des huttes de paille. Fort peu d'Européens, habitant deux hôtels de fortune. On manquait de main d'œuvre et de matériaux.

La nourriture était plus que frugale, le climat chaud et humide très dur à supporter. En 1861, 12 % du Corps expéditionnaire français mourut de maladies. Ajoutons les fourmis, les rats, parfois les serpents et un lieu insalubre. L'habitation prévue par l'évêque se prêtait très peu à une vie carmélitaine dont il n'avait aucune idée.

Un des grands obstacles était la langue, incompréhensible. Il n'y avait pas de dictionnaire. Une postulante se présenta et pendant trois mois on ne put correspondre que par gestes. Elle avait vingt-deux ans et prit le nom de sœur Thérèse de Jésus. D'autres postulantes arrivèrent mais la communauté fondatrice perdit la moitié de son effectif. Sœur Emmanuel, très malade, dut être rapatriée en France. Quant à sœur Saint Jean-Baptiste, sous-prieure, complètement déconcertée et découragée par les multiples difficultés, elle demanda à revenir à Lisieux. Toutes deux partirent trois mois après leur arrivée.

Pour les deux qui restaient (dont sœur Saint Xavier du Cœur de Jésus), le coup fut très dur. « J'éprouvais alors un délaissement qu'il me serait impossible de décrire », relate Mère Philomène.

Les épreuves étaient fort variées : les carmélites ne mangeaient que les rations des soldats ; l'eau potable étant très rare et s'achetant, elles se privaient de boire. Le Père Poret fut appelé ailleurs. Certains missionnaires n'approuvaient pas cette fondation. Les postulantes n'avaient ni éducation, ni instruction, s'étonnaient et riaient de tout.

Le Père Roy, Missionnaire de la Cochinchine orientale, fut appelé à Saigon par Mgr Lefebvre et nommé aumônier des carmélites. Dès le premier parloir, il conseilla à Mère Philomène de rentrer en France. La détermination de la sœur le fit changer d'avis. Il commença alors à diriger les travaux de construction et à travailler lui-même avec ardeur.

Le 25 juin 1862, la petite communauté (deux sœurs, cinq postulantes), put s'installer sur son terrain et dans ses locaux. Le jour de la fête du Sacré-Cœur, Mgr Lefebvre célébra solennellement.

Grâce aux dons des carmels français, les constructions continuèrent. Les postulantes continuaient à entrer. En 1862, elles étaient sept. Mais on espérait du renfort de France : trois sœurs furent annoncées, dont sœur Emmanuel qui, rétablie, voulait revenir. Hélas, elle retomba malade en route et fut bloquée à Suez avec les deux autres. Une seule, sœur Saint Jean de la Croix, atteignit Saïgon.

Trois ans après la fondation, Mgr Lefebvre, l'évêque qui en fut à l'origine retourna en Europe, épuisé par une vie de missionnaire. Il mourut à Marseille le 30 avril 1865, non sans avoir parlé du Carmel de Saïgon au Pape Pie IX.

En 1866, la première professe annamite fit ses vœux, événement considérable. Il y avait alors dix-neuf postulantes.

Après qu'un mur de la clôture s'est écroulé, l'Amiral de la Grandière, gouverneur de la Cochinchine, le fit réparer et surtout fit construire une nouvelle chapelle, la première étant très abîmée. Elle fut bénite le 9 décembre 1876 en présence de deux mille personnes.

En 1882, troisième centenaire de la mort de sainte Thérèse d'Avila, Mgr Colombert présida des fêtes magnifiques au Carmel de Saïgon.

Mais en 1883, moururent deux sœurs françaises, la sous-prieure présente depuis dix-neuf ans et une autre venue depuis six ans. En 1889, le choléra emporta subitement trois sœurs annamites.

Mère Philomène célébra en 1893 ses Noces d'or de vie religieuse, heureuse de prévoir une nouvelle fondation, sur la proposition de son nouvel évêque Mgr Depierre transmettant une demande de Mgr Gendreau pour Hanoï. Mère Philomène voulait envoyer d'excellentes carmélites pour cette fondation.

L'influenza frappa alors toute la Communauté en juillet (vingt-huit sœurs du pays) et n'épargna pas la fondatrice qui s'éteignit le 23 juillet 1895, à soixante-quinze ans, après cinquante-deux ans de vie religieuse, dont trente-quatre au Carmel de Saïgon. Elle fut enterrée dans le cimetière de la Communauté. Sa mémoire est toujours vivante.

Le 2 octobre 1895, Mère Aimée de Jésus quitta Saïgon avec des sœurs fondatrices pour fonder à Hanoï. Mais les fondations continuèrent. Mère Anne de Jésus, arrivée au carmel de Saïgon en octobre 1898, partit fonder en août 1919 près de Phnom Penh au Cambodge avec neuf carmélites françaises et vietnamiennes. Puis en 1925, elle fonda le Carmel de Bangkok au Siam avec six carmélites saïgonnaises. Elle y mourut le 14 août 1945.

Le carmel de Hanoï fonda le carmel de Hué en 1909 et celui de Bui-Chu (Nord Vietnam) en 1923. Le carmel de Hué fonda le carmel de Thanh-Hoa en 1929. Notons que Marcel Van naît le 15 mars 1928 à Ngam Giao, entre Hanoï et Haïphong.

Ainsi, du petit carmel de Lisieux en Normandie étaient nés six carmels avec un afflux de vocations locales[1].

SŒUR THÉRÈSE ET L'INDOCHINE

Cette épopée, étalée sur soixante-huit ans, ne pouvait pas ne pas marquer la vie des carmélites de Lisieux et spécialement une jeune sœur née

1. Il faut mentionner le carmel de llo-llo (Philippines) fondé en 1923 par le carmel de Hué. Ilo-llo fondera le carmel de Manille en 1926. Le carmel de Phnom-Penh (fondé par Saigon) a fondé le carmel de Yunnangu (Chine) en 1936. Au total, de l'initiative de Mère Geneviève sont nés jusqu'en 1956, trente-six carmels de Mission.

en janvier 1873, entrée au carmel de Lisieux à 15 ans 3 mois le 9 avril 1888, animée d'un esprit missionnaire dévorant.

L'année de son entrée, il y avait vingt-sept ans que le carmel de Saïgon avait été fondé par sœur Philomène de l'immaculée Conception. Une correspondance régulière existait entre le carmel de Lisieux et celui de Saïgon. Nous avons vu les terribles difficultés de la fondation.

À Lisieux, au chapitre ou aux récréations, la Mère Prieure donne des nouvelles de ce lointain pays. Mère Geneviève, fondatrice de Lisieux, qui a poussé à fonder Saïgon, est morte le 5 décembre 1891.

On a besoin de sœurs pour renforcer la fragile fondation. Un lien très concret s'est créé par l'intermédiaire de sœur Anne du Sacré-Cœur, de mère chinoise et de père portugais, née en 1850. Elle entra au carmel de Saïgon en 1874 et y prononça ses vœux en 1876. Elle reçut l'autorisation d'aller au carmel de Lisieux selon son désir et y arriva en juin 1883. Sœur Thérèse de l'Enfant-Jésus vécut avec elle de 1888 à 1897, date à laquelle elle repartit à Saïgon, à l'heure où le Carmel d'Hanoï était fondé. Elle mourut à Saïgon le 24 juillet 1920.

Le 2 mai 1897, l'année même de sa mort, sœur Thérèse écrivit une lettre à sœur Anne du Sacré-Cœur qui montre la place que tenait le Carmel de Saïgon dans la communauté de Lisieux et combien Thérèse se sentait concernée :

> « Ma bien chère Sœur,
> Vous allez sans doute être bien surprise de recevoir une lettre de moi. Afin que vous me pardonniez de venir troubler le silence de votre solitude, je vais vous dire comment il se fait que j'ai le plaisir de vous écrire. La dernière fois que je suis allée en direction avec notre bonne Mère, nous avons parlé de vous et du cher Carmel de Saigon. Notre Mère m'a dit qu'elle me permettait de vous écrire si cela me faisait plaisir. C'est avec joie que j'ai accepté cette proposition et je profite de la licence du Bon Pasteur pour venir m'entretenir quelques instants avec vous.[2]
> J'espère, ma chère sœur, que vous ne m'avez pas oubliée, pour moi je pense bien souvent à vous, je me rappelle avec bonheur les années que j'ai passées en votre compagnie, et vous le savez, pour une carmélite, penser à une personne que l'on aime c'est prier pour elle. Je demande au Bon Dieu de vous combler de ses grâces et d'augmenter chaque jour en votre cœur son saint amour, je ne doute pas cependant que vous possédiez cet amour à un degré éminent. L'ardent soleil de Saïgon n'est rien en comparaison du feu qui brûle

2. Ce 2 mai était la fête du Bon Pasteur. A certains jours de fête, les carmélites avaient "licence" de s'entretenir librement entre elles.

dans votre âme. Ô ma Sœur ! je vous en prie, demandez à Jésus que moi aussi je l'aime et le fasse aimer ; je voudrais l'aimer non d'un amour ordinaire mais comme les Saints qui faisaient pour Lui des folies. Hélas ! que je suis loin de leur ressembler !...
Demande encore à Jésus que je fasse toujours sa volonté, pour cela je suis prête à traverser le monde[3]... et je suis prête aussi à mourir !
Le silence va finir tout à l'heure, il faut que je termine ma lettre et je vois que je ne vous ai encore rien dit d'intéressant, heureusement que les lettres de nos Mères sont là pour vous donner des nouvelles de notre Carmel. Notre licence a été bien courte, mais si cela ne vous ennuie pas, je viendrai m'entretenir plus longtemps avec vous une autre fois.
Veuillez, ma bien chère Sœur, offrir mon respectueux et filial respect à votre Révérende Mère[4], elle ne me connaît pas, mais moi j'entends souvent parler d'elle à notre bonne Mère, je l'aime et je prie Jésus de la consoler dans ses épreuves.
Je vous quitte, ma chère Sœur, en vous restant bien unie dans le cœur de Jésus, là je suis heureuse de me dire pour toujours :

Votre toute petite sœur
Thérèse de l'Enfant Jésus de la sainte Face rel.carm.ind. »

Mère Marie de Gonzague, prieure, envisagea l'envoi de plusieurs sœurs à Saigon. Un moment, il fut question de sœur Agnès de Jésus (Pauline Martin), puis après 1894, de sœur Geneviève de la Sainte Face (Céline Martin).

Sœur Thérèse de l'Enfant-Jésus, quoique vivant dans l'obéissance, n'était pas favorable à ces départs. Elle écrit, en juillet 1897, bien malade :

« J'ai accepté non seulement de m'exiler au milieu d'un peuple inconnu, mais ce qui m'était bien plus amer, j'ai accepté l'exil pour mes sœurs. Jamais je n'oublierai le 2 Août 1896, ce jour-là se trouvait justement celui du départ des missionnaires, il fut sérieusement question du départ de Mère Agnès de Jésus. Ah ! je n'aurais pas voulu faire un mouvement pour l'empêcher de partir ; je sentais cependant une grande tristesse dans mon cœur, je trouvais que son âme si sensible, si délicate n'était pas faite pour vivre au milieu d'âmes qui ne sauraient la comprendre, mille autres pensées se pressaient en foule dans mon esprit et Jésus se taisait, il ne commandait pas à la tempête... Et moi je lui disais : Mon Dieu, pour votre amour j'accepte tout : si vous le voulez, je veux bien souffrir jusqu'à mourir de chagrin. Jésus se

3. C'est-à-dire aller en Cochinchine.
4. Mère Marie de Jésus avait succédé à la fondatrice de Saigon, Mère Philomène de l'Immaculée Conception, décédée en 1895, nous l'avons vu.

contenta de l'acceptation, mais quelques mois après, on parla du départ de Sœur Geneviève et de sœur Marie de la Trinité ; alors ce fut un autre genre de souffrance, bien intime, bien profonde, je me représentais toutes les épreuves, les déceptions qu'elles auraient à souffrir, enfin mon ciel était chargé de nuages... seul le fond de mon cœur restait dans le calme et la paix. Ma Mère bien-aimée, votre prudence sut découvrir la volonté du Bon Dieu et de sa part vous avez défendu à vos novices de penser maintenant à quitter le berceau de leur enfance religieuse ; mais leurs aspirations, vous les compreniez puisque vous-même, ma Mère, aviez demandé dans votre jeunesse d'aller à Saigon, c'est ainsi que souvent les désirs des mères trouvent un écho dans l'âme de leurs enfants. » (Ms C, 10 r°)

En revanche, sœur Thérèse était prête à partir.

Sa vocation missionnaire, elle l'a souvent affirmée, dans la droite ligne de la pensée de la Réformatrice du Carmel, sainte Thérèse d'Avila :

« Je serai heureuse de travailler avec vous au salut des âmes. C'est dans ce but que je me suis faite carmélite. Ne pouvant être missionnaire d'action, j'ai voulu l'être par l'amour et la pénitence comme Sainte Thérèse » (Lettre 189 du 23/6/1896 à son frère spirituel missionnaire en Chine, le Père Adolphe Roulland).

« Une carmélite qui ne serait pas apôtre s'éloignerait du but de sa vocation et cesserait d'être fille de la Séraphique Sainte Thérèse qui désirait donner mille vies pour sauver une seule âme » (Lettre 198 du 21/10/1896, à son frère spirituel l'abbé Maurice Bellière qui partira missionnaire au Nyassaland en Afrique).

On pourrait citer de très nombreux textes en ce sens.

C'est surtout dans son dernier manuscrit, adressé en juin-juillet à Mère Marie de Gonzague, que Thérèse s'est exprimée sur son désir de partir en Cochinchine. Le texte cité (Ms C, 10 r°) continue ainsi :

« Ô ma Mère chérie, votre désir apostolique trouve en mon âme, vous le savez un écho bien fidèle ; laissez-moi vous confier pourquoi j'ai désiré et désire encore, si la Sainte Vierge me guérit, quitter pour une terre étrangère la délicieuse oasis où je vis si heureuse sous votre regard maternel.

Il faut, ma Mère, (vous me l'avez dit) pour vivre dans les carmels étrangers, une vocation toute spéciale, beaucoup d'âmes s'y croient appelées sans l'être en effet, vous m'avez dit aussi que j'avais cette vocation et que ma santé seule était un obstacle, je sais bien que cet obstacle disparaîtrait si le Bon Dieu m'appelait au loin, aussi je vis sans aucune inquiétude. S'il me fallait un jour quitter mon cher Carmel, ah ! ce ne serait pas sans blessure, Jésus ne m'a pas donné un cœur insensible et c'est justement parce qu'il est capable

de souffrir que je désire qu'il donne à Jésus tout ce qu'il peut donner. Ici, Mère bien-aimée, je vis sans aucun embarras des soins de la misérable terre, je n'ai qu'à remplir la douce et facile mission que vous m'avez confiée. Ici je suis comblée de vos prévenances maternelles, je ne sens pas la pauvreté n'ayant jamais manqué de rien. Mais surtout, ici je suis aimée, de vous et de toutes les sœurs, et cette affection m'est bien douce. Voilà pourquoi je rêve un monastère où je serais inconnue, où j'aurais à souffrir la pauvreté, le manque d'affection, enfin l'exil du cœur.
Ah ! ce n'est pas dans l'intention de rendre des services au Carmel qui voudrait bien me recevoir, que je quitterais tout ce qui m'est cher ; sans doute, je ferais tout ce qui dépendrait de moi, mais je connais mon incapacité et je sais qu'en faisant de mon mieux je n'arriverais pas à bien faire, n'ayant comme je le disais tout à l'heure aucune connaissance des choses de la terre[5]. Mon seul but serait d'accomplir la volonté du bon Dieu, de me sacrifier pour Lui de la manière qu'il lui plairait.
Je sens bien que je n'aurais aucune déception, car lorsqu'on s'attend à une souffrance pure et sans aucun mélange, la plus petite joie devient une surprise inespérée ; et puis vous le savez, ma Mère, la souffrance elle-même devient la plus grande des joies lorsqu'on la recherche comme le plus précieux des trésors.
Oh non ! ce n'est pas avec l'intention de jouir du fruit de mes travaux que je voudrais partir, si c'était là mon but je ne sentirais pas cette douce paix qui m'inonde et je souffrirais même de ne pouvoir réaliser ma vocation pour les missions lointaines. Depuis longtemps je ne m'appartiens plus, je suis totalement à Jésus, Il est donc libre de faire de moi ce qu'il lui plaira » (Ms C, 10 va).

En 1895, nous l'avons vu, le Carmel de Saïgon a fondé le Carmel de Hanoï au Tonkin. Il a été sérieusement question que sœur Thérèse de l'Enfant-Jésus de la Sainte Face, volontaire, parte dans ce Carmel. Mais sa santé a été l'obstacle décisif. Malade, elle rappellera à sa sœur Agnès de Jésus :

> « Au moment où mon départ pour le Tonkin était projeté, vers le mois de novembre, vous rappelez-vous que pour avoir un signe de la volonté du bon Dieu, on commença une neuvaine à Théophane Vénard ? A ce moment, je retournais à tous les exercices de communauté, même à Matines. Eh bien ! juste pendant la neuvaine, je me suis remise à tousser, et depuis je ne vais que de pire en pire. C'est lui qui m'appelle. Oh ! je voudrais bien avoir son portrait ; c'est une âme qui me plaît. St Louis de Gonzague était sérieux

5. Cf. "Quant à la pensée de me rendre utile là-bas, elle ne me traverse même pas l'esprit, je sais très bien que je ne ferais rien du tout. "(Derniers Entretiens CJ 15.5.6)

même en récréation, mais Théophane Vénard, il était gai toujours » (CJ 27.5.10).

Thérèse a eu un coup de cœur pour le jeune martyr Théophane Vénard, des Missions Étrangères de Paris, qui fut décapité, le 2 février 1861, à 31 ans, dans la citadelle d'Hanoï précisément.

Le 2 février 1897 (pour le 36e anniversaire de sa mort), elle composera spontanément une poésie en son honneur dans laquelle elle évoque son désir de rejoindre le Tonkin :

« Je l'aime aussi, cette plage infidèle
Qui fut l'objet de ton ardent amour
Avec bonheur, je volerais vers elle
Si le Bon Dieu m'y appelait un jour... » (PN 47, 6)

Dans une longue lettre au Père Roulland du 19 mars 1897, Thérèse va lui envoyer ce poème et lui parler de sa vocation missionnaire orientée vers le Tonkin. Mais maintenant elle sait qu'elle ne partira pas. Ou plutôt que si elle part, ce sera « pour le Carmel du Ciel. »

« Depuis votre départ, j'ai lu la vie de plusieurs missionnaires (dans ma lettre que vous n'avez peut-être pas reçue, je vous remerciais de la Vie du Père Nempon). J'ai lu, entre autres, celle de Théophane Vénard qui m'a intéressée et touchée plus que je ne saurais dire ; sous cette impression, j'ai composé quelques couplets qui me sont tout à fait personnels, je vous les envoie cependant, notre bonne Mère m'a dit qu'elle pensait que ces vers seraient agréables à mon frère du Sutchuen. L'avant-dernier couplet réclame quelques explications : je dis qu'avec bonheur je partirais pour le Tonkin si le bon Dieu daignait m'y appeler. Cela vous surprendra peut-être, n'est-ce pas un rêve en effet qu'une carmélite songe à partir pour le Tonkin ? Eh bien ! Non, ce n'est pas un rêve et je puis même vous assurer que si Jésus ne vient pas bientôt me chercher pour le Carmel du Ciel, je partirai un jour pour celui de Hanoï ; car maintenant il y a un Carmel dans cette ville, c'est celui de Saïgon qui l'a fondé récemment. Vous avez visité ce dernier et vous savez qu'en Cochinchine un ordre comme le nôtre ne peut se soutenir sans sujets français, mais hélas ! les vocations sont bien rares et souvent les supérieures ne veulent point laisser partir des sœurs qu'elles croient capables de rendre service à leur propre communauté. Ainsi, dans sa jeunesse, notre bonne Mère fut empêchée par la volonté de son supérieur d'aller soutenir le Carmel de Saïgon, ce n'est pas à moi de m'en plaindre, je remercie le bon Dieu d'avoir si bien inspiré son représentant, mais je me souviens que les désirs des mères se réalisent parfois dans les enfants et je ne serais pas surprise d'aller sur la rive infidèle prier et souffrir comme notre Mère aurait voulu le faire... » (Lettre 221).

Dans ce qui suit, on peut constater que la correspondance fonctionne bien entre Hanoï et Lisieux. L'histoire du vol raconté ici par Thérèse est relaté dans le livre des Fondations du Carmel de Hanoï :

> « Il faut avouer que les nouvelles qu'on nous envoie du Tonkin ne sont cependant pas bien rassurantes : à la fin de l'année dernière des voleurs sont entrés dans le pauvre monastère, ils ont pénétré dans la cellule de la prieure qui ne s'est pas éveillée, mais le matin elle n'a pas trouvé son crucifix à côté d'elle (la nuit le crucifix d'une carmélite repose toujours près de sa tête attaché à l'oreiller), une petite armoire avait été brisée et le peu d'argent composant tout le trésor matériel de la Communauté avait disparu. Les Carmels de France, touchés de la détresse de celui de Hanoï se sont réunis afin de lui donner le moyen de faire bâtir un mur de clôture assez élevé pour empêcher les voleurs de pénétrer dans le monastère.
> Peut-être voulez-vous savoir ce que notre Mère pense de mon désir d'aller au Tonkin ? Elle croit à ma vocation (car vraiment, il en faut une à part et toute Carmélite ne se sent pas appelée à s'exiler) mais elle ne croit pas que ma vocation puisse être jamais réalisée, il faudrait pour cela que le fourreau soit aussi solide que l'épée et peut-être (notre Mère le croit) le fourreau serait-il jeté dans la mer avant d'arriver au Tonkin. »

Ainsi le désir profond de Thérèse n'a pu se réaliser concrètement. Mais nous savons que la tuberculose qui la minait ne pouvait pas l'empêcher de continuer sa mission après sa mort.

Ce sera le grand désir de ses derniers mois. Elle priera beaucoup pour que ce désir soit réalisé et parviendra à la certitude qu'elle sera exaucée : elle reviendra sur la terre pour faire du bien sur la terre. Elle en fait la promesse à ses deux frères spirituels : « Je ne meurs pas, j'entre dans la vie et tout ce que je ne puis vous dire ici-bas, je vous le ferai savoir du haut des cieux... » (Lettre 244 du 9/6/1897 à l'abbé Bellière).

> « Je compte bien ne pas rester inactive au Ciel, mon désir est de travailler encore pour l'Église et pour les âmes. Je le demande au bon Dieu et je suis certaine qu'il m'exaucera » (Lettre 254, du 14/7/1897, au Père Roulland).

On pourrait citer de nombreux autres textes en ce sens.

En septembre, sa sœur Céline (sœur Geneviève) lui dit : « Quand on pense qu'on vous attend encore à Saïgon ! »

Thérèse répond : « J'irai, j'irai prochainement ; si vous saviez comme j'aurai vite fait mon tour ! » (CJ 3.9.5).

Comment sœur Thérèse entrée dans l'éternité, aurait-elle pu oublier cette terre vers laquelle elle avait tant aspiré ?

La vague communiste a balayé la péninsule indochinoise, provoquant destructions, martyrs et expulsions. Les carmels de Bui-Chu et Hanoï ont trouvé refuge, continuant leur vie de prière contemplative "pour la gloire de Dieu et le salut du monde", sur le sol canadien, dans les carmels de Dolbeau et de Danville (1957).

Comment s'étonner que le jeune Van, mort dans un camp de rééducation le 10 juillet 1959, ait fait la rencontre de sainte Thérèse, canonisée par Pie XI le 17 mai 1925 et déclarée patronne des Missions universelles par le même Pape - "le Pape des missions" - le 14 décembre 1927 ?

La mission thérésienne au Vietnam continuait. Dans ces mystérieuses continuités, l'Esprit Saint est à l'œuvre. Mais son action efficace passe par les personnes concrètes, leur foi, leur espérance, leur amour et le don total de leur vie au Christ, Sauveur de tous les hommes.

Du Carmel de Lisieux à Van, il y a une mystérieuse ligne directe, invisible, mais bien réelle, de l'ordre de la Communion des Saints.

Troisième Partie

Missionnaire de l'Amour

L'apôtre des enfants

PÈRE THIERRY DE ROUCY
Supérieur Général de la Congrégation des Serviteurs de Jésus et Marie
Fondateur de l'Œuvre POINTS CŒUR

La mode n'est guère aux enfants, *hic et nunc*. Ils coûtent, ils obligent au décentrement de soi, ils incitent à se poser la question du pourquoi. Sur le chemin de la construction d'une « civilisation adulte », ils semblent comme autant de pierres d'achoppement. De même que d'aucuns rêveraient d'enlever toute trace de Dieu de l'histoire des hommes, d'autres rêveraient d'y ôter toute trace d'enfants, ce qui relève d'ailleurs d'un processus commun. Qu'enfin il n'y ait plus de gratuité, plus d'abandon, plus de fragilité, plus de sens spontané du surnaturel ! Voilà alors que l'on pourrait naviguer en plein progrès !

Curieusement, dans ce contexte, Dieu a suscité, à l'aube de ce siècle, comme armures vigoureuses contre les idées de ce temps, une sainte en Occident, aujourd'hui Docteur de l'Église, et un garçon à la foi étonnante, en Orient, pour rappeler à tous les voies de la sagesse. L'un et l'autre ne furent jamais que des enfants. Ils le devinrent même de plus en plus au fur et à mesure qu'ils goûtèrent à la croix et furent provoqués à un abandon de plus en plus grand entre les mains du Père. En des paroles toutes simples, dites d'une voix très pure, ils proclamèrent, ainsi que leur Maître l'avait fait, que le Royaume appartient aux enfants et que nul ne peut y entrer s'il ne naît à nouveau dans l'Esprit et le Feu. Et ils nous prennent la main pour fixer notre contemplation sur le Fils unique du Père et sur la multitude des enfants que Dieu se donne pour être son temple dans le monde des hommes. Ce faisant, ils entraînent l'humanité sur une voie de progrès inattendue : celle qui consiste à placer au centre de toute société l'enfant et le vieillard, le pauvre et le faible, et non l'idole et le savant. À ses apôtres, Jésus n'a cessé de désigner comme modèles, les fleurs, les oiseaux du ciel, les enfants. À sa suite, les prophètes d'aujourd'hui ne sont-ils pas ceux qui évoquent la confiance des enfants, la beauté gratuite des fleurs, la liberté des oiseaux ?... Parmi eux, on trouve le petit Van. C'est un tout-petit qui, tout au long de ses écrits, dit souvent que les enfants peuvent être pris comme modèle des rapports que l'on doit entretenir avec Dieu.

Fasciné par les enfants

Lorsqu'il s'adresse à Van, Jésus se montre souvent fasciné par la beauté des enfants et il communique à son interlocuteur sa fascination. En conséquence, le petit frère de Thérèse ne cesse de penser aux enfants, il essaie de comprendre les raisons pour lesquelles le Père du Ciel les admire à ce point, il est inquiet pour leur salut (spécialement le salut de ceux qui n'ont pas encore reçu le baptême ou qui ne connaissent pas Dieu). Témoin en sont ces paroles qu'il adresse à la Mère du Ciel :

« *Ô Mère, je pense continuellement aux âmes des enfants. Impossible pour moi de chasser cette pensée. À mon avis, si mon Père du ciel révélait au monde jusqu'à quel point lui est agréable une âme d'enfant, il est probable que le monde reconnaîtrait cet enfant comme roi de l'univers. S'il n'y avait pas les enfants dans le monde pour réjouir le regard de notre vrai Père du ciel, il est certain qu'il ne voudrait plus abaisser son regard sur cette terre. Autrefois, Jésus n'a jamais grondé les Apôtres, si ce n'est une fois, parce qu'ils avaient empêché les enfants de venir à lui. Ô Mère, bienheureux les enfants, n'est-ce pas ? Parce que Jésus les a aimés plus que tous les autres. Pendant qu'il était sur la terre, il n'a pas hésité à les prendre dans ses bras et à leur donner des baisers. Et parmi les privilégiés de Jésus, personne n'a eu la faveur d'être pressé sur son cœur et de recevoir ses marques d'amour, si ce n'est les enfants. Ô Mère, nous sommes vraiment très privilégiés, nous, les enfants...* » (col 343-344).

Leur beauté vient du fait qu'ils sont d'une façon incomparable les temples de la Trinité. Le Père, le Fils et le Saint-Esprit ont établi leur demeure en eux et ils savent rendre aux Personnes divines « *un amour sincère* » (col 3). Malgré leurs défauts « *qui ne le contristent jamais puisque les enfants sont tous de la descendance d'Adam* » (col 345), « *Jésus ne peut se défendre de les aimer beaucoup* » (col 269). Il aime leur pureté, leur simplicité, leur confiance qui lui permet de demeurer en eux tout à son aise. C'est comme si le monde des enfants était le coin de Ciel que le Christ avait découvert sur la terre et où Il aimait sans cesse revenir, l'étendant à chaque fois un peu plus loin. De la part des enfants, tout l'émerveille : leur jeu, leur sourire, leurs propos, leurs larmes :

« Quand ils jouent au ballon, qu'ils font des concours de natation ou se livrent à n'importe quel jeu enfantin, je suis présent au milieu d'eux... Marcel, tout me plaît chez les enfants : une parole, un sourire, même une larme qu'ils répandent dans un moment de tristesse, tout cela me fait plaisir... » (col 375-376).

« Devant mes yeux, les enfants sont pour moi un divertissement, le seul divertissement capable de me consoler, et de m'amener ainsi à étreindre volontiers le monde dans mes bras. » (col 379).

Il semble presque devant eux comme un jeune époux devant son épouse, Il semble devant eux comme le Seigneur devant le peuple de ceux qui sont nés de nouveau, devant une Église si renouvelée, si accueillante, si disponible que la Trinité siège en son sein comme en l'âme des saints.

« L'âme des enfants est pure comme les anges du ciel. De là que les enfants possèdent toujours en eux la Sainte Trinité, et goûtent continuellement les joies que leur prodigue la même Trinité...

L'âme des enfants est un temple parfaitement pur où habite la Sainte Trinité » (col 433).

De par leur nature, de par la complaisance que le Seigneur met en eux, les enfants sont, en un sens, parfaits d'une perfection qui n'est pas le fruit d'une longue et douloureuse ascèse, mais du don de Dieu et qui pourra être parachevée dans l'apprentissage de l'amour. Il leur reste cependant à accomplir les opérations de l'amour.

« Les enfants, en agissant comme ils le font, sont déjà parfaits ; il ne leur reste plus qu'à apprendre à aimer et alors, ils sont vraiment parfaits. Tout homme, quel qu'il soit, doit en arriver là, sous peine de n'être pas admis au ciel. Le royaume des cieux appartient aux petits enfants... » (col 410).

Marcel Van, un enfant qui est un adulte

Toute sa vie, Van gardera le visage d'un enfant. Jusqu'à sa mort, il demeura petit et très mince. Il restera aussi très faible : *« Je n'ai jamais vu,* lui dira Jésus, *une âme plus faible que la tienne »* (col 236). Longtemps, il pleura facilement : *« Un rien suffisait pour le faire pleurer »* (aut 9), confiera sa maman... et, comme un tout-petit, il resta assoiffé d'une affection toute maternelle que Jésus, à chacune de ses visites, sut lui prodiguer largement...

« Je te donne des baisers, je t'en donne sans discontinuer, n'ayant plus peur de me salir les lèvres, et je tiens ma joue toujours appliquée contre la tienne... » (col 553).

En tout cela, il ressemble étrangement à sa sœur, la petite Thérèse, ou même à une Bernadette Soubirous dont beaucoup n'ont guère su dépasser l'aspect enfantin et percevoir l'immense force d'âme cachée sous des apparences de grande faiblesse – force d'âme qui se manifesta chez chacun, d'une façon particulière, au moment de la mort.

Cependant, il ne faut pas se leurrer sur le martyre que Van affronta si généreusement et sur l'offrande d'elle-même que la petite Thérèse fit dans la foi la plus pure. Ce ne sont en rien des improvisations ou des actes spontanés. Les derniers instants de l'un et de l'autre furent préparés dès le début de leur existence et par une vie qui, si courte fût-elle, a été constamment marquée par la souffrance. On dirait que rien ne leur a été épargné et spécialement à Van dont la biographie se déroule devant nos yeux comme un long tissu pourpre.

Les souffrances les plus importantes de Van (comme celles de Thérèse) sont des souffrances du cœur, même si, au terme de sa vie, il connaît sans doute d'importantes souffrances physiques. Van souffre parce que, dès quatre ans, ses parents se séparent de lui pour l'envoyer en résidence chez une de ses tantes. Il souffre de son maître qui *« se fatigue la main à frapper pour de simples bagatelles »* (aut 110) et dont il a peur *« comme on a peur du diable »* (aut 110). Et encore ces premières souffrances ne sont que le présage de souffrances plus terribles qui l'assailliront par la suite :

« Jésus voulait que j'endure beaucoup de souffrances en ce monde. [...] Il voulait se servir de mon corps pour endurer la souffrance, la honte et l'épuisement, afin que la flamme de l'amour qui dévore son divin Cœur puisse se répandre dans le cœur de tous les hommes sur la terre » (aut 116).

Son chemin de croix va donc se poursuivre. Il souffre de ses camarades dont « l'unique plaisir était de maltraiter et de battre les enfants » et de les salir en leur donnant à entendre des propos scabreux. Il souffre de ceux qui devraient avoir charge de l'enseigner et dont il est exploité, notamment quand sa famille est appauvrie par une terrible inondation :

« À présent, je dois accepter de devenir esclave ; une espèce d'esclave qu'on traite encore avec un peu d'humanité, c'est-à-dire qu'on n'a pas le droit de mettre à mort. Mais pour le reste : les affronts, les insultes, la faim, le froid, les coups, l'injustice, j'ai dû endurer tout cela sans jamais oser desserrer les dents » (aut 167).

Il souffre d'être devenu, quand il s'enfuit de Huú Bang où la situation était devenue intolérable, un mendiant, un enfant des rues. Il souffre de n'être pas pris au sérieux quand il veut entrer chez les Rédemptoristes et, par la suite, d'être souvent incompris par ses propres frères qui vont jusqu'à chercher à le renvoyer. Enfin, il doit subir les terribles traitements des camps de rééducation. Ce petit billet, écrit clandestinement à sa sœur Anne-Marie, donne idée de ce qu'il doit endurer :

« Je ne suis plus aujourd'hui qu'un cadavre qui respire. Je suis très faible, et pourtant je ne suis pas au bout de mes peines morales ; le calice d'amertume est encore plein et combien d'autres misères que je ne puis mesurer. Cependant, il me reste l'amour, et avec l'amour une volonté héroïque » (cor 17/11/55 à Anne-Marie Tê).

Mais surtout Van souffre de lui-même et de ses misères dont il lui semble qu'elles sont la cause de la déréliction dont il est l'objet. En 1940 – il a douze ans – il écrit :

« En peu de temps j'en vins à me considérer comme un être abject. Le démon faisait naître en moi cette pensée : si les hommes ne peuvent plus me supporter comment Dieu me supporterait-il davantage ? Je vais bientôt mourir et je devrai tomber en enfer ? Dieu me juge dès ici-bas... Cette pensée augmentait ma crainte. J'avais peur de mourir subitement et d'être entraîné en enfer par les démons » (aut 434).

Il souffre – et ce n'est pas la moindre des souffrances – de l'absence de Jésus qui lui demande *« de sacrifier les moments de douce intimité avec* [lui], *pour* [lui] *permettre d'aller à la recherche des pécheurs »* (aut 867) et qui soudain *« le laisse seul dans la nuit »* ou pareillement, à partir de 1942, du silence de la Petite Thérèse qui lui annoncera alors

« qu'il rencontrera des épines sur la route, et que le ciel maintenant serein se couvrira de sombres nuages... qu'il soit prêt à accepter l'épreuve avant son entrée en religion... qu'il versera des larmes, qu'il perdra la joie et qu'il sera comme un homme réduit au désespoir ». Mais aussi *« qu'il ne l'entendra plus causer aussi familièrement qu'elle le fait maintenant »* (aut 670) ce qui sera pour Van *« le début d'une vie sombre et triste »*.

Ainsi se réalise pleinement, dans cette succession de douleurs, ce que lui avait annoncé la Vierge Marie le 3 septembre 1946 : *« Toi, à l'exemple de la petite Thérèse, tu seras la victime d'holocauste offerte à l'amour et que Jésus accueillera... »* (col 248)

Van aurait pu se protéger contre toutes ces souffrances, il aurait pu chercher des défenseurs, il aurait pu se révolter. Or, en face de ce qu'il a à endurer, il restera toujours aussi nu que l'Enfant de la crèche ou que l'Homme de la Croix. Il laisse son cœur ouvert, vulnérable. Il ne comprend pas, mais il fait mystérieusement confiance. Il est perdu et il a mal, mais il demeure dans l'obéissance. Finalement, il se livrera à l'amour du Père en ne se dérobant pas aux opprobres que lui font subir les hommes et en acceptant, même dans les pleurs, les épreuves que l'Esprit Saint lui donnera de traverser.

Son attitude témoigne de la sagesse qui habite son cœur et lui permet de découvrir la souffrance offerte comme la suprême expression de l'amour :

« *Accepter le mépris par amour, c'est la gloire de l'amour ; souffrir par amour, c'est donner à l'amour plus de consistance. En ce monde, c'est la souffrance qui est la preuve de ton amour, c'est la souffrance qui donne à ton amour toute sa signification et sa valeur* » (aut 671).

À travers ce passage du feu et de la nuit, Van devient un véritable enfant, un enfant selon le Cœur de Dieu. Un enfant qui confond les puissants de la terre parce qu'il est habité par la force de Dieu. Un enfant qui atteint la perfection de la foi, de l'espérance et de la charité parce qu'il découvre tout à coup que Dieu est son tout et que pour lui plus rien d'autre ne compte. Un enfant dont la seule richesse est, au milieu du monde, au milieu des bourreaux et de la haine, l'amour du Père, le Nom du Père.

Sous un doux sourire auquel il s'efforce toujours et dont Dieu lui donne la grâce, Van cache donc le prix que vaut un enfant. Peu s'imaginent sans doute qu'il coûte aussi cher de devenir enfant et qu'il faut dans l'amour accepter tant de calomnies, de coups de fouet, de violences... et de grâces. Mais que c'est beau un enfant que l'Esprit Saint a fait renaître en Lui !

Marcel, l'apôtre des enfants

Il existe au sujet de l'apostolat une méprise fréquente, et, de nos jours, cette méprise est plus présente que jamais. On croit que l'évangélisation est d'abord une action et que son résultat est proportionnel aux moyens employés. De fait, l'évangélisation est bien plutôt une question d'amour et, quand il s'agit de Van, cela semble encore plus vrai que pour tout autre :

« *Dieu voulait se manifester à moi en me faisant connaître ma mission spéciale, qui consiste à être apôtre plus par l'Amour que par la Parole... apôtre par l'amour absolu, c'est-à-dire par une vie de prière et de sacrifice* » (aut 519).

Il sera donc par excellence *« l'apôtre de l'amour »* (aut 619). Il sera *« la mère des âmes »* (col 5), sa mission à lui, étant *« d'avoir le cœur d'une maman »*. Pour satisfaire son immense désir de tout faire pour attirer le monde entier au Seigneur, Van aura donc à aimer plus qu'à parler. Il aura à accepter sa faiblesse plus qu'à faire œuvre de vaillance. Il aura à livrer à Dieu *« son corps tout entier et toute sa vie, longue ou brève »* (aut 534).

La vigne particulière que le Seigneur confie à Van, ce sont les âmes des enfants – y compris celles des enfants morts sans avoir reçu le baptême –, ce qui nous est signifié par l'amour immense envers elles que l'Esprit Saint a déposé dans le cœur de notre petit apôtre. Cet amour n'est pas un amour tardif. Il habite Van depuis qu'il est lui-même tout jeune : *« Je pense continuellement aux âmes des enfants. Impossible pour moi de chasser cette pensée »* (col 343). Depuis toujours il est bouleversé par la place que Jésus donne aux enfants dans l'Évangile et il est ému par leur beauté et leur vocation que Jésus ne cesse de lui rappeler. Et puis il est bien à son aise en leur compagnie :

« En présence de personnes du monde, je perds tout mon naturel. Je ne sais pourquoi, en présence des enfants, je me sens le cœur tout à la joie, tandis qu'en présence des gens du monde, je tremble et je sens mes membres se glacer. Je ne comprends pas pourquoi cela ; et malgré tous mes efforts pour me montrer naturel, je n'y parviens pas » (col 473).

Conscient du trésor que représentent les âmes des enfants, Van va donc s'employer à les protéger. Plus qu'aucun autre, en effet, Van aura pu constater à quel point elles sont menacées. À l'âge de douze ans, alors qu'il perçoit que la cure de Huu Bang est plongée *« dans une atmosphère viciée par l'impureté et l'égoïsme »* (aut 459), et qu'il craint de voir, ainsi que dans son rêve, *« des enfants innocents comme lui qui tombent couverts de souillures »* (aut 461), il fonde la compagnie des « Anges de la Résistance ». La conséquence en est *« qu'en moins de trois semaines, ces enfants auparavant timides, sales, paresseux et violents, étaient devenus doux, attentifs, propres et énergiques »* (aut 472). Hélas, cependant, la troupe ne tardera pas à être détruite, trahie par Doan, un des siens. Les enfants sont battus. Van *« éprouve le désir de mourir pour les protéger »* (aut 488) et il est battu à son tour avec violence, mais surtout il expérimente l'enjeu que représente la sauvegarde de la pureté des enfants.

Van, certes, peut accomplir quelques actions au service des enfants. Il peut prendre la défense de l'un ou de l'autre. Cependant, sa mission n'est guère d'être un fondateur de mouvements ou d'associations. Il est, pour cela, trop petit et trop faible. En revanche, il peut user de toute l'intimité qui l'unit à Jésus et à Marie pour intercéder en faveur de ses amis, de tous les petits que le monde soumet à tant de tentations et dont beaucoup veulent s'emparer comme d'une proie précieuse. Ce faisant, il accomplit la mission que Jésus lui a confiée :

« *Marcel, ne manque pas de prier beaucoup pour que les enfants puissent comprendre mon Amour et se livrer à lui tout entier* » (col 377) :

« *Ô Marie, dit-il, je te prie d'avoir pitié des enfants, n'est-ce pas ?* » (col 343)

« *Ah ! Petit Jésus, je t'aime. Daigne porter ton attention sur les enfants* » (col 354).

La supplication de Van, généralement universelle, sait aussi prendre une tournure plus circonstanciée. Ainsi en est-il quand il voit son ami Toa sans cesse opprimé par Phuc, l'employé :

« *Petit Jésus, aie un peu pitié du petit Toa. {...} Abusant de sa supériorité, quand le petit Toa a faim, il ne lui donne pas à manger, et en plus, il lui commande ceci et cela. Ce Phuc est bien insolent d'oser opprimer ainsi ton cher petit. Je vois que le petit Toa souffre beaucoup et qu'il est bien triste. Quant à Phuc, il a toujours le visage renfrogné. J'ai peur moi-même, rien qu'à le voir. C'est bien dommage pour le petit Toa qui est continuellement opprimé. Si j'étais à la place de Phuc, je ferais en sorte que le petit Toa soit toujours joyeux* » (col 624).

Si Van confie souvent les enfants à Jésus « *parce qu'il les aime, comme lui, Jésus, les aime* » (col 624), il sait que ce n'est qu'au Ciel que son intercession prendra tout son effet. Il semble même empressé de rejoindre Jésus auprès du Père pour mieux accomplir cette mission :

« *Plus tard au ciel, si je sais que les enfants de ce monde manquent ne fût-ce que d'un grain de sable pour s'amuser, j'irai en toute simplicité vers mon vrai Père, puis ayant gagné ses bonnes grâces, je lui demanderai d'ajouter au monde encore un grain de sable, pour faire la joie des enfants. Petit Jésus, comprenant que la Trinité aime beaucoup les enfants, j'en éprouve une extrême consolation, et je suis certain que Dieu, bien loin de rester sourd à ma prière, accordera aussitôt aux enfants le grain de sable que je demande pour eux. Peut-être même regrettera-t-il que j'aie eu à le lui rappeler. Ah ! oui, je le sais, Dieu Trinité aime excessivement les enfants. Au ciel, je regarderai les enfants. Mon cœur restera chez Dieu mon Père, mais mon regard, je l'abaisserai vers les enfants...* » (col 625)

« *Je sais que ma mission spéciale est d'apprendre aux âmes à aimer Jésus, et que je dois exercer cette mission tout particulièrement auprès des âmes d'enfants. Quant aux âmes qui imitent les vertus de l'enfance, elles auront d'autres apôtres. Toutefois, ce n'est qu'au ciel que je pourrai remplir ma mission* » (col 336).

Là, plus sûrement il pourra arracher les âmes des enfants des ténèbres et leur faire savoir que le Royaume des Cieux est à eux et à ceux qui leur ressemblent. Pour l'obtenir, ils n'ont d'ailleurs besoin de commettre aucune des actions héroïques que l'on penserait, ils n'ont besoin que de le désirer et de l'accueillir. Le Royaume des Cieux ne s'achète pas, même par des actions vertueuses. Il est à la portée de tous ceux qui savent que l'autre nom de la justice de Dieu est miséricorde.

« *J'ai une prédilection spéciale pour les enfants ; je suis heureux d'être leur ami. S'ils veulent me chercher, c'est très facile ; ils n'ont qu'à examiner leur propre manière d'agir, et ils me trouveront aussitôt en eux. J'ai déjà promis aux enfants le royaume des cieux ; et cette promesse ne les oblige à absolument rien. Si je les avais obligés à jeûner, à se donner la discipline, à se mortifier, etc., comment les nouveau-nés qui meurent immédiatement après le baptême pourraient-ils aller au ciel ?... Marcel, l'Amour miséricordieux a réservé aux enfants une part magnifique. Ils n'ont rien d'autre à faire que de l'accepter* » (col 377).

« *Marcel, fais connaître aux enfants le royaume des cieux ; c'est là précisément l'héritage qui leur a été promis... Le royaume des cieux appartient aux enfants ; bienheureux sont-ils de recevoir cet héritage les mains vides. Cependant, il est nécessaire de leur faire connaître leur héritage, car s'ils ne le connaissent pas, il est certain qu'ils ne le posséderont pas. Oui, Marcel, il faut le leur faire connaître, puisque c'est là leur véritable richesse ; il faut leur apprendre à accepter l'héritage qui leur appartient...* » (col 379)

« *Oh ! cher petit frère, heureux les enfants, car ils ont reçu leur part d'héritage dans le ciel les mains vides... Sais-tu pourquoi je propose souvent l'exemple des enfants pour conduire les hommes à la perfection ? C'est que les enfants, en agissant comme ils le font, sont déjà parfaits ; il ne leur reste plus qu'à apprendre à aimer et alors, ils sont vraiment parfaits. Tout homme, quel qu'il soit, doit en arriver là, sous peine de n'être pas admis au ciel. Le royaume des cieux appartient aux petits enfants... Petit frère, dis bien cela aux enfants ; dis-leur que le vrai Père du ciel leur a déjà réservé leur part d'héritage, et qu'il leur suffit de connaître comment entrer en possession de ce magnifique héritage* » (col 410-411).

Ainsi – et c'est sa grâce, une grâce décisive – Van nous fait revenir aux enfants. Par tout ce qu'il est, par tout ce qu'il aime, par tout ce qu'il souffre, par tout ce qu'il proclame à travers sa vie de sacrifice et ses écrits. Sa vie et sa mission sont le rappel que si les enfants ne sont pas au centre du monde des hommes comme ils sont au centre du monde de Dieu, un déséquilibre se crée qui peut entraîner l'humanité à sa perte. Les hommes d'âge mûr ont besoin de regarder sans cesse vers les enfants pour apprendre comment se tenir en face de Dieu, en face des autres, en face d'eux-mêmes. Pour se rappeler que tout est don et que tout est grâce. Pour expérimenter qu'un royaume construit uniquement par les hommes est plus sujet à l'effondrement que la maison bâtie sur le sable. En un seul mot, l'homme a besoin de Dieu comme l'enfant a besoin de son père. L'oublier, c'est se tuer.

On rêve alors que les vœux que Julien Green formulait en 1990 pour le nouveau millénaire s'accomplissent à la lettre :

> « L'enfance malheureuse met en accusation l'humanité entière. Quelle que soit la couleur de sa peau, noire, jaune ou blanche, l'enfant qui souffre de la faim – faim tout court et faim de tendresse – nous fait honte. Plus qu'en d'autres temps peut-être, ce petit visage amaigri tourne vers nous un regard insoutenable, parce qu'on y lit ces deux prières très simples : du pain et de l'amour. Donnez-leur l'un et l'autre et ses yeux resplendiront de joie. Le Christ aimait les enfants, les prenait dans ses bras et les serrait contre Lui. Dans la multiplication des pains, les enfants avaient leur part. C'est une leçon pour en finir avec le scandale d'êtres humains à l'orée de leur grande aventure terrestre, privés de joie de vivre pour laquelle ils sont nés et dont ils ne trouveront plus jamais l'équivalent. [...] Dix ans à peine nous séparent du XXIe siècle qu'on veut espérer différent de tous les siècles accumulés jusqu'ici avec tout ce poids des adultes méprisant les petits et les pauvres. Si ces dix ans voyaient disparaître l'enfance affamée et briller dans ses beaux yeux ignorants et confiants le bonheur d'être compris et de pouvoir à son tour faire partie de ceux à qui toutes nos connaissances sont offertes, nous aurions gagné le monde nouveau[1]. »

---

1. Julien GREEN, « Les Enfants de l'avenir » in *Les Enfants du Monde*, revue du Comité Français pour le Fonds des Nations Unies pour l'Enfance, N° 101, 2e trimestre 1990.

Un novice à l'école de l'Amour

PÈRE OLIVIER DE ROULHAC o.s.b.
Vice-Postulateur de la Cause de Marcel Van,
Moine de l'Abbaye de Saint-Wandrille

« *Petit frère, il faut que tu saches que tu es extrêmement faible, qu'aucune âme n'est aussi faible que la tienne* » (col 506).

Quelle surprise pour Van d'entendre Jésus lui parler ainsi. Depuis son enfance ne s'est-il pas efforcé de le suivre avec constance à travers les difficultés qui n'ont pas manqué sur sa route ? Après son entrée au noviciat des rédemptoristes, sa petite taille et son air ingénu lui valurent de nombreuses moqueries ; prélude des croix et des souffrances qui jalonneront sa vie religieuse.

Faible, Van l'est réellement. Ce n'est pas pour autant qu'il manque de caractère. À Huu-Bang, à Langson, il a bien prouvé sa force d'âme, en luttant contre les désordres qu'il y a vus, ne craignant pas de s'opposer au curé ou au supérieur, toujours avec un immense respect de leur mission. Alors pourquoi donc Jésus lui dit-il qu'il est faible ? Tout au long de ses écrits, Van dévoile l'intime de son cœur. Il se sait petit, tout petit pour lutter contre le mal, pour répondre à l'appel de Dieu qui résonne avec tant de force dans son cœur. Compter sur ses pauvres forces pour répondre à sa mission ? Elle est bien trop grande pour lui ! Alors, sans cesse tourné vers Jésus, il implore son aide et son assistance, lui manifestant sa faiblesse et sa grande pauvreté. Du temps où sa famille vivait dans l'aisance, Van était généreux avec les plus pauvres, partageant friandises et vêtements. Après que son Père a sombré dans l'alcool et le jeu, il dut apprendre la pauvreté matérielle, celle qui fait manquer du nécessaire. Arrivé au monastère, Thérèse et Jésus vont peu à peu faire découvrir à Van la profondeur des éléments constitutifs de la vie religieuse, principalement la pauvreté dont découlent tous les autres.

La pauvreté

La première manifestation de la pauvreté n'est pas l'économie à tout crin qui pourrait se confondre avec l'avarice. Ainsi quand le frère Augustin, au nom de la pauvreté, empêche Van de jeter le marc de café et le réutilise pour faire le café de la communauté (café qui sera jeté, on s'en doute bien), il fait un véritable contresens sur cette vertu (Cf. : 1aut 62). Être pauvre, c'est ne rien posséder. Alors comment refuser ce qui est offert ? Il n'y a qu'à accepter, sans se plaindre et avec joie, ce qui est donné. C'est ce que Thérèse explique à Van lorsqu'il est mécontent d'avoir des chaussettes trop petites.

« *Petit frère, voici comment tu dois garder la vertu de pauvreté selon la Règle. C'est sur la Règle que se fonde mon enseignement. Les objets mis à ton usage, même s'ils ne sont pas très beaux et de mauvaise qualité, sois content de t'en servir quand même. Pour ce qui est de tes chaussettes, parce qu'elles sont trop petites, tu ne peux plus t'en servir ; tu dois donc les remettre au tailleur, au cas où quelqu'un pourrait encore s'en servir. Mais si, dans l'intention de pratiquer le renoncement, tu mets ces chaussettes et les déchires, alors tu manques réellement à la pauvreté. Au contraire, si tu évites cet acte maladroit de renoncement, n'est-ce pas que ces chaussettes qui sont encore en bon état pourront servir à un autre sans qu'on ait besoin de gaspiller du temps et du fil pour les raccommoder ?... Est-ce que tu as compris ? C'est cela la vertu de pauvreté* » (col 219).

À travers cette exhortation à la pauvreté, Thérèse enseigne à Van deux choses. Le respect des objets : ne va donc pas déchirer tes chaussettes trop petites, au nom d'un renoncement mal compris, elles peuvent servir à un autre. Puis la simplicité (qui est une forme de l'humilité) : demande donc ce dont tu as besoin. Dans un cas similaire, Jésus conseillera à Van d'expliquer en toute simplicité à son maître des novices que sa soutane neuve est trop petite. En effet, les frères tailleurs lui avaient taillé des habits bien trop ajustés, or Van a grandi (il a alors tout juste dix-huit ans). Il lui est donc devenu bien pénible d'avoir à enfiler ce vêtement aux manches trop courtes et au col trop étroit (col 449). Mais, le Père maître n'a pas permis que cet habit soit donné en réparation. Une drôle de mortification, que notre aspirant à la vie religieuse n'a pas choisie, mais que Jésus a choisie pour lui ! En l'acceptant de bon cœur, en lui offrant les sacrifices que lui impose cet habit trop juste, Van réjouit et console le cœur de Jésus et pratique la vraie pauvreté. Si de plus les frères lingers ont remplacé ses chaussettes trop petites par une paire à sa taille mais bien laide, c'est la joie parfaite de saint François.

La sainte Vierge agissait ainsi. Lorsqu'elle avait besoin de quelque chose, elle levait tout simplement les yeux au ciel et exprimait en toute simplicité et sincérité à Dieu son besoin puis elle restait le cœur en paix, comme à l'ordinaire (Cf. : col 423).

La pauvreté extérieure, si elle est authentique, reflète l'intime du cœur. Saint Alphonse, en portant sa soutane rapiécée, se souvenait de son état, et ainsi était encouragé à pratiquer l'humilité, la patience, la charité et l'abnégation de soi (Cf. : col 578s).

Le vœu de pauvreté relève donc d'une disposition intérieure du cœur, d'un abandon à la Providence. Que craindre ? Jésus n'a-t-il pas promis lui-même que rien ne nous manquerait en nous montrant la sollicitude de notre Père céleste pour les oiseaux du ciel et les lis des champs ? (Cf. : Mt 5, 3). Ainsi disposé, le cœur est appelé à une pratique bien plus profonde de la pauvreté, celle du cœur de Jésus.

Au jeune homme riche qui le questionne sur le moyen de gagner la vie éternelle, Jésus recommande d'observer la loi et, s'il veut être parfait, de renoncer à tous ses biens. À Van qui lui annonce : « *Aujourd'hui, petit Jésus, j'ai déjà commencé à pratiquer la pauvreté* » (col 570), Jésus lui répond qu'il est effectivement pauvre : « *la perfection de l'enfant comprend déjà la pauvreté intérieure* ». L'enfant est pauvre, il n'a rien quand il vient au monde et il attend tout, absolument tout de la main de ses parents, tant la nourriture et le vêtement que les câlins et l'amour dont il a besoin pour grandir harmonieusement. Cette pauvreté enfantine, Jésus l'appelle pauvreté intérieure. Elle garde le cœur de celui qui la pratique toujours tourné vers le Père des cieux, ouvert au don de l'instant présent. Lui-même l'a pratiquée tout au long de sa vie terrestre. Par chacun de ses actes, parce qu'il est tout à la fois pleinement homme (et donc capable de mériter) et pleinement Dieu (chacun de ses actes a une valeur infinie), il a mérité pour toute l'humanité son salut en lui donnant tous ses mérites infinis.

Jésus veut entraîner Van sur ce chemin. Quoique tout petit, Van gagne des mérites par sa constance dans les épreuves, par ses œuvres bonnes, par ses croix transformées en roses pour l'amour de Jésus. Or, selon saint Paul, « vouloir le bien est à ma portée, mais non pas l'accomplir » (Rm 7, 18). Il est donc impossible de gagner des mérites sans l'aide de Dieu. Ainsi les mérites de Van sont aussi ceux de Jésus qui opère en lui par le don de sa grâce. L'explication imagée qu'en donne Jésus est parlante :

« *Supposons que tu sois la plume qui te sert en ce moment, et que moi-même je sois à ta place. D'elle-même, la plume ne peut écrire aucun mot lisible ; il lui faut être guidée par ta main pour monter et descendre, pour aller d'un côté et de l'autre, et arriver à former des mots. C'est là une simple comparaison, mais pour toi, il y a cette différence : les œuvres que tu fais, c'est moi-même qui dois les faire pour toi ; toutefois, devant ton Père du ciel, c'est toi-même qui les fais... Tu as compris, n'est-ce pas ? Tu es donc devenu réellement comme un autre moi-même* » (col 575).

Naturellement, cela ne met pas en cause la liberté de Van qui reste entière, Jésus n'agit pas en nous sans nous.

Les mérites de Van sont donc aussi ceux de Jésus. Alors de quel droit pourrait-il se les approprier comme son bien propre ? Sa véritable richesse est celle des mérites infinis de Jésus sans lesquels il n'en aurait gagné aucun. Cette richesse étant infinie, Van n'a besoin de rien de plus. Aussi doit-il donc être toujours disposé à donner ses mérites aux âmes, comme s'il les donnait à Jésus lui-même (Cf. : col 572). Et Jésus se fait pressant :

« *les mérites que tu acquiers sont pour toi des biens superflus. Si tu gardes pour toi ces biens superflus, tu manques à la pauvreté de cœur, car il se trouve un grand nombre d'âmes malheureuses, qui n'ont pas les biens spirituels suffisants pour se nourrir ; tu as donc l'obligation de leur faire l'aumône de tous tes mérites...* » (col 576).

Van s'étonne, y aurait-il donc des âmes qui ne reçoivent pas les mérites de Jésus ? Certes non. Mais il y en a, plongées dans le péché, qui ne savent plus « *où se trouve leur héritage, ni de quoi elles doivent se nourrir* » (col 576). Elles passent à côté du vrai trésor et ont besoin d'être guidées pour trouver leur nourriture. Par l'offrande de tous ses biens spirituels, Van leur indique la voie, le lieu de leur héritage. Il devient ainsi *mère des âmes*, en les enfantant à une vie nouvelle. Il est intercesseur en Jésus, faisant désirer aux âmes les dons de Dieu. C'est pourquoi, explique Jésus, « *celui qui manque à la vraie pauvreté de cœur (...) rend mes mérites infinis inutiles pour l'une ou l'autre âme qu'il pourrait sauver* ».

Comme il le fit autrefois pour sainte Thérèse de Lisieux, Jésus veut entraîner Van plus loin. Il lui fait voir que la pauvreté « consiste à se voir privé non pas seulement des choses agréables mais encore des choses indispensables » (Manuscrit A, 74 v°). Si cela peut être vrai pour les choses matérielles, comme sainte Thérèse et sa lampe[1], cela l'est encore

1. « Un soir après complies je cherchai vainement notre petite lampe sur les planches réservées à cet usage, c'était grand silence, impossible de la réclamer... je compris qu'une

plus pour la vie spirituelle. Jésus veut parler des joies intérieures. S'il permet que Van en soit privé, c'est afin de le préserver de l'orgueil de se croire déjà arrivé à la perfection, de lui rappeler sa grande pauvreté et de lui inspirer des sentiments de compassion pour beaucoup d'autres âmes. Lourde épreuve : plus l'intimité a été sensible, plus la disparition du sentiment de la présence est douloureuse. L'accepter dans la joie « *pour que les autres âmes puissent jouir de ces mêmes faveurs, c'est là la vraie pauvreté de cœur* » (col 583). L'épreuve devient alors joie du partage, de la solidarité entre les âmes. Autrement dit la pauvreté de cœur est le moteur de la communion des saints, la clef d'entrée dans le Royaume : « Heureux les pauvres de cœur : le Royaume des cieux est à eux » (Mt 5, 3).

En écrivant à Céline, sainte Thérèse exprime cela dans un langage parlant pour notre époque, c'est celui de la banque[2]. Banque de l'amour dont Jésus est le banquier. Il fait fructifier tout dépôt, aussi humble soit-il, puis il en redistribue le profit aux actionnaires, c'est-à-dire les âmes. Ce qui fait dire à Van :

« *Jésus, ma sœur sainte Thérèse te donne le nom de banquier. Alors, est-ce que les hommes te confient tous les jours beaucoup de trésors spirituels ? Je t'aime beaucoup, ô Jésus, et mon unique désir est de te confier chaque jour d'immenses trésors spirituels, en te demandant de les distribuer aux âmes. J'admets que mes biens spirituels n'ont aucune importance ni aucune valeur ; mais sois quand même content de les accepter, car c'est là tout ce que je possède. Je sais que tu me comprends très bien déjà, sans que j'aie besoin de t'en parler* » (col 33).

---

sœur croyant prendre sa lampe avait pris la nôtre dont j'avais un très grand besoin ; au lieu de ressentir du chagrin d'en être privée, je fus bien heureuse, sentant que la pauvreté consiste à se voir privée non pas seulement des choses agréables mais encore des choses indispensables, ainsi dans les ténèbres extérieures je fus illuminée intérieurement. » SAINTE THÉRÈSE DE LISIEUX, *Manuscrit A* 74 Verso.

2. Cf. : Lettre 142, 6 juillet 1893, à Céline : « Ta Thérèse ne se trouve pas à la hauteur en ce moment mais Jésus lui apprend « à tirer de tout *du bien* et *du mal* qu'elle trouve en soi ». Il lui apprend à jouer à la banque de l'amour, ou plutôt non. Il joue pour elle sans lui dire comment il s'y prend car cela est son affaire et pas celle de Thérèse, ce qui la regarde, c'est de s'abandonner, de se livrer sans rien réserver, pas même la jouissance de savoir combien la banque lui rapporte. »

Le directeur spirituel

Tout donner à Jésus, être tout à lui. Tel est l'ardent désir de Van qui, depuis sa tendre enfance, voulait, sans oser le dire[3], devenir saint. Grâce aux conseils de sa maman, puis ceux de Thérèse, il s'était engagé sur ce chemin de la perfection.

Chez les premiers religieux, ces moines du désert d'Égypte, la formation à la vie religieuse était donnée par l'ancien auquel le jeune ouvrait son cœur. L'ancien (aujourd'hui nous parlons plus volontiers de directeur, de Père ou d'accompagnateur spirituel) avait pour mission de guider, en discernant l'action du Saint-Esprit dans son cœur, le disciple venu se mettre à son école et de l'enfanter à une vie nouvelle, en Christ. La qualité de la direction dépendait aussi de l'ouverture du cœur du disciple ; les apophtegmes rapportent qu'il devait dévoiler à l'ancien non seulement les questions et les difficultés qui habitent son cœur mais aussi les pensées – bonnes ou mauvaises – qui le traversent. Nulle introspection dans cette manière de faire, mais plutôt dévoilement dans l'intimité d'une relation de fils à Père sous le regard de l'Esprit Saint.

Afin de bien faire comprendre à Van le rôle de l'ancien, Jésus lui explique que son directeur spirituel est sa volonté, sa main, son esprit, il est le lien avec son amour. Ne nous étonnons donc pas d'entendre Van appeler son Père spirituel : « Jésus barbu » ! (les missionnaires canadiens portaient la barbe). L'expression fait sourire par sa naïveté. Elle est pourtant un acte de foi : à l'école de son directeur, Van est à l'école de Jésus. Son cœur s'ouvre alors en toute simplicité comme à un Père qui est aussi guide et maître, médecin et conseiller. Il rappellera cela au Père Boucher dans sa lettre du 21 février 1950 :

« *Quand vous me parlez en particulier, je vous prie de le faire comme un Père à son enfant. C'est là un désir que je vous avais déjà exprimé auparavant. Si vous n'en teniez pas compte, j'hésiterais à lire vos lettres, et quand je vous écrirais, mes lettres manqueraient de simplicité, car je vous exprimerais alors mes sentiments comme à un certain Père que je connais, mais non pas comme à un Père spirituel. Et il me serait très difficile de vous ouvrir mon cœur. C'est là pour moi une recom-*

3. « *Ah ! Devenir un saint ?... Comme bien d'autres fois, je considérai cette pensée comme étant une tentation d'orgueil* » (aut 564). Sainte Thérèse lui fera découvrir la beauté et la justesse de ce désir de sainteté, vocation de tout chrétien. « A l'exemple du Saint qui vous a appelés, devenez saints, vous aussi, dans toute votre conduite, selon qu'il est écrit : Vous serez saints, parce que moi, je suis saint » (1P 1, 15).

mandation obligatoire, et j'espère que vous en tiendrez compte. Sinon je vous menace de ne plus lire vos lettres. »

Quelle menace ! Van exprime ici toute sa faiblesse. Sans la douce chaleur de l'affection paternelle, il ne peut épancher librement son cœur, sans réserve aucune, puis accueillir une parole qui ait saveur de vie éternelle. Jésus insiste sur cette ouverture de cœur pour deux raisons :

La première est celle du combat spirituel. Van, en novembre 1945, est un tout jeune novice, il est souvent inquiet et scrupuleux, il n'a pas encore acquis le discernement, aussi s'en remet-il avec foi à son directeur.

« *Quand ton cœur sera dans la peine, n'oublie pas de dire à ton directeur tout ce qui se passe, car l'ennemi choisira précisément cette occasion pour essayer de nuire à l'amour que je manifeste aux âmes... Tu n'as pas non plus à te préoccuper de ta vocation ni de ta persévérance. Il appartient uniquement à ton directeur de s'occuper de tout cela à ta place. Tout ce que tu as à faire, c'est de le suivre les yeux fermés, comme maintenant. Même si les circonstances changent, « mon esprit », lui, ne change pas. Garde une entière confiance en ton directeur comme en moi-même, c'est là que tu trouveras alors mon amour* » (Jésus à Van, col 56-57).

En parlant d'ennemi, Jésus met en valeur le combat qu'est la vie religieuse, la vie chrétienne dont l'enjeu est l'amour de Jésus. « Le Diable, comme un lion rugissant, rôde, cherchant qui dévorer. Résistez-lui, fermes dans la foi... de toute votre inquiétude, déchargez-vous sur Dieu » (1P 5, 8-9.7). Jamais Dieu n'abandonne les siens, il donne toujours « *la force de l'accepter de bon cœur et avec joie* » (col 214), car il s'unit à eux en les liant à son amour par la médiation de « son esprit » (Cf. : col 57). Cette image du lien pour désigner le directeur est magnifique, elle est un raccourci saisissant de la mission d'un Père spirituel. En conduisant son disciple vers le Seigneur, il l'enserre par le lien de l'amour à Jésus, il l'amène peu à peu à étreindre Jésus sur la Croix (Cf. : Rm 6, 6), à revêtir l'Homme Nouveau (Cf. : Ep 4, 22), à la vie « en Dieu dans le Christ Jésus »(Rm 6, 11). Tout en ligotant la volonté propre, ce lien délie le cœur du péché et le dilate par l'amour, « et c'est dans une ineffable douceur d'amour que le disciple court sur les chemins des commandements de Dieu » (Règle de saint Benoît, Prologue 49).

L'autre raison est l'apprentissage de l'humilité. De la même façon que l'orgueil a valu à Adam et Eve d'être chassés du Paradis et de l'intimité divine, l'humilité introduit en présence de Dieu, attire sa force. Ecoutons Thérèse :

« *Pourquoi le petit Jésus t'oblige-t-il à faire connaître à ton directeur les moindres choses qui se passent en toi ? C'est pour t'apprendre l'humilité. Chaque fois que tu agis ainsi, tu livres au petit Jésus ta volonté propre. Le petit Jésus veut que tu aies confiance en ton directeur tout comme tu as confiance en lui-même. C'est pourquoi il doit t'obliger à confier à ton directeur toutes les petites choses qui te concernent. Il veut que tu fasses tout connaître à ton directeur ; et chaque fois que tu le fais, tu laisses voir en même temps ta grande faiblesse. Pourtant, le petit Jésus se plaît davantage à recevoir tes faiblesses, qu'il ne se plairait à accepter tes mortifications extraordinaires. Pourquoi cela ? Parce que, si tu es faible, le petit Jésus se tient constamment près de toi, et t'étreint dans ses bras (...) Marcel, grâce à tes faiblesses, tu peux sauver un très grand nombre d'âmes. Le petit Jésus veut que tu fasses voir toutes tes faiblesses, afin que les hommes connaissent la miséricorde de leur vrai Père du ciel envers le monde* » (col 613-614).

Echo formidable de l'expérience de saint Paul : « C'est donc de grand cœur que je me glorifierai surtout de mes faiblesses, afin que repose sur moi la puissance du Christ. C'est pourquoi je me complais dans les faiblesses, dans les outrages, dans les détresses, dans les persécutions et les angoisses endurées pour le Christ ; car, lorsque je suis faible, c'est alors que je suis fort » (2Co 12, 9-10).

L'obéissance

Les merveilles que Jésus a accomplies pour l'humanité au cours de sa vie terrestre, font partie des *Mirabilia Dei* qui jalonnent toute l'histoire du salut. Elles en sont le couronnement et la plus parfaite expression. Faut-il rappeler que ce n'est pas de sa propre initiative que Jésus a décidé qu'il allait sauver le genre humain ? C'est bien à la demande de son Père bien-aimé, qu'il s'est fait homme et a souffert sa Passion. Jésus Christ « s'anéantit lui-même, prenant condition d'esclave, et devenant semblable aux hommes. S'étant comporté comme un homme, il s'humilia plus encore, obéissant jusqu'à la mort, et à la mort sur une croix ! Aussi Dieu l'a-t-il exalté et lui a-t-il donné le Nom qui est au-dessus de tout nom... » (Ph 2,5). C'est donc l'obéissance en tout de Jésus à son Père qui lui a valu la gloire de la résurrection. Gloire promise à tout homme de bonne volonté, c'est-à-dire à la recherche de la Vérité afin d'y adhérer. Pour le chrétien, cette Vérité est révélée en Jésus. Adhérer à Jésus, c'est se mettre à sa suite sur le chemin de l'obéissance. « Ce n'est pas en me disant : Seigneur, Seigneur, qu'on entrera dans le Royaume des Cieux, mais c'est en faisant la volonté de mon Père qui est dans les cieux » (Mt 7, 21).

Avant d'obéir à la voix de Jésus qui lui demandait d'écouter et d'écrire les paroles qu'elle lui adresse, Van voulait demander la permission à son directeur. Jésus, quoique certain de la réponse du Père Boucher, encouragea Van à demander cette permission qui lui fut accordée. Elle lui sera retirée le 8 octobre 1945. Aussitôt Van rend les petites feuilles qui lui servaient à écrire les paroles de Jésus. Ce novice qui prétendait entendre Jésus, il fallait bien l'éprouver afin de discerner s'il agissait ou non selon l'esprit de Jésus. Devant la parfaite obéissance de Van, l'interdiction est levée le 22 octobre. Le Père Boucher, dans son introduction aux *Colloques*, témoigne.

« D'abord, j'ai été profondément touché de l'incroyable familiarité et de la tendresse dont le Frère Marcel a été l'objet de la part de ses interlocuteurs célestes. D'autre part, sa vie exemplaire, sa limpidité d'âme, sa parfaite obéissance à son directeur et sa générosité en face du sacrifice me donnent un préjugé favorable, touchant sa véracité, et l'authenticité de ces communications, cela évidemment, avec toute la réserve qui s'impose, ne voulant en rien anticiper sur le jugement final, qui revient de droit à la Sainte Eglise. »

La première charge de Van, enfin admis comme frère dans la communauté, fut à la cuisine. Aide marmiton, tous se moquaient de lui à cause de sa petite taille et de sa jeunesse. Il lui fallait donc faire ses preuves. Les vexations ne manqueront pas. Malgré tous ses efforts Van ne pourra cacher son peu de forces physiques. Obéissant pour faire plaisir à Jésus, comme il en avait déjà l'habitude, il s'attache donc à suivre minutieusement les consignes données par le frère Edmond, premier cuisinier. Un jour, alors qu'il devait transmettre aux frères les ordres du frère Edmond, il s'entend reprocher durement : « *Pour la moindre chose, il fait appel à l'obéissance. Voyons s'il pourra toujours obéir* ». Puis le frère Grégoire de donner sa propre définition de l'obéissance : « *quand le frère Edmond nous commande quelque chose, pour obéir, il suffit de faire ce qu'il commande ; mais la manière de s'y prendre, cela nous regarde, il ne faut pas parler d'obéissance dans les moindres choses...* » (1aut 72).

Voilà un discours bien raisonnable, aux apparences de sagesse. Le frère Grégoire est un homme efficace, il veut réaliser au mieux l'ordre reçu. Quant aux moyens, c'est son affaire. Van est encore un peu trop scrupuleux pour avoir une telle liberté, c'est pour cela que Thérèse le console.

« *Si tu réponds au frère Grégoire, tu seras certainement vaincu par ses paroles... N'écoute pas les paroles du frère Grégoire, si tu les écoutais tu en serais certainement très troublé* ». Thérèse apprend à Van le discernement. Pour lui qui est faible il vaut mieux *« obéir en tout point, et, même si ton travail est gâché pour avoir obéi »*.

Obéir dans les moindres détails, c'est bien l'exemple que Thérèse elle-même a donné tout au long de sa vie. Obéissance d'amour plus qu'obéissance scrupuleuse. Saint Benoît recommande aux moines d'obéir *cum bono animo* (Règle 5, 16), c'est-à-dire avec un bon esprit, de bon cœur, par amour. Saint Alphonse écrit dans sa règle : les frères « obéiront exactement... en sorte qu'on puisse dire qu'ils n'ont plus leur volonté propre, mais qu'ils l'ont déposée toute entière dans la main de leur supérieur. » (Deuxième partie, chap. 1, III, 2). En lui, les frères sont invités à reconnaître le représentant de Dieu ; l'obéissance devient alors *« comme un œil qui voit clairement l'Amour de Jésus »* (1aut 72), à travers les moindres actes de la vie quotidienne.

Lorsque l'obéissance est vécue dans un esprit de foi, des miracles peuvent alors se réaliser. Ne connaissant pas le métier de boulanger Van, au lieu de faire comme les autres confrères, préférait obéir en tout point aux consignes données par le frère Edmond car c'est lui qui avait autorité pour commander ; à travers lui il reconnaissait la voix de Jésus. Même quand il se rendait compte que sa méthode n'était pas la meilleure, pour l'amour de Jésus, il préférait épouser les intentions du Frère Edmond, lui obéir exactement, et demander au petit Jésus de s'occuper de tout. Alors, invariablement, son pain était le meilleur et tout le monde venait le féliciter, ignorant sans doute qu'il avait le bon goût de l'obéissance amoureuse. Cependant l'obéissance n'est pas toujours facile : souvenons-nous de ce jour de 1944 où Van se présente au Monastère dans l'espoir d'y être admis. Le Supérieur est prêt à l'accepter comme choriste en vue de la formation sacerdotale et Van répond courageusement que Dieu ne veut pas qu'il soit prêtre, sachant très bien qu'il risque d'être renvoyé en attendant de « grandir encore un peu ». Nous savons combien cela lui a coûté de larmes et de renoncement à lui-même de se voir rejeter une fois de plus. Trois mois plus tard, il eut l'immense joie de pouvoir être accepté au noviciat contre toute attente et malgré son jeune âge. Avant de le conduire au port, Jésus l'a conduit par un chemin de souffrance, à l'image de son propre chemin de croix. La vie de Van sera une succession de « passion » et de « résurrection » en union avec le Rédempteur dont il est appelé à devenir de plus en plus l'icône.

Les amitiés et la chasteté

La vie en communauté est un grand signe : celui de l'amour fraternel, de la communion, de la vie familiale – ne sommes-nous pas tous enfants d'un même Père ? – et de la charité. « Qu'il est bon, qu'il est doux d'habiter en frères tous ensemble » (Ps 133, 1).

Le premier « directeur spirituel » de Van fut le frère Marc, arrivé peu avant lui. Ayant gagné la confiance de Van, il lui demanda de lui révéler ses affaires de conscience. Amitié et curiosité se mêlaient dans cette demande. En décrivant l'attitude du frère Marc (Cahier X) Van comprendra plus tard l'entreprise de séduction, sans doute inconsciente, de ce confrère aimant se mettre en valeur. Il donne tout d'abord des avis autorisés à partir de ses lectures, de son expérience (bien courte pourtant) et se trompe parfois en affirmant comme certaines des choses qui ne sont que des suppositions. Assez spontanément Van lui ouvrait son cœur. Cependant il restait sur la réserve, Thérèse lui ayant dit que certaines choses ne pourraient être révélées qu'à son vrai directeur de conscience. Le frère Marc, dans le but de mieux s'attacher les frères, savait aussi, de façon assez subtile, les flatter en les félicitant d'avoir des ressemblances avec tel ou tel saint. Les explications qu'il donnait des paroles de sainte Thérèse rendirent Van bien perplexe car elles ne concordaient pas avec celles qu'il avait entendues de la bouche de Thérèse. Cela le remplit d'amertume. Il comprit peu à peu de quelle façon il s'était laissé prendre par les belles paroles du frère Marc, un petit peu comme le corbeau de la fable avec le renard. Alors, à partir de ce jour il offrira à Jésus toute son intimité pour le Frère Marc (Cahier X).

Le frère Martin, lui aussi, cherchera à lier amitié avec Van, en lui demandant de bien vouloir être son grand frère spirituel : il avait remarqué que tous les deux partageaient les mêmes sentiments. Quoique surpris par cette déclaration, pour faire plaisir à ce confrère, Van acquiesça. Il était cependant sur la réserve, il avait bien vu que les relations amicales entre le frère Marc et le frère Martin avaient bien vite laissé la place à une opposition entre eux, et lui-même avait encore le goût amer des paroles flatteuses du frère Marc. Mais, comme il était bien convenu que cette amitié serait caractérisée par une intimité toute intérieure, il n'y avait rien à craindre. Hélas,

« cette prétendue intimité purement intérieure n'a duré que l'espace d'une nuit. Dès le lendemain et les jours suivants, elle était devenue également extérieure. Si le

Frère Martin me rencontrait quelque part, il était joyeux et empressé, se conformant à tout ce que je disais. Souvent aussi il me disait doucement à l'oreille: "Marcel, mon frère", et moi, je lui répondais par un sourire, comme je le faisais avec tout le monde » (cahier N).

Aux prises avec un confrère à la charité un peu trop empressée, Van ne savait comment faire pour lui rappeler l'intériorité de leur intimité. Il voyait bien qu'une telle amitié, par son exclusivisme, ne contribuait pas à l'édification de la charité fraternelle. « *Si nous manifestons de la préférence pour l'un {des confrères}, c'est une occasion de susciter de la haine chez les autres ...* » (Lettre au frère André du 22 mars 1950).

L'exemple suivant montre en effet combien la sympathie du frère Martin avait besoin d'être purifiée pour devenir une authentique charité. Un jour que Van était en train de prendre sa collation, il prit un morceau de pain parmi ceux qui étaient sur la table. Aussitôt, le frère Martin arrête son travail pour aller chercher un morceau de pain frais qu'il donne à son ami. Étonné Van accepte ce morceau et demande, non sans malice, ce que c'est, pourquoi il a droit a un morceau de pain meilleur que les autres, il n'est pas en effet un grand malade qui mérite des attentions particulières. Se sentant dévoilé, le frère Martin a bien du mal a cacher sa tristesse. Et de ce jour, il ne s'intéressera plus à Van.

Van se méfie de l'amitié qui révèle une recherche de soi, que ce soit le besoin de se faire admirer et de jouer au maître ou trop d'attention et de gentillesse pour forcer l'amour. L'amitié, telle que la décrit Aelred de Rielvaux, *est un échelon vers l'amour et la connaissance de Dieu*[4]. Appelés à grandir dans la Vérité de l'Amour, les amis sont entraînés sur un chemin de purification menant « vers celui qui les unit au Christ. Alors l'amitié, restreinte ici-bas à quelques personnes, passera en tous, et de tous elle passera en Dieu, et Dieu sera tout en tous[5] ».

C'est cela que Van rappellera avec fermeté et délicatesse au frère André. Il a été son compagnon de noviciat, à travers les joies et les difficultés communes, une intimité profonde s'est peu à peu tissée entre eux. Les lettres que nous avons témoignent d'une grande liberté : entre amis tout peut se dire avec la certitude de n'être pas jugé, mais aimé un peu plus. Un jour le frère André est troublé, il s'interroge sur la place que Van

4. Aelred de Rielvaux, *L'Amitié spirituelle* ; II, 18 ; Vie monastique n° 30, Abbaye de Bellefontaine, 1994.
5. *Ibid.* III, 134.

occupe dans son cœur et se demande si Jésus ne se trouve pas relégué à la seconde place. Le cœur droit du frère André le pousse à s'en ouvrir à son ami, par lettre. Celui-ci lui fait une longue réponse, toute emprunte de charité et de fermeté. Grâce au frère André nous avons une belle épître sur l'amitié spirituelle.

« *Vraiment, Frère André, mon cher frère, si nous nous aimons, nous le faisons uniquement dans le pur amour de Jésus. Or pour en arriver à ce pur amour de Jésus, il faut d'abord que nous ne fassions plus qu'un avec Jésus. C'est pourquoi, tout ce que nous aimons, nous l'aimons uniquement à partir de Jésus, en Jésus, et pour Jésus. Et à cause de cela, plus nous aimons, plus l'amour remplit notre cœur, plus aussi nous sommes étroitement unis à Jésus. Cela va de soi, et il en est de même pour la flamme ; plus elle se communique aux choses qu'elle consume, plus elle prend d'ampleur et de force. (...) Il est clair que si nous n'aimons pas le prochain pour l'amour de Dieu, notre amour pour Dieu ne peut que se refroidir, car l'amour de Dieu est sans limite, tandis que le nôtre est bien limité. Par conséquent, quand nous aimons en ne nous appuyant que sur notre sentiment, notre amour est bien frivole, il ne peut d'un simple regard combler notre besoin d'amour.*

Si au contraire, nous savons accorder notre amour avec l'amour de Dieu, les deux ne font plus qu'un ensemble, pour se répandre ensuite ailleurs, de sorte que nous entrons en possession d'une source d'amour infini comme l'est Dieu lui-même » (Lettre du 22 mars 1950).

L'union avec Dieu est donc le fondement d'une amitié véritable. Au point d'ailleurs que c'est réellement Jésus qui vient aimer le frère André dans le cœur de Van, « *quand je vous dis : "Mon Frère je vous aime", c'est tout comme si Dieu vous disait lui aussi son amour* ». Cet accord de l'amour humain avec celui de Dieu a pour effet de purifier les scories liées au péché originel. L'amour devient pur, en lui il n'y a plus aucun désir de « posséder » l'ami pour sa satisfaction personnelle, mais un ardent désir de le voir s'unir plus étroitement à Dieu. Dans cet embrasement du cœur par la charité divine se trouve la clef de la chasteté, cette pureté de l'amour.

Ainsi peut se comprendre l'ordre de Jésus, d'aimer son prochain, aussi bien le frère sympathique que celui qui paraît antipathique, puisque Jésus lui-même vient aimer en nos cœurs, puisque Jésus lui-même est aimé dans le cœur du frère. A plusieurs reprises, Van dit combien il lui est difficile de vivre cela et, souvent, il rappelle à Jésus que c'est lui qu'il aime dans le cœur du frère antipathique. Il demande aussi à Jésus de l'aimer à travers ce frère avec qui il ne fait plus qu'un.

Cependant il est bon d'avoir un ami à qui il est possible de tout confier dans le secret de l'intimité. Un ami qui écoute tout sans juger sachant se taire et conseiller. Van trouve la réponse dans la Règle et les Constitutions. Elles disent dans un premier temps que la charité oblige à aimer également tous les confrères. C'est-à-dire qu'elles obligent « tous les confrères à s'aider l'un l'autre à devenir des saints ». Cependant, explique Van au frère André,

« *notre vie religieuse est toujours exposée à la tempête. Tous nous avons à lutter contre nos passions, à livrer de nombreux combats, à endurer bien des épreuves. De plus, dans nos relations avec Dieu, c'est souvent les profondes ténèbres. Ces épreuves, personne ne peut les éviter, même pas les âmes qui cherchent Dieu avec ardeur ! Il est donc nécessaire d'avoir un ami comme nous, pour nous soutenir et nous guider dans les combats de la vie, comme aussi dans nos tristesses et nos peines, et nous aider à en connaître la cause.*

Notre sainte Règle est très claire sur ce point ; elle nous prescrit et nous oblige à avoir un ami. Qui est cet ami ?

André, mon cher Frère ! C'est le directeur spirituel de chacun d'entre nous. La constitution n° 350 prescrit : "Chaque religieux de la Congrégation doit nécessairement avoir un Directeur de conscience, mais il n'est permis de le choisir que parmi les Pères de la Congrégation" » *(ibid.).*

Là encore cette amitié qui lie le disciple au maître, le dirigé au directeur, n'est pas exclusive. Elle doit dilater le cœur en le rendant plus sensible au bien véritable de la communauté, de chaque frère. Pour cela

« *souvent, il est nécessaire d'échanger nos sentiments avec un ou plusieurs confrères, si nous savons que ces belles pensées leur seront utiles. C'est là aussi une manière de pratiquer la charité en partageant le bien commun avec la famille* » *(ibid.).*

Il y a aussi des pensées difficiles à assumer. Autrefois, accablé par les spectacles désolants de la cure de Huu Bang, il avait découvert que la meilleure façon de garder la pureté du cœur au milieu d'un monde où règne l'impureté était de garder la virginité comme les saints. Promesse qu'il fit aussitôt en se confiant à la sainte Vierge (aut 463). Cependant il reste un homme normalement constitué et marqué, comme tous les fils d'Adam, par le péché originel. Il y a quelque chose de rassurant à l'entendre se plaindre, auprès de son directeur, d'être troublé en son esprit et en son corps par la pensée de la femme. Ce n'est qu'après un rude effort qu'il acceptera sa condition bien humble d'homme :

« Mon Dieu, parce que tu m'as créé en me donnant un corps d'homme, il s'ensuit que, à certaines périodes, je pense naturellement aux femmes. Si tu m'avais créé femme, il est certain que mon cœur serait porté à penser aux hommes.

Quoiqu'il en soit, l'ombre d'une jeune fille rôde sans cesse dans ma pensée. J'entends comme une voix très douce à mon oreille, et chaque fois, je suis ému comme si j'aimais véritablement.

Je pense que c'est toi-même, Seigneur, qui permets ces choses, pour que mon amour devienne plus intime. Je pense également qu'il faut qu'il en soit ainsi, pour me faire connaître combien précieuse est la vertu de chasteté.

Mon Dieu, je te demande donc de ne jamais permettre que je perde la grâce que tu m'as donnée et conservée depuis le jour de mon baptême » (Carnet 2, 5 décembre 1951).

Dans ces lignes, témoignage d'un labeur purificateur et de combats intimes, Van exprime le grand secret du vœu de chasteté : celui du renoncement à un amour légitime et bon pour un amour plus grand encore. Il est bon, et même très bon de se marier et d'avoir des enfants, (Gn 1, 28). En faisant le sacrifice d'un amour légitime pour donner à Jésus toutes ses forces amoureuses, et par lui à son Père et notre Père, le consacré est témoin de l'Amour qui est en Dieu et il annonce le monde à venir « où on ne prend ni femme ni mari, mais on est comme des anges dans le ciel » (Mt 22, 30). La chasteté parfaite, expression de cet amour pour Dieu seul, dilate le cœur de celui qui la pratique, le transfigure et le conduit à aimer tout homme à la façon dont Dieu lui-même aime.

Le dégoût

Souvent, au cours de ses entretiens avec Jésus, dans ses correspondances, dans ses notes intimes, Van se plaint de dégoût, parfois il le dit extrême. Il est souvent lié à une tristesse, un état de souffrance, à l'absence apparente de Jésus. Il le connaîtra jusqu'à la fin de sa vie, s'efforçant de l'offrir avec joie à Jésus. Ce dégoût, au-delà d'une aridité du cœur, est vraiment un sentiment de répulsion.

Dès le début des *Colloques*, Jésus lui explique le sens de ce dégoût. Il est, d'une part, le prix à offrir pour goûter les délices que Jésus lui réserve pour plus tard, d'autre part il est un moyen pour Jésus, si Van lui offre cette épreuve, de donner de la joie à une âme plongée dans l'aridité (Cf. : col 3). Dès le mois d'octobre 1945, Jésus dit à Van qui veut « *travailler avec joie et amour pour* lui que le dégoût intérieur qu'il ressent est *une peine intérieure* ». Ecoutons-le :

« *Voulant accorder à un pécheur la grâce de se convertir facilement, je lui ai enlevé toutes ses hésitations, en te chargeant de souffrir à sa place. Si tu n'avais pas accepté, il aurait fallu encore beaucoup de temps avant que ce pécheur ne revienne à moi. Tout ce que je te demande pour me sauver des âmes, c'est que tu acceptes des petits sacrifices de ce genre* » (col 23).

Voilà donc que ces bouffées de dégoût, acceptées et offertes dans l'amour, vont permettre à des âmes de goûter la joie d'être avec Jésus. Voilà une magnifique illustration de la communion des saints. Van est aussi appelé à partager la tristesse éprouvée par Jésus voyant l'humanité engluée dans le péché et refusant son amour. Un jour, au cours d'une vision, il entend Jésus lui dire : « *Toutes mes tristesses, je te les donne* ». *Et*, continue Van, « *je sentis comme un poids pesant sur ma poitrine, mais cela ne dura qu'un instant* » (col 162). Ce poids, cette tristesse, ce dégoût, cette souffrance sont autant de formes de compassion avec le divin Rédempteur que Van est appelé à vivre. Il est ainsi conduit à devenir un « petit rédempteur » en exerçant son sacerdoce royal de baptisé, lui le laïc à l'âme de prêtre[6]. C'est aussi un chemin de purification que le Seigneur fait suivre à certaines âmes choisies.

Bientôt Jésus va annoncer à Van que cette épreuve va devenir plus grande encore. Il éprouvera un tel dégoût au moment de la communion qu'il en aura du mal à avaler l'hostie (col 208), puis le seul fait d'entendre les noms de Jésus, Marie et des saints, suffiront à lui faire répandre des larmes. Alors, le tourment sera tel que Van en viendra à souhaiter n'avoir jamais connu ces noms. Le plus terrible sera de n'avoir aucune possibilité de partager ce tourment intérieur.

Bien souvent, avec toute la générosité de son cœur, Van s'efforcera de « cacher » son dégoût à Jésus. Certes il n'est pas possible de dissimuler quelque chose à Jésus qui aime tant entendre une âme lui parler de son intimité, mais il est possible de conserver le sourire avec Jésus afin de lui faire plaisir, sans se plaindre à chaque instant. Van se conduit avec Jésus

---

6. « *Petit frère, tout en n'étant pas prêtre, tu as quand même une âme de prêtre, tu mènes une vie de prêtre et les désirs d'apostolat que tu te proposais de réaliser dans l'état sacerdotal, tu les réaliseras tout comme si tu étais réellement prêtre.(...) Et si {Dieu} veut que tu ne sois pas prêtre, c'est pour t'introduire dans une vie cachée où tu seras apôtre par le sacrifice et la prière, comme je l'ai été autrefois* » (aut 650-652).

comme avec un ami très cher que l'on ne veut pas attrister davantage en se plaignant du fardeau qu'il a donné à porter. Fardeau lourd, très lourd mais proportionné aux forces de celui qui le reçoit, ainsi que Thérèse l'explique :

« *Jésus, en t'envoyant la souffrance te donnera certainement la force de l'accepter de bon cœur et avec joie. Regarde-moi, petit frère. Autrefois, j'ai souffert comme toi, même, mes souffrances ont duré plus longtemps que les tiennes ; pourtant, j'ai pu passer à travers, car la souffrance n'étant pas notre œuvre mais celle de Jésus, c'est lui-même qui doit se charger de tout...* » (col 214). Alors Van demande à Marie de l'aider à cacher son dégoût. Et, dans l'obscurité de la foi, il continue à croire *fermement que Jésus s'occupe de* lui. Un jour de ténèbres profondes il ira jusqu'à crier sa souffrance en implorant « *Jésus, Marie, faites que j'aime le nom que je considère en ce moment comme n'existant pas* » (ecr 225).

Le démon lui-même viendra décourager Van ainsi qu'il le confie à son directeur spirituel dans une lettre du 22 septembre 1951 :

« *Ces derniers jours, mon âme est envahie d'une tristesse extrême. Je ressens un tel dégoût, une telle souffrance que je voudrais m'évanouir et même en mourir. Voilà que le démon m'a posé cette froide question : "Qui l'emportera ?" et il a ajouté : "Après cela, est-ce que tu penses encore à Jésus pour l'aimer ?". Il se moquait de moi tout en me menaçant. Hélas ! Personne ne répondait pour moi. J'avais le cœur comme déchiré !... Mais je gardais cette ferme confiance que jamais Jésus ne permettra que je sois victime de la ruse du démon* ».

À la fin de la même lettre, faisant part des menaces de renvoi faites par le supérieur du monastère de Saigon où il réside, il ajoute :

« *Depuis le jour où le supérieur m'a fait ces menaces, quand j'y pense et en suis affligé, infailliblement, le démon vient me dire : « Petit frère, pourquoi te sacrifier inutilement ? Tôt ou tard tu seras chassé, et le mérite de tes efforts ne sera plus pour toi que pure ironie ». Sans même daigner lui répondre, je me tourne vers le crucifix pour dire à Jésus : "Jésus, je ne vis que pour aujourd'hui, et je me sacrifie pour toi. Et à supposer que demain les supérieurs me chassent de la Congrégation,... il me suffit de savoir que je demeure dans ta volonté". Le démon me laisse la paix un instant, puis il revient à la charge avec plus d'insistance, bien décidé de me faire perdre courage. Il me fait voir les sacrifices, pour me jeter dans le dégoût. Parfois je tremble de tous mes membres et je deviens comme sans connaissance, me figurant que j'ai été déjà chassé de la congrégation. Je suis terrifié, et si je n'étais pas soutenu par la force divine, je me serais déjà découragé.* »

A chaque instant de sa vie Van se tourne vers Jésus afin de trouver du réconfort. Parfois, il sent la présence de Jésus toute proche, d'autres fois, il doit se contenter de l'obscurité de la foi fort de cette parole que Thérèse lui a dite un jour : *« si tu es faible, le petit Jésus se tient constamment près de toi »* (col 614). Tout l'enseignement de Jésus et de Thérèse a affermi en Van la persévérance dans l'amour, à travers et par une route semée de dégoût et d'épreuves permis par Dieu qui sont comme autant d'appels à poser des actes d'amour.

La persévérance

Une des grandes épreuves du novice a été la crainte de ne pas pouvoir rester dans la Congrégation. Sa petite taille, son jeune âge et sa faiblesse physique parlaient en sa défaveur et les confrères n'ont pas manqué de le lui faire remarquer. Il faudra toute la délicatesse de Thérèse pour apaiser dans le cœur de Van les remous provoqués par ces remarques désobligeantes. La persévérance est une vertu chère à saint Alphonse de Liguori, fondateur de la congrégation du Très Saint Rédempteur. À l'époque des débuts de l'institut, la tempête le secoue, les premiers disciples partent, Alphonse se retrouve seul. Il fera alors vœu de persévérer dans cet institut et l'exigera, au moment de la profession perpétuelle de ses fils. « Par ce vœu, ils s'obligeront à vivre jusqu'à la mort dans la Congrégation » (Règle, deuxième partie, chapitre 1, §4).

Pour persévérer, il ne suffit pas de rester physiquement dans la Congrégation, il faut aussi en vivre l'esprit et les observances avec amour. Dans un petit carnet (Carnet 4), plein d'humour, Van a noté des réflexions entendues ici et là. Il s'est amusé à les commenter, non pour faire la leçon à l'un ou l'autre, mais pour en tirer profit pour sa propre conduite. La suivante est riche d'enseignement.

« Oh ! à quoi bon me montrer la Règle ? J'ai fait les vœux depuis plus de dix ans, et tous les jours j'ai la règle entre les mains ; quelle compétence avez-vous pour vouloir m'en imposer ?

Alors, interroge-toi pour voir, et pose-toi cette question : la règle que tu as habituellement entre les mains, est-ce vraiment la Règle approuvée par le Saint Siège ? N'est-ce pas plutôt une règle que tu as élaborée spécialement pour toi ? Et dans cette règle, on parle de quoi ? Y est-il question d'obéissance et de renoncement à la volonté propre ?

Pourquoi es-tu entré dans la Congrégation ? Puis, le regard fixé sur la Croix, réponds d'une voix sincère et ferme, comme le Divin Rédempteur :

Pour obéir...jusqu'à la mort...
Et mourir du genre de mort
Que Dieu voudra. »

Une telle obéissance ne peut s'accomplir que dans et par l'amour, elle en est l'extrême : « il n'y a pas de plus grand amour que de donner sa vie pour ses amis » (Jn 15, 13). Exhortant sa petite sœur à vivre de cet amour auquel il s'est totalement donné, Van lui en donne une belle explication.

« ***Aimer vraiment****, c'est aimer d'un amour ardent et fort.*

Un amour ardent*, cela veut dire un amour intime, solide, qui dure toujours, un amour qu'il est impossible de laisser tomber.*

Un amour fort*, cela veut dire un amour qui ne s'appuie pas sur le sentiment, mais un amour qui vit par lui-même, tout comme on aime par pur amour, et non parce qu'on éprouve de la joie à aimer, quitte ensuite à tout abandonner dans la tristesse. En conséquence, qu'on soit joyeux ou triste, malgré l'éloignement, à la vie à la mort... on persévère toujours dans l'amour* » (lettre à Tê du 16 septembre 1950).

Ce beau conseil peut-être résumé par la pensée de saint Augustin chère à Van : « *Dilige et quod vis fac*[7] ». *Dilige*, c'est-à-dire aime d'un amour de dilection ; aime avec l'intention d'arriver jusqu'à Dieu qui est la perfection absolue (Cf. : aut 563) ; et fais ce que te dicte cet amour. C'est ce que Van s'est efforcé de faire depuis le jour où il en a eu l'intuition.

« Aime et fais ce que tu veux. » Le secret de Van ?

---

7. SAINT AUGUSTIN, *Commentaire de la première épître de saint Jean.*

Van, enfant martyr,
missionnaire de la Joie

Père Bruno-Marie SIMON o.p. *
Docteur en Théologie

Van est-il l'apôtre des enfants ? Tous ceux qui le connaissent sont tentés de répondre oui. Tout d'abord parce que Jésus lui a fait des confidences sur son amour pour les tout-petits. Et, parmi ceux-ci, pour ceux qui meurent sans recevoir le baptême, ce qui nous bouleverse tout particulièrement aujourd'hui où tant d'enfants meurent avant même de naître. Et puis surtout, parce que Van est le petit frère de Thérèse : il a marché à sa suite et à son exemple sur le chemin de l'enfance spirituelle au point de lire dans *Histoire d'une âme* l'histoire de sa propre vie. Dès sa première communion il accueille Jésus sous la forme d'un petit enfant afin de pouvoir Lui manifester tout naturellement son amour. Ainsi la cause est-elle entendue : Van est l'apôtre des enfants. Mais de quels enfants s'agit-il ?

Quand on découvre les souffrances endurées dès son plus jeune âge, on reste effaré de ce que Van a subi. Il est envoyé chez sa tante à l'âge de quatre ans et reste deux ans loin de sa famille : ce qui l'atteint profondément étant donné son extrême sensibilité et son besoin dévorant d'affection. De retour, il ne supporte pas la violence et l'agressivité des maîtres au point de dépérir et doit quitter l'école qu'il compare à un camp de concentration. À cette époque, il perd un petit frère âgé de quelques mois seulement. Van l'aurait volontiers suivi pour aller au Ciel, mais comme il le pressent :

---

* Il a été professeur de Théologie au Studium Théologique dominicain de Bologne et à l'Université Pontificale Saint Thomas d'Aquin de Rome ; auteur de nombreux articles.

« Jésus voulait que j'endure encore beaucoup de souffrances en ce monde. L'épreuve présente n'était qu'une première bourrasque, présage des tempêtes à venir. Il voulait se servir de mon corps pour endurer la souffrance, la honte et l'épuisement, afin que la flamme de l'Amour qui dévore son divin Cœur puisse se répandre dans le cœur de tous les hommes sur la terre » (aut 116).

Les épreuves scolaires ne sont qu'un prélude. C'est surtout à l'âge de sept ans que Van bascule dans le monde de l'horreur au point de devenir un réel enfant martyr. En effet, dans la cure de Huu-Bang tenue par l'abbé Joseph Nha et où il avait décidé d'aller pour devenir un jour prêtre de Jésus-Christ, des catéchistes pervertis tentèrent de le violer. Il résista de toutes ses forces malgré la menace d'être enterré vivant. Plus encore, on lui défendit de communier et on lui posa des questions embarrassantes en lui reprochant son audace et sa témérité de communier tous les jours. Il se réfugia alors dans la récitation du chapelet, mais le maître le lui arrache et le fouette jusqu'au sang. Privé de l'eucharistie, il en tombe malade de tristesse. Et pendant tout ce temps, l'abbé Nha, préoccupé d'abord par des questions financières, laisse faire. Van doit vivre ainsi dans une atmosphère de violence physique et surtout spirituelle, de dureté, de mensonge et de perversité ; réduit à l'état d'esclave il appartient à cette immense masse d'enfants écrasés par la cruauté des hommes.

Arrivé au bout de ses forces, il s'enfuit. Mais à peine arrivé chez lui, il plonge dans une souffrance inattendue et encore plus terrible : ses parents le rejettent et l'accusent d'être un menteur, coupable de cet échec. Renvoyé à la cure par sa mère qui a entrevu ses peines mais n'ose pas penser que la cure de l'abbé Nha est aussi pervertie que Van le raconte, il doit s'enfuir de nouveau et tombe dans la mendicité. Réduit à vivre dans la rue pendant plusieurs semaines, il évite de justesse de tomber entre les mains d'un trafiquant d'enfants. Rentré chez lui, toute sa famille le rejette, sa mère le traite comme s'il n'était plus son enfant et le livre à la colère de son père, esclave du jeu et de la boisson : *« Frappe-le jusqu'à l'écorcher »*, lui dit-elle (aut 415).

Au milieu de ses souffrances, il n'a pas d'autre recours que la prière et la Vierge Marie, laquelle est, selon ses mots, « le lieu de son espérance ». C'est à cette époque que le prêtre de sa paroisse lui dit en confession peu de temps avant la fête de Noël 1940 : *« Accepte toutes ces épreuves et offre-les au Seigneur. Si Dieu t'a envoyé la croix, c'est le signe qu'il t'a choisi »* (aut 435).

Oui, la vie de Van a été très tôt sous le signe de la Croix et il en comprendra tout le sens à la messe de minuit qui est l'écho dans sa vie de celle qu'a connue Thérèse en 1886 :

« *Dans mon cœur, il faisait sombre et froid... Jésus seul était tout mon espoir... L'heure tant désirée arrive... J'étreins Jésus présent dans mon cœur. Une joie immense me saisit ; je suis hors de moi : j'ai trouvé le plus précieux trésor de ma vie... En un instant, mon âme fut transformée. Je n'avais plus peur de la souffrance. Dieu me confiait une mission : celle de changer la souffrance en bonheur... Je n'avais pas à la supprimer, mais à la changer en bonheur... Pour Noël, j'avais reçu le cadeau de l'amour* » (aut 438-439).

À partir de cet instant, il court vers la souffrance sur un chemin parsemé de croix qui, après l'avoir fait retourner à Huu-Bang, le conduira, de déboires en échecs, à mourir sous les coups de la violence humaine, le 10 juillet 1959, dans un camp de rééducation, brûlé par un bonheur indestructible...

Comment ne pas avoir le vertige devant de telles souffrances ? Peut-on prêcher une telle soif de souffrir ? Est-il raisonnable de donner en exemple une enfance aussi torturée ? Ne risque-t-on pas d'apeurer les plus faibles, ou bien pire ! d'encourager chez les plus forts et les plus inconscients des illusions reconnues par les auteurs spirituels comme terriblement dangereuses ? Voilà la question que pose la vie douloureuse de Van et qui remet en cause le titre d'apôtre des enfants qu'on risque de lui donner, peut-être trop vite, sinon sans en mesurer le prix.

Cette difficulté devient encore plus impressionnante, et tout particulièrement celle de l'illusion qui nous fait croire être au niveau de Van, quand on mesure la profondeur de sa confiance en Dieu et la fidélité inébranlable avec lesquelles il a vécu toutes ces épreuves.

Cette confiance et cette fidélité sont d'autant plus frappantes que Van a un caractère violent : il est bagarreur au point de constituer un groupe de résistance dans la cure de Huu-Bang prêt à tuer, comme il l'avoue à son directeur de conscience chez les rédemptoristes, le Père Boucher. Avant sa grâce de Noël, Van n'hésitera pas à se révolter avec colère contre ses tortionnaires, à se moquer d'eux. Mais jamais il ne se durcira. Et c'est pour cela qu'il restera toujours d'une sensibilité extraordinaire et d'une fragilité inouïe face aux souffrances que beaucoup de ses compagnons ont bien mieux « supportées » que lui. Van ne s'est jamais blindé. Il est, dès le début, au niveau de faiblesse absolue inhérente à la voie d'enfance.

Comme Thérèse pendant son étrange maladie, il se laisse persécuter par le mal et atteindre par le démon. Il ne s'en sort pas à coup de courage, d'amour, de vertu ou de rêve. Il ne connaît pas cet orgueil subtil qui nous permet de supporter si souvent l'insupportable et qui donne aux damnés la force d'encaisser l'enfer plutôt que de se convertir. Il coule à pic à chaque fois. Et seule la soif dévorante du Ciel et de l'Eucharistie l'empêche de tomber dans la folie ou de mourir sous le poids du mal et de la violence qui s'acharne contre lui. Cette faiblesse est acceptée avec confiance à un niveau de profondeur qui ne l'empêche pas d'avoir un sale caractère et une violence que la grâce de Noël va faire disparaître de plus en plus.

Et cette confiance se manifeste encore plus, toujours à Huu-Bang, lorsqu'il subit une vraie persécution, démoniaque, au sujet de l'eucharistie : on lui défend de communier tous les jours en lui reprochant sa témérité au point de le troubler, de l'éloigner de l'eucharistie et de le plonger dans une tristesse étrange qui provoque en lui de violents accès de fièvre, jusqu'au délire. Dans un tribunal semblable à celui qui a persécuté Jeanne d'Arc, on l'abreuve de questions qui l'oppressent : s'imagine-t-il être un saint pour oser communier si souvent ? Pour communier, les saints ne se préparaient-ils pas par de longs jeûnes et très longtemps à l'avance ? C'est le jansénisme cruel des catéchistes, et derrière lui, le démon qui persécutent Van, l'attaquant sur ce qu'il a de plus précieux et dont il ne peut pas se passer pour vivre. L'impact est si fort que certains ont pensé que Van se laissait entraîner lui aussi dans cette vision janséniste au point de douter de la bonté de Dieu, d'avoir peur de Lui. En réalité, aucune dureté n'apparaît dans son attitude.

Certes, il est troublé, écrasé par la perfidie de l'accusation, à laquelle il ne sait pas répondre au point de ne plus oser communier. Mais il ne cesse de se réfugier auprès de la Vierge Marie qui incarne le visage maternel de Dieu. Ce qu'il ne pourrait absolument pas faire s'il n'avait pas, au fond de lui, totalement confiance en Dieu. Et s'il plonge dans une étrange tristesse, c'est qu'il ne peut pas se passer de la communion, son âme en a besoin pour vivre et ne pas sombrer. Une telle soif est d'ailleurs tout à fait extraordinaire, Thérèse ne l'a pas connue aussi vite que lui ! Comme il le dit lui-même, c'est grâce à la récitation du chapelet que Marie vient à son secours, forçant le démon à le craindre, si bien qu'il n'a jamais réussi à le vaincre. Si le démon ne l'a pas vaincu, cela signifie clairement qu'il ne s'est pas endurci. Bien au contraire, il écrit :

« Si, chaque matin, je n'osais pas aller à la Table sainte pour recevoir le Pain des Anges, ma soif amoureuse de Dieu suffisait pour l'attirer en moi d'une façon secrète et mystérieuse. Bien que personne n'ait vu la chose des yeux de la chair, mon cœur cependant a ressenti sa présence d'une façon claire et savoureuse » (aut 153).

Comme l'enseigne la théologie, le désir dévorant du sacrement lui en obtient la grâce : il reçoit dans son âme le Christ qu'il ne cesse de désirer de toutes ses forces, même s'il n'ose pas s'approcher de la Table Sainte à cause de la pression démoniaque qui lui cache ce que son cœur sait et reçoit : « *Jésus au très saint Sacrement était mon unique ami, jamais mon cœur aimant ne s'éloignait de lui... Je ne savais que m'offrir à Jésus, moi son petit ami ; je ne pouvais que lui exprimer mes sentiments par un regard d'amour chargé d'un ardent désir... J'avais un tel désir de m'unir à Jésus que j'éclatais en sanglots, ne comprenant pas pourquoi on me disait toujours que je n'étais pas digne et que Jésus n'était pas content. Oh ! à cette heure-là, Jésus était le seul capable de me bien comprendre* » (aut 173).

La confiance de Van se joue à un niveau de profondeur spirituelle et psychologique extraordinaire. Elle peut très bien coexister avec des défauts, même de gros, qui demandent certes à être purifiés, mais qui n'empêchent pas de marcher dans la voie d'enfance. Thérèse dira à Van qu'il n'a jamais fait de peine à Dieu et que, dans toutes ses souffrances à Huu-Bang, il n'a pas cessé d'avoir parfaitement confiance en Lui.

Cette confiance est inséparable d'une faiblesse extrême semblable à celle du Christ s'écriant, sans colère ni le moindre doute : « Père, si tu le veux, éloigne de moi cette coupe ! » C'est à cette faiblesse pleinement acceptée, et à elle seule, que la tendresse de Dieu répond en l'embrasant de son amour et en la transformant en une joie qui n'est plus de ce monde. C'est cette mystérieuse transfiguration de la douleur en joie que Van goûte la nuit de Noël en lui donnant un immense désir d'épouser la souffrance et de courir vers elle. Une telle joie n'est pas le fruit de nos efforts, fussent-ils les plus purs, mais du Père qui s'attendrit, touché par notre faiblesse comme Il a été bouleversé de toute éternité par celle du Christ.

Seuls les vrais enfants, justement parce que faibles et rigoureusement incapables de tricher avec cette faiblesse, peuvent la recevoir. N'ayant pas la force de s'en sortir par eux-mêmes, et ne cherchant surtout pas à l'avoir, ils entrent alors totalement dans le mystère de la Passion dont les premiers chrétiens nous disent qu'elle est « source de béatitude et de joie », « plénitude de tous les biens ». Thérèse dira, au moment le plus douloureux de son agonie : « Mon âme malgré ses ténèbres est dans une paix étonnante ». Peu de temps avant, elle insistait auprès de Mère Agnès troublée par tant de souffrances : « Il faudra dire que c'est au fond de mon âme la joie et les transports ». C'est cette joie que ses sœurs ont pu contempler sur son visage resplendissant de gloire à l'heure de sa mort. Pendant toute son agonie, elle est dans une souffrance « heureuse et douloureuse », comme l'affirme sainte Catherine de Sienne de l'âme intimement unie aux sentiments du Christ crucifié. Car en effet, sur la Croix la souffrance devient, dans les mains du Père, glorieuse. C'est cette gloire que le Bon Larron et le Centurion romain ont su voir, eux qui n'avaient vu aucun des prodiges accomplis par le Christ et qui, pourtant, ont reconnu dans ce visage « sans beauté ni éclat » le Visage éternel du Fils de Dieu. La fascination des saints pour la Croix ne peut s'expliquer que par cette présence de la joie divine dans la souffrance du crucifié. Sans elle, cette fascination serait malsaine, et bien des psychiatres n'ont pas manqué de le penser en ne voyant chez les martyrs qu'un masochisme caché ! Rien d'humain, ni de spirituel, ne peut expliquer un tel mystère. Et seuls les enfants auxquels le Père a révélé les mystères du Royaume peuvent y entrer car ils n'ont pas d'autre salut que la tendresse de Dieu. C'est ce que Van n'a cessé de vivre depuis son plus jeune âge pour le goûter la nuit de Noël : ce qui transforme la souffrance en joie, c'est seulement la douceur indicible de Dieu pour les plus faibles, et rien d'autre…

Oui, Van est bien l'apôtre des enfants, mais de ces enfants dont saint Pierre ne faisait pas partie quand, à l'annonce de la passion, il jurait avec force : « Je donnerai ma vie pour toi ! ». « Ce pauvre saint Pierre, dira Thérèse, il s'appuyait sur lui-même au lieu de s'appuyer uniquement sur la force du bon Dieu… Je suis bien sûre que si saint Pierre avait dit humblement à Jésus : « Accordez-moi je vous en prie, la force de vous suivre jusqu'à la mort, il l'aurait eue aussitôt ». Mais voilà ! Saint Pierre ne l'a pas dit. Et il ne pouvait pas le dire, parce qu'il était aveuglé par l'orgueil, par cet orgueil spirituel qui se cache dans sa générosité à donner sa vie pour Jésus et l'éloigne ainsi de la voie d'enfance.

Alors, ne nous mettons pas trop vite parmi ces enfants dont Van est l'apôtre ! Nous risquerions de méconnaître l'extraordinaire douceur qui l'habite et qui pénétrera enfin dans notre cœur le jour où, comme saint Pierre s'écroulant en larmes au pied de Jésus, nous accepterons de découvrir que nous faisons partie des sages et des intelligents auxquels le Père cache les secrets du Royaume parce qu'ils ont le cœur dur…

L'apôtre caché de l'Amour

Frère SILOUANE*
Diacre et Membre de la Communauté des Béatitudes,
de nationalité gabonaise

La vie et le témoignage très riche du serviteur de Dieu Marcel Van mettent en lumière une des dimensions importantes de l'existence chrétienne, à savoir : *l'onction prophétique de la grâce baptismale.* En effet, comme nous allons le voir, on retrouve chez Van un désir de conformation totale au Christ, celui que « le Père a oint d'Esprit Saint » (Ac 10, 38). Cette aspiration sera tout d'abord celle de son identification avec le Christ prêtre mais, nous savons que le divin dessein de la providence sur sa vie le conduira par une obéissance semblable à celle de son Maître à une autre forme de *sequela Christi* : à travers son apostolat, sa confession de foi dans l'épreuve de la persécution et de la prison, jusqu'à son martyr d'amour dans le camp de rééducation de Mochen (Nord Vietnam). Ce qui est caractéristique de son témoignage de sainteté c'est, avant tout, cette existence « *christoconformée* ». Cette perspective nous fait retrouver une unité harmonieuse entre l'être et le témoignage (la foi et l'agir), ce que nous appellerons la vérification *hagio-logique* : de la coordination entre le *théologal* et le *théologique.* En effet, comme le dit Siméon le Nouveau théologien : « toute la louange et la béatitude des saints consiste en ces deux choses : foi orthodoxe et vie louable d'une part, don du Saint Esprit et de ses faveurs de l'autre »[1]. Ce sera la notion théologique du *sensus fidelium* qui nous permettra de mettre en valeur cette existence chrétienne

---

* Auteur de *L'Evangile selon saint Mathieu*, Pneumatèque, 1999.

1. SIMÉON LE NOUVEAU THÉOLOGIEN, *Catéchèses. t. II,* SC 6-22, X, 49-50. Siméon précise en outre que : « De ces deux [indicateurs de la sainteté chrétienne], s'ensuit la troisième : du fait que quelqu'un vit bien, en ami de Dieu, avec une pensée orthodoxe, et du fait que Dieu le gratifie et le glorifie par le don de l'Esprit, s'ensuit pour lui la louange et béatitude de la part de toute l'Eglise des fidèles et de la part de tous ses Docteurs » (*ibid*, X, 51-57).

de sainteté, en tant qu'elle est une participation à la fonction prophétique du Christ. L'existence chrétienne en devenant ainsi christoconformée peut dire Dieu et, devenir une prophétie : une parole de Dieu. La canonisation du témoignage des saints (vie, paroles et écrits) souligne aussi le caractère doctrinal de cette explicitation vécue de la Révélation divine. On retrouve une des plus belles systématisations de cette unité harmonieuse (*hagio-logique*) dans ce que les théologiens appellent communément : *la théologie des saints* (ou encore, la théologie de la sainteté chrétienne)[2]. Dans cet

2. Hans Urs VON BALTHASAR, « Unité de la théologie et de la spiritualité », cit. in, *Retour au centre*, Ed. Desclée de Brouwer, Paris, 1998, pp. 31-57. Ajoutons en outre ce qu'il dit ailleurs plus explicitement, dans son livre consacré à Thérèse de Lisieux. On lit en effet qu'« A l'époque moderne, la théologie et la sainteté, pour le grand dommage de l'une et de l'autre, se sont développées en divergeant. Dans de rares cas seulement, les saints sont encore des théologiens ; c'est pourquoi les théologiens ne tiennent plus compte d'eux ; on les range, avec leurs opinions, dans une sorte d'aile latérale appelée la "spiritualité', ou dans le meilleur cas, "la théologie spirituelle". L'hagiographie moderne a pour sa part contribué à ce divorce, en présentant les saints, leur vie et leur action, presque uniquement sous des catégories historiques et psychologiques, et en étant plus que rarement conscient d'avoir aussi et surtout une tâche théologique. Mais cette tâche requiert une méthode appropriée : plus qu'une description biographique et psychologique faite du point de vue d'ici-bas, elle doit être une sorte de *phénoménologie surnaturelle* des grandes missions, à partir d'en haut » (cit. *In*, H. U. VON BALTHASAR, *Thérèse de Lisieux. Histoire d'une mission*, Apostolat des Editions, Paris, 1972, p. 18). C'est entre autres la thèse que soutient François-Marie LETHEL, *Connaître l'amour du Christ qui surpasse toute connaissance. La théologie des saints*, Ed. du Carmel, Venasque, 1989. On a parlé à la suite de Thérèse de Lisieux de la sainteté comme d'un nouveau *lieu théologique*, c'est ce qu'elle appelait : « la science d'amour » (*in*, *Histoire d'une âme*, Ms B, 1 r°). En d'autres termes cette « science d'amour » est ce que des théologiens tels que Hans Urs von Balthasar ou François Marie Léthel ont appelé : « La théologie des saints ». Une théologie spirituelle qui manifeste les vérités de la foi, ne procédant pas par raisonnement argumentatif et spéculatif, mais plutôt comme une relecture testimoniale de la vie chrétienne, en tant que vie théologale. Voilà pourquoi on peut dire que chez les saints le *théologal* et le *théologique* sont inséparables. François-Marie Léthel dit pour sa part que : « Tous les saints sont théologiens, seuls les saints sont théologiens » (F-M Léthel, *ibid*, p. 3). Balthasar dans une approche analogue dit aussi que : « les saints sont théologiens par toute leur vie et leur mission. Aussi la théologie a-t-elle tout intérêt à se mettre à l'écoute et à l'école des saints ». Le père Balthasar parle de la « dogmatique expérimentale » des saints [...] « nous devons dire que la théologie risque de demeurer stérile sans la vérification existentielle par les saints » (H. U. VON BALTHASAR, *ibid*). Cette « dogmatique expérimentale », c'est-à-dire un enseignement *normatif* (exemplaire), est proprement une manière existentielle d'expliciter l'Evangile, la théologie chrétienne a besoin de cette cohérence et de cette unité *hagio-logique* à travers l'expérience théologale et théologique de la sainteté. Il faut donc se rendre à l'évidence d'une polysémie quand on parle de théologie chrétienne.

appel que le Seigneur adressa à Marcel Van, à devenir *l'apôtre caché de l'Amour,* se trouve mise en lumière cette participation à la fonction prophétique du Christ. Par la présente étude, nous voulons tout d'abord tenter une approche phénoménologique à travers la saisie de l'expérience spirituelle de Marcel Van ; puis, en dégager sa portée théologique, en ce qui concerne la dimension prophétique de la sainteté. Signalons en outre, comme le fait remarquer à sa manière Rino Fisichella, qu'« on semble déceler, parfois, une certaine peur des prophètes. Le monde ne veut pas d'eux, l'Église les réclame, mais seulement après leur mort »[3]. Nous avons besoin du signe prophétique de la sainteté pour découvrir la vérité salvifique qui est cachée dans le mystère du Christ. Il nous faudra répondre à cette question : « *quelle est la forme d'identification au Christ-Prophète qui nous est révélée dans la vie et le témoignage spirituel de Marcel Van* » ?

Notre exposé sera donc bipartite et abordera les deux accents suivants : 1. Approche testimoniale et interprétative de la dimension prophétique de la sainteté dans l'expérience spirituelle de Marcel Van ; 2. Ressaisissement théologique et systématique de l'approche testimoniale.

APPROCHE TESTIMONIALE ET INTERPRÉTATIVE DE LA DIMENSION PROPHÉTIQUE DE LA SAINTETÉ DANS L'EXPÉRIENCE SPIRITUELLE DE MARCEL VAN

On raconte que dans un pays d'Islam en Afrique du Nord, un moine thaumaturge qui était un grand prophète avait été emprisonné parce qu'il attirait de grandes foules vers son monastère. Cet homme de Dieu avait consacré sa vie pour le salut de son peuple. Il était ce qu'on peut simplement appeler un saint ! Le saint est donc une prophétie, c'est-à-dire une parole de Dieu, parole vivante adressée à l'Église et au monde. En effet, même quand le moine était enfermé dans son cachot, les malades et les possédés venaient seulement toucher les murs de la prison, en se confiant à la prière du moine qu'ils ne pouvaient plus voir ou entendre, ils étaient libérés et guéris. Ce récit nous montre combien la sainteté est à la fois apostolique et prophétique. Le saint en étant totalement livré au projet

3. Rino Fisichella, « Prophétie », art. cit, *in Dictionnaire de théologie fondamentale (DTF)*, Cerf, Paris, 1992, p. 986, col. 2.

du Seigneur sur sa vie, témoigne de l'amour victorieux de Dieu capable de se manifester à travers les êtres fragiles que sont les baptisés. Selon les paroles mêmes de Jésus, la sainteté est dans la vie des baptisés, comme la lampe sur le lampadaire : « Vous êtes la lumière du monde. Une ville ne se peut cacher, qui est sise au sommet d'un mont. Et l'on n'allume pas une lampe pour la mettre sous le boisseau, mais bien sur le lampadaire, où elle brille pour tous ceux qui sont dans la maison. Ainsi votre lumière doit-elle briller devant les hommes afin qu'ils voient vos bonnes œuvres et glorifient votre Père qui est dans les cieux » (Mt 5, 14-16). Même le saint le plus caché est une lumière qui brille et qui éclaire ; cette Lumière est le Christ lui-même vivant en lui (Jn 8, 12), car tous les saints peuvent dire comme Paul : « ce n'est plus moi qui vis, mais le Christ qui vit en moi. Ma vie présente dans la chair, je la vis dans la foi au Fils de Dieu qui m'a aimé et s'est livré pour moi » (Ga 2, 20). Il y a donc dans la sainteté un déploiement de l'onction prophétique de la vie baptismale, qui est aussi manifestation de notre existence comme membre du corps du Christ.

Il n'y a pas de sainteté vraiment cachée. Même si leur sainteté reste dissimulée à leurs yeux ou aux yeux des hommes, les saints manifestent, malgré eux, la gloire de Dieu et la gloire de sa Sainteté. De nombreux exemples pourraient être cités... Ne dit-on pas que la plus grande sainte des temps modernes, pour ne parler que d'elle, est une petite carmélite de Normandie ? Paradoxalement, bien qu'elle ait une vocation de contemplative et de cloîtrée, la Petite Thérèse voulait être apôtre et missionnaire. Le rayonnement spirituel de l'histoire de son âme en a fait un grand apôtre, jusque dans les coins les plus reculés de la terre : au Vietnam où elle adopta Van comme son petit frère, et même dans d'autres milieux religieux tels que l'Islam. Sa proclamation récente comme Docteur de l'Église en fait l'une des saintes les plus populaires de notre siècle. Celle qui est restée cachée au Carmel de Lisieux dans une vie simple faite de joies, de sacrifices et d'offrande, comment a-t-elle pu être proclamée patronne universelle des missions à l'égal de saint François-Xavier ? C'est que sa vie était une prophétie : une parole de Dieu, pour l'Église et le monde. Une parole qui évangélise encore aujourd'hui, à l'image de la Parole des Écritures. C'est à son école en effet, que Van a appris la petite voie de la sainteté, une sainteté accessible à tous. D'ailleurs, Jésus dans un colloque intérieur la présentera à Van comme étant : « *l'Apôtre universelle des autres apôtres de son Amour* » (col 388). C'est elle qui lui avait annoncé en novembre 1942, alors qu'il avait quatorze ans, qu'il ne serait pas prêtre mais que, cependant, il serait témoin du Christ par toute sa vie, il serait : « *l'apôtre caché de son Amour* » (col 388). Ce sera donc à l'école de la Petite Thérèse que son petit frère Van deviendra aussi ce petit missionnaire de la Charité ardente du Christ. Il nous faut donc essayer de voir à présent en quoi a consisté cet apostolat, quel chemin de sainteté il révèle et, qui en sont les élus.

Une histoire de parfum

Quand l'Amour exhale son parfum, et que ce parfum communique Dieu lui-même, alors on peut dire que ce parfum devient un témoignage qui nous parle de Dieu. Les Actes des apôtres rapportent que l'ombre de l'apôtre Pierre guérissait les malades et libérait les possédés (Ac 5, 15). Un tel rayonnement est sans aucun doute une manifestation de la présence divine. Que dire alors de la sainteté : est-ce une réalisation, un autoperfectionnement de soi ou bien, une manifestation de la puissance de Dieu ? Dans la vie de Van comme dans celle de tous les saints, tout prête à dire que la sainteté ne procède pas du « faire », mais de « l'être », c'est-à-dire d'un être transformé *in Christo* : un être christifié. Tous les saints ont été confrontés jusqu'à la fin de leur vie aux limites de leur nature. Mais la sainteté n'est pas naturelle, elle est surnaturelle en tant que participation à la sainteté de Dieu lui-même. Marcel Van a toujours voulu être caché comme une petite fleur et, en même temps une petite fleur qui exhale un parfum divin, qui manifeste l'amour de Dieu. Il nous faut dire que Van, dans un grand souci de conformation à l'humilité de son Seigneur, n'a jamais voulu être un intermédiaire entre Dieu et les âmes. Cependant, lorsque son directeur spirituel, le Père Boucher, lui demanda d'écrire l'histoire de sa vie en vue de témoigner de l'amour de Dieu aux petites âmes, il l'accepta comme étant la volonté divine. A cet effet d'ailleurs, il écrivait dans son autobiographie :

« *Mon cher Père, je ne sais si ce que j'écris ici aura quelque influence sur les âmes qui viendront après moi ? Toutefois l'unique but que je me propose en écrivant cette histoire, c'est d'accomplir parfaitement la sainte volonté de Dieu. Jusqu'à maintenant, il ne m'est jamais venu à la pensée de vouloir me produire pour servir d'intermédiaire à la grâce divine auprès des âmes. Tout ce que je veux, c'est être une fleur qui ne sait pas parler et qui cache sa beauté dans le cœur de Dieu. Cependant, Dieu n'est pas obligé de suivre cette volonté. Il doit au contraire réaliser cette parole sortie de sa bouche :'Personne n'allume une lampe pour la mettre sous le boisseau'. Il a donc voulu que j'étale ma beauté et répande mon parfum au grand jour pour bien remplir ma destinée de fleur* » (aut 3).

Être une fleur, mais l'être véritablement, c'est pouvoir dire Dieu par toute sa vie ! Van a donc bien réalisé sa vocation en donnant tout son parfum à la terre, et en éclairant les âmes par la lumière du Christ. Dieu ne peut donc se contredire, il a pour chacun une forme particulière de sainteté, en tant que manifestation de sa propre gloire. Il n'y a donc pas à avoir peur de la sainteté. Tel est le témoignage que nous donne ce petit frère de sainte Thérèse. La sainteté n'est pas, comme le disait saint Augustin, un luxe c'est l'accomplissement de l'*être chrétien*. Mieux encore, c'est la réalisation du projet éternel de Dieu dans la vie de tout homme tel qu'il l'avait prévu dans le Christ. L'apôtre Paul écrit : « C'est ainsi qu'Il nous a élus en lui, dès avant la fondation du monde, saints et immaculés en sa présence, dans l'amour, déterminant d'avance que nous serions pour Lui des fils adoptifs par Jésus Christ. Tel fut le bon plaisir de sa volonté, à la louange de gloire de sa grâce, dont Il nous a gratifiés dans le Bien-Aimé » (Ep 1, 4-6). A la lumière de ce passage de l'Ecriture, il est clair qu'il s'agit avant tout d'un don de Dieu, autrement dit d'une œuvre de sa grâce. Cette œuvre est plus précisément celle de notre salut dans le sang du Christ (Ep. 1, 7) et de notre sanctification dans le Saint Esprit (1Co 3, 16-17). L'apôtre manifeste et communique Dieu qui est vivant en lui. L'image du parfum avait déjà été employée par saint Paul dans l'épître aux Corinthiens à propos du témoignage de la vie apostolique :

> « Grâces soient à Dieu qui, dans le Christ, nous emmène sans cesse dans son triomphe et qui, par nous, répand en tous lieux le parfum de sa connaissance. Car nous sommes bien, pour Dieu, la bonne odeur du Christ parmi ceux qui se sauvent et parmi ceux qui se perdent ; pour les uns, une odeur qui de la mort conduit à la mort ; pour les autres, une odeur qui de la vie conduit à la vie. Et de cela qui est capable ? Nous ne sommes pas, en effet, comme la plupart, qui frelatent la parole de Dieu ; non, c'est en toute pureté, c'est en envoyés de Dieu que, devant Dieu, nous parlons dans le Christ » (2 Co 2, 14-17).

Paul rend toute gloire à Dieu, qui réalise dans le saint comme dans l'apôtre son œuvre. L'apôtre caché de l'Amour répandra en tout lieu : le parfum de la connaissance de Dieu, un parfum qui est vie et parole. La vie et le témoignage de Van le confirment admirablement. Il s'agit d'un témoignage par la vie et par la parole, à l'exemple du Christ que saint Luc présente comme « un prophète puissant en œuvre et en parole devant Dieu et devant tout le peuple » (Lc 24, 19). L'apôtre caché de l'Amour sera donc aussi appelé à la sainteté qui exhale le doux parfum de la connaissance de Dieu, qui est la manifestation d'une authentique vie dans le Christ.

Du projet à la vocation

Le serviteur de Dieu, Marcel Van a dû renoncer à son désir et à son projet initial d'être prêtre, pour découvrir que sa véritable vocation était de devenir : "l'apôtre caché de l'Amour". Ce qui attirait Van vers le sacerdoce ne relevait ni d'un projet humain ni d'une ambition orgueilleuse, c'est pourquoi l'annonce par Thérèse du projet de Dieu sur sa vie n'a plongé Van, ni dans le désespoir, ni dans la révolte contre Dieu et l'Eglise. La vocation ne peut être un projet personnel, ou encore le simple désir de s'auto-réaliser, mais bien au contraire la réalisation du projet de Dieu dans la vie de ses enfants. Ainsi, toutes les formes de la vie chrétienne sont de véritables vocations. Aucun état de vie ne saurait être déprécié, ou considéré comme inférieur. Du temps de Van, le sacerdoce ou la vie religieuse jouissaient d'un certain prestige qui pouvait les présenter comme une promotion. Quel que soit l'appel de Dieu, l'objectif n'est pas l'appel en soi, mais bien au contraire vivre du bonheur et de la sainteté de cet appel. Là est le secret d'une authentique vocation.

Van raconte dans son manuscrit autobiographique, dans un dialogue qu'il eut avec la Petite Thérèse, comment le Seigneur lui montra que son noble projet d'être prêtre n'était pas sa vraie vocation. A cet effet, il écrivait : « *un jour, ma sœur sainte Thérèse m'entraîna à faire une promenade au pied de la montagne. Elle plaisantait joyeusement, et j'espérais entendre d'elle des choses très agréables ; mais, après quelques mots sur la beauté de l'herbe et des nuages, voilà qu'elle me dit subitement {...} Van, mon cher petit frère, Dieu m'a fait connaître que tu ne seras pas prêtre* » (aut 649). Elle lui expliquera entre autre que : « *l'état sacerdotal est un état sublime, mais il est impossible de l'embrasser en dehors de la volonté de Dieu. Avant tout et par-dessus tout, l'état qui prime tous les autres, c'est de se conformer entièrement à la volonté de notre Père du ciel* » (aut 650). Ceci dit, il faut y voir une pédagogie de Dieu dans la vie de Van. Le Seigneur ne le prive pas de quelque chose pour autre chose. Il lui propose le chemin le plus adapté pour vivre dans la joie et le bonheur de la réponse à son propre appel. Cela, la Petite Thérèse le lui expliquait en ces termes :

« *Oui, crois fermement que ton désir du sacerdoce est très agréable à Dieu. Et s'il veut que tu ne sois pas prêtre, c'est pour t'introduire dans une vie cachée où tu seras apôtre par le sacrifice et la prière, comme je l'ai été autrefois. En réalité, la volonté de Dieu n'a rien de cruel. Dieu te connaît mieux que tu ne te connais toi-même, et c'est lui qui a fixé d'avance la durée de ta vie dont il connaît tous les événements. C'est pourquoi, dans sa sagesse, il a dû arranger les choses de façon que tu puisses exercer sans retard ton apostolat en ce monde. Petit frère, réjouis-toi, et sois heureux d'avoir été mis au nombre des 'Apôtres de l'Amour de Dieu' qui ont le privilège d'être cachés dans le cœur de Dieu pour être la force vitale des Apôtres missionnaires. Oh ! petit frère, peut-il y avoir un bonheur plus grand que celui-là ? Si, en ce moment tu laisses couler tes larmes, c'est sans doute parce que tu n'as pas encore compris. Mais quand tu auras compris ta vocation et la faveur exceptionnelle que Dieu t'a accordée, tu en seras si heureux que tu ne sauras quels mots employer pour lui dire toute ta reconnaissance {...} Toutefois, pour se conformer à ton désir, Jésus verra à te choisir une âme qui tiendra ta place, comme tu le désires. Quant à toi, petit frère, toujours tu auras comme fonction d'être l'Apôtre caché de l'Amour* » (aut 651-652).

Dans le mystère de la communion des saints et de la complémentarité des vocations dans l'Eglise, la réalisation de l'appel à devenir « *apôtre caché de l'Amour* » par Van deviendra une force vitale pour les apôtres missionnaires. On oublie très souvent cette complémentarité et cette richesse du témoignage du Corps tout entier de l'Eglise, en ne se limitant qu'au rôle individuel de chaque type d'apostolat. Il faudra beaucoup de temps à Van, pour réaliser effectivement la faveur exceptionnelle qui lui était accordée par le Seigneur. La Petite Thérèse lui révèlera en outre que s'il ne devient pas prêtre, cette vocation cachée d'être apôtre de l'Amour de Dieu se réalisera par son entrée en religion, plus tard, il apprendra de Marie qu'il s'agit de la congrégation du Très Saint Rédempteur (Les Rédemptoristes). Jésus lui-même assurera à Marcel Van que : « *ce travail sur ta vocation fera connaître l'amour que je porte aux âmes ainsi qu'à toi-même* » (col 23).

Il nous faut saisir comme une providence ce dessein divin sur la vie de Van. En effet c'est toujours ordonné à une forme particulière de sainteté qu'est liée une vocation spécifique dans l'Eglise. Voilà pourquoi il ne s'agit pas seulement de réaliser un pieux « idéal », mais bien de coopérer avec Dieu au salut du monde. Il n'y a pas de petites vocations, puisque le fruit est la gloire de Dieu, manifestée dans la sainteté de ses fidèles. Il y a donc une priorité, c'est celle du choix préférentiel que nous devons faire de la volonté de Dieu sur nos vies ; Lui « dont la puissance agissant en nous [est] capable de faire bien au-delà, infiniment au-delà de tout ce que nous pouvons demander ou concevoir » (Ep 3, 20).

Une révélation dans le secret de la Petite Voie thérésienne

Nous avons déjà signalé que dans son itinéraire spirituel, Marcel Van a rencontré sainte Thérèse de l'Enfant-Jésus et sa doctrine spirituelle, que l'on a appelée, selon ses propres termes, *la Petite Voie*. A propos de cette voie de l'enfance spirituelle, Thérèse de Lisieux nous donne le témoignage de la sainteté accessible à tous. Elle écrivait dans le *Manuscrit C* de son autobiographie ces pages célèbres, qui enseigneront à Van le chemin de la sainteté :

> « Vous le savez, ma Mère, j'ai toujours désiré d'être une sainte, mais hélas ! j'ai toujours constaté, lorsque je me suis comparée aux saints, qu'il y a entre eux et moi la même différence qui existe entre une montagne dont le sommet se perd dans les cieux et le grain de sable obscur foulé sous les pieds des passants ; au lieu de me décourager, je me suis dit : Le Bon Dieu ne saurait inspirer des désirs irréalisables, je puis donc malgré ma petitesse aspirer à la sainteté ; me grandir, c'est impossible, je dois me supporter telle que je suis avec toutes mes imperfections ; mais je veux chercher le moyen d'aller au Ciel par une petite voie bien droite, bien courte, une petite voie toute nouvelle. Nous sommes dans un siècle d'inventions maintenant ce n'est plus la peine de gravir les marches d'un escalier, chez les riches un ascenseur le remplace avantageusement. Moi je voudrais aussi trouver un ascenseur pour m'élever jusqu'à Jésus, car je suis trop petite pour monter le rude escalier de la perfection. Alors j'ai recherché dans les livres saints l'indication de l'ascenseur, objet de mon désir et j'ai lu ces mots sortis de la bouche de la Sagesse Eternelle : Si quelqu'un est TOUT PETIT qu'il vienne à moi. Alors je suis venue, devinant que j'avais trouvé ce que je cherchais et voulant savoir, ô mon Dieu ! ce que vous feriez au tout petit qui répondrait à votre appel j'ai continué mes recherches et voici ce que j'ai trouvé : Comme une mère caresse son enfant, ainsi je vous consolerai, je vous porterai sur mon sein et je vous balancerai sur mes genoux ! Ah ! Jamais paroles plus tendres, plus mélodieuses, ne sont venues réjouir mon âme, l'ascenseur qui doit m'élever jusqu'au Ciel, ce sont vos bras, ô Jésus ! Pour cela je n'ai pas besoin de grandir, au contraire il faut que je reste petite, que je le devienne de plus en plus. Ô mon Dieu, vous avez dépassé mon attente et moi je veux chanter vos miséricordes »[4].

C'est dans le sillage de cette Petite Voie que le Seigneur révèle à Van, par l'intermédiaire de Thérèse, ce que sera sa vocation. Car, le ministère de Van, à l'instar de Thérèse, sera d'ouvrir aux petites âmes la voie royale

---

4. Thérèse de L'Enfant Jésus, *Mc*, 2 v°-3r°.

de la sainteté et de l'Amour. En effet, Jésus disait à Van dans un colloque intérieur :

« Ô *mon petit apôtre ! C'est parce que je t'aime que je te donne ce nom de petit apôtre ; les paroles que je te dicte sont destinées uniquement aux petites âmes qui s'abandonnent totalement à ma volonté, et qui jamais ne consentent à s'éloigner de moi {...} Ces paroles, je te le répète, il n'y a que les âmes humbles et simples qui soient capables de les comprendre {...} Plus tard, d'autres âmes feront comme toi l'œuvre que je leur confierai ; elles se succéderont sans interruption, et je les appellerai elles aussi mes petits apôtres, les apôtres de mon amour. Ce nom, je le réserve aux âmes qui écouteront les paroles que tu écris ici ; ce sont mes paroles, et elles profiteront aux âmes qui les écoutent* » (col 12).

La prédication de Van et de tous les apôtres cachés de l'Amour divin, par l'exemple d'une vie consacrée à la seule gloire de Dieu et au salut des hommes, n'aura rien d'extraordinaire. On pourrait utiliser ici une expression du Cardinal Suenens, lorsqu'il parlait du Renouveau spirituel post-conciliaire, comme d'une sorte de : « démocratisation de la sainteté ». Ce message est très simple : il s'agit du *total abandon* à Dieu dans *la confiance* et *l'amour filial*. La seule conversion à vivre consiste dans l'accueil du royaume de Dieu comme un petit enfant. En effet, comme l'a dit Jésus dans l'évangile, « celui qui n'accueille pas le Royaume de Dieu comme un petit enfant, celui-la n'y entrera pas » (Mc 10, 15). D'autre part, cette voie qui est pour les petits et les simples manifeste le triomphe de la Miséricorde divine dans toutes les formes de pauvreté, détresse et misère spirituelles. La petite voie est la force des faibles, qui grâce à leur persévérance, voient la charité du Christ vaincre en eux et autour d'eux, toute sorte de mal. Car, la Parole de Dieu nous dit que « l'amour est fort comme la mort » (Ct 8, 6) et, l'Amour triomphe des forces de la mort et de la destruction. Telle a été la victoire de Van durant toute sa vie ; telle sera aussi sa victoire dans la mort, où il ressuscitera et sera couronné avec le Christ. Il écrivait en novembre 1955 à sa sœur Anne Marie Tê : « *Je suis victime de l'Amour et l'Amour est tout mon bonheur : un bonheur indestructible* » (cor 17/11/1955 à Tê).

Les apôtres cachés de l'Amour, ou les ouvriers de la onzième heure

Jésus leur raconta une parabole : « Il en va du Royaume des Cieux comme d'un propriétaire qui sortit au point du jour afin d'embaucher des ouvriers pour sa vigne... » (Mt 20, 1). Il sortit sans se lasser toute la journée pour appeler d'autres ouvriers à sa vigne. De nouveau, leur dit Jésus, « vers la onzième heure, il sortit encore, en trouva d'autres qui se tenaient là et leur dit : "Pourquoi restez-vous ici tout le jour sans travailler ?" – "C'est que, lui disent-ils, personne ne nous a embauchés". Il leur dit : "Allez, vous aussi, à la vigne" » (Mt 20, 6-7). Le soir venu, le Maître de la vigne remit à chacun son salaire et, la récompense était la même pour les ouvriers de la première et de la dernière heure. La récompense est la même, quelle que soit la vocation, les compétences, les fonctions des ouvriers. Jésus va plus loin dans la conclusion de cette parabole, lorsqu'il ose affirmer : « Voilà comment les derniers seront premiers, et les premiers seront derniers » (Mt 20, 16). Il ne s'agit pas d'un premier ou d'un dernier rang, nous sommes ici dans ce que la Petite Thérèse nous a donné de comprendre du mystère du Royaume des Cieux et de la petite voie pour y accéder. Il n'y a pas de classement par ordre de mérite ou d'importance. La seule récompense pour toutes les vocations sera celle de la sainteté. Il n'y a pas de vocation plus grande que celle-là. La sainteté, comme nous l'avons déjà dit, est l'accomplissement de toutes les vocations. C'est pour ainsi dire : la Vocation chrétienne par excellence. Ainsi donc, c'est toute l'existence chrétienne que l'on pourrait considérer comme une mission. Le Seigneur avait annoncé à Van, que plus tard, à sa suite se lèverait une véritable armée de petits apôtres. Ils ne seront pas tous prêtres ou religieux, et pourtant, ils seront de vrais témoins de l'Amour de Dieu. Ils ressembleront à ces ouvriers de la onzième heure, qui n'auront aucun mérite, mais qui grâce à leur total abandon et docilité au plan du Seigneur, recevront la même couronne que les ouvriers de la première heure. En effet, comme nous dit l'Ecriture, « Dieu ne fait pas acception des personnes » (Dt 10, 17). Le Seigneur avait révélé à Van :

« *Plus tard, tu verras, j'aurai toute une armée d'apôtres, et tout ce que je leur enseignerai, ce sera de m'aimer comme tu m'aimes toi-même. Mais il faut quelqu'un qui me serve d'intermédiaire {...} Tu seras donc cet intermédiaire, n'est-ce pas ? Mon 'petit apôtre', est-ce que tu acceptes ce rôle ? Il te suffira d'écrire mes paroles, et ensuite il y aura d'autres apôtres qui les feront mettre en pratique par tout le monde. Ainsi donc, ton œuvre sera accomplie, et mon amour se propagera {...} Dans le cas contraire, mon amour s'éteindra chez les hommes* » (col 14).

Le désir du Seigneur est clair, répandre par toute la terre le feu divin de son Amour. Comment ne pas entendre à nouveau ici le cri du cœur de Jésus qui disait à ses contemporains et qui nous clame encore : « Je suis venu jeter un feu sur la terre, et comme je voudrais que déjà il soit allumé » (Lc 12, 49) ? Ce feu est celui des Noces de la Croix, qui se prolongera par le baptême pentecostal dans « l'Esprit Saint et le Feu » (Lc 3, 16 ; Ac 2, 3), tel que l'avait prophétisé Jean le Baptiste. Dieu qui est fidèle à ses promesses se cherche des apôtres pour répandre ce feu sur la terre.

L'Esprit qui souffle dans l'Eglise, et qui ne saurait se contredire, avait déjà annoncé ces petits apôtres de l'amour de Dieu, à travers une prophétie donnée, trois siècles auparavant, par Louis-Marie Grignon de Montfort (1673-1716) concernant *les apôtres des derniers temps*. On peut, en effet lire dans le *Traité de la vraie dévotion à Marie*, ce que lui inspira alors le Seigneur :

> « Mais qui seront ces serviteurs, esclaves et enfants de Marie ? Ce seront un feu brûlant, serviteurs du Seigneur qui mettront le feu de l'Amour divin partout [...]. Ce seront des enfants de Lévi, bien purifiés par le feu de grandes tribulations et bien collés à Dieu, qui porteront l'or de l'amour dans leur cœur, l'encens de l'oraison dans l'esprit et la myrrhe de la mortification dans le corps, et qui seront partout la bonne odeur de Jésus-Christ aux pauvres et aux petits, tandis qu'ils seront une odeur de mort aux grands, aux riches et orgueilleux mondains [...] Ce seront de véritables apôtres des derniers temps, à qui le Seigneur des vertus donnera la parole et la force pour opérer des merveilles et remporter des dépouilles glorieuses sur ses ennemis ; ils dormiront sans or ni argent et, qui plus est, sans soin [...] et cependant auront les ailes argentées de la colombe, pour aller avec la pure intention de la gloire de Dieu et du salut des âmes, où l'Esprit Saint les appellera, et ils ne laisseront après eux, dans les lieux où ils auront prêché, que l'or de la charité qui est l'accomplissement de toute la loi[5] ».

Nous voici depuis la venue du Sauveur dans ces derniers temps (Ga 4, 4 ; He 1, 2-3). Et la Pentecôte promise sur toute chair est aussi ce temps de la manifestation de ces apôtres du feu de l'Amour divin. Signalons, d'autre part que plus proche de nous encore, la petite servante de Dieu, Marthe Robin, avait, elle aussi, prophétisé cette armée de petits apôtres, qui seront les artisans de ce qu'elle a appelé : *la Pentecôte d'Amour*. Celle-ci est marquée par la naissance de *foyers de charité et d'amour*, qui sont des lieux de grandes résurrections des âmes. Ils suscitent un grand déploiement de l'activité missionnaire de l'Eglise dans le peuple de Dieu. Elle a,

---

5. Louis-Marie GRIGNON DE MONTFORT, *Le traité de la Vraie dévotion à Marie*, n° 56. 58.

pour ainsi dire, annoncé le renouveau doctrinal du concile Vatican II. Mais, ceci, ne se fait pas sans combat, à l'intérieur et à l'extérieur de l'Eglise. C'est de la *Kénose* même de l'Eglise que jaillit ce feu de l'Amour divin. En effet, Frère Ephraïm dans son livre *Marthe. Une ou deux choses que je sais d'elle*, écrit que Marthe a décrit comme : « une véritable kénose de l'Eglise, une sorte d'hiver préludant au printemps »[6]. Commentant cette vision de Marthe, Ephraïm dit à propos de ces foyers multiples d'amour et de charité suscités par la Providence divine, à travers la docilité de ses fidèles :

> « Seuls ces lieux d'Eglise – d'une Eglise de témoins, d'apôtres des derniers temps – seront capables de ressusciter les enfants morts qui sont en son sein comme le disait Catherine de Sienne. Une paroisse est par définition composée en grande majorité de laïcs. Marthe qui est terriblement conciliaire avant – et après – l'heure, annonce ces communautés de laïcs, qui monteront sur les autels[7]. »

Il s'agit là de l'annonce d'un *Printemps de l'Eglise* et d'une véritable effusion du Saint Esprit. C'est elle qui donnera à l'Eglise et au monde ces petites âmes, que sont les apôtres cachés de l'Amour. C'est ce que le petit Serviteur de Dieu entendit de son Seigneur, en ces termes : « *mes paroles sont destinées aux petites âmes qui s'abandonnent totalement à ma volonté {...} ces âmes se succéderont sans interruption. Je les appellerai aussi "Les petits apôtres de mon amour'* » (col 12). Il nous faut préciser qu'il s'agit d'un apostolat diversifié, dont la valeur est authentiquement catholique, c'est-à-dire universelle. Marcel Van entendit encore du Seigneur, à propos de ces petits apôtres de l'Amour : « *j'en choisis dans tous les pays, il y en a dans chaque pays. Les uns se chargent spécialement de prier, les autres, d'annoncer au monde la venue de mon règne* » (col 262). Ces paroles nous révèlent que l'apostolat ne se limite donc pas seulement à l'annonce, il est déjà contenu dans la prière, comme dans l'offrande de nos croix et de nos souffrances. Le véritable témoignage chrétien prend alors une ampleur qui nous ramène à l'essentiel de ce que doit être, ou devenir la vie chrétienne, c'est-à-dire un apostolat. Car, toute vie chrétienne participe à la fonction prophétique du Christ, toute vie chrétienne est : une parole de Dieu.

---

6. EPHRAÏM, *Marthe, ...Une ou deux choses que je sais d'elle...*, Ed. des Béatitudes, Nouan-le-Fuzelier, 1990, p. 88.
7. *Idem*, p. 89.

Être apôtre caché de l'Amour : une prophétie de la sainteté

La sainteté est l'accomplissement de toute vie chrétienne. Il ne s'agit pas de la réalisation personnelle de soi, mais de la réalisation du dessein de Dieu dans la vie de ses enfants. Ce n'est donc pas la destinée d'une « élite », de quelques-uns dont les places auraient été réservées pour que leurs noms figurent sur le calendrier liturgique ; c'est plutôt accueillir les fruits du salut dans nos vies et vivre de notre adoption filiale. En cela, il n'y a aucun mérite de notre part car, c'est le don gratuit de Dieu. On peut dire que c'est le secret de Dieu avec chacun de ceux qu'il appelle selon son dessein (Rm 8, 28). L'apôtre Paul dit en effet : « vous n'êtes plus des étrangers ni des hôtes ; vous êtes concitoyens des saints, vous êtes de la maison de Dieu. Car la construction que vous êtes a pour fondations les apôtres et prophètes, et pour pierre d'angle le Christ Jésus lui-même. En lui toute construction s'ajuste et grandit en un temple saint, dans le Seigneur ; en lui, vous aussi, vous êtes intégrés à la construction pour devenir une demeure de Dieu, dans l'Esprit » (Ep 2, 19-22). Toute vie chrétienne doit s'intégrer à cette construction (édification) divine dans le Christ. Mais, de quelle sainteté s'agit-il alors ? Van écrivait à sa mère le 13 août 1950 : *« être saint c'est être uni parfaitement à Dieu, qui nous communique sa sainteté et nous fait vivre en lui »*. La sainteté n'est pas une « fabrication » humaine, ou l'auto-perfectionnement de soi (même au nom de Dieu, ou pour lui plaire). Il est consolant et même stimulant de comprendre, à travers cette belle intuition spirituelle de Marcel Van, qu'être saint consiste essentiellement à : *vivre en Dieu*. Jésus disait, en effet, à ses disciples : « Demeurez en moi, comme moi en vous. De même que le sarment ne peut de lui-même porter du fruit s'il ne demeure pas sur la vigne, ainsi vous non plus, si vous ne demeurez pas en moi. Je suis la vigne ; vous, les sarments. Celui qui demeure en moi, et moi en lui, celui-là porte beaucoup de fruit ; car hors de moi vous ne pouvez rien faire » (Jn 15, 4-5). Pour porter les fruits de la sainteté, il faut demeurer en lui et ne pas tomber dans le piège de l'imitation pure et simple des saints. Dieu attend de nous que nous devenions saints de la sainteté unique qu'il a choisie pour nous. Les saints sont inimitables, chacun est une fleur unique qui manifeste quelque chose de la gloire et de la beauté de Dieu. Comme l'a écrit Frère Ephraïm dans *Dieu paradoxal* :

> « On dit parfois que les saints sont plus admirables qu'imitables et c'est vrai ! Les saints nous sont donnés pour que nous admirions les œuvres de Dieu en eux. Il n'y a rien à imiter car la sainteté est heureusement inimi-

table. Son authenticité réside dans le fait que Dieu est unique, et que l'œuvre qu'il accomplit dans chaque saint est unique »[8].

Tel est pour ainsi dire l'apostolat de la sainteté, à savoir : nous faire admirer dans les saints la merveille de l'œuvre de Dieu en eux. Ainsi donc, comme nous l'avons déjà dit, tout en eux est parole de Dieu : en leur vie entière, leur agir, leur parole et leur silence même est une prophétie de l'Amour de Dieu. Tout en eux dit Dieu, souvent à leur insu. Les saints seront toujours les derniers à savoir qu'ils le sont, car ils ne le verront que dans la gloire du Ciel. Il nous faut les yeux de la foi pour les voir car, de nombreux saints passent inaperçus à côté de nous. D'une certaine manière, ils nous disent la discrétion de Dieu. Dans un colloque intime, Jésus disait encore à Van : «*Je ne veux pas que mon amour pour toi soit connu maintenant de l'extérieur*» (col 43). Car, précisait-il : «*Je dois cacher la beauté de la fleur aux yeux du monde {...} ce n'est que plus tard que je la lui ferai voir pour qu'il la connaisse et la convoite*» (col 48). Ne sommes-nous pas arrivés à ces temps ? Van, dans toute la fécondité de sa vie et de son apostolat nous dit à sa manière cette discrétion de la sainteté de Dieu à l'image du Verbe incarné. En effet, les contemporains de Jésus croyaient qu'il n'était que le fils du charpentier, ou encore simple prophète alors que, l'homme de Nazareth était en réalité le Saint, le Fils du Dieu vivant. Nul doute alors que, dans l'humilité de ce qu'a été sa vie, Marcel Van a témoigné d'une très grande sainteté. La réponse qu'il a donnée au Seigneur en acceptant d'être le petit apôtre caché de son Amour atteste bien que les fruits de sa vie et de son apostolat ne venaient pas de lui-même, mais du Dieu qu'il a aimé, adoré et servi. Ce Dieu qui a été le vivant en lui. Ce Dieu qui est pour toujours, sa gloire et sa couronne.

RESSAISISSEMENT THÉOLOGIQUE ET SYSTÉMATIQUE DE L'APPROCHE TESTIMONIALE

Après ce parcours de nature phénoménologique, qui nous a permis de cueillir dans le témoignage de Van la vérité théologale de l'existence chrétienne, en tant que prophétie de la sainteté de Dieu, il nous faut à présent tenter une systématisation théologique pour en justifier la cohérence. Dans

8. Fr. EPHRAÏM, *Dieu paradoxal*, Ed. du Lion de Juda, Nouan-le-Fuzelier, 1990, pp. 72-73.

la présente section, nous démontrerons : 1) Les racines scripturaires de ce témoignage ; 2) puis, sa valeur doctrinale à travers la notion théologique du *sensus fidelium* ; et, 3) enfin son déploiement *hagio-logique* par la synthèse existentielle entre théologal et théologique.

Les racines scripturaires de la dimension prophétique du témoignage chrétien

1 – L'encrage christologique

Le mystère d'accomplissement que l'on retrouve dans la mission historico-salvifique du Christ est la réponse aux trois grandes attentes messianiques du peuple d'Israël, à savoir : royale, sacerdotale et prophétique. Le Nouveau Testament, en effet, nous parle de la mission du Christ comme d'un témoignage prophétique. Dans le livre de l'Apocalypse, saint Jean dit que : « le témoignage de Jésus, c'est l'Esprit de prophétie » (Ap 19, 10). Il est celui que le Père a consacré par l'onction : « pour porter la Bonne Nouvelle aux pauvres » (Lc 4, 18) ; voilà pourquoi, la christologie lucanienne relève la messianité prophétique de Jésus le Christ, en affirmant qu'il était : « prophète puissant en œuvres et en paroles devant Dieu et devant tout le peuple » (Lc 24, 19). Il est la « Parole du Père » (He 1, 3) ; « le Verbe de la Vie » (1 Jn 1, 1). Jésus, le Fils de Dieu, a été par toute sa vie, sa mort et sa résurrection : la parole de Dieu et « le témoin fidèle » (Ap 1, 5). Toute son existence a été pour l'Eglise et les hommes de tous les temps une prophétie, une parole adressée par Dieu. Comme le dit saint Jean de la Croix : « Dieu n'a pas d'autre parole à nous donner » et, cette Parole unique est son Fils[9]. La vérité prophétique de la messianité du Christ, fait de lui, selon les termes du Concile Vatican II : « le Médiateur et la plénitude de toute la Révélation » (*DV* 2).

---

9. Le Docteur du Carmel dit en effet que : « Dès lors qu'il nous a donné son Fils, qui est sa Parole, Dieu n'a pas d'autre parole à nous donner. Il nous a tout dit à la fois et d'un seul coup en cette seule Parole [...] ; car ce qu'il disait par parties aux prophètes, il l'a dit tout entier dans son Fils, en nous donnant ce tout qu'est son Fils. Voilà pourquoi celui qui voudrait maintenant l'interroger, ou désirerait une vision ou une révélation, non seulement ferait une folie, mais ferait injure à Dieu, en ne jetant pas les yeux uniquement sur le Christ, sans chercher autre chose ou quelque nouveauté » (*in*, JEAN DE LA CROIX, *Subidad del monte Carmelo*, II, 22).

2 – Inclusion baptismale dans le mystère du Christ-Prophète

a) Déjà dans la révélation Mosaïque, il est dit que le désir de Dieu est celui de se constituer un peuple prophétique. C'est ce que Moïse affirmait à son frère Aaron en disant : « Ah ! puisse tout le peuple du Seigneur être prophète, le Seigneur leur donnant son Esprit ! » (Nb 11, 29). Ce souhait de Moïse verra un exaucement à travers le ministère des prophètes en Israël. Le Seigneur avait annoncé par la bouche du prophète Jérémie : « Voici venir des jours – oracle du Seigneur – où je conclurai avec la maison d'Israël [et la maison de Juda] une alliance nouvelle. Non pas comme l'alliance que j'ai conclue avec leurs pères, le jour où je les pris par la main pour les faire sortir du pays d'Égypte – mon alliance qu'eux-mêmes ont rompue bien que je fusse leur Maître, oracle du Seigneur ! Mais voici l'alliance que je conclurai avec la maison d'Israël après ces jours-là, oracle du Seigneur. Je mettrai ma Loi au fond de leur être et je l'écrirai sur leur cœur. Alors je serai leur Dieu et eux seront mon peuple. Ils n'auront plus à instruire chacun son prochain, chacun son frère, en disant : "Ayez la connaissance de Yahvé !". Car tous me connaîtront, des plus petits jusqu'aux plus grands – oracle de Yahvé – parce que je vais pardonner leur crime et ne plus me souvenir de leur péché » (Jr 31, 31-34). Cette nouvelle alliance aura pour caractéristique de constitution du peuple de Dieu ; le Seigneur se fera connaître à chacun, du plus petit au plus grand et, selon la prophétie : tous auront la *connaissance* du Seigneur. Le prophète Joël, quant à lui, annonce pour les temps de la fin une effusion du Saint Esprit (celle de la Pentecôte) et la promesse divine de donner des prophètes à son peuple. Il est écrit en effet : « [Dans les derniers jours, dit le Seigneur] je répandrai mon Esprit sur toute chair. Vos fils et vos filles prophétiseront, vos anciens auront des songes, vos jeunes gens, des visions. Même sur les esclaves, hommes et femmes, en ces jours-là, je répandrai mon Esprit » (Jl 3, 1-2). Cette prophétie sera citée par l'apôtre Pierre le jour de la Pentecôte, pour authentifier l'expérience spirituelle des disciples (Ac 2, 14-21).

b) Cette expérience des disciples après la résurrection du Christ est la réalisation des promesses antiques. Comme le dira Pierre dans sa première Lettre : « vous êtes une race élue, un sacerdoce royal, une nation sainte, un peuple acquis, pour proclamer les louanges de Celui qui vous a appelés des ténèbres à son admirable lumière, vous qui jadis n'étiez pas un peuple et qui êtes maintenant le Peuple de Dieu, qui n'obteniez pas miséricorde et qui maintenant avez obtenu miséricorde » (1 P 2, 9-10). En effet, cette onction fait de tous des disciples un peuple de témoins (Ac 1, 8); un peuple qui proclame les *mirabilia Dei*. Dans la grâce de la Pentecôte se réalise pleinement le désir de Dieu de constituer un peuple de prophètes. Ce peuple de la nouvelle alliance, participe de l'unique onction prophétique du Christ. Il est celui qui donne l'Esprit (Jn 3, 34) et, comme l'affirme Jean aux disciples, « Quant à vous, vous avez reçu l'onction venant du Saint, et tous vous possédez la science » (1 Jn 2, 20); et plus loin encore, il précise que tous ont accès à la connaissance de Dieu, moyennant cette onction lorsqu'il dit : « Quant à vous, l'onction que vous avez reçue de lui demeure en vous, et vous n'avez pas besoin qu'on vous enseigne. Mais puisque son onction vous instruit de tout, qu'elle est véridique, non mensongère, comme elle vous a instruits, demeurez en lui » (1 Jn 2, 27). Par le baptême, le croyant est non seulement incorporé au Christ et à son corps mystique qu'est l'Eglise (Ga 2, 20 ; 3, 27 ; Col 1, 19; 1 Co 12, 27), mais aussi il est « rendu participant de la nature divine » (2 P 1, 4).

c) En effet, la chrismation post-baptismale donne au néophyte cette incorporation au Christ et la participation à sa triple onction : sacerdotale, prophétique et royale. En effet, cette onction est accompagnée des paroles rituelles suivantes : « désormais tu es membre de Jésus Christ, prêtre, prophète et roi pour la vie éternelle »[10]. Comme l'enseigne le catéchisme de l'Eglise catholique, cette « onction du saint-chrême, huile parfumée consacrée par l'évêque, signifie le don de l'Esprit Saint au nouveau baptisé. Il est devenu un chrétien, c'est-à-dire "oint" de l'Esprit Saint, incorporé au Christ, qui est oint prêtre, prophète et roi »[11]. Cette onction imprime un caractère qui nous incorpore au Christ, nous donne aussi de participer à sa triple fonction *christoconformante*[12].

d) Dans l'expérience de Van se laisse aussi saisir cette conformation au Christ car, l'appel à être apôtre caché de l'Amour n'est rien d'autre que la

10. Le texte de l'*Editio typica* du rituel donne la formule suivante pour l'*unctio sacri chrismatis* : « *Deus omnipontens, Pater Domini nostri Iesu Christi, qui te a peccato liberavit et regeneravit ex aqua et Spiritu Sancto,* ***ipse te linit chrismate salutis, ut, eius aggregatus (aggregata) popolo, Christi sacerdotis, prophetae et regis membrum permaneas in vitam aeternam*** » (*in*, *Ordo Baptisimi parvulorum*, n°98).

11. *CEC*, n° 1241.

12. THOMAS D'AQUIN, *ST*, IIIa, q 53, a3. ad. 2. On se réfèrera aussi à l'étude, qui fit déjà date de : C. RUCH, « Baptême d'après le concile de Trente », art. cit, in *DTC*, pp. 296-328.

participation à la kénose et à la gloire du Christ. Comme nous l'avons vu plus haut, le Seigneur lui avait dit :

« *je dois cacher la beauté de la fleur {qu'est Van} aux yeux du monde {...} ce n'est que plus tard que je la lui ferai voir pour qu'il la connaisse et qu'il la convoite* » (col 48).

Il y a ici le même mouvement de la révélation *christique* à travers la dynamique de l'abaissement et de l'exaltation paternelle (Ph 2, 6-11). C'est dans cet abaissement même, que se situe la vérité plénière de la Révélation. Dieu nous a parlé dans le langage humain de la petitesse et de la faiblesse. C'est ici qu'il nous communique le secret de son Amour rédempteur. Il a été l'un de nous et nous a tout dit de l'Amour de Dieu son Père et notre Père en prenant notre place, s'offrant lui-même en victime d'expiation pour notre rachat. Selon Rino Fisichella, « les chrétiens sont fils d'une prophétie réalisée à la lumière du Golgotha ; aussi réclament-ils la présence des prophètes comme signes d'un amour qui sait atteindre au don total »[13]. Van pouvait dire comme Paul : « pour moi vivre c'est le Christ, et mourir m'est un gain » (Ph 1, 21). Il n'y a de témoignage véritable que cette Parole du salut qui vient du mystère de la souffrance et de la Croix. Il n'y a de Pâque que celle de la Croix. Fisichella précise donc que : « la croix de Jésus de Nazareth est le signe prophétique culminant, parce qu'en lui chacun est dans l'obligation de voir le rapport entre la souffrance et la mort, et la gloire de Dieu »[14]. La vie prophétique de Van est le témoignage d'un amour corédempteur et offert pour le salut du monde. Elle était toute entière signée par la victoire du mystère pascal du Christ. L'apôtre Paul pouvait dire : « je suis crucifié avec le Christ ; et ce n'est plus moi qui vis, mais le Christ qui vit en moi. Ma vie présente dans la chair, je la vis dans la foi au Fils de Dieu qui m'a aimé et s'est livré pour moi » (Ga 2, 19-20).

---

13. Rino FISICHELLA, *op. cit*, p. 986, col. 2. On se reportera en outre à son ouvrage *La Révélation*, coll. « Recherche nouvelle série » 22, Cerf, Paris, 1989, pp. 346-347.

14. *Ibid*, p. 986, col. 1. En effet dit-il encore, « l'Eglise ne peut reconnaître comme "prophète" que ce qui rend plus évident l'amour trinitaire de Dieu ; un amour qui n'a pas refusé la condamnation de l'Innocent pour le salut du pécheur » (Rm 5, 6-10).

Le *Sensus fidelium* ou la participation à la fonction prophétique du Christ

Comme nous l'avons dit plus haut, la grâce baptismale est véritablement une incorporation à la personne du Christ (Ga 3, 27 ; 1Co 12, 27). Ainsi, le peuple de Dieu, dans le témoignage de ses membres et dans son ensemble (« des évêques jusqu'au dernier des fidèles laïcs », disait saint Augustin), en tant que : *universitas fidelium*, au moyen du *supernaturali sensus fidei*, ne peut se tromper dans une existence vécue par et dans la foi. Ceci est la correspondance de la vie personnelle avec l'œuvre de la grâce divine. Et sur le plan de la connaissance des mystères de Dieu et de la compréhension du *depositum fidei*, le peuple le reçoit aussi de sa participation à la fonction prophétique du Christ. Soutenu par l'Esprit de Vérité et sous la conduite de ses pasteurs, chaque membre du peuple de Dieu approfondit en interprétant comme il faut (*recto iudicio in eam profondius penetrat*) par sa vie, le *sacré dépôt* révélé à l'Église. Cette participation est conférée à tout le peuple de Dieu, selon une ecclésiologie de communion. Les baptisés sont alors investis de dons multiples de la grâce divine, autant charismatiques que ministériels (LG 4 et 12). En effet, le Concile dit encore plus clairement, que :

> « Le Christ, grand prophète, qui par le témoignage de sa vie et la puissance de sa parole a proclamé le royaume du Père, accomplit sa fonction prophétique jusqu'à la pleine manifestation de la gloire, non seulement par la hiérarchie qui enseigne en son nom et avec son pouvoir, mais aussi par les laïcs dont il fait pour cela également des témoins en les pourvoyant du ***sens de la foi*** et de la grâce de la parole (cf. Ac 2,17-18 ; Ap 19,10), afin que brille dans la vie quotidienne, familiale et sociale, la force de l'Évangile » (LG 35).

C'est donc en pourvoyant tout le peuple de Dieu (des laïcs et de la hiérarchie qui enseigne en son nom) du *sens de la foi* et de la grâce de la Parole, que le Christ fait participer les baptisés à sa fonction prophétique. Ainsi, le peuple de Dieu, en chacun de ses membres, devient un *peuple de témoins* ; peuple acquis pour proclamer les merveilles de Celui qui l'a appelé des ténèbres à son admirable lumière (1 P 2, 9). Dans cette perspective, désormais bien délimitée de notre objet, il nous faut dire à la suite du Concile avec Dario Vitali qu'

> « Au-delà de toutes les *questiones disputatae* qui n'ont pas marqué en profondeur l'histoire, la doctrine du *sensus fidelium* trouve sa place et sa juste intelligibilité dans le contexte de l'anthropologie théologique. En effet, la vie nouvelle dans le Christ est une vie de foi-espérance-charité, qui, par la

lumière intérieure de l'Esprit Saint, s'ouvre à une dimension cognitive des contenus de la foi, correspondant à la profondeur et à l'intensité du processus de conformité au Christ »[15].

Cette participation à la fonction prophétique du Christ n'est pas « un rôle à jouer » dans l'Église, c'est une existence *christique* ou mieux encore *christoconformée*, c'est-à-dire transformée dans la vie même du Christ. Elle va ensemble avec la sainteté de vie. Selon Dario Vitali, une fois de plus, « dans cette perspective on comprendra le *sensus fidei* comme explication et mise en acte d'une capacité de pensée selon l'Esprit, qui est réflexion de la vie de sainteté donnée et soutenue par l'Esprit de Dieu. Capacité intérieure, et donc, qui s'applique toujours plus profondément aux choses spirituelles et ne pénètre le sens et la portée salvifique, que d'autant plus que s'accroît aussi dans la vie chrétienne une effective dimension de sainteté »[16]. La vie de Van se manifeste pleinement en tant que porte-parole des « révélations » divines, ainsi que le caractère fructueux de sa vie surnaturelle. Sa communion spirituelle avec Thérèse de Lisieux est une donnée probante de cette conaturalité avec la vie de la grâce. Il nous faut à présent mettre en lumière deux composantes essentielles de la vie prophétique de Marcel Van, qui traduisent véritablement la performativité d'une vie participée à celle du Christ-Prophète. La notion théologique du *sensus fidelium* nous permet de dégager deux caractéristiques majeures de l'existence prophétique de Van que sont : a) la révélation et, b) le témoignage.

a) La révélation

Les prophètes parlent et agissent *de la part de Dieu*, sous l'inspiration du Saint Esprit ; ils sont donc les porte-parole d'une révélation. Comme dit l'apôtre Pierre : « ce n'est pas d'une volonté humaine qu'est jamais venue une prophétie, c'est poussés par l'Esprit Saint que des hommes ont parlé de la part de Dieu » (2 P 1, 21). Le Seigneur lui avait, en effet, annoncé : « *plus tard, tu verras, j'aurai toute une armée d'apôtres, et tout ce que je leur enseignerai, ce sera de m'aimer comme tu m'aimes toi-même* » (col 14). Cette communication surnaturelle du dessein divin est bien une forme de révélation. Saint Thomas d'Aquin dans sa *Summa theologiae* affirme que : « la prophétie

15. Dario VITALI, *Sensus fidelium. Una funzione ecclesiale di intelligenza della fede*, Éd. Morcelliana, Brescia, 1993, p. 198. C'est nous qui traduisons à partir de l'original en italien.

16. *Id*, p. 212.

exige, d'une part, une inspiration, c'est-à-dire une surélévation de l'esprit [humain] : "l'inspiration du Tout-Puissant donne l'intelligence", écrit Job (Jb 32,8). D'autre part, elle requiert une révélation, c'est-à-dire une perception des réalités divines ; par-là s'achève la prophétie, puisque la révélation fait tomber le voile d'obscurité et d'ignorance suivant le mot de Job (Jb 12,22) : "Dieu révèle les choses cachées au fond des ténèbres"[17] ». Elle est donc à la foi : *visio* et *revelatio*. À ce propos, Serge-Thomas Bonino souligne que : « Saint Thomas distingue donc dans la prophétie un acte de connaissance (*visio* ou *revelatio*) par lequel le prophète entre en possession d'une vérité révélée et l'annonce (*denuntiatio*) [et] par laquelle il communique à autrui cette vérité »[18]. C'est bien là ce que l'on retrouve chez Van dans sa médiation comme petit apôtre caché de l'Amour, avec les apôtres à venir. Comme nous l'avons déjà vu, le Seigneur lui révéla que : « *ce travail sur ta vocation fera connaître l'amour que je porte aux âmes ainsi qu'à toi-même* » (col 23). Une vérité lui est ici communiquée par révélation. C'est une fois de plus la vérification d'une existence qui est à l'écoute de la voix de Dieu dans sa vie et dans celle des autres. D'autre part, on peut noter la disponibilité et l'obéissance de Van, quant à cette diaconie du divin message. Enfin, il s'agit bien d'une forme de connaissance (certes infuse) qui montre bien le fonctionnement de son *sensus fidei* et, la coordination *hagiologique* entre sa vie théologale et la vérité spécifiquement théologique qui en découle.

b) Le témoignage

Dans les degrés de la prophétie, on peut signaler un second degré connexe et essentiel pour la validation d'une authentique vie prophétique, il s'agit du témoignage (ou l'annonce). Le *Doctor angelicus* dit en effet,

---

17. Thomas d'AQUIN, *ST*, II-II, q 171, a1, ad 4. On peut en outre lire tout ce qui concerne la nature et la fonction prophétique dans la conception de l'Aquinate, *in*. II-II, q 172, a1, resp. 2 et ad. 4 ; II-II, q 172, a 3, ad 1-3 ; II-II, q 174, a 3, ad. 3 ; a6, obj. 1.

18. Serge-Thomas BONINO, « Le rôle de l'image dans la connaissance prophétique d'après saint Thomas d'Aquin », art. cit, in *Revue Thomiste*, 1988, p. 541. Il dit plus loin dans son texte que : « l'annonce prophétique fait suite à la vision. La grande différence entre ces deux actes vient de ce que dans l'annonce le prophète a l'initiative, alors qu'il est "passif" (ce qui ne signifie pas inerte) dans la révélation. Il dépend de lui d'annoncer ou non le message qu'il a reçu, de le faire dans une intention bonne ou mauvaise. L'annonce n'en est pas pour autant facultative et la *vonluntas denuntiandi* fait partie de ce qui est requis pour être un véritable prophète » (*ibid*, p. 543).

que : « les paroles et les actions dont il est fait mention [dans le psaume] ne se rapportent pas à la révélation de la prophétie, mais à son annonce ; celle-ci se proportionne à ceux qui reçoivent les révélations du prophète, lequel se sert tantôt de paroles, tantôt d'actions. Mais cette annonce et l'accomplissement des miracles ne sont que des aspects secondaires de la prophétie, on l'a vu précédemment[19] ». La révélation prophétique est donc inséparable de l'annonce, ou encore du témoignage du prophète. Selon Serge-Thomas Bonino, « l'annonce s'inscrit donc bien dans le processus prophétique, elle en est une partie essentielle bien que seconde[20] ». On retrouve ce deuxième aspect dans l'apostolat prophétique de Van. C'est sans doute ici qu'il a été encore plus ressemblant au Christ, par sa participation à sa fonction prophétique ; en devenant ressemblant à son Seigneur dans la vie et dans la mort. C'est cette *martyria* qui fait justement de Van un véritable témoin du Christ ressuscité.

Perspective systématique : déploiement *hagio-logique* par la synthèse existentielle du théologal et du théologique

La vie théologale est une participation à la vie divine de la grâce, en Jésus Christ. Le témoignage des saints et des amis de Dieu le manifeste encore plus. Ils sont pour ainsi dire un signe prophétique pour tous. Comme nous venons de le voir le témoignage chrétien, pour être une parole de Dieu adressée au monde, doit être à l'image de celui du Christ, une prophétie. Le peuple de Dieu, comme nous le rappelle Vatican II est un peuple messianique et donc aussi prophétique. Le concile affirme, en effet que : « le peuple saint de Dieu participe aussi de la fonction prophétique du Christ ; il répand son vivant témoignage avant tout par une vie de foi et de charité, il offre à Dieu un sacrifice de louange, le fruit des lèvres qui célèbrent son Nom (cf. He 13,15) » (*LG* 12, 1). La sainteté est le fruit d'une vie qui a rendu gloire à Dieu. Dans son commentaire, Dario Vitali souligne qu'il y a nécessairement une coordination entre les trois onctions constitutives de la vie chrétienne : sacerdotale, prophétique et royale. Car il faut bien comprendre ce qu'on entend par *fonction prophétique*. On peut donc dire que :

19. *ST*, II-II, q 174, a3, ad. 3.
20. Serge-Thomas Bonino, *ibid*, p. 543.

> « Cette possibilité réside dans le fait que la participation à la fonction prophétique du Christ, identique à la fonction sacerdotale et à la fonction royale, est une dimension essentielle du sacerdoce commun des fidèles. Cette doctrine s'étendant, en effet, tous les croyants participent au sacerdoce du Christ, dans la force du sacrement de baptême. Une telle participation, malgré tout, n'est pas différente, comme pour le sacrement de l'ordre, en trois fonctions spécifiques – les *tria munera* : *docendi, sanctificandi, regendi* – mais en trois modalités distinctes de participation : sacerdotale, prophétique, royale[21] ».

Il s'agit avant tout d'une participation à la vie même du Christ, à la vie divine de sa grâce élevante, sanctifiante et transformante. Cette existence christoconformée est l'essence de toute sainteté véritable. Voilà pourquoi elle est, par là-même, prophétique, puisqu'elle nous dit l'Amour de Dieu révélé en Jésus-Christ. En effet, dit encore Vitali :

> « Cette correspondance entre la participation au sacerdoce du Christ et la sainteté chrétienne n'établit pas uniquement une coïncidence avec l'objet ou le champ de son exercice, mais dans le principe de connaissance qui préside à la même fonction prophétique. Autrement dit, les principes et les dynamismes qui président au développement de la vie chrétienne sont les mêmes qui régulent l'exercice du *sensus fidei* »[22].

Cette analyse confirme ce que nous avons énoncé comme étant le déploiement hagio-logique de la vie prophétique, en tant que manifestant l'unité profonde entre la sainteté chrétienne et la connaissance des mystères de Dieu ou encore entre le théologal et le théologique. C'est ce qu'atteste et vérifie en le confirmant, la notion de *sensus fidei*. Ainsi donc, poursuit notre auteur :

> « Dans cette perspective on comprendra le *sensus fidei* comme explicitation et actuation d'une capacité de penser selon l'Esprit, qui est le reflet de la vie de sainteté donnée et soutenue par l'Esprit de Dieu. Capacité intérieure, donc, qui s'applique toujours plus profondément aux choses spirituelles et en pénètre le sens et la portée salvifique, qu'en autant que croît dans la vie chrétienne une effective condition de sainteté[23] ».

On peut dire que la participation et la conformation de la vie du serviteur de Dieu, Marcel Van, avec celle du Christ-Prophète en fait un témoin

21. Dario VITALI, *ibid*, p. 209.
22. *Ibid*, p. 211.
23. *Ibid*, p. 212.

et un corédempteur. C'est dans cette optique que l'on peut qualifier son existence baptismale comme ayant été une prophétie, c'est-à-dire une parole de Dieu. Van, l'apôtre caché dans l'Amour du Christ, l'a pleinement manifesté et glorifié par toute sa vie. Son intelligence des choses spirituelles lui venait de cette conformation participée à la vie du Christ, l'Unique prophète, celui qui est pour nous la révélation de Dieu (Jn 1, 18). Voilà pourquoi on peut affirmer que la sainteté est toute à la fois théologale et théologique. Ce principe *hagio-logique* est le témoignage de l'œuvre de la grâce dans la vie du baptisé à travers son *sensus fidei*. Comme Van, c'est en Christ qu'il faut nous cacher, afin de participer à la gloire de son mystère pascal. Selon l'exhortation de l'apôtre : « Du moment donc que vous êtes ressuscités avec le Christ, recherchez les choses d'en haut, là où se trouve le Christ, assis à la droite de Dieu. Songez aux choses d'en haut, non à celles de la terre. Car vous êtes morts, et votre vie est désormais cachée avec le Christ en Dieu : quand le Christ sera manifesté, lui qui est votre vie, alors vous aussi vous serez manifestés avec lui pleins de gloire » (Col 3, 1-3).

Quatrième Partie

Une Vie Consacrée

Van et la relation sponsale à Jésus

Père Francis FROST*
Professeur de Théologie au Séminaire d'Ars
de nationalité anglaise

Le vocabulaire et les images qu'emploie Marcel Van pour décrire la dimension sponsale de la vie consacrée ont, pour point de départ, la conception classique fondée sur l'Écriture, de l'analogie entre l'intimité indicible avec Jésus dans laquelle la consécration religieuse établit le sujet de cette consécration, qu'il soit au masculin ou au féminin, et la relation d'intimité entre les époux d'un mariage chrétien. De l'analogie elle-même, Van dit dans une lettre à sa tante Khanh :

« Par conséquent, si j'appelle ainsi Jésus mon Époux veuillez ne pas rire. Puisque les époux selon la chair doivent ne faire plus qu'un, le Frère Rédemptoriste que je suis doit lui aussi ne faire plus qu'un avec le Dieu Rédempteur. Je suis certain que vous comprenez ces choses-là » (cor 04/05/1947 à tante Khanh).

S'agissant du fondement scripturaire de cette analogie, il explique à sa sœur Anne-Marie Té :

« C'est pourquoi, en lisant le chapitre (Ep 5) où saint Paul parle des époux qui doivent se payer leur dû l'un à l'autre, j'ai pensé que si nous aimons Jésus, nous devons chercher un moyen de lui payer la dette de l'amour, pour toutes les fois qu'il nous a donné ses consolations par amour » (cor 31/07/1949 à Tê).

Cependant, dans sa manière d'employer ce vocabulaire et ces images, empruntés à la sponsalité du mariage humain, Van met un réalisme et une intensité qui suscitent l'opposition de certains, au moins de ses confrères rédemptoristes. Un jour, il va à la bibliothèque pour y chercher un livre dont la lecture puisse le détendre ; et il y poursuit ainsi la narration de ce fait :

---

* Membre du Conseil Œcuménique des Eglises ; auteur de nombreux articles dans des revues œcuméniques

« *Malheureusement, j'ai pris en main un certain livre qui contenait des poésies sérieuses (et ici il faut se souvenir de l'amour de Van pour la poésie et de son aptitude à composer des poésies lui-même), mais le préfet des frères, l'ayant pris pour le censurer, en voyant les mots « époux et épouse », me l'a enlevé, ne me permettant pas de le lire. C'est un excès de sévérité* » (cor 30/03/1951 au Père Boucher).

Puis, il y a l'opposition du Frère Eugène, fondée sur la soi-disante impossibilité d'étendre aux consacrés masculins, un langage qui ne serait choisi que pour les consacrées féminines (col 538). Ce Frère est obligé de céder devant les raisons données par un Père dont la compréhension de la vie spirituelle est plus profonde que la sienne : « Jésus barbu », comme l'appelle Van, c'est-à-dire son directeur spirituel, le Père Antonio Boucher. Mais Van ajoute, à son compte-rendu de l'échange entre le Frère Eugène et « Jésus barbu », ce commentaire révélateur, en s'adressant directement à Jésus :

« *Cette fois-là, j'étais bien fâché contre lui, et je pense que s'il avait été mon directeur, je n'aurais certainement jamais pu te donner le nom d'Époux. Le Frère ne comprend rien ; il pense toujours comme les gens du monde, c'est très pénible. Mais maintenant, il est certain que le Frère comprend déjà* » (col 721).

Or, le plus étonnant est que, si Van est prêt à défendre hardiment son point de vue, ce n'est pas seulement parce qu'il se sent soutenu par « Jésus barbu », c'est bien plus parce que, dans ses dialogues avec Jésus, les paroles de Jésus lui-même se caractérisent par ce même réalisme et cette même intensité du langage sponsal ; ce qui conduit Jésus aussi à se plaindre de l'incompréhension dont son langage est l'objet :

« *Ô mon petit frère,* je te couvre sans cesse de baisers, et je garde mes lèvres à jamais collées à ta joue. *Marcel, pas besoin de long discours pour répondre à ta question toute naturelle. Ô petit Marcel, sais-tu pourquoi il en est ainsi ? Je te l'ai dit déjà plus haut, en affirmant que bon nombre de mes épouses ne savent quoi dire à leur Époux, et vont même jusqu'à ignorer que celui qui est l'objet de leur affection soit vraiment leur Époux. Chose plus regrettable encore, c'est que, après les avoir reconnues moi-même pour mes épouses, de leur côté, elles n'osent pas me reconnaître pour leur Époux, estimant que c'est folie de ma part que d'agir comme je le fais.*

De là aussi qu'elles trouvent malsonnantes et insupportables les paroles d'intimité que m'adressent mes autres épouses…

Enfin, j'ajoute encore ceci : la raison de tout cela, c'est que ces épouses n'ont pas encore assez d'humilité, qu'elles ne comprennent pas clairement leur dignité d'en-

fant de Dieu et d'épouse du Christ, car Dieu est à la fois Père, Ami (Époux) et Maître... » (col 198).

Alors se pose la question : comment Van lui-même est-il entré à plein – et s'est-il trouvé à l'aise – dans un dialogue d'Épouse à Époux, caractérisé par une telle intensité de langage sponsal : être couvert des baisers de l'Époux etc ? Quelle que soit la part du mystère dans les étapes par lesquelles une âme entre, à l'imitation de Jésus, dans une telle intimité sponsale avec lui, il est hors de tout doute que c'est la Petite Thérèse qui a joué le rôle décisif dans la formation dont Van avait besoin pour accéder à cette intimité sponsale avec Jésus.

L'enjeu d'un des échanges entre Thérèse et Van porte sur la possibilité pour le consacré masculin, tout comme la consacrée féminine, d'entrer dans une relation sponsale avec Jésus. Cet échange a, pour point de départ, la révélation par Thérèse à Van que la volonté de Dieu est qu'il ne devienne pas prêtre. Van en conclut que la seule manière d'être apôtre de l'Amour de Jésus, sans être prêtre, est d'entrer dans un Carmel comme Thérèse, c'est de devenir carmélite. Alors, pourquoi la prière n'obtiendrait-elle pas de Dieu qu'Il le change en fille ? Pendant un court instant, Thérèse trouve la proposition amusante, mais elle se ressaisit aussitôt, en la prenant très au sérieux :

« *Très bien. Ce soir, durant la visite au Saint-Sacrement, fais part à Jésus de ton désir d'entrer au Carmel, et demande-lui de te changer en fille pour y être admis. Oui, c'est intéressant, parle bien à Jésus comme tu viens de le faire avec moi, sans rien lui cacher, tu entends ?* » (aut 653).

Lorsque la démarche de Van n'aboutit pas, Thérèse n'accepte pas le reproche de celui-ci de l'avoir trompé, en l'engageant à faire à Dieu une demande ridicule. La raison de son attitude, elle la formule ainsi :

« *...parce que tu es sincère avec Dieu même dans les choses chimériques de ce genre, tu as gagné son cœur, et il t'accorde un grand nombre de grâces très précieuses. Rappelle-toi que Dieu aime beaucoup les petites histoires amusantes comme celle que tu viens de raconter* » (aut 656).

Plus tard elle explique pourquoi Jésus fut ravi :

« *Tu te rappelles l'histoire d'autrefois ? C'était bien amusant, n'est-ce pas ? Un garçon qui demande avec insistance d'être changé en fille pour entrer au Carmel... Maintenant, bien que tu sois Frère Rédemptoriste tu peux quand même être appelé "la petite épouse" du petit Jésus et être en même temps mon petit frère chéri ; n'est-ce pas là un grand bonheur ?* » (col 217).

Autrement dit, ce qui a ravi le cœur de Jésus, ce sont les dispositions d'âme de Van, exprimées dans cette demande apparemment naïve d'être changé en fille, et qui déjà commençaient à le préparer à devenir véritablement l'épouse de Jésus, mais dans un état de vie voulu, non pas par Van, mais par Jésus.

Ainsi Van vit-il sa relation sponsale à Jésus comme une sorte de prolongement en lui, ou de transfert à lui, de celle de son éducatrice dans l'Amour de Jésus : la Petite Thérèse. Cela apparaît notamment dans la joie qu'il éprouve de pouvoir faire sa profession religieuse en la fête de la Nativité de la Vierge Marie, le 8 septembre, c'est-à-dire le même jour que Thérèse :

« J'ai toujours désiré ressembler à sainte Thérèse, et je me disais : si le jour de ma profession pouvait coïncider avec celui de la profession de ma sœur, comme je serais heureux ! Aujourd'hui, ce désir est devenu réalité, et c'est encore une gâterie voulue de Jésus en faveur de son ami... au caractère difficile » (aut 858).

C'est pourquoi il nous semble que l'enjeu du dialogue entre Van et Thérèse sur la demande à Dieu d'être changé en fille comporte des implications d'ordre proprement théologique, dont l'élucidation doit faire l'objet du présent exposé, en reprenant le vécu et les écrits de Van qu'elles sous-tendent. Dans un premier temps, il nous faudra regarder de plus près le langage sponsal de ces écrits, pour en dégager les principaux aspects de leur signification théologique et spirituelle. Cela nous conduira, dans un deuxième temps, à la question de fond : Comment fonctionne une priorité donnée au féminin, dans l'analogie que légitiment, et l'Écriture et toute la Tradition catholique, entre la relation de l'épouse à son époux dans l'état du mariage et la relation à Jésus de la personne dans l'état de la vie consacrée, que cette personne soit féminine ou masculine ?

Pour être complet, il y aurait à analyser toutes les dimensions de la relation sponsale entre Jésus et la personne consacrée, qui situent cette relation vraiment au cœur de la vie spirituelle en tant que telle : la maternité spirituelle dans laquelle cette relation trouve sa fécondité ; les champs de l'activité apostolique où cette fécondité porte ses fruits ; l'humilité et la pauvreté spirituelles dont jaillit l'amour sponsal de l'épouse pour l'Époux ; la souffrance de l'épouse, comme configuration par amour, à la Passion et à la Mort rédemptrice de l'Époux ; l'Eucharistie comme lieu sacramentel privilégié de la relation sponsale ; enfin la dimension eschatologique de celle-ci. Dans le cadre de ce modeste exposé, il ne peut être question que très brièvement de ces composantes spirituelles de la sponsalité : notamment, dans la première partie, de la maternité spirituelle et de la souffrance de l'épouse dans l'attente de la plénitude eschatologique.

Une brève conclusion relèvera la convergence entre ce que dit Jésus à Van sur la priorité donnée au féminin dans la relation sponsale de la personne consacrée avec lui et l'enseignement de Jean-Paul II sur la dignité de la femme.

LE LANGAGE SPONSAL DE VAN

Partons du réalisme et de l'intensité de ce langage sponsal, auxquels il a déjà été fait allusion et qui sont, selon les propres mots de Jésus, malsonnants et insupportables aux oreilles de certains. De là, nous pourrons passer aux caractéristiques essentielles de la relation sponsale dans laquelle la personne consacrée, masculine ou féminine, est établie. En terminant, il faudra en évoquer quelques aspects complémentaires.

Le réalisme et l'intensité du langage de Van

Au cœur de ce langage est l'image de baisers réciproques avec les lèvres que se donnent l'époux et l'épouse. C'est Jésus bien sûr qui en prend l'initiative : *« Mon enfant, je te prends dans mes bras, je t'élève au niveau de mes lèvres et je te donne un baiser »* (col 14).

Ou encore, dans un passage déjà cité : *« Ô mon petit frère, je te couvre sans cesse de baisers, et je garde mes lèvres collées à ta joue »* (col 198, voir ci-dessus). L'amour pour l'épouse que ces baisers expriment est tellement ardent que l'époux n'arrive jamais à s'en rassasier : *« Je ne cesse de t'en donner (des baisers) sans jamais me rassasier »* (col 61). Comment ne pas penser au geste du père vis-à-vis de l'enfant prodigue de la parabole : « Il courut se jeter à son cou et le couvrit de baisers » (κατεφιλησεν Lc 15, 20). Force est pour l'épouse de répondre à la requête : *« Mon enfant donne-moi un baiser »* (col 61). Mais cette réponse se fait dans la liberté d'un amour qui se prouve par la souffrance pour et en union avec l'Époux :

> *« Enfin, mon Frère (Jésus), laisse-moi te donner un baiser. Ce baiser je te le donne pendant que mes larmes coulent encore, mais il ne faut pas t'en attrister, car au milieu de mes larmes, je garde le sourire »* (col 773).

Il y a ici un écho de Thérèse qui poussait la délicatesse avec l'Époux, à vouloir cacher ses propres souffrances aux yeux de Celui-ci, pour ne pas l'en accabler. Quant à Van, il pousse l'audace à demander à se servir des *« lèvres si jolies »* (*sic*) de Jésus-Époux pour donner un baiser à Marie et un autre à Thérèse :

« Permets que je me serve de tes lèvres si jolies pour donner un baiser à Marie. Donne-lui ce baiser à ma place. Fais de même pour ma sœur Thérèse... » (*Ibid.*).

Et pourtant, il n'y a nul étalage dans les manifestations de cette sponsalité ardente ; au contraire, tout se passe dans la plus grande discrétion. Ainsi Jésus s'arrange-t-il pour que Van ait une chambre qui lui permette d'être seul, pour que tant les souffrances qui font couler ses larmes, que le bonheur qu'il éprouve dans l'intimité sponsale avec son Époux, soient cachés aux yeux du monde.

« Si je t'ai choisi une chambre où tu sois seul, c'est dans l'intention de cacher tes larmes, afin que notre amour ne soit pas connu au dehors. Maintenant, je n'ai plus de crainte de ce côté-là... Mon enfant, ferme la porte pour pleurer, de peur qu'on s'en aperçoive. Maintenant que tes larmes ont coulé, offre-les moi... Mon enfant, cette chambre sera désormais précieuse, car elle contiendra d'abondantes larmes tombées des yeux de mon épouse ; elle sera aussi bien des fois témoin du bonheur que nous goûterons ensemble, ô mon petit ami... » (col 61).

Au fond, les larmes de l'épouse doivent rester aussi cachées que les baisers qu'elle offre à son Époux, pour la raison qu'elles sont pour lui un témoignage, aussi précieux que les baisers, de son amour pour Lui.

Les caractéristiques essentielles de la relation sponsale

Rassemblons-les sous cinq mots-clefs : exclusivité, unité, égalité, simplicité, éternité.

1 – Exclusivité

C'est d'abord de l'exclusivité de l'intimité d'amour avec Jésus, comme aussi de l'unité de cette relation privilégiée, que l'exclusivité favorise et protège, que la symbolique de la sponsalité rend compte. Jésus le dit en propres termes à Van :

« Sais-tu pourquoi je me considère comme l'Époux de toutes les âmes ? Parce que je veux que toutes les âmes n'aiment que moi seul... *Après ce que je viens de dire, as-tu suffisamment compris ? »* (col 640).

C'est pourquoi, avec une délicatesse spirituelle qui sonne juste, Van ne propose pas ses propres lèvres mais les « jolies lèvres » de Jésus, pour donner un baiser aux personnes de sexe opposé, pour qui il a un amour affectueux et tendre. Notons aussi qu'il s'agit, comme pour lui-même de baisers à donner à Jésus, non pas sur les lèvres de l'épouse, mais sur la joue. À la fin d'une lettre adressée à sa sœur Anne-Marie Tê, le 10 novembre 1947, Van écrit :

« *Au revoir, petite sœur, l'heure est passée. Je te donne un baiser avec les jolies lèvres du petit Jésus. Je demande aussi à Marie de presser ses deux petites fleurs sur son cœur avec le petit Jésus, je veux parler ici de Sau et de toi-même* ».

Une lettre écrite à Anne-Marie Tê, le 21 janvier 1951, se termine avec des paroles de tendresse analogues :

« *Je te dis au revoir... Je demande à Jésus de te donner à ma place un long baiser sur la joue. Ce baiser spirituel et charmant, je te le donne comme un souvenir affectueux que tu pourras faire revivre sans cesse, chaque fois que tu rappelleras le nom très saint de Jésus, véritable Époux des âmes pures* ».

À Sau, la fille de la mère adoptive de Van, pour qui son affection était à la fois très forte et très pure, comme des paroles, que nous venons de citer, le montrent, il donne une explication circonstanciée de cet effacement de lui-même, dans l'acte même d'exprimer toute sa tendresse pour son interlocutrice, derrière la tendresse infinie de Jésus pour celle-ci :

« *Chère Sau, je t'aime comme une petite sœur. Bien que n'ayant pas la même mère, il existe entre nous depuis notre enfance, une profonde sympathie*[1]*. L'amour de compassion que je porte aux âmes déborde de mon petit cœur dans le tien. Je sais bien que mon petit cœur ne peut plus se donner à toi, puisqu'il appartient totalement à Jésus. Et Jésus le tient si étroitement embrassé qu'il ne veut le livrer à personne d'autre. Cependant, il consent très volontiers à ce que je prenne ce qu'il y a de bon dans mon cœur pour te le communiquer, et le communiquer aussi aux âmes ; c'est-à-dire : les belles et saintes pensées contenues dans mon cœur, il veut que je les communique, afin que ton cœur en soit comme enivré et pressé de chercher le lieu où se trouve accumulé ce trésor. Mais pour trouver ce trésor, il faut que tu viennes à Jésus l'Époux bien-aimé de ton âme. Ainsi donc, petite sœur, si tu n'as pu obtenir mon cœur, tu as du moins*

1. On aimerait savoir si, ce que traduit du Vietnamien le mot français de « sympathie », dont le sens actuel tend à s'édulcorer, a toute la vigueur du mot grec correspondant, (*sum-pathein*) : sentir avec, souffrir avec.

obtenu les biens qui se trouvent en mon cœur, de sorte que tu pourras goûter à la douceur qui émane de l'Amour de Jésus » (cor 09/07/1947 à Sau).

L'appartenance exclusive du cœur à Jésus qu'exige l'intimité sponsale avec Lui, loin d'exclure un amour tout de tendresse pour le prochain, y compris celui de sexe opposé, ne fait que l'accroître. Car elle fait naître et grandir dans le cœur de l'épouse des richesses spirituelles qu'elle pousse à communiquer à autrui. Or, ces richesses sont de telle nature que celui ou celle, qui les reçoit, est poussé à son tour à découvrir que Jésus l'invite aussi à une intensité sponsale tout imprégnée de la douceur de son Amour.

2 – Unité

Comme il a été dit plus haut, l'unité entre l'Époux et l'épouse est inséparable de l'exclusivité qu'elle fonde. De son expérience intense et intime de cela, Van nous en rend compte en particulier, en lien avec l'étape définitive de son itinéraire spirituel, que constitue sa profession religieuse, le 8 septembre 1946. Un peu avant celle-ci, au cours d'un colloque daté du 27 août de la même année, il écrit :

« *Être époux, c'est unir ensemble deux amours qui s'aiment l'un l'autre, ne formant plus qu'un, au point de devenir inséparables* » (col 721).

Le jour même de la profession et après la cérémonie, il écrit :

« *En ce jour, tout contribuait à combler mes désirs ; j'en suis content, ô mon Époux, et je t'en remercie de tout cœur. Et pour te remercier dignement, permets que je prenne pour te les offrir tous nos sentiments d'amour fondus en un seul. Ô Époux de mon âme, nous ne faisons maintenant plus qu'un…* » (col 741).

Un an après sa profession, Van écrit à Sau, le 9 juillet 1947 :

« *À partir de ce jour, je ne cesse de vivre étroitement uni à l'Amour, sachant bien que le devoir de l'épouse se résume tout entier dans le mot "Amour". J'aime celui que j'ai choisi pour Époux, si bien que jamais je n'ose bannir de mon cœur l'amour qui m'unit à Lui. Et même si je voulais briser les liens de cet amour, je pense que ce serait chose impossible, puisque notre union mutuelle est telle que nous ne faisons plus qu'un ensemble ; et ne faisant plus qu'un comment pourrions-nous nous séparer l'un de l'autre.* »

Peut-être l'expression la plus émouvante de cette unité sponsale de Van avec Jésus est-elle un passage d'une lettre adressée à Jésus, le 25 juin 1952, à la suite de tant de rejets dont Van avait été l'objet. Il y désigne cette unité sponsale par les deux noms de Jésus et de Marcel, mis côte à côte.

« Durant les trois dernières années, moi, Marcel-Jésus, j'ai connu de grandes tristesses, j'ai été continuellement rejeté. Le monde ignorait complètement que j'étais ton épouse, Jésus, il ne savait pas non plus que j'étais roi ; c'est pourquoi il me méprisait de toutes manières. Cependant, Jésus-Marcel nous n'avons aucune raison de nous attrister. »

3 – Égalité

Le secret de cette égalité, qui est celle des deux amours dans la relation sponsale et qui, à première vue, revêt le caractère d'un paradoxe, insoutenable, est exprimé dans une phrase, citée plus haut, d'un colloque de Van avec Jésus, qui a suivi la cérémonie de la profession religieuse : *« Et pour te remercier dignement, permets que je prenne pour te les offrir tous nos sentiments d'amour fondus en un seul. »*

L'explication du sens de cette demande se trouve dans d'autres paroles que Van a adressées à Jésus, le 27 août, c'est-à-dire, avant la profession :

« Plus j'aime, plus j'étreins étroitement l'objet de mon amour, plus aussi je vois clairement qu'il y a dans mon cœur un amour dont la dimension est égale à ton Amour infini. Il n'y a à cela rien d'étonnant, car en m'appelant ton épouse, et en me permettant de t'appeler l'Époux de mon âme, certes, tu dois aussi faire en sorte que nous ayons tous les deux un amour égal ; c'est à cette condition qu'il nous sera possible de nous aimer l'un l'autre. N'est-ce pas, Jésus ? Ainsi donc, ton Amour infini est également mon Amour infini. Vu que tous les deux nous ne faisons qu'un, il n'y a plus qu'un seul amour qui nous lie tous les deux ensemble » (col 720).

Autrement dit, il est dans la nature même de l'Amour qu'a l'Époux divin pour l'épouse qui n'est qu'une créature, de lui communiquer le moyen de répondre avec le même Amour. Ainsi Van rejoint-il le sens profond de l'affirmation de saint Paul dans l'épître aux Galates (2, 20) : « Ce n'est plus moi qui vis, mais le Christ qui vit en moi. Ma vie présente dans la chair, je la vis dans la foi au Fils de Dieu qui m'a aimé et s'est livré pour moi » (Cf. : col 710-711).

4 – Simplicité

La familiarité, l'aisance, la transparence, aussi bien dans le langage employé que dans les attitudes intérieures qui le motivent, éclatent dans toutes les paroles que Van adresse à Jésus. C'est Jésus qui pousse Van à cette familiarité. Parce que celle-ci se fonde sur la simplicité dans les relations, qui jaillit de l'amour authentique entre l'époux et l'épouse, elle ne tourne jamais à la vulgarité :

« *Oh ! petit Marcel, aime-moi n'est-ce pas ? ...Marcel appelle-moi ton petit Époux, appelle-moi le papillon posé sur la petite fleur de ton âme pour en aspirer le miel et jouir de son parfum ; appelle-moi encore l'avion qui t'emporte et te fait évoluer dans l'amour sans fin... Oui, Marcel, donne-moi tous ces noms, n'est-ce pas ?* » (col 200).

Est déterminant aussi de la simplicité de la réponse de Van à de telles avances, le fait que Jésus, tout en étant son Époux, se présente à lui sous les traits de l'enfance. Loin d'être incohérente, cette fusion de la symbolique de l'enfance et de celle de la sponsalité (à laquelle, notons-le, la Petite Thérèse est parvenue à l'époque de la rédaction du Manuscrit B) renvoie à ce qu'il y a de plus profond dans l'enjeu spirituel et théologique dont il sera question dans la deuxième partie.

Retenons ici simplement comment cette humilité divine avive en Van la prise de conscience de sa dignité d'épouse ; des véritables droits que cet état lui donne par rapport à l'Époux divin :

« *Et moi, je te dis franchement : si tu ne vois pas à donner à la communauté tout le nécessaire, je vais avertir Marie, ta Mère. Autrefois, est-ce qu'elle t'a jamais laissé manquer de quelque chose ? Et maintenant, vois comment tu oses te comporter envers tes épouses. Que tu dormes, passe encore, mais il faut songer un peu à nous, tes épouses, pour le spirituel bien entendu, mais aussi pour le matériel nécessaire à la vie* » (cor 25/06/1946 à Jésus).

En effet, cette familiarité et cette franchise, puisqu'elles ne diffèrent pas de celles que l'unité d'amour entre deux parents fait jaillir de tous les membres de leur famille, s'étendent aussi aux détails les plus humbles de la vie quotidienne, qu'il s'agisse de la famille, issue du mariage, ou de la vie fraternelle d'une communauté religieuse :

« *Petit Jésus, Thérèse du petit Jésus (Anne-Marie Tê) n'a pas encore pu partir ; il pleut toujours. Tu dois y voir, petit Jésus. Je désire beaucoup que la pluie cesse, afin que ma mère puisse retourner, et que demain, jour du lavage, il me soit possible de faire sécher le linge. Oui, tu dois y voir, petit Jésus ; pour moi je ne m'en occupe pas, fais comme tu l'entends. La communauté manque actuellement de beaucoup de linge ; si demain tu ne fais pas cesser la pluie, qu'est-ce que tes épouses auront à se mettre sur le dos la semaine prochaine ?* » (col 742-743).

Et pourtant, le « fais comme tu l'entends » est bel et bien un acte d'abandon tout simple de la volonté de l'épouse à celle de l'Époux. C'est que la délicieuse franchise à l'égard de l'Époux de la part de l'épouse ne peut jamais tourner à la désinvolture ou à la vulgarité, parce que l'épouse ne perd jamais conscience d'avoir été appelée à cet état à partir du néant.

« Ô Jésus, mon frère ! à la vue de cette immense faveur, mon âme frémit de bonheur au point d'en être troublée, car tout néant qu'elle soit, elle a eu l'heureuse fortune de devenir ton épouse » (aut 861).

5 – Éternité

C'est la dimension que Jésus rend explicite dans la formule d'un serment sponsal entre Van et Lui-même, qu'Il lui dicte, en lui demandant de la réciter comme pour commencer à l'apprendre par cœur :

« Humble enfant de mon amour, récite, tout en l'écrivant, cette formule qui sera un serment d'amitié entre nous deux : "Mon bien-aimé Jésus, je t'aime, et parce que je t'aime, tu m'as choisi pour être éternellement ton épouse ; et moi, Jésus, jamais je ne laisserai mon petit ami quitter mes bras si doux" » (col 8).

Or, cette dimension d'éternité fait prendre conscience à Van qu'une sorte de renversement s'opère dans l'analogie que tout l'enseignement de Jésus lui-même permet d'établir entre ces noces éternelles, destinées à s'accomplir définitivement au ciel, et le mariage de la terre. Ce dernier est très limité, quant au degré d'intensité à laquelle les époux peuvent parvenir et quant à sa durée ; il bute fatalement sur la rupture de la mort. Même l'expression vietnamienne *Ban tram nam*, qui veut dire « ami pour cent ans » et, partout, désigne ou l'époux, ou l'épouse, est une exagération, parce que le couple humain ne peut espérer rester ensemble pour une telle durée.

« Sur cette terre, impossible pour les couples humains de s'aimer intimement, impossible que leur amour mutuel s'unisse jamais pour une durée de cent ans ; et pourtant ils osent se donner l'un à l'autre le nom d'époux et d'épouse, d'amis pour cent ans » (col 722).

Dès lors, au lieu de chercher à comprendre les noces éternelles avec Jésus à partir de ce qui n'en est qu'une image lointaine et terrestre, il vaut bien mieux faire jouer l'analogie en sens inverse : l'Amour Infini dont bénéficie l'épouse de Jésus et que, par pure grâce, elle est habilitée à lui rendre, jette une lumière fulgurante sur la véritable signification de la sponsalité terrestre. Le mot « épouse » n'aurait son vrai sens que par rapport à la relation sponsale à Jésus. À la limite, il faudrait la réserver à cette relation :

« *S'ils s'appelaient amis éphémères, (les époux de la terre), je trouverais cela plus agréable à entendre, et, alors, petit Jésus, les mots époux et épouse seraient réservés uniquement à toi et à moi, comme aussi aux âmes qui t'offriraient leur amour pour être unis à ton Amour. Nous seuls pouvons nous appeler véritablement Époux et épouse (amis pour cent ans) parce que nous ne faisons plus qu'un ensemble dans un seul amour infini. Nous pourrions nous appeler l'un et l'autre amis éternels. C'est là d'ailleurs le sens exact du mot épouse. Il vaut donc mieux continuer à l'employer* » (col 723).

Autrement dit, l'expression imagée « ami pour cent ans », qui désigne, soit l'époux, soit l'épouse, renvoie à une aspiration, dans le cœur du Vietnamien non-chrétien, à un amour qui soit vraiment sans limite de durée et que seule la révélation chrétienne nous donne en la Personne de Jésus.

De ce renversement de perspective qu'opère le donné révélé par rapport aux analogies possibles entre les liens familiaux de la terre et des réalités surnaturelles, saint Paul, dans son épître aux Éphésiens donne une formulation décisive : « Je fléchis les genoux en présence du Père de qui toute "parentalité" (πατρια en grec) au ciel et sur la terre, tire son nom » (3, 14). Un peu plus loin, au chapitre V, il applique le même procédé à l'union conjugale du couple humain, en expliquant que c'est par rapport au modèle parfait, constitué par l'union entre Jésus et Son Corps-Épouse-Église, que s'éclaire le mystère de l'union de l'homme et de la femme, voulue par Dieu dès l'origine : « Voici donc que l'homme quittera son père et sa mère pour s'attacher à sa femme, et les deux ne feront qu'une seule chair : ce mystère est de grande portée : je veux dire qu'il s'applique au Christ et à l'Église » (5, 31-32).

Aspects complémentaires

Retenons-en deux, que nous pouvons rattacher à deux mots-clefs : maternité et veuvage.

1 – Maternité

Dans les écrits de Van, la maternité spirituelle occupe une place aussi centrale que la sponsalité. En effet, la stérilité est encore moins concevable, sur le plan surnaturel de l'union à Jésus et ses épouses, membres de son Épouse-Église, que sur le plan naturel de l'union conjugale dans le mariage. On ne devient pas épouse de Jésus, pour se complaire dans cette relation ; et encore moins pour se complaire en soi-même. On le devient pour participer avec Jésus à Son œuvre de salut. C'est cela que veut dire le titre de frère rédemptoriste que Van a le droit de porter :

« Je suis très heureux, car désormais je pourrai me dire la petite épouse du petit Jésus, je pourrai me dire le petit rédempteur du divin Rédempteur » (cor 14/O9/1946 à l'abbé Duc).

Par ailleurs, le modèle parfait de ces épousailles surnaturelles est la Vierge Marie, en qui la Maternité divine est la fécondité indépassable de sa virginité sponsale. *« ...ma Mère est également la Mère des mes épouses »*, dit Jésus à Van (col 30).

Il y aurait donc à traiter pour lui-même le thème de la maternité spirituelle ; à analyser comment il se déploie à travers l'ensemble des écrits de Van. Mais une telle analyse dépasse le cadre de ce modeste exposé. Cependant, pour ne pas donner une idée tronquée de la richesse de la conception que se fait Van de la sponsalité, il nous faut, au moins, relever ici le lien intrinsèque qu'il établit entre celle-ci et la maternité spirituelle. Ainsi Jésus lui dit-il, non seulement par rapport à son union à Lui, mais de façon générale :

« Devant pareille situation, je dois me retirer dans les petites âmes, et une fois installé chez elles, je les reconnais pour mes épouses, je les prends à mon service et leur confère la dignité de mère des âmes que je veux sauver » (col 27).

De sa propre expérience spirituelle Van nous dit, dans un passage cité plus haut, qu'il prend conscience de sa responsabilité de mère à partir de cette union si intime avec Jésus qu'elle est désignée par Marcel-Jésus, ou Jésus-Marcel :

« Cependant, Jésus-Marcel, nous n'avons aucune raison de nous attrister (par rapport à un rejet de la part du monde). En effet, je porte la responsabilité d'une mère. Or, qu'est-ce qu'un cœur de maman ? C'est un abîme d'amour capable de toutes les souffrances, quand il faut braver le danger pour trouver de quoi nourrir ses enfants » (cor 25/03 1952 à Jésus).

Saint Paul ne s'exprime-t-il pas de façon semblable dans cet épanchement du cœur adressé aux Galates : « Mes petits enfants, vous que j'enfante à nouveau dans la douleur jusqu'à ce que le Christ soit formé en vous » (4, 19).

2 – Veuvage

Dans un passage des colloques, Van associe l'image de la veuve directement à celle de l'épouse : « *Je suis comme une jeune épouse qui a eu le malheur de devenir veuve* » (col 772). Il s'agit de gémissements du cœur adressés à Marie et auxquels Van donne libre cours à cause de toutes ses souffrances intérieures. Parmi ces souffrances intérieures, il y a celle de la sécheresse, qui est d'autant plus douloureuse qu'elle a pour cause l'absence apparente de l'époux et que cette absence fait contraste avec les consolations d'autrefois :

« *Oh ! ma Mère, veuille comprendre les sentiments de mon cœur. Je souffre au point de pouvoir en mourir, mais je ne meurs pas. C'est à cause d'un excès d'amour que mon cœur en est arrivé à cet état de sécheresse* » (col 772).

Ce qui arrache du cœur de Van le cri qu'il est « *veuve* » est ce paradoxe de l'amour qui, en s'intensifiant, conduit à plus d'obscurité et plus de souffrance, tant que le voile de la foi n'est pas déchiré, pour permettre à l'épouse de jouir du face à face avec Jésus dans la vision béatifique.

LA PRIORITÉ DU FÉMININ DANS L'ANALOGIE SPONSALE

Poursuivons notre réflexion ici encore en trois étapes.

Les limites de l'analogie

En abordant lui-même, dans ses colloques avec Van, le problème que pose cette priorité du féminin, Jésus le fait en des termes qui se rapprochent de ce renversement de perspectives, dont il a été question plus haut, opéré par le donné révélé à l'endroit d'analogies avec l'Amour divin, tirées des liens familiaux de la terre. Il affirme que, par rapport à cet Amour divin, le langage humain de la sponsalité, en particulier, bute sur des limites infranchissables, mais qu'il faut l'employer quand même :

« *La raison pour laquelle je dois employer le mot "épouse", c'est que le monde n'en a pas d'autre ; et si j'utilise un autre langage, le langage propre à l'Amour, le monde n'y comprendrait rien, il ne pourrait saisir le sens de mes paroles... Petit frère, ce n'est qu'une fois rendu au ciel que tu verras clairement toutes ces choses ; et comme je te l'ai dit auparavant, je n'emploierai plus alors pour te parler le mot "épouse"* » (col 539-540).

S'agissant de cette relation sponsale dans laquelle Jésus entre, dès leur vie sur la terre, avec les membres de Son Corps-Épouse-Église, il y a une inadéquation du mot « épouse » pour exprimer cette relation, parce qu'elle renvoie à l'extériorité de la sponsalité sur le plan du corps :

« Oui, toutes les âmes sont mes épouses. Mais cela ne doit pas s'entendre matériellement. Cependant, comme Jésus barbu le disait hier, le mot "épouse" est un terme qui s'emploie pour désigner extérieurement les religieuses et non pas les religieux, bien que les religieux soient aussi véritablement mes épouses que les religieuses » (col 538-539).

Une fois que « l'épouse » de sexe, soit masculin, soit féminin, entre au ciel, comme une âme dépouillée de son extériorité corporelle, Jésus n'aura plus de raison d'exprimer son union d'amour avec elle par le mot « épouse ».

« Si en ce moment je te faisais voir l'âme de ton père saint Alphonse, avec celle de ta sœur Thérèse, mais sans aucune forme extérieure, tu ne pourrais certainement pas distinguer l'une et l'autre. À supposer même que je te fasse voir en même temps ma propre âme, tu n'y comprendrais rien non plus. »

Parole qui est suivie par celle que nous venons de citer :

« Petit frère, ce n'est qu'une fois rendu au ciel que tu verras clairement toutes ces choses ; et comme je te l'ai dit auparavant je n'emploierai plus alors pour te parler le mot "épouse" » (col 539-540).

De nouveau, il y a convergence d'avec la manière dont saint Paul parle des membres de l'Église, Corps-Épouse de Jésus. Aux Corinthiens, aussi bien de sexe masculin que de sexe féminin, il écrit : « J'éprouve à votre égard en effet une jalousie divine ; car je vous ai fiancés à un époux unique, comme une vierge pure à présenter au Christ » (2Co 11, 2). C'est par le baptême que l'âme chrétienne entre dans une relation sponsale avec Jésus, qui est celle de toute l'Église. Elle doit l'approfondir par l'exercice des trois vertus théologales de foi, d'espérance et de charité. Saint Paul donne même à cette sponsalité théologale le qualificatif de « virginal ». La virginité sponsale de l'Église est d'abord d'ordre spirituel, d'ordre théologal, par la totale dépendance de sa foi aimante, par rapport à l'Époux. Bien que les personnes consacrées, soit masculines, soit féminines, soient signes de cette virginité, à un titre particulier, tous les baptisés, y compris ceux qui ont choisi l'état du mariage, sont appelés à participer à cette virginité théologale, en vivant dans le monde, d'une vie entièrement polarisée par la foi, l'espérance et la charité.

Il y a cependant, dans le dernier passage que nous avons cité des colloques, des paroles de Jésus qui doivent nous poser problème. Que veut dire :

« *À supposer même que je te fasse voir en même temps (c'est-à-dire en même temps qu'une vision des âmes de saint Alphonse et de sainte Thérèse) ma propre âme, tu n'y comprendrais rien non plus* ».

Même si Jésus dit cela à Van dans un contexte où Il se montre à lui comme petit enfant (pour des raisons d'ailleurs qu'il nous reste à expliquer plus loin), ne faut-il pas tenir compte de l'état actuel de Jésus-Ressuscité ? Or, par sa Résurrection, Jésus se trouve au ciel, non seulement avec son âme humaine mais aussi avec un Corps glorifié de sexuation masculine. Ses plaies glorifiées, qu'Il a montrées à Ses apôtres après sa Résurrection, ne démontrent-elles pas, de façon éclatante, qu'il n'y a aucune solution de continuité entre le Corps Ressuscité qui, en dépassant les limites de notre espace-temps, à été plongé au cœur de la Trinité, et le Corps de sexuation masculine qui a été trucidé par amour pour nous sur la Croix ? Et que dire de la définition par le Magistère du dogme de l'Assomption, qui signifie que c'est avec son âme et son corps glorifié que Marie a été élevée au ciel pour partager la souveraineté universelle de l'humanité masculine de Son Fils ? C'est bel et bien comme personne humaine de sexuation féminine que Marie a été ainsi glorifiée. En nous adressant à elle comme notre Mère, nous ne penserions jamais à un être asexué. Oh ! Que non !

D'ailleurs en permettant à Van de lui dire : « *Jésus, je t'aime, et parce que je t'aime tu m'as choisi pour être éternellement ton épouse...* » (col 8, cf. aussi : le début de la section intitulée « Éternité »), Jésus entend bien admettre que, pour inadéquate qu'elle soit pour exprimer des réalités d'ordre surnaturel, la symbolique sponsale qui donne priorité à la féminité, pointe en quelque sorte, vers quelque chose de plus que le provisoire des réalités terrestres. C'est bel et bien ce que montrent des passages, reproduits plus haut, pour illustrer en premier lieu l'insistance de Jésus sur ce qu'il y a de provisoire dans cette symbolique. Le simple fait que, dans ces passages, Jésus s'explique sur la nécessité, dans le cas de la vie consacrée, de faire le transfert du féminin au masculin en est la preuve :

« *Cependant, comme Jésus barbu le disait hier, le mot "épouse" est un terme qui s'emploie pour désigner extérieurement les religieuses et non pas les religieux, bien que les religieux soient aussi véritablement mes épouses que les religieuses* » (col 538-539).

Autrement dit, ce transfert qui donne priorité au féminin est incontournable du fait que, dans le cas de la femme consacrée, la sponsalité avec Jésus s'étend au delà de l'intériorité spirituelle jusqu'à l'extériorité du corps. C'est pourquoi Jésus donne nettement tort au Frère Eugène qui récuse ce transfert :

« *Dis ceci au Frère Eugène : "Si vous refusez de reconnaître Jésus comme l'Époux de votre âme, vous n'avez pas non plus le moindre degré d'amour pour lui"* » (col 636).

De même, Jésus approuve l'usage liturgique de l'Église qui réserve le nom de « vierge » aux saintes, bien que les saints, dans l'état de vie consacrée sur la terre, aient gardé la virginité :

« *La Sainte Église donne aussi le nom de "Vierge" aux saintes, parce qu'elles ont gardé la virginité, mais elle ne donne pas ce nom de "vierge" aux saints, bien que de fait ils aient gardé eux aussi la virginité comme toutes les saintes. En ce monde, Marcel, il faut bien employer le langage du monde ; mais ce langage est impuissant à exprimer les choses spirituelles* » (col 539).

C'est que les saintes, qui sont vierges, sont une représentation privilégiée, une icône même, de ce qu'il y a spirituellement de plus profond dans l'Église comme Épouse virginale de Jésus. En définitive, en dépit de l'inadéquation douloureuse de notre langage humain aux réalités de l'ordre surnaturel, il en va, dans cette symbolique qui donne priorité à la féminité, de la justesse de notre façon de concevoir nos rapports avec les Trois Personnes de la Trinité :

« *Même si dans vos rapports avec* Jésus (Jésus s'adresse, par Van, au Frère Eugène) *vous ne vouliez que lui exprimer l'affection d'un enfant envers son père, ou un autre genre d'affection, cela ne peut être appelé amour, parce qu'il y manque un genre d'affection que le petit Jésus veut attribuer en propre à la Trinité, et qui consiste à aimer Jésus d'un amour d'épouse* » (col 636).

Son fondement

Comment alors trouver un équilibre, une ligne de crête, entre les deux versants du langage de la symbolique sponsale qui, à la limite, se trouveraient en contradiction l'une avec l'autre ? La seule manière de sortir de l'impasse est de remonter à ce qui en constitue le fondement. Or, il ne fait pas de doute, d'après les paroles de Jésus dans les colloques, que ce fondement n'est autre que la propre personne de la Vierge Marie : « *Petit ami, écoute bien ce que je vais te dire, ne sois pas distrait.* (Donc, ce que va dire Jésus est particulièrement important.) *C'est grâce à Marie que mes épouses peuvent s'unir à mon amour de façon intime et durable* » (col 31).

C'est que la permanence de la relation entre Marie et Son Fils, que fonde le mystère de l'Incarnation, se communique à la relation entre le Fils et ses épouses :

« *La conduite de mes épouses dans leurs relations avec moi doit être aussi la même dans leurs relations avec ma Mère. Marie étant ma Mère et mes épouses ne faisant qu'un avec moi, il en résulte que ma Mère est également la Mère de mes épouses* » (col 30).

À première vue le sens de ces paroles de Jésus paraît tellement obvie que ne pas le saisir tout de suite ferait preuve de stupidité. En fait à y regarder de plus près, ces paroles de Jésus engagent une juste compréhension de la place de Marie dans toute l'économie du salut, et, partant, de son rôle décisif dans nos relations sponsales avec Son Fils.

Les épousailles de Jésus avec l'Église, et même, au delà des frontières visibles de celle-ci, avec toute l'humanité ont lieu en germe en quelque sorte, lorsqu'Il unit une nature humaine à sa Personne divine dans le sein de la Vierge Marie, par la puissance de l'Esprit Saint. Le Propre de la messe pour la fête de l'Annonciation nous fait prier ainsi : « Daigne accepter, Dieu tout-puissant, les dons offerts par ton Église qui n'oublie par qu'elle a commencé le jour où ton Verbe s'est fait chair » (Prière sur les offrandes). Marie, alors, ne fut pas un témoin passif du mystère indicible de sponsalité qui s'opère en elle. Dieu le Père ne l'aurait pas opéré, s'Il n'avait obtenu, au préalable, un consentement qui jaillit du plus profond de la foi et de la charité parfaites de Marie. Autrement dit, dès ce stade, la Maternité divine de Marie comporte en plus de sa dimension corporelle, une dimension spirituelle et théologale, qui la rend inséparable de la révélation sponsale que Jésus est venu établir avec l'humanité pécheresse en la sauvant.

À la deuxième étape, celle qui est décisive de par l'Acte Rédempteur de Jésus, l'association intime entre maternité et sponsalité atteint à sa plénitude. Après la mort de Jésus sur la Croix et au moment où Son côté fut ouvert et Son Cœur fut transpercé, il en coula du sang et de l'eau (Jn 19, 34). La Tradition catholique a toujours vu dans ce fait la naissance de l'Église, non plus en germe, mais en plénitude : « C'est du côté du Christ endormi sur la croix qu'est né "l'admirable sacrement de l'Église *tout entière"* » (*Constitution sur la liturgie*, N° 5). Il y a plénitude parce qu'avec le sang et l'eau sortis du cœur tout aimant de Jésus, la Personne-Amour, (comme le dit Jean-Paul II) de l'Esprit Saint. Mais, là encore, il y eut un acte préalable de la part de Dieu en la Personne du Fils. Voyant la totale ouverture spirituelle de Marie à la volonté du Père pour lui, le Fils, dans l'abaissement de Sa mort sur la Croix, étendit la maternité spirituelle de sa Mère, dont lui-même avait été le premier bénéficiaire à son Incarnation, à toute la race humaine. Autrement dit, ne peuvent devenir épouses de Jésus, de par la grâce baptismale qui découle de Son mystère pascal, que ceux et celles qui acceptent Marie comme leur Mère.

De même que toute l'économie de la Rédemption est récapitulée en Celui qui en a l'initiative, c'est-à-dire le Fils de Dieu fait homme, de même du côté de la réponse à cette initiative d'amour, il y a récapitulation de tous les membres de l'Épouse-Église en la personne de Marie. Nous ne pouvons bénéficier de la filiation adoptive dans l'Esprit, qui fait de nous des frères et sœurs de Jésus, et aussi Ses épouses, que par l'intermédiaire de celle, dont la plénitude du don de l'Esprit a fait une épouse parfaite. C'est bel et bien pour cela que, dans son épître aux Galates, saint Paul insère une mention du mystère de notre filiation adoptive dans l'Esprit, juste après la seule mention, de tous ses écrits, de Marie comme étant celle par laquelle Jésus est venu dans le monde : « Mais quand vint la plénitude du temps, Dieu envoya son Fils, né d'une femme, né sujet de la loi, afin de racheter les sujets de la loi, afin de nous conférer l'adoption filiale. Et la preuve que vous êtes des fils, c'est que Dieu a envoyé dans nos cœurs l'Esprit de son Fils qui crie : *Abba*, Père » (Ga 4, 4-6). De ce point de vue, on peut aller jusqu'à dire qu'au pied de la Croix, la relation de maternité de Marie à Jésus, se double d'une relation de sponsalité, en ce sens qu'elle commença à pré-contenir en elle-même, de par le caractère unique de son association au mystère pascal de Son Fils, toute la sponsalité des membres de l'Église à venir. Elle fut établie dans une récapitulation, en sa propre personne de toute la réalité de l'Épouse-Église aussi bien de sa maternité que de sa sainteté virginale.

Ce qui en découle

Ce caractère englobant de la sponsalité de Marie, Mère de Dieu et Mère de l'Église, ouvre à une juste compréhension des paroles de Jésus, portant sur le vécu de la relation sponsale avec Lui, qui, à première vue, semblent difficiles à décrypter. Comme nous venons de le voir et, selon les paroles de l'apôtre Paul, Marie, en donnant un consentement libre d'épouse à l'initiative prise, par le Père, de faire incarner Son Fils unique dans le sein de Marie, par la puissance de l'Esprit, ouvre à nous tous la possibilité d'accueillir sponsalement une filiation adoptive qui nous donne à nous aussi une relation intime d'amour avec chacune des Trois Personnes Divines. Là se trouve, nous semble-t-il, la clef d'interprétation d'une parole où Jésus demande à Van d'expliquer au Frère Eugène que refuser de le reconnaître comme Époux de son âme, c'est refuser l'amour de Jésus en tant que tel et, par là, se couper de l'amour trinitaire :

« Dis ceci au Frère Eugène : "Si vous refusez de reconnaître Jésus comme l'Époux de votre âme, vous n'avez pas non plus le moindre degré d'amour pour lui. Même si dans vos rapports avec Jésus vous ne vouliez que lui exprimer l'affection d'un enfant envers son père, ou un autre genre d'affection, cela ne peut être appelé amour, parce qu'il manque encore un genre d'affection que le petit Jésus veut attribuer en propre à la Trinité et qui consiste à aimer Jésus d'un amour d'épouse" » (col 636).

À ce point de vue là, un enfant qui vit dans la grâce de Dieu est un modèle pour nous parce que son âme est un Temple où habite la Trinité ; et cela par le baiser d'amour sponsal que lui donne l'Esprit Saint. Ainsi d'un enfant qui, par suite du scandale dont il a été la victime, a perdu son innocence, Jésus précise :

« Devant le regard de Dieu le Père, l'âme de cet enfant perd la beauté naturelle qu'elle tenait de lui, parce que le sceau du péché a été imprimé en elle. Dans ses rapports avec Dieu le Fils, l'âme de cet enfant ne voit plus clairement la vraie lumière, elle ne voit plus clairement son divin Époux. Quant à l'Esprit Saint, Il ne peut plus donner librement à cette âme les baisers de l'Amour » (col 434).

Par analogie avec le lien entre amour sponsal de Jésus et filiation adoptive dans l'Esprit, qui ouvre à toutes les formes d'intimité aimante avec les trois personnes de la Trinité, l'amour entre époux et épouse est intimement lié à leur amour parental et, par là, englobe toutes les autres relations humaines, aussi bien au sein de la famille que dans la société :

« Sois bien attentif... » dit Jésus à Van, *« pour ce qui est des sentiments des parents envers leurs enfants, ils englobent aussi tous les autres genres de sentiments, même ceux de l'ami pour son ami, de l'époux pour l'épouse, du frère pour son petit frère, du roi pour ses sujets, du maître pour ses élèves. Donc, pour pouvoir dire que les parents aiment vraiment leurs enfants, il faut qu'ils aient ces sentiments qui constituent le véritable amour »* (col 639).

Il s'agit ici d'un lien intime entre sponsalité et filiation et non pas d'une subordination, en sens unique de celle-ci à celle-là, parce qu'ailleurs, Jésus fait de la sponsalité la relation englobante :

« *Alors, petit frère, dis ceci au Frère Eugène : "Si dans les rapports avec Jésus on n'a pas les sentiments de l'épouse à l'égard de son époux, on n'a pas non plus les sentiments de l'enfant à l'égard de son père. Si on n'a pas les sentiments de l'enfant à l'égard de son père, on n'a pas davantage ceux de l'élève à l'égard du maître. Sans ces sentiments de l'élève à l'égard de son maître, on n'est même plus un homme. Si on n'est plus un homme, on n'est pas non plus une chose, et finalement on n'est plus rien du tout, de sorte qu'on ne peut aimer Jésus ; c'est là, d'une certaine manière, renier la Trinité sans le savoir"* » (col 635-636).

Notons qu'ici encore, c'est bel et bien le plan surnaturel de notre relation à Jésus, inconcevable sans le *fiat* de sa Mère, qui donne son fondement à tout ce que nous pouvons dire de vrai des relations familiales de la terre. Cependant, l'analogie joue également en sens inverse. Jésus, par la manière dont il parle de ces relations à Van, nous montre qu'il faut les regarder de près, pour mieux comprendre la grâce indicible que constitue la relation sponsale à Lui.

Qu'il y ait un lien intime entre sponsalité et filialité apparaît surtout dans le fait massif des colloques que c'est toujours en petit enfant que Jésus s'adresse à Van, comme un époux à son épouse. Là encore, la dimension mariale de la sponsalité, sur laquelle nous avons beaucoup insisté plus haut, nous apporte un éclairage décisif. C'est dans le sein de la Vierge Marie, donc comme un tout-petit encore invisible à des yeux humains, que Jésus a commencé Sa relation d'épousailles avec l'humanité. Son amour sponsal est donc un amour qui se manifeste dans l'abaissement. L'abaissement de l'acte d'Incarnation est le point de départ d'un parcours qui aboutit au dépouillement extrême de la Croix, comme nous le dit saint Paul si éloquemment dans son épître aux Philippiens (2, 6-11). C'est pourquoi nous ne pouvons vivre, comme Van l'a si profondément découvert, la relation sponsale à Jésus que dans une filialité qui est partage des souffrances auxquelles Jésus a consenti par sa relation filiale avec Son Père : « (Nous sommes) enfants, et donc, héritiers de Dieu et cohéritiers du Christ, puisque nous souffrons avec lui pour être aussi glorifiés avec lui » (Ro 8, 17).

CONCLUSION

De tout ce qui précède, il apparaît que les paroles adressées par Jésus à Van sur la relation sponsale avec lui-même, vont, à travers bien des nuances, subtiles mais complémentaires, dans le sens d'une priorité du féminin dans l'expression, en langage humain, de ce qu'est cette relation sponsale. Le fait même que Jésus exige du Frère Eugène qu'il accepte l'extension au consacré masculin, du mot d'« épouse », qui désigne, *strictu sensu*, la consacrée féminine, en est la preuve. Il va dans le même sens de l'attitude adoptée par la Petite Thérèse à l'égard de Van : elle est contente qu'il fasse sur lui-même le transfert de sa sponsalité à elle, à partir d'une supplique adressée par lui à Jésus, qui n'avait rien de ridicule.

Mais, c'est Jean-Paul II qui, notamment dans sa Lettre Apostolique *Mulieris Dignitatem*, nous donne le fondement anthropologique de cette priorité du féminin. Il y explique que la femme est, par tout son être, y compris sa structure biologique, aptitude à accueillir le don de l'amour. Par conséquent, sur le plan surnaturel, où se manifestent et s'achèvent la dignité et la destinée de toute personne humaine, elle est signe pour la personne humaine, qu'elle soit masculine ou féminine, qu'elle ne peut accéder à cet achèvement qu'en recevant l'Amour de Dieu, et même qu'en se recevant de cet Amour. En ce sens toute femme est appelée, comme Marie, quoique d'une manière moins parfaite bien sûr, à faire venir au milieu de nous cette Personne-Amour qui est l'Esprit Saint, pour que « le Christ soit formé en nous » (Ga 4, 19).

C'est toute la Lettre Apostolique de Jean-Paul II qu'il faudrait citer en illustration de cette thèse. Contentons-nous, en conclusion du passage suivant : « L'analogie de l'Époux et de l'Épouse évoque l'amour avec lequel tout homme est aimé de Dieu en Christ, tout homme et toute femme. Cependant, dans le contexte de l'analogie biblique et se fondant sur la logique interne du texte, c'est précisément la femme, l'épouse, qui manifeste à tous cette vérité. Ce caractère “prophétique” de la femme dans sa féminité trouve dans la Vierge Mère de Dieu son expression la plus haute. À son sujet est mis en valeur, de la manière la plus pleine et la plus directe, le lien intime qui unit l'ordre de l'amour – qui entre dans le monde des personnes humaines par une Femme – et l'Esprit Saint. Marie entend à l'Annonciation les paroles : “L'Esprit Saint viendra sur toi”. » (Lc 1, 35) (N° 29).

Fête de Notre-Dame des Douleurs

« *Mon âme est "mère"* »

PÈRE JULES MIMEAULT C.Ss.R., Canadien,
Docteur en Théologie,
Rédemptoriste de la Province de Sainte Anne de Beaupré (Canada)
Professeur à l'Académie Alphonsienne de Rome
(Université Pontificale du Latran)

Dans les écrits de Van, le terme « mère » est l'un des plus fréquents. Cette simple donnée est déjà significative et pourrait suggérer la pertinence d'une étude approfondie et multidisciplinaire (psychologique et théologique notamment). Mon propos est ici beaucoup plus modeste. Il s'agit d'ouvrir quelques pistes de réflexion sur le thème de la maternité spirituelle[1] chez Van. Je ne prétends pas non plus exploiter tout le matériel concernant ce thème dans les écrits de Van. Je m'attacherai surtout à commenter quelques textes où ce thème apparaît explicitement. Dans un premier temps, j'affronterai la difficulté que peut présenter le fait qu'un *homme* interprète une part importante de son expérience spirituelle en termes *féminins*. Nous serons conduits à un premier examen de l'affirmation de Van qui nous permettra de fonder la validité de son emploi analogique de la maternité. Nous jetterons ensuite un regard sur l'enfance de Van pour voir d'abord comment il expérimente filialement l'amour maternel et y reconnaît un don de Dieu, puis comment il se sent appelé à imiter cet amour. L'étape suivante de notre réflexion nous fera découvrir comment Dieu prépare Van à sa mission de maternité spirituelle. Parcourant ensuite les principaux textes de Van où apparaît explicitement le thème de la maternité spirituelle, nous découvrirons comment Jésus le lui a révélé et comment Van a mûri progressivement les dimensions de cette mission de « mère des âmes ». Enfin, nous verrons comment un élément doctrinal important du message de Van (concernant le sort des

---

1. Van n'emploie jamais l'expression abstraite « maternité spirituelle ». Nous verrons plus loin comment elle désigne pourtant adéquatement la dimension essentielle de sa mission et de son expérience qu'il exprime en disant : « Mon âme est "mère" ».

enfants morts sans baptême) s'insère dans sa mission de maternité spirituelle et lui apporte une illustration. Tout au long de ce parcours, je prêterai aussi attention à relever les points de correspondance avec Thérèse de Lisieux[2]. Comme nous pourrons déjà l'entrevoir, notre thème est l'un de ceux où la parenté spirituelle de Van avec Thérèse est la plus manifeste.

UN HOMME « MÈRE » ?

Le fait que Van, jeune homme, utilise la catégorie de la maternité pour interpréter sa propre expérience spirituelle ainsi que sa mission peut surprendre. L'on peut se demander si cela ne témoigne pas chez lui d'un trouble d'identité sexuelle. Certains ne manqueront pas de le penser, surtout après avoir pris connaissance du récit qu'il fait lui-même de son enfance et en particulier de sa relation à sa mère. Sans nier l'intérêt que pourrait présenter ici une étude psychologique, ce n'est pas cette approche que j'adopterai[3]. Je chercherai plutôt à vérifier le sens de ses affirmations à la lumière de la Révélation chrétienne. L'on verra d'abord comment l'Écriture cautionne l'utilisation symbolique et analogique de la maternité[4] ; ensuite nous examinerons la manière concrète selon laquelle Van manie ici l'analogie.

---

2. Une étude approfondie des rapports entre Thérèse et Van devrait tenter de qualifier en termes d'objectivité/subjectivité les rapprochements que Van fait lui-même. Ces rapprochements peuvent relever de la correspondance des faits. Ou encore de la correspondance entre, d'une part, l'interprétation qu'a pu faire Van de sa vie indépendamment de Thérèse (avant la lecture d'*Histoire d'une âme*) et, d'autre part, l'interprétation que fait Thérèse de sa propre vie ? En outre, l'*Histoire d'une âme* de Thérèse a pu jouer un rôle de catalyseur dans la pensée de Van, lui donnant en quelque sorte des mots pour réfléchir et expliciter sa propre expérience de façon appropriée. Enfin, la connaissance de Thérèse et son désir de lui ressembler ont sans doute influencé l'expérience spirituelle de Van ainsi que l'interprétation qu'il en fait. Toutes ces possibilités sont normalement présentes en toute relation d'amitié.

3. Sur l'apport complémentaire de la psychologie et de la théologie dans l'interprétation de la vie des saints, voir les réflexions de HANS URS VON BALTHASAR dans *Thérèse de Lisieux. Histoire d'une mission*, Paris-Montréal, Médiaspaul, 1972 (nouv. éd. 1996), p. 7-24.

4. Il n'est évidemment pas question de développer ce dernier point selon toute la richesse qu'il mériterait. Il s'agit simplement de montrer que le langage qu'utilise Van n'est pas étranger à la Révélation et par conséquent pas à rejeter *a priori*.

Le symbolisme maternel dans la Révélation

Déjà l'Ancien Testament ne manque pas d'exemples où des attributs féminins maternels sont attribués à Dieu. Le Pape Jean-Paul II le mentionne dans sa *Lettre apostolique sur la dignité et la vocation de la femme* :

> Citons ici quelques passages caractéristiques du prophète Isaïe : « Sion avait dit : "Le Seigneur m'a abandonnée ; le Seigneur m'a oubliée". Une femme oublie-t-elle son petit enfant, est-elle sans pitié pour le fils de ses entrailles ? Même si les femmes oubliaient, moi, je ne t'oublierai pas » (49, 14-15). Et ailleurs : « De même qu'une mère console son enfant, moi aussi, je vous consolerai, à Jérusalem vous serez consolés » (Is 66, 13). Dans les Psaumes également, Dieu est comparé à une mère attentive : « Mon âme est en moi comme un enfant, comme un petit enfant contre sa mère. Attends le Seigneur, Israël » (Ps 131, 2-3). Divers passages présentent l'amour de Dieu, attentif à son peuple, comme semblable à celui d'une mère : ainsi, comme une mère, Dieu « a porté » l'humanité, et en particulier son peuple élu, en son sein, il l'a enfanté dans la douleur, il l'a nourri et consolé (cf. : Is 42, 14 ; 46, 3-4). L'amour de Dieu est présenté en beaucoup de passages comme l'amour « masculin » de l'époux et père (cf. : Os 11, 1-4 ; Jr 3, 4-19), mais parfois aussi comme l'amour « féminin » de la mère[5].

Le fondement de la validité de ce langage anthropomorphique de l'Écriture réside dans le fait « que l'homme est "semblable" à Dieu, créé à son image et à sa ressemblance. Alors, Dieu aussi est, dans une certaine mesure, "semblable à l'homme", et c'est précisément à partir de cette ressemblance qu'il peut être connu par les hommes[6] ». Jean-Paul II ne manque cependant pas de souligner « les limites de la "ressemblance", les limites de l'"analogie"[7] » :

> En effet, la révélation biblique affirme que, si cette « ressemblance » de l'homme avec Dieu est vraie, plus essentiellement vraie encore est la « non-ressemblance » (27) qui sépare du Créateur toute la création. En fin de compte, pour l'homme créé à la ressemblance de Dieu, Dieu ne cesse d'être Celui « qui habite une lumière inaccessible » (1Tm 6, 16) : c'est le « Différent » par essence, le « Tout-Autre »[8].

---

5. JEAN-PAUL II, Lettre apostolique *Mulieris dignitatem*, 8.

6. *Ibid.*

7. L'expression « limites de la ressemblance » me semble plus appropriée que « limites de l'analogie », puisque l'analogie se distingue de l'univocité précisément en ce qu'elle comporte l'idée de différence, et par là de limite de la ressemblance.

8. *Ibid.* Note 27 incluse dans ce texte : Nb 23, 19 ; Os 11, 9 ; Is 40, 18 ; 46, 5 ; cf. aussi CONCILE DU LATRAN IV (*DS* 806).

Ces considérations nous font déjà entrevoir la possible applicabilité d'un langage féminin à toute personne humaine, dès lors que ce langage sert à désigner quelque chose de lui-même que Dieu veut communiquer par grâce, quelque chose qui en lui est au-delà du masculin et du féminin (différence), tout en ayant une expression créée (ressemblance) privilégiée à travers la dignité propre de la femme.

S'il n'en était pas ainsi, la plénitude de ressemblance que comporte la vision de Dieu (cf. : 1Jn 3, 2 ; Col 3, 4) ne s'appliquerait pas à la personne humaine, mais seulement au couple humain. Dans sa lettre déjà citée, Jean-Paul II mentionne à plusieurs reprises que c'est en tant que personne que l'homme est image et ressemblance de Dieu : « L'homme est une personne, et cela dans la même mesure pour l'homme et pour la femme, car tous les deux ont été créés à l'image et à la ressemblance du Dieu personnel[9] ».

Certes, le Pape ajoute : « le fait que l'homme, créé comme homme et femme, soit l'image de Dieu ne signifie pas seulement que chacun d'eux individuellement est semblable à Dieu, comme être raisonnable et libre. Il signifie aussi que l'homme et la femme, créés comme "unité des deux" dans leur commune humanité, sont appelés à vivre une communion d'amour et à refléter ainsi *dans le monde* la communion d'amour qui est en Dieu, par laquelle les trois Personnes s'aiment dans le mystère intime de l'unique vie divine[10] ». Il indique par là l'enracinement divin de la vocation du mariage. Mais c'est dans le même Amour trinitaire que s'enracine la vocation de la virginité. Ce qui la caractérise est sa dimension eschatologique, c'est-à-dire son dépassement (inchoatif bien sûr) des modalités « mondaines[11] » d'expression de l'amour. Par là, toutes les richesses de signification du féminin et du masculin sont utilisables selon une infinité de compositions pour exprimer la vocation unique de chaque personne consacrée[12].

---

9. *Ibid.*, 6.

10. *Ibid.* C'est moi qui souligne.

11. J'entends ici « mondaine » au sens de ce qui précède la réalisation plénière du Règne de Dieu. Le mariage appartient à ces réalités mondaines : « À la résurrection, en effet, on ne prend ni femme ni mari, mais on est comme des anges dans le ciel » (Mt 22, 30).

12. D'ailleurs, le masculin et le féminin, même au plan créé, « mondain », ne sont pas des catégories étanches. Chaque personne humaine comporte un alliage unique de masculin et de féminin. La nécessaire identification sexuelle (nous ne sommes pas encore « comme des anges ») ne réside pas dans l'absolutisation pour soi de l'un des pôles, mais

Mais il faut faire un pas de plus. Cet élargissement de perspectives dans la compréhension du féminin et du masculin ne vaut pas seulement pour la virginité consacrée, mais *pour toute personne considérée dans son rapport à Dieu.* Jésus n'affirme-t-il pas : « Quiconque fait la volonté de mon Père qui est aux cieux, celui-là m'est un frère et une sœur et une mère » (Mt 12, 50) ? Bien que la maternité divine de Marie soit unique, elle ne confisque pas le don de Dieu à l'humanité, elle en réalise l'accueil dans le don total d'elle-même et parvient ainsi à un degré insurpassable de ressemblance divine. Elle indique ainsi le chemin de la venue de Dieu au monde : la soumission à la volonté du Père. Par toute personne qui s'engage sur ce chemin, le Verbe de Dieu se laisse porter au monde.

Saint Paul a expérimenté cette « maternité » dans sa vocation d'apôtre. Le Pape Jean-Paul II le mentionne en conclusion de la section sur le rapport entre maternité et virginité dans sa lettre déjà citée :

> Précisément, devant les « merveilles de Dieu » l'homme qu'est l'Apôtre ressent le besoin de recourir à ce qui est par nature féminin pour exprimer la vérité de son service apostolique. C'est ainsi qu'agit Paul de Tarse, lorsqu'il s'adresse aux Galates en disant : « Mes petits enfants, vous que j'enfante à nouveau dans la douleur » (4, 19)[13].

Une maternité de l'âme

Voyons maintenant d'un peu plus près la manière dont Van manie l'analogie de la maternité. Les guillemets qui entourent le mot « mère » indiquent déjà le sens analogique de son emploi. Mais ce qui a plus d'importance ici est sans doute le fait que Van ne dit pas « Je suis mère », mais bien « *Mon âme* est mère ».

Dire « je » c'est s'affirmer comme sujet et origine de l'action ou de la relation qui est prédiquée du sujet. Dire plutôt « Mon âme est mère » indique à la fois le sujet (« mon âme ») tout en le décentrant de lui-même et suggérant que la relation et la fonction dont il s'agit trouvent leur origine ultime en un autre. Et cela convient tout à fait à une relation s'expri-

---

dans l'acceptation du pôle fondamental reçu à la naissance (masculin ou féminin selon le cas) comme base d'intégration progressive de l'autre pôle, non dans la ligne d'une recherche de l'autosuffisance (androgynie) mais plutôt dans la véritable ouverture à l'autre et le don de soi.

13. *Mulieris dignitatem*, 22.

mant dans une figure féminine : la maternité. C'est en effet le propre de la mère de *représenter* qu'elle n'est pas à l'origine de la vie qu'elle porte : son rôle *fondamental* est de l'accueillir pour la nourrir et la faire croître[14]. La maternité dont il s'agit ici est quelque chose que Van laisse d'abord advenir en lui par la grâce de Dieu, mais quelque chose qui ensuite appelle sa collaboration la plus personnelle.

Il serait tout à fait déplacé de voir ici dans l'utilisation du mot « âme » l'expression d'une anthropologie hellénique dualiste. L'emploi très fréquent que fait Van de ce terme répond simplement à « la notion de l'âme telle que l'ont utilisée la liturgie et la théologie jusqu'à Vatican II [et qui] n'a pas plus à voir avec l'Antiquité que l'idée de résurrection. C'est une notion strictement chrétienne ; elle n'a donc pu être formulée que sur la base de la foi chrétienne dont elle exprime, en anthropologie, la conception de Dieu, du monde et de l'homme[15] ».

À l'occasion d'une réflexion sur le communisme, Van nous fournit d'ailleurs une indication explicite de ce qu'il entend par « âme » :

---

14. Au plan biologique, on sait maintenant qu'en apportant l'exacte moitié du bagage génétique de l'enfant la mère est pour lui origine (relative) tout autant que le père. Mais ni le père ni elle ne sont l'origine ultime de la vie qu'elle porte, et cela, c'est à elle qu'il est donné de le représenter dans le mode même selon laquelle elle concourt à la transmission de la vie. Le progrès de la science biologique nous aura permis de mieux fonder l'égalité de l'homme et de la femme, mais cela ne rend pas simplement dénuée de sens la connaissance empirique à laquelle ont eu accès la plupart des générations humaines jusqu'à nos jours (l'homme semble être l'origine de la vie transmise, le rôle de la femme étant d'accueillir). Un peu comme le fait de savoir que Dieu n'est pas plus en haut qu'en bas ne rend pas vaine la symbolique du haut et du bas dans la représentation de nos rapports avec Dieu.

15. JOSEPH RATZINGER, *La mort et l'au-delà. Court traité d'espérance chrétienne* (coll. Communio), Paris, Fayard, 1994 (nouv. éd. remise à jour et augmentée), p. 156. Dans une vision dualiste, on pourrait comprendre la maternité naturelle comme simple réalité physique et ce qu'on appelle métaphoriquement « maternité spirituelle » pourrait n'avoir qu'un rapport de ressemblance extrinsèque avec elle. Dans la vision chrétienne où corps et âme ne forment qu'une seule image de Dieu, toute maternité est don de Dieu. Écoutons encore Jean-Paul II : « Le sens du mariage se retrouve spirituellement dans la virginité. Et quand il s'agit de la maternité physique, ne doit-elle pas être, elle aussi, une maternité spirituelle pour correspondre à la véritable nature de l'homme qui est unité de corps et d'esprit ? Il y a donc de nombreuses raisons de voir dans ces deux voies différentes — ces deux vocations pour la vie de la femme — une complémentarité profonde, et même une profonde unité intérieure dans l'être de la personne » (*Mulieris dignitatem*, 21).

« Le communisme » est une fausse doctrine qui a l'apparence d'un aliment savoureux, recherché des hommes charnels ; mais sous ses belles apparences se cache un poison subtil que seul l'homme spirituel, c'est-à-dire l'âme, *peut déceler comme étant nuisible à la société*[16] » (Carnet 7).

On ne peut s'empêcher de penser ici au seul passage où saint Paul utilise l'expression « l'homme spirituel », et précisément dans un contexte où il s'agit de juger des choses : « L'homme psychique n'accueille pas ce qui est de l'Esprit de Dieu : c'est folie pour lui et il ne peut le connaître, car c'est spirituellement qu'on en juge. L'homme spirituel, au contraire, juge de tout » (1Co 2, 14-15a). Alors que Van oppose « hommes charnels » à « l'homme spirituel », le parallèle antithétique est ici entre l'homme spirituel et l'homme *psychique*, mais quelques versets plus loin Paul reprend la même antithèse en disant : « Pour moi, frères, je n'ai pu vous parler comme à des hommes spirituels, mais comme à des êtres de chair » (1Co 3, 1). Deux versets plus loin, l'adjectif « charnel » est utilisé par deux fois (v. 3a : « Vous êtes encore charnels » ; v. 3b : « N'êtes vous pas charnels [...] ? »).

D'autres textes de Paul qui s'inscrivent dans la suite de ceux que je viens de citer permettent de mettre en évidence l'aspect de dépossession de soi déjà évoqué pour expliquer le fait que Van dit « mon âme » plutôt que « je ». Ceux qui accueillent ce qui est de l'Esprit de Dieu non seulement peuvent *juger* de tout spirituellement, mais « viv(ent) par l'Esprit » (Ga 5, 25). Et ceux qui vivent par l'Esprit vivent en même temps dans le Christ, et le Christ vit en eux à un point tel qu'on puisse parler d'une quasi-identification avec le Christ : « *Ce n'est plus moi qui vis, mais le Christ* qui vit en moi. Ma vie présente dans la chair *je la vis* dans la foi au Fils de Dieu qui m'a aimé et s'est livré pour moi » (Ga 3, 20). Ce « vivre dans la foi au Fils de Dieu » est aussi un « vivre pour le Christ » : « Nul d'entre nous ne vit pour soi-même, comme nul ne meurt pour soi-même ; si nous vivons, nous vivons pour le Seigneur, et si nous mourons, nous mourons pour le Seigneur. Donc, dans la vie comme dans la mort, nous appartenons au Seigneur » (Rm 14, 7-8). Ces textes mettent en évidence, outre la quasi-identification du chrétien au Christ[17], l'enracinement du « pour le Christ » du croyant dans le « pour moi » du Christ.

16. Ce texte date du 21 novembre 1949. Cette réflexion explicite sur le sens du terme « âme » est donc déjà sienne quand Van affirme : « mon âme est "mère" » (en novembre et décembre 1951). C'est moi qui souligne.

17. Van a une façon tout à fait originale d'exprimer cette quasi-identification.

Comme nous le verrons, nous touchons ici au fondement même de la maternité spirituelle. Pour le moment, voyons comment, dès son enfance, s'ouvre déjà dans l'esprit du petit Van l'espace de l'analogie de la maternité, et comment s'esquisse déjà ce rapport du « pour moi » au « pour lui » dans le passage de son expérience passive (filiale) de la maternité à son expérience active.

L'amour maternel, un don de Dieu

Très tôt le petit Van a pu percevoir que le mot « mère » ne désigne pas simplement, de façon univoque, celle qui l'a porté dans son sein. Même si son amour pour sa mère *« n'était pas un amour ordinaire »* (aut 10), et même si l'on peut sans doute parler dans son cas d'un attachement excessif à sa mère (cf. : aut 10-15), Van a pu expérimenter très tôt que cette dernière n'a pas le monopole des caractéristiques maternelles. Il raconte à ce sujet une expérience de grande portée symbolique, qui a marqué sa première enfance et qui témoigne en même temps de la qualité spirituelle de sa mère :

« Dès que je sus parler couramment, ma mère m'apprit une courte prière qu'elle me faisait réciter avant de me donner le sein ou quelque nourriture. Elle m'obligeait à m'agenouiller sur ses genoux, à joindre les mains et à dire, la tête tournée vers l'image de Marie : "Sainte Vierge, donnez-moi un peu le sein, ou donnez moi un peu à manger" selon que je mangeais ou prenais le sein. Et quand j'avais fini, chaque fois je m'adressais de la même manière à Marie en lui disant : "Sainte Vierge, merci de m'avoir rassasié...". Cette habitude contribuait à me rendre plus heureux, de sorte que bien souvent je répétais ces paroles alors même que ma mère ne me donnait pas à manger » (aut 11-12).

Ainsi pouvait s'ouvrir dans son esprit – bien qu'encore de façon tout à fait intuitive –l'espace de l'analogie de la maternité. Ainsi s'amorçait aussi pour lui, *en trouvant son fondement vital*, le nécessaire détachement de sa mère ou, autrement dit, la purification de son attachement à sa mère. Bien d'autres circonstances de sa vie favoriseront ce processus de maturation.

Dès l'âge de quatre ans, il est envoyé – pour environ deux ans – chez sa tante Khanh. Il écrira plus tard à cette dernière : *« Oui, chère tante, vous êtes ma deuxième maman »* (cor 03-05-1947). Et encore : *« Me revient souvent le souvenir de l'amour maternel que vous m'avez témoigné »* (cor 02-05-1947 à Anna Nguyên-thi-Khan). Certes, ces expériences n'ont pas nécessairement tout de suite un caractère réflexif, mais elles constituent néanmoins la base vécue de la réflexion que Van fera plus tard dans ses lettres et dans son *Autobiographie*. Il est frappant de voir comment celui pour qui la douceur et la tendresse d'une mère étaient si importantes a été confronté si tôt à la violence et à la souffrance (en particulier durant son séjour à Huu Bang, de l'âge de sept ans jusqu'à douze ans). Il est frappant aussi de constater que dans ces circonstances Van ne s'est pas durci pour apprendre à se passer de l'amour maternel, mais au contraire a continué à valoriser toujours davantage cette forme de l'amour. Son rapport avec la Vierge Marie a sûrement joué ici un rôle fondamental.

Une lettre datant de la fin de son noviciat, et adressée à Mme Sau, qu'il appelle sa « mère adoptive[18] », est particulièrement éloquente sur son expérience filiale de la maternité, en sa réalisation multiple, analogique :

« *Ma chère* mère adoptive

Il semble que j'étais le seul au monde à devoir vivre toujours comme un orphelin ; pourtant, sans que je m'y attende, il s'est toujours trouvé à côté de moi des cœurs pour m'aimer comme aime une mère. Ainsi donc je suis certain que plus tard au ciel, je ne manquerai pas non plus de cet amour. *Quant à vous, je vous considère comme étant ma troisième mère.* Ma première mère, *je n'ai pas besoin de la nommer ici, car bien qu'elle soit ma* véritable Mère, *elle se trouve être en même temps la Mère de tous les autres hommes. Je suis sûr cependant qu'elle aime son petit Marcel d'un amour de préférence, et* c'est notre Mère Marie. *Ma deuxième mère, c'est celle qui m'a donné le jour. Cependant je n'ai pas l'intention de parler ici de cette mère selon la chair, mais uniquement de vous, ma mère adoptive. Ô mère, je voudrais parler ici de toute l'affection que vous m'avez manifestée, et aussi de mes sentiments à votre égard ; mais je crains d'être trop long. Ô ma très chère mère adoptive ! En vous appelant de ce nom de mère adoptive, je ne crains pas d'avoir à rougir devant les gens, car sachant que* c'est Jésus qui m'a aimé, *je ne crains pas de manifester son amour* » (cor 14-07-1946, à Mme Sau).

Van parle ici de trois mères. Il est très significatif que la première soit, non pas « sa mère selon la chair », mais « notre Mère Marie ». Quand il s'agit d'amour maternel, le premier analogué n'est pas la « mère selon la chair », mais celle du Ciel. C'est en elle que l'amour maternel trouve son

18. En 1937, alors que Van était à Huu Bang et se trouvait en proie à de fortes fièvres, suite à une luxation au genou, Mme Sau l'avait accueilli chez elle à Bao Son et l'avait soigné. Van est demeuré chez elle pendant environ six mois (cf. : aut 84).

exemplaire originel. De plus, à travers l'amour maternel, c'est l'amour de Jésus et finalement l'Amour divin[19] qu'il reconnaît.

À travers ces diverses réalisations analogiques, Van fait l'expérience passive (filiale) de la maternité comme d'une forme particulière de l'amour caractérisée par la douceur, la tendresse, le don de soi et la compassion. Pour lui, ces caractéristiques « maternelles » ne sont d'ailleurs pas réservées aux femmes. À témoin cette réflexion sur l'Économe du Séminaire de Langson où il se trouvait au début de 1942 : *« L'économe du Séminaire, le Père Drayer du Fer laissa voir qu'il me comprenait plus que tout autre. Il était bon et avait le regard doux comme celui d'une maman »* (aut 527).

L'amour maternel : un amour à imiter

Nous avons déjà mentionné que la mère de Van, dès son enfance, lui *« servait de modèle »* (aut 8). L'on peut trouver un écho de cela dans la pédagogie de Van envers les enfants dont il est le catéchiste à la cure du Huu Bang en 1943-44. Van y compare son rôle à celui d'une mère :

« Pour avoir le courage d'aimer un enfant difficile, je devais assumer le rôle d'une maman *qui verrait son petit emporté par le courant ; si elle n'a pas pitié de lui, elle le perdra sûrement. C'est pourquoi, dans un cas extrême, au lieu de battre l'enfant, habilement, par la* douceur *et la* bienveillance, *j'arrivais à* le conquérir. *Je dois dire que cent pour cent des enfants m'aimaient surtout parce que je leur enseignais sans jamais les frapper »* (2 aut 375)[20].

Ce rôle qui implique une victoire sur les difficultés, et donc combat et sacrifice, est aussi source de joie et de fierté. Toujours à propos de son rôle de catéchiste auprès des enfants, Van témoigne :

« J'ose croire que tous les résultats obtenus durant ce temps où je semais l'amour proviennent de la grâce de Dieu qui ravivait l'amour dans mon cœur et me donnait l'ardeur au travail. Dieu a voulu aussi me donner une leçon : le sacrifice produit

---

19. Au début de son *Autobiographie*, il termine un passage où il décrit l'amour de sa mère (et notamment sa douceur) en disant : *« En harmonie avec mes sentiments intimes, j'avais une mère à la fois énergique et aimante qui me servait de modèle. Vraiment, je ne sais quels mots employer pour exprimer* toute la richesse de l'Amour divin » (aut 8). C'est moi qui souligne, dans les écrits de Van, ces passages sont significatifs.

20. Notons au passage l'expression « j'arrivais à le conquérir ». Van l'explicitera plus loin en parlant de « gagner le cœur des enfants ». Van met ainsi en évidence cette caractéristique « maternelle » qu'est pour lui la force de la douceur, qu'il oppose à la violence.

toujours de bons fruits. Quelle consolation pour moi ! Chaque soir était comme une réunion de famille où j'avais l'honneur de jouer le rôle d'une maman *entourée de ses petits enfants dociles et joyeux, qui attendaient avec impatience que je leur raconte une histoire édifiante...* » (2 aut 381).

Mais c'est en particulier à travers l'expérience de la compassion que nous pouvons apercevoir le passage du « pour moi » au « pour les autres » qui conduira Van de l'expérience passive à l'expérience active de la maternité en son sens le plus profond. En 1944, peu avant son entrée dans la Congrégation du Très Saint Rédempteur, Van sera marqué par sa perception de la souffrance de sa mère et la compassion qu'elle lui inspire :

« *Aujourd'hui, bien que partant sans rien regretter, la situation de ma famille venait raviver ma douleur. Toutes les choses que j'avais vues autrefois étaient encore là en ce moment, mais entièrement changées par les circonstances. Je savais qu'en quittant le monde, je posais un acte qui n'avait pas tellement de valeur ; mais à la pensée de devoir me séparer de ma mère, Oh ! mon Dieu ! mon cœur voulait cesser de battre dans ma poitrine !... Plus l'émotion m'entraînait loin dans le passé, plus j'y voyais* les souffrances de ma mère. *Partout où je portais mon regard, je n'apercevais que l'image de ma mère toute baignée de sueurs et essuyant ses larmes. Pour ce qui est de mon père, ma plus grande souffrance était de le voir indifférent aux sueurs de ma mère, et contribuer, par sa conduite à la faire pleurer encore davantage. Ma famille est maintenant ruinée, mais si ma mère n'avait pas été là, ça aurait été la mort de la famille !... Mon cœur se serrait, et je ne pouvais que dire au bon Dieu : – Ô mon Dieu je vais bientôt partir et laisser ma mère dans cette situation lamentable !... Oh ! mon Dieu, si vous comprenez mon cœur, donnez-moi un peu de force afin que je passe courageusement à travers cette dernière épreuve* » (aut 741-742).

Ce qui faisait souffrir Van était surtout : « *de voir tous les jours ma mère se donner beaucoup de peine uniquement* pour moi. *Son amour maternel devenait pour moi un tourment* » (1 aut 48). Ce tourment suscite en lui une force de générosité :

« *Et toi, maman, je sais que tu as fait preuve d'un grand courage au moment pénible de la séparation, de l'éloignement. Chaque fois que je te regarde, je sens comme* une force qui me pousse à avancer généreusement *sur la route* » (cor 22-01-1949, à ses parents).

PRÉPARATION À LA MISSION : LA « GRÂCE DE NOËL », LA COMPASSION ENVERS JÉSUS, LE « PREMIER ENFANT »

Trois épisodes de la vie de Van le prépareront à la révélation et à l'accomplissement de sa mission de maternité spirituelle. Il est facile d'apercevoir une étroite correspondance avec trois événements de la vie de Thérèse de Lisieux. Chez cette dernière, les trois événements non seulement sont étroitement liés par leur signification, mais se déroulent dans un laps de temps relativement court, entre décembre 1886 et septembre 1887 (Thérèse a alors quatorze ans). Dans le cas de Van, le premier événement, qu'on peut à juste titre appeler sa « grâce de Noël », a lieu en 1940 (Van a douze ans) et précède de quelques années les deux suivants qui ont lieu durant son postulat rédemptoriste, à l'été 1945. Entre-temps, Van a fait la découverte de l'*Histoire d'une âme* et rencontré d'une façon toute spéciale sa sœur Thérèse.

À propos du premier événement, Van affirme lui-même : *« La faveur que j'ai reçue en cette nuit bienheureuse ne diffère en rien de celle qu'a reçue autrefois sainte Thérèse »* (aut 436-437)[21]. La comparaison de la « grâce de Noël » chez Van et Thérèse mériterait une étude spécifique, qu'il serait trop long de faire ici. La donnée qui retiendra notre attention sera le fait que chez Van comme chez Thérèse la grâce de Noël débouche sur la maternité spirituelle. Pour mettre en lumière cette correspondance et ainsi éclairer l'itinéraire de Van, voyons comment Thérèse réunit dans la continuité d'un même récit sa « grâce de Noël » (25 décembre 1886) et l'épisode où elle devient « mère » de son « premier enfant », le criminel Pranzini (guillotiné le 31 août 1887), en passant par sa contemplation de Jésus crucifié[22].

Tout d'abord, Thérèse conclut le récit de sa grâce de Noël en soulignant simultanément son impuissance et la puissance de Jésus à l'œuvre en elle : « En un instant l'ouvrage que je n'avais pu faire en dix ans, Jésus le fit se contentant de ma bonne volonté[23] ». La péricope évangélique

21. Cf. THÉRÈSE DE LISIEUX, Ms A 44v°-45v°. L'on peut penser que le désir de ressembler à Thérèse a conduit Van à majorer la ressemblance. Si l'on fait exception du contexte du jour de Noël, les circonstances sont bien différentes dans les deux cas, ce qui est bien normal. Mais cette différence entraîne au moins certaines nuances quant au contenu de la grâce reçue.

22. Sur ce lien entre la grâce de Noël et l'épisode Pranzini, voir FRANÇOIS-MARIE LÉTHEL, *L'amour de Jésus. La christologie de sainte Thérèse de l'Enfant-Jésus* (coll. Jésus et Jésus-Christ, 72), Paris, Desclée, 1997, p. 125-145.

23. Ms A 45v°.

qu'elle utilise pour relire cette expérience joue ici un rôle clé dans le passage de la victoire sur elle-même (sa « trop grande sensibilité[24] » et les « défauts de l'enfance[25] ») à la dimension de fécondité apostolique qu'elle exprimera par la suite en termes de maternité. Il s'agit de la péricope de la pêche miraculeuse (Lc 5, 4-10) :

« Comme ses apôtres, je pouvais Lui dire : "Seigneur, j'ai pêché toute la nuit sans rien prendre". Plus miséricordieux encore pour moi qu'Il ne le fut pour ses disciples, Jésus prit Lui-même *le filet, le jeta et le retira rempli de poissons... Il fit de moi un pêcheur d'*âmes, *je sentis un grand désir de travailler à la conversion des pécheurs, désir que je n'avais {pas} senti aussi vivement. Je sentis en un mot la* charité *entrer dans mon cœur, le besoin de m'oublier pour faire plaisir et depuis lors je fus heureuse[26] ! ».*

Cette mention de son désir de travailler à la conversion des pécheurs lui permet d'enchaîner avec le récit du second événement qui se produit « un Dimanche en regardant une photographie de Notre Seigneur en Croix ». Se tenant « en esprit au pied de [la] Croix », elle contemple Jésus qui crie : « J'ai soif ! » et dont le sang « tombait à terre sans que personne [ne] s'empresse de le recueillir ». Le rôle de Thérèse sera précisément : d'une part, de « recevoir la Divine rosée [le sang de Jésus] » et « ensuite la répandre sur les âmes... » ; d'autre part, de « donner à boire à [son] Bien-Aimé ». Ce rapport de compassion *envers* Jésus et les pécheurs, Thérèse le vit dans une similitude, une *quasi-identification avec* Jésus : « Je me sentais moi-même dévorée de la soif des âmes[27]. » C'est en partageant sa soif qu'elle peut donner à boire à son Bien-Aimé.

Le récit de l'épisode Pranzini suit immédiatement, à titre d'illustration et de confirmation : « Afin d'exciter mon zèle le Bon Dieu me montra qu'il avait mes désirs pour agréables. J'entendis parler d'un grand criminel[28] [...] ». Thérèse insiste de nouveau sur le lien étroit entre sa grâce de Noël et sa maternité envers Pranzini en ajoutant après le récit de l'épisode Pranzini comme une seconde conclusion au récit de sa « grâce de Noël » qui était « la grâce de *sortir* de l'enfance[29] » : « En peu de temps le Bon

24. Ms A 44v°.
25. Ms A 45r°.
26. Ms A 45v°. C'est Thérèse qui souligne.
27. Toutes les citations de ce paragraphe sont tirées de Ms A 45v°.
28. Ms A 45v°. Le récit de l'épisode Pranzini se poursuit jusqu'en 46v°.
29. Ms A 45r°. C'est moi qui souligne. Il faudrait réfléchir davantage sur le fait que pour Thérèse, Docteur de « l'enfance spirituelle », le « grand pas » en avant que repré-

Dieu avait su me faire *sortir* du cercle étroit où je tournais ne sachant comment en *sortir*[30] ».

Pour Van comme pour Thérèse, la grâce de Noël est une *grâce de force.* Tous les deux parlent d'armes et de victoire. Thérèse expérimente sa grâce de Noël à travers une victoire sur sa « trop grande sensibilité[31] » : « Il me rendit forte et courageuse, Il me revêtit de ses armes et depuis cette nuit bénie, je ne fus vaincue en aucun combat, mais au contraire je marchai de victoires en victoires[32] » ; Van parle lui aussi de son *« caractère trop sensible »* et affirme : *« Avant tout, j'ai pu me vaincre moi-même »* (aut 174). Après avoir raconté *« son premier fait d'armes »*, Van ajoute : *« À partir de cette victoire, chaque fois que se présentera une occasion d'être humilié, j'en sortirai habituellement vainqueur »* (aut 441). Pour tous les deux, cette grâce marque le commencement d'une nouvelle période de leur vie. Thérèse affirme : « En cette nuit de lumière commença la troisième période de ma vie, la plus belle de toutes, la plus remplie des grâces du Ciel[33]... ». De même Van : *« La saison des grandes joies va commencer avec la troisième étape de ma vie en pleine nuit de Noël »* (aut 436).

Une grâce de force donc, et qui marquera toute la vie ! Mais de quelle force s'agit-il ? C'est la connexion des trois événements mentionnés dans l'unité d'un même récit qui nous permet de comprendre que le sens et la portée ultimes de cette force ne sont pas tant une libération de la faiblesse qu'une ouverture à l'Amour. C'est la force de l'Amour. Chez Van, le rapport de cette force avec la souffrance rédemptrice est déjà explicite dès son expérience de la grâce de Noël. Contrairement à Thérèse, Van a déjà à cette époque fait l'expérience de la violence physique et morale, à la cure de Huu Bang. Il décrit ainsi son rapport à la souffrance avant de recevoir cette grâce :

« Le sens mystérieux de la souffrance m'échappait tout à fait, et donc la raison pour laquelle Dieu me l'envoyait. En conséquence, au lieu de me réjouir d'avoir à souffrir, j'en étais naturellement affligé. [...] Mon cœur est [...] accablé par la

---

sente sa grâce de Noël, consiste à la fois en une « sortie de l'enfance » et en une sorte de retour en arrière, de reprise de la toute petite enfance : « La petite Thérèse avait retrouvé la force d'âme qu'elle avait perdue à 4 ans et demi et c'était pour toujours qu'elle devait la conserver ! » Ms A 45r°).

30. Ms A 46v°. C'est moi qui souligne.

31. Ms A 44v°.

32. Ms A 44v°.

33. Ms A 45v°.

peur de la souffrance ; je souffre, mais d'instinct je fuis la souffrance » (aut 437-438).

Par sa grâce de Noël, Dieu lui a fait *« comprendre que la souffrance c'est sa sainte volonté, c'est le cadeau de l'Amour »* (aut 437-438). Mais il ne lui est pas seulement donné de comprendre, mais de vivre :

> *« Une joie immense s'est emparée de toute mon âme ; je suis hors de moi, comme si j'avais trouvé le trésor le plus précieux jamais rencontré dans ma vie... Quel Bonheur ! Et quelle douceur ! À ce moment, pourquoi mes souffrances me paraissaient-elles si belles ? Impossible de le dire, impossible de décrire cette beauté en la comparant avec quelque beauté terrestre. Tout ce que je peux dire, c'est que Dieu m'a donné un trésor, le cadeau le plus précieux de l'Amour.*
>
> *En un instant, mon âme a été entièrement transformée. Je n'avais plus peur de la souffrance ; au contraire, je me réjouissais et prenais plaisir à trouver des occasions de souffrir. Mon drapeau de conquête flottera désormais sur la colline de l'Amour.* Dieu m'a confié une mission : celle de changer la souffrance en bonheur. *Je ne supprime pas la souffrance, mais je la change en bonheur.* Puisant sa force dans l'Amour, *ma vie ne sera plus désormais que source de bonheur »* (aut 438-439).

Alors que Thérèse ajoutait à la conclusion du récit de sa grâce de Noël (la deuxième conclusion, soit celle qui suit le récit de l'épisode Pranzini) : « En voyant le chemin qu'Il [le Bon Dieu] me fit parcourir, ma reconnaissance est grande, mais il faut bien que j'en convienne, *si le plus grand pas était fait il me restait encore bien des choses à quitter*[34] », Van conclut le récit de sa grâce de Noël par ces mots :

> *« À compter de ce moment, j'entre dans une autre phase de ma vie.* La route à parcourir est encore longue, *et bien que je ne sois pas au bout de mes souffrances, mon âme a été transformée en entrant dans cette période pleine de lumière, de beauté et de suavité. Je reprends à vivre d'une vie spontanée ; au fond de mon cœur je vois de nouveau éclore,* comme aux jours de mon enfance[35], *des rêves magnifiques, rêves qui, hélas ! s'étaient estompés durant les jours de ténèbres que je venais de traverser »* (aut 441-442).

Le 17 octobre 1944, Van est admis comme postulant rédemptoriste au monastère de Hanoï. C'est vers la fin de cette année de postulat (« un soir

34. Ms A 46v°.

35. Comme Thérèse, Van retrouve dans cette grâce de Noël quelque chose de sa première enfance, quelque chose qu'il avait perdu.

du mois de juin 1945 ») que Van vit une expérience analogue à celle de Thérèse qui, « au pied de la croix » se sentait à la fois « dévorée de la soif des âmes » et appelée à « donner à boire à [son] Bien-Aimé ». Les deux expériences ont ceci de commun qu'elles partent de la contemplation de l'infini don de soi de Jésus, d'une part, et de l'incompréhension que rencontre cet amour, d'autre part, pour aboutir à un intense désir de le consoler et de collaborer avec lui au salut des âmes. Thérèse se trouve « en esprit au pied de [la] Croix » ; le « signe extraordinaire » dont parle Van et qui est « resté gravé dans [sa] mémoire jusque dans les moindres détails » s'est produit « pendant la bénédiction du Très Saint Sacrement », alors que Van *« agenouillé, [...] regardait attentivement le Très Saint Sacrement et s'entretenait intérieurement avec Jésus comme d'habitude »* (aut 836). Chez Thérèse le don d'amour de Jésus est signifié par son sang, « Divine rosée » qui découle de la Croix ; chez Van ce don s'exprime dans son visage « empreint d'une extrême douceur » et surtout dans *« la bonté de son regard, ce regard qui était vraiment le reflet de son cœur débordant d'un amour infini »* (aut 836). Chez Thérèse, la méconnaissance de l'amour de Jésus est signifiée par le fait que son sang « tombait à terre sans que personne [ne] s'empresse de le recueillir » ; chez Van, cette méconnaissance prend la forme du refus, du mépris, de la violence contre Jésus :

« Peu de temps après, j'entendis soudain un bruit lointain. Jésus fixa aussitôt son doux regard devant lui, et faisant un geste dans cette direction, il me dit : "Mon enfant, vois cette foule qui s'avance vers moi pleine d'indignation". Je jetai un regard rapide, puis, Oh ! mon Dieu ! j'aperçus une foule immense composée de gens de toutes conditions : enfants, adultes, hommes et femmes, qui s'avançaient, l'air menaçant, chacun portant sur le front un signe semblable. Tout en marchant, ils poussaient des hurlements épouvantables. Et passant devant Jésus, ils l'injuriaient, levaient le pied et la main contre lui de façon arrogante, et blasphémaient son saint Nom. Puis les uns tenant des bâtons, d'autres ramassant des pierres les lançaient violemment contre le corps divin de Jésus » (aut 837-838).

Alors que Thérèse est touchée par *la soif* de Jésus et la fait sienne pour collaborer avec lui au salut des âmes, Van est touché par *les pleurs* de Jésus qui deviennent siens et se voit invité à la même œuvre :

« Les voyant persister dans leur attitude de folle arrogance, [Jésus] eut pitié d'eux et laissait couler une à une ses larmes sur sa poitrine. A la vue de ses larmes, les miennes redoublèrent, et je ressentis au cœur une douleur capable de me donner la mort. [...] Jésus [...] me dit : "Oh ! mon enfant, prie beaucoup et

impose-toi de nombreux sacrifices pour tous ces gens malheureux. Ils sont très dignes de pitié ! Oui, très dignes de pitié !... Sauve-les en union avec moi" » (aut 839).

Parlant de cette expérience, Van affirme : *« Depuis le jour où Jésus m'est apparu, (...), son état douloureux m'a stimulé encore davantage à penser sans cesse aux pécheurs »* (aut 842). Thérèse a un témoignage analogue après le récit de l'épisode de Pranzini : « Ah ! depuis cette grâce unique, mon désir de sauver les âmes grandit chaque jour[36] ».

Si l'on compare les récits de Thérèse et de Van, la transition entre le deuxième événement (expérience de la désolation de Jésus : soif/pleurs) et le troisième (le don du « premier enfant ») ne manque pas non plus de similitudes. Chez la première, on lit : « Afin d'exciter mon zèle le Bon Dieu me montra qu'il avait mes désirs pour *agréables*. – J'entendis parler d'un grand criminel [...] ». Van raconte : *« C'est également à cette époque que s'est produit un événement qui témoigne que mes prières et mes petits sacrifices ont été* agréés *de Dieu. (...) Le Docteur Le Roy Desbarres (...) tomba (...) gravement malade. Tout le monde savait qu'il était franc-maçon (...) »* (aut 842-843).

Nous sommes en présence de deux pécheurs qui semblent s'orienter vers l'impénitence finale. De Pranzini, « grand criminel qui venait d'être condamné à mort pour des crimes abominables », Thérèse affirme : « Tout portait à croire qu'il mourrait dans l'impénitence ». Le Docteur Le Roy Desbarres, certes, n'était pas un grand criminel (il était même un bienfaiteur de la communauté des Rédemptoristes), mais « jamais il n'avait accepté de vivre conformément à la doctrine chrétienne », de sorte que *« tous les confrères se préoccupaient de son salut éternel »* (aut 843). Au Père rédemptoriste qui allait tous les jours le visiter *« pour l'exhorter et l'aider à revenir à Dieu, hélas ! chaque fois, le malade répondait qu'il n'était pas prêt »*. Enfin, *« lors de sa dernière visite, le Père Roy, malgré toutes les supplications essuya un dernier refus »* (aut 844). La réaction de Van est semblable à celle de Thérèse. Cette dernière affirme :

« Je voulais *à tout prix* l'empêcher de tomber en enfer, afin d'y parvenir *j'employai tous les moyens imaginables* : sentant que *de moi-même je ne pouvais rien*, j'offris au Bon Dieu tous *les mérites infinis de Notre Seigneur*, les trésors de la Sainte Église (...) J'aurais voulu que toutes les créatures s'unissent à moi pour implorer la grâce du coupable. Je sentais au fond de mon cœur

36. Ms A 46 v°.

la *certitude* que nos désirs seraient satisfaits (...) Je lui demandais seulement "*un signe*" de repentir pour ma simple consolation[37]... »

Comme Thérèse, Van possède une certitude intérieure qui, loin de le soulager immédiatement en le rendant passif, le pousse à tout mettre en œuvre pour collaborer à la conversion de son pécheur. Comme elle, il sent son impuissance et recourt aux mérites infinis de Jésus de même qu'à la communion des saints. Comme elle, il demande un signe :

« *Personnellement, à l'annonce de sa maladie grave, je fus pris pour lui d'une grande compassion, et* mon âme ne cessait de s'inquiéter comme une mère sur le point de perdre son enfant. *Je me présentai aussitôt devant Dieu pour lui ouvrir mon cœur en ces termes :*

"*Seigneur mon Dieu,* je suis tout petit, *mais le geste que je pose est extrêmement grand. Tu sais que le Docteur Le Roy Desbarres, grand bienfaiteur de notre communauté, est actuellement gravement malade et qu'il s'en tirera difficilement. Par conséquent, ce que je te demande avant tout et comme une chose urgente, c'est que tu lui accordes la grâce de se convertir avant de mourir, de se confesser ou au moins de* donner un signe de repentir, *avant de rendre le dernier soupir. Mon Dieu, je te le demande* par les mérites du sang très précieux que Jésus a versé pour le salut du genre humain. *Je te le demande par* l'intercession de la Sainte Vierge et des saints, *en particulier de ma sœur sainte Thérèse. A partir de ce moment,* tous mes sacrifices, tous mes efforts, je te les offre *aussi en union avec les mérites de Jésus ton Fils, pour expier les péchés du Docteur et obtenir le salut de son âme*" » (aut 843-844).

Quant au signe demandé, il est très important de noter qu'il ne constitue pas une limite posée à l'espérance. Thérèse en témoigne clairement : « Je dis au Bon Dieu que j'étais bien sûre qu'Il pardonnerait au pauvre malheureux Pranzini, que je le croirais même s'il ne se *confessait pas* et ne donnait *aucune marque de repentir*, tant j'avais de confiance en la miséricorde infinie de Jésus[38] ». Par ailleurs cette fermeté de l'espérance ne conduit pas à une simple résignation ou indifférence à l'égard d'un signe éventuel. Au contraire, le caractère inconditionnel de l'espérance et le désir d'un signe, loin de se limiter l'un l'autre, s'arc-boutent en quelque sorte, se renforçant l'un l'autre. Thérèse a demandé un signe et a été exaucée jusque dans l'obtention d'un tel signe : Pranzini, juste avant de mourir, « saisi d'une inspiration subite, [...] se retourne, saisit un Crucifix que

37. Ms A 45v°-46r°. C'est Thérèse qui souligne les mots « certitude » et « un signe ».
38. Ms A 46r°.

lui présentait le prêtre et baise par trois fois ses plaies sacrées[39] ! ». Dans le cas de Van, la dynamique de l'espérance est foncièrement la même, mais trouve une expression qui complète ce que l'on peut apprendre de Thérèse. Contrairement à Pranzini, le Docteur Le Roy Desbarres ne donna aucun signe de repentir avant de mourir. Par ailleurs, il obtient deux signes, de nature différente, l'un avant et l'autre après la mort du Docteur Le Roy Desbarres. Considérons d'abord le premier.

Pour obtenir la conversion de « son pécheur », Thérèse « employa tous les moyens imaginables[40] ». De son côté, Van offre *« tous {ses} sacrifices, tous {ses} efforts »* (aut 844). Mais Van expérimente, outre ces souffrances qu'il s'impose à lui-même, une souffrance qu'il n'a pas choisie et qui lui est imposée et en même temps donnée comme signe que Dieu entérine le lien de compassion et d'amour qu'il désire établir avec la personne du Docteur Le Roy Desbarres. Le tout se déroule la nuit même de la mort du Docteur. Van se « réveille en sursaut, comme si quelqu'un était venu le tirer du sommeil ». Il a « ensuite le pressentiment que peut-être le Docteur était alors à l'agonie ». Après s'être levé et avoir prié, il se remet au lit et s'assoupit, mais il est réveillé de nouveau peu après, se sentant *« comme atteint d'une fièvre très étrange »*. Il a *« la tête et les membres brûlants »* et éprouve *« par tout le corps une chaleur {lui} donnant l'impression d'être enfermé dans une tranchée remplie d'air chaud »*. En touchant aux barreaux de sa fenêtre, il a *« la sensation de toucher à une barre de fer sortant du feu, et à partir de ce moment, tout ce {qu'il} touchait lui semblait être du feu »*. Après une visite à la chapelle où il s'agenouilla *« pour adorer Jésus »*, Van *« pousse un cri de satisfaction »*, ayant compris *« pourquoi le Bon Dieu {lui} avait envoyé cette fièvre étrange »*. Il endure alors cette souffrance *« sans se plaindre ni s'agiter, murmurant des prières pour le Docteur Desbarres »*. Peu après, il doit *« lutter contre la soif »*, *« une soif terrible »* (aut 846-849). Au matin, Van apprend la nouvelle du décès du malade et doit affronter le pessimisme d'un confrère qui, de l'absence de signes de repentir, semble conclure à la damnation du Docteur Desbarres. Le signe de *« la fièvre extraordinaire qui l'a tourmenté cette nuit-là »* est pour Van *« une raison de se consoler et d'avoir confiance »* (aut 850).

Mais ce signe n'a pas encore la couleur de la victoire. Il est d'ailleurs conjoint à l'absence de signe de repentir de la part du Docteur. Cette situation pousse Van encore plus loin dans la dynamique de l'espérance :

---

39. Ms A 46r°.
40. Ms A 45v°.

« Ô mon Jésus, tu sais qu'il y a maintenant trois ans que mon père ne s'est pas confessé. Je ne cesse de prier pour sa conversion, mais depuis longtemps je n'ai pas eu de nouvelles de lui. Afin donc de me tranquilliser et me permettre de prier pour l'âme du Docteur, je te demande cette faveur : que mon père obtienne la grâce de se confesser et de communier au cours de cette année. Et quand j'apprendrai qu'il s'est confessé et a communié, ce sera le signe par lequel tu me ferais connaître que le Docteur est sauvé » (aut 851).

Cet autre signe que demande Van ne représente en rien un affaiblissement de son espérance. Non seulement il ne cède pas à la pensée que peut-être il aurait osé trop demander à Dieu, mais le signe même qu'il demande consiste à demander davantage : non seulement le salut éternel du Docteur Desbarres, mais encore la conversion de son père... *« au cours de cette année »*. Et il sera exaucé *: « Trois jours ne s'étaient pas écoulés, qu'une personne de mon village {...} vint me faire visite et m'apprendre que mon père s'était confessé et avait communié durant le temps pascal, et que depuis lors il menait une vie très fervente »* (aut 851).

Thérèse a quatorze ans quand elle parle de Pranzini comme de son « premier enfant ». L'épisode du Docteur Le Roy Desbarres a lieu en 1945, alors que Van a dix-sept ans. Les similitudes que nous avons relevées entre les deux épisodes nous permettent sans doute de parler du Docteur Le Roy Desbarres comme du « premier enfant » de Van. Van, quant à lui, n'est pas aussi explicite, à cette époque. Il se contente de décrire son attitude en disant : *« à l'annonce de sa maladie grave, je fus pris pour lui d'une grande compassion, et mon âme ne cessait de s'inquiéter* comme une mère *sur le point de perdre son enfant »* (aut 843). Dans la suite de cette expérience, Jésus révélera progressivement à Van sa mission de maternité spirituelle en l'amenant à prendre conscience de ce qu'elle implique. Cette période de mûrissement va du début de son noviciat (8 septembre 1945) jusqu'à sa profession perpétuelle (8 septembre 1952). C'est vers la fin de cette période que Van affirmera de lui-même : « Mon âme est "mère" ». L'examen de cette période est donc d'une importance capitale pour notre thème.

RÉVÉLATION DE LA MISSION DE MATERNITÉ SPIRITUELLE

En ce qui concerne la maturation chez Van de la maternité spirituelle, l'on pourrait distinguer dans la période de sa formation religieuse deux temps forts. Le premier, que l'on pourrait caractériser comme temps de « révélation de la mission de maternité spirituelle », correspond à peu près à son noviciat, marqué par les *Colloques* de Van avec Jésus, Marie et Thérèse. Dans ces colloques, c'est toujours Jésus qui révèle, affirme et explique à Van sa mission. Le deuxième temps fort se situe vers la fin de la formation de Van. Ce dernier parle alors lui-même, dans les *lettres* qu'il écrit, de sa maternité spirituelle comme d'une mission reçue, dont il a conscience et sur laquelle il réfléchit. Nous examinerons successivement ces deux temps forts.

Dans les *Colloques*

Étant donné le cadre limité de ce chapitre, je concentrerai mon attention sur les textes (au nombre de huit) où apparaît l'expression « mère des âmes ». Dans six de ces textes, c'est Jésus qui l'emploie pour caractériser la mission de Van ; dans les deux autres cas, c'est Van qui l'applique à la Vierge Marie. Faute de pouvoir faire ici une étude systématique de toutes les données contenues dans ces textes, nous chercherons simplement à en dégager quelques pistes de réflexion en mettant en évidence certaines harmoniques et implications de la maternité spirituelle.

– Dans un colloque dont la datation indique simplement « avant le 7 octobre 1945 », mais sans doute postérieur au début du noviciat, se trouve la première révélation explicite à Van de sa mission de maternité spirituelle. Jésus s'adresse à Van en disant :

« Toute petite épouse *de mon amour,* veux-tu *conduire à mon amour un grand nombre d'âmes ? N'oublie pas que ce sera au prix de grandes* souffrances. Je t'ai choisi *pour être la* mère des âmes*; or c'est à force de souffrances que la mère parvient à faire de ses enfants des personnes de valeur...* » (col 5).

De ce bref texte, l'on peut déjà dégager plusieurs éléments qui reviendront par la suite. L'on est en présence d'un dialogue de libertés. Van est déjà « *choisi* » pour être la mère des âmes. Mais ce choix ne lui est pas imposé. Son consentement est requis : « *veux-tu... ?* ». Ce choix s'appuie sur un choix préalable auquel Van a déjà donné son consentement et qui l'a établi dans une relation stable avec Jésus, relation d'amour exclusive et perpétuelle, relation sponsale. Cette sponsalité est ultérieurement qualifiée par la « toute petitesse ». Nous verrons plus loin l'importance de cette donnée. La mission qui est proposée à la « toute petite épouse » consiste à conduire les âmes à l'amour de Jésus, ce qui revient à « faire des personnes de valeur ». Le prix, le moyen d'accomplissement de cette mission est clairement indiqué : « de grandes souffrances ».

– Un deuxième texte, datant du 26 octobre 1945, nous permet de poursuivre notre réflexion.

« Petit apôtre *de mon amour, rien ne me perce le cœur comme de voir qu'on perd confiance en moi. Devant pareille situation, je dois me retirer dans les* petites âmes, *et une fois installé chez elles, je les reconnais pour mes* épouses, *je les prends à mon service et leur confère la* dignité de mère des âmes *que je veux sauver. Je leur donne des marques d'amour, je leur fais même connaître mon malheureux sort... Ô mon* petit ami, *je trouve aussi dans ces âmes beaucoup de consolations sous divers rapports* » (col 27).

D'autres titres s'ajoutent maintenant à ceux d'épouse et de mère et permettent d'en enrichir les harmoniques bibliques. Le titre d'*apôtre* (c'est-à-dire « envoyé ») vient caractériser la maternité comme mission. La dignité apostolique s'exprime ici comme « dignité de mère des âmes ». Au plan de la relation à Jésus que présuppose la mission, le titre d'*ami* vient s'accoler à celui d'épouse. L'on retrouve ainsi la double attribution fondamentale des Apôtres : « Il en institua Douze *pour être ses compagnons* et *pour les envoyer* prêcher » (Mc 3, 14)[41]. Les épouses de Jésus sont prises au service de leur Époux qui à son tour est en service pour le salut des âmes. Ce service d'apôtre est enraciné dans l'amitié sponsale : « Je leur donne des marques d'amour ». Cet amour est réciproque : « Je trouve aussi dans ces âmes beaucoup de consolations ». Il s'agit d'un amour vraiment conjugal, au sens étymologique de « porter le même joug » : « Je leur fais même connaître mon malheureux sort ». L'aspect le plus douloureux de ce malheureux sort est même précisé : « Rien ne me perce le cœur comme de voir qu'on perd confiance en moi ». En même temps que la diversification des titres, le thème de la petitesse devient presque omniprésent. Celui qui était appelé « toute petite épouse » dans le texte précédent est ici le « petit apôtre », le « petit ami ». Comme être épouse de Jésus est une condition pour être mère des âmes, être une « petite âme » semble être une condition pour devenir épouse de Jésus, en particulier avec ce que

41. Je dis « attribution fondamentale », car Van, bien qu'il ne soit pas *envoyé prêcher*, partage avec les Apôtres le fait d'être *envoyé*. Son apostolat sera, comme nous le verrons bientôt, un apostolat caché. C'est ce que lui explique Thérèse dans l'un de ses premiers colloques avec Van, rapporté dans *l'Autobiographie* : « *Quant à toi, petit frère, toujours tu auras comme fonction d'être* l'Apôtre caché de l'Amour » (aut 652).

cela implique de partage de son sort, de son joug : « *Devant pareille situation*, je dois me retirer dans les *petites âmes*, et *une fois installé chez elles*, je les reconnais pour mes *épouses* ». On commence ainsi à entrevoir la signification et la portée de la petitesse.

– Notre troisième texte est daté du 2 novembre 1945. Au sujet de l'incompréhension que rencontre Van de la part de ses confrères, Jésus lui dit :

« *Mon* petit apôtre, *que cela ne t'attriste pas. Reconnais que ce qu'on pense et dit de toi est tout à fait exact ; car de fait, vu que tu dois remplir* la fonction de mère des âmes, *il faut que tu te retires dans ta chambre pour écrire les paroles que leur adresse ton Bien-Aimé... Ne pleure pas. Ce qu'on pense de toi ne t'empêche pas de m'aimer. Extérieurement*, je dois cacher la beauté de la fleur aux yeux du monde, *car si le monde en connaissait la beauté, quel éclat garderait-elle encore à mes yeux ?... Oui, je dois pour le moment la tenir cachée ; ce n'est que plus tard que je la ferai voir au monde pour qu'il la connaisse et la convoite. Ainsi* elle attirera à moi *un plus grand nombre d'âmes...* » (col 48).

Ce texte nous permet d'ajouter encore quelques précisions. Le rôle maternel de *conduire* les âmes à l'amour de Jésus (cf. le premier texte) est exprimé ici d'une autre manière, complémentaire : il s'agit d'*attirer* les âmes à Jésus. Le thème de la dignité trouve ici une sorte de prolongement dans celui de la beauté[42]. Une nouvelle condition de réalisation de la maternité spirituelle devient ici explicite : il faut être *caché*[43]. Cette exigence est liée à l'exclusivité de la relation sponsale à Jésus : « Je dois *cacher* la beauté de la fleur aux yeux du monde, car si le monde en connaissait la beauté, quel éclat garderait-elle encore à mes yeux ? ».

– Dans le texte suivant, du 26 décembre 1945, le rôle de maternité spirituelle qui s'exprimait en termes de *conduire* ou d'*attirer* les âmes à Jésus est encore formulé d'une autre manière : il s'agit de « *venir en aide* » aux âmes. Ce changement, d'apparence banal, nous permettra néanmoins de faire un pas significatif dans la compréhension de la maternité spirituelle.

« *Si je te laissais toujours dans la joie, prodiguant à ton cœur des marques de tendresse, tu en viendrais certainement à faire peu attention à ces faveurs. En mangeant continuellement du bonbon, l'habitude t'en ferait oublier même la douceur.*

42. Ce thème de la beauté qui traverse toute l'œuvre de Van mériterait à lui seul une ample étude.

43. Cf. Col 3,3 : « Votre vie est désormais cachée avec le Christ en Dieu ».

N'est-ce pas, petit Marcel ? De plus, vu que tu es la mère des âmes, *tu as besoin de* lait spirituel pour nourrir tes enfants. *Je te propose donc* une méthode *qui te permettra de produire beaucoup de ce lait spirituel et d'y ajouter des substances toniques. Cette méthode consiste à manger tout ce que je te présente d'amer. Si tu as le courage de t'imposer ce sacrifice, plus tard, tes enfants seront beaucoup plus forts et plus robustes. As-tu compris, Marcel ? Je suis certain que tu n'as pas compris clairement ; tu comprends au moins que c'est au prix de beaucoup d'amertume et de souffrances que tu pourras* venir en aide *à un grand nombre d'âmes* » (col 190).

Comme on a pu l'observer, dans ce texte, le rapport à Jésus (aussi bien celui de la « mère » que celui des âmes, ses « enfants ») est présupposé et passe au second plan. L'attention se concentre sur la nature du rapport entre la « mère des âmes » et ses enfants. Le symbolisme maternel y est ultérieurement déployé, en ajoutant l'aspect de la *nutrition*. C'est en *nourrissant* ses enfants que la « mère des âmes » peut leur *venir en* aide[44]. Dans ce rapport de « nutrition », deux éléments sont à souligner : *l'intériorité* et *la force*. Quelque chose de la mère passe *à l'intérieur* de ses enfants pour leur donner la force. Ce lien de la nutrition et de la force est explicitement souligné : un lait spirituel de qualité permet d'enfanter des enfants « plus forts et plus robustes ». D'autres textes de Van viennent corroborer cette perspective. Dans une lettre qu'il adresse à Nghi, mari de Sau (fille de sa « mère adoptive »), Van affirme : « *Vos enfants, je les considérerai comme mes propres enfants. Je vais prier et me sacrifier dès maintenant pour eux, afin de constituer* une force vitale *qui leur servira plus tard* » (cor 23-07-1952, à Nghi). Dans la même lettre, Van explique à Nghi la fonction que Dieu lui a donnée. Il est aisé de voir que cette fonction ne fait qu'un avec celle de « mère des âmes » :

« *Tu me demandes quand je serai ordonné prêtre ? Je te réponds clairement que jamais je ne serai ordonné prêtre.* Dieu m'a confié une autre fonction *qui, extérieurement, n'a rien d'honorable, mais qui n'est pas moins importante. Cette fonction consiste pour moi* à être une force vitale pour les prêtres. *Si je suis entré en religion, c'est pour cette unique raison.*

Au moment où je désirais encore vivement devenir prêtre, Dieu m'a fait connaître un jour, que si je poursuivais ce but, je mourrais avant de pouvoir l'at-

44. Il est aussi important de souligner que c'est *en leur venant en aide* qu'elle les nourrit, ce qui signifie que son apport ne vient pas en eux comme une force qui s'impose à leur liberté mais une force qui la respecte et la soutient. Nous verrons plus loin à quelles conditions l'influence de la maternité spirituelle peut rejoindre les personnes de l'intérieur sans attenter à leur liberté.

teindre, et il m'a fait savoir en même temps qu'il me voulait dans la condition qui est la mienne maintenant.

C'est pour cela que j'ai demandé de quitter le séminaire pour entrer en religion. Je répondais par là à la volonté de Dieu sur moi. Et aujourd'hui, j'ai le bonheur de nager dans l'océan de l'Amour de Dieu. Je reconnais ici que la fonction que m'a confiée le Seigneur est très importante, qu'elle consiste à donner la vie aux prêtres » (cor 23-07-1952, à Nghi).

Dans cette lettre, Van fait allusion aux explications que lui a données Thérèse le jour où elle lui a appris que Dieu ne le voulait pas prêtre :

« *Crois fermement que ton désir du sacerdoce est très agréable à Dieu. Et s'il veut que tu ne sois pas prêtre, c'est pour t'introduire dans* une vie cachée *où tu seras apôtre par le sacrifice et la prière, comme je l'ai été autrefois. {...} Petit frère, réjouis-toi, et sois heureux d'avoir été mis au nombre des "Apôtres de l'Amour de Dieu" qui ont le privilège d'être* cachés dans le cœur de Dieu pour être la force vitale des *"Apôtres missionnaires"*[45] {...} *Toi, petit frère, toujours tu auras comme fonction d'être l'"Apôtre caché de l'Amour"* » (aut 651-652).

Ce dernier texte nous permet de relier la fonction « nutritive » de la maternité spirituelle, comme transmission de force vitale, à l'exigence d'*être caché*, énoncée plus haut. Cette exigence peut aussi être considérée comme faisant partie de la méthode que Jésus enseigne à Van pour le rendre, en tant que « mère des âmes », apte à « produire beaucoup de lait spirituel ». Dans le texte qui nous occupe présentement, les points de méthode mis en évidence sont le sacrifice et l'acceptation de l'amertume et de la souffrance.

---

45. Le rôle de Van n'est donc pas simplement parallèle à celui des prêtres, mais intimement lié à celui-ci. Nous trouvons ici un autre point de correspondance entre Van et Thérèse. Dans le passage qui précède immédiatement l'épisode de Pranzini, Thérèse affirmait : « Ce n'était pas encore les âmes des prêtres qui m'attiraient, mais celles des grands pécheurs » (Ms A 45v°). La Nouvelle Édition du Centenaire ajoute en note : « Thérèse dira le 2 septembre 1890, lors de l'examen canonique qui précède la profession : "Je suis venue pour sauver les âmes et surtout afin de prier pour les prêtres" (69v°; cf. Mss II, p. 47). Céline dit drôlement : "Elle appelait ce genre d'apostolat faire le commerce de gros, puisque par la tête, elle atteignait les membres" (PO {Procès ordinaire}, p. 270 {...}". On observe quelque chose d'analogue chez Van : son premier attrait est pour les pécheurs dont le cas semble désespéré, puis, avec l'aide de Thérèse, l'accent se déplace vers les prêtres. Dans la lettre que j'ai citée, Van, comme Thérèse, indique même cette vocation d'« être une force vitale pour les prêtres » comme motif de sa profession religieuse.

– Le texte suivant, daté du 30 décembre 1945, reprend une notion déjà mentionnée plus haut tout en la rendant peut-être encore plus évidente : les titres de « petit ami », « épouse », « mère des âmes » et « apôtre » réfèrent à une même mission. Mais il nous aide en outre à situer cette mission dans l'Économie de la Rédemption :

« Marcel, ne trouves-tu pas que c'est un bonheur pour toi que d'être aimé de moi, d'avoir été choisi pour être mon petit ami, *mon* épouse, *la* mère des âmes *et* l'apôtre de mon amour *? Marcel, quel bonheur plus grand pourrais-tu souhaiter ? Cependant, Marcel, comme elles sont* encore nombreuses les âmes qui devraient accepter les mêmes fonctions que toi, *fonctions que je réserve à mes épouses les plus chères, mais qui ne daignent même pas s'en occuper,* occasionnant par là un retard dans l'œuvre de mon amour. *Actuellement, ces fonctions sont encore abandonnées dans un coin, parce qu'il ne se trouve personne pour les accepter. J'attends toujours, et s'il se présente une âme prête à les accepter, je les lui confierai sans retard... Marcel, je suis actuellement bien triste de me voir ainsi abandonné des âmes ; cela va de soi. Mais il y a encore une chose que je redoute, c'est que nombre d'âmes que j'ai choisies pour être mes épouses, n'en viennent-elles aussi à m'abandonner. Délaissant la charge que je leur avais confiée, elles me la remettront, puis devenues semblables aux autres âmes, elles se vengeront de moi d'une façon très cruelle, me regardant comme un simple étranger, et agissant avec moi comme si elles n'avaient jamais été mes épouses. Oh ! que faire, Marcel, devant* la tâche immense exigée par mon Amour ? *A quelles épouses confier maintenant ces* fonctions si nécessaires au bien des âmes *? »* (col 209-210).

Ce texte situe Van parmi les « épouses les plus chères » de Jésus, auxquelles il assigne les fonctions de « mère des âmes » et « apôtre de son amour ». Mais plus fondamentalement ces fonctions y apparaissent non pas tant comme privilèges personnels réservés à quelques âmes que comme réalisation d'une économie divine. C'est dans le cadre d'une telle Économie (l'on pourrait aussi parler de lois de la Rédemption) que ces fonctions apparaissent comme « nécessaires au bien des âmes ». Notons en passant qu'une telle « nécessité » n'est pas rapportée aux exigences de la Justice, mais bien aux *exigences de l'Amour*. Dans le jeu de cette Économie, les nécessités qui expriment la liberté divine laissent donc une place aux déterminations de la liberté humaine, de sorte que cette Économie prend la forme d'un espace dramatique. Notre texte fait bien ressortir cet aspect dramatique. Jésus attend la disponibilité des libertés humaines, au point que le refus ou l'indifférence de leur part peut « occasionner un retard dans l'œuvre de son amour ». Jésus s'en attriste ; il s'inquiète aussi de l'inconstance et de l'infidélité des hommes.

– Dans les deux textes suivants, datés du 3 janvier et du 2 mai 1946, l'expression « mère des âmes » n'est plus attribuée à Van par Jésus mais plutôt par Van à la Vierge Marie :

« Ô Mère, les saints et les saintes savent te donner des titres divers, mais moi, je ne puis que t'appeler tout simplement du nom de Mère, de Mère des âmes. *Ô Marie, tu es ma Mère, et dans le ciel, je te donnerai comme sur la terre, le nom de Mère. Je ne veux pas t'appeler "Reine" ni "Notre-Dame". Pour te parler et t'appeler, je ne sais employer que le seul nom de Mère »* (col 245-246).

« En effet, je sais bien que la Sainte Trinité qui t'aime beaucoup t'a établie Mère des saints, Mère des âmes » (col 321).

Contentons-nous d'observer ici que Van, qui avait déjà trouvé un modèle à imiter dans sa mère de la terre, ne manque pas d'un tel modèle quand il s'agit d'accomplir sa mission de maternité spirituelle. De plus, si ce titre de « Mère des âmes » est pour lui le titre privilégié de la Vierge Marie, on peut penser qu'à ses yeux, ce même titre est aussi le plus adéquat pour désigner sa propre mission.

– Dans notre dernier texte tiré des *Colloques*, et daté du 2 mai 1946, c'est de nouveau Jésus qui parle à Van :

« Bien que personnellement tu aies comme fonction d'être la mère des âmes, *par rapport à moi, tu n'es toujours qu'un tout petit frère, un tout petit enfant, de sorte que tu n'as pas à t'occuper de toi-même, mais que je dois m'occuper de tout à ta place. N'est-ce pas, petit frère ? »* (col 577-578).

Nous retrouvons ici le thème de la toute petitesse sur lequel nous reviendrons. Pour l'instant, notons simplement que le rôle de mère (et celui d'épouse qu'il suppose constamment) ne laisse pas derrière lui le statut d'enfance spirituelle. Quand Van affirme qu'il est entré en religion pour remplir la fonction d'« être une force vitale pour les prêtres » (ce qui est, comme on l'a vu, une façon d'exprimer sa maternité spirituelle), il ne renie pas son affirmation précédente, à savoir qu'il a voulu *« entrer en religion pour devenir l'enfant de la Sainte Vierge à un titre spécial »* (cor 08-08-1943, au Supérieur des Rédemptoristes de Hanoi). L'enfance et la maternité spirituelles sont réciproquement condition de réalisation l'une de l'autre, de même que Jésus n'a pu être fécond et donner la vie à son Église qu'en allant humainement au bout de sa filiation divine en même temps qu'il n'a pu réaliser humainement son « être-fils » qu'en accomplissant la mission que lui a donnée le Père.

Dans les *Correspondances*

Dans les écrits de Van, nous retrouvons deux fois l'affirmation : « Mon âme est "mère"[46] » : tout d'abord dans une lettre à sa sœur Tê, datée du 29 novembre 1951, ensuite dans une lettre adressée peu après (le 22 décembre 1951) au Père Antonio Boucher, son directeur spirituel. Nous nous situons vers la fin du séjour de Van à Saïgon, à quelques mois de son second noviciat qui le préparera à sa profession perpétuelle.

– Lettre à Tê, du 29 novembre 1951

« *Oh !* arrivé ici[47], *je pense à ma propre situation ; j'endure de telles souffrances, que je me sens suffoqué, et* incapable de les exprimer. *Alors comment faire pour chanter ? Il m'arrive de chanter des paroles très joyeuses et jouées, tandis que les larmes coulent une à une de mes yeux. Oui. Et cela, parce que les paroles joyeuses de mon chant contrastent étrangement avec la tristesse qui habite mon cœur. Toutefois*, je suis joyeux, mais uniquement parce que je veux être joyeux. C'est parce que j'aime, que je suis joyeux.
Je n'ai pas honte de te laisser savoir que j'ai beaucoup pleuré, car pour moi, pleurer n'est pas chose digne de honte ; au contraire, je considère comme précieuses ces larmes que je recueille pour les offrir à Jésus, *et en faire une* nourriture pour les âmes. Car mon âme est MERE » (cor 29-11-1951, à Tê).

La plupart des éléments de cette lettre se retrouveront dans la prochaine lettre, intégrés dans une synthèse plus complète. C'est là que nous les analyserons. Notons toutefois déjà l'apparition d'un élément nouveau par rapport aux *Colloques* : la *conjonction paradoxale de la souffrance et de la joie* dans l'exercice de la maternité spirituelle. Quant à la valeur de la souffrance, exprimée ici par le prix des larmes, il en a déjà été question plusieurs fois.

– Lettre au Père Boucher, du 22 décembre 1951

Les tout premiers mots de cette lettre constituent déjà un élément important du contexte de l'affirmation « Mon âme est "mère" ». La partie

46. Dans le deuxième texte, le mot « mère » n'est pas entre guillemets, mais tout en majuscules (MERE).

47. « Arrivé ici » : cette expression est fréquente chez Van, en particulier dans sa correspondance. Elle indique habituellement une pause dans sa rédaction, liée à la difficulté qu'il a d'exprimer ce qu'il ressent, en particulier à cause de sa forte émotion. C'est le cas dans les deux lettres que nous étudions.

de la lettre que je citerai ici nous permettra d'intégrer des éléments déjà rencontrés précédemment concernant la maternité spirituelle, tout en mettant en évidence encore une fois le lien de parenté de Van avec Thérèse de Lisieux :

« *Dans deux jours, ce sera* Noël, *jour de joie pour tous et en particulier pour moi qui ai reçu tant de* grâces *autrefois en cet heureux jour... Je me réjouis beaucoup !*

J'espère passer ce jour-là dans une grande joie, bien que, aujourd'hui, je n'éprouve encore aucun sentiment capable de me donner la joie. Je ne puis que dire : Je suis très joyeux, *bien que mon cœur reste sec et rempli de tristesse !...*

Oui, il y a beaucoup de souffrances *que je voudrais exprimer, mais il m'est impossible de le faire, tant je me sens suffoqué ! C'est le vide complet dans mon cœur, et il m'est* bien difficile de trouver les mots *pour dire cette souffrance.*

Je me rappelle *une chose : c'est que* mon âme est "mère". Au lieu de *goûter aujourd'hui de grandes consolations et d'être comblée d'amour, mon âme, sachant que plusieurs de ses enfants éloignés sont plongés dans la douleur*, sent le besoin *de leur témoigner plus d'attention et de tendresse. De là que* je dois me résigner *à souffrir, afin que ces âmes puissent jouir de* ma part de bonheur.

Arrivé ici, *mes yeux se voilent... Je ne vois plus rien... ! Et je sens mon âme sombrer dans* une indicible tristesse.

Seigneur, mon âme est une victime *qui t'est offerte, daigne l'accepter avec joie, et la traiter comme victime* » (cor 22-12-1951, au Père Boucher).

Ce qui frappe l'attention dans ce texte est d'abord l'omniprésence des thèmes de la joie (bonheur, consolation) et de la tristesse (douleur, souffrance) et en particulier leur conjonction paradoxale. À partir de là notre réflexion s'articulera en trois temps. Nous transportant ensuite à Gethsémani et voyant dans l'expérience que décrit Van un écho de l'agonie de Jésus, nous serons conduits à entrevoir dans la maternité spirituelle une vocation/mission de compassion et de participation au mystère rédempteur. Enfin, le dernier paragraphe de la lettre de Van nous permettra de réfléchir sur la condition fondamentale d'une telle fécondité apostolique.

Dans cette lettre, l'affirmation « Mon âme est "mère" » est introduite par les mots : « Je me rappelle une chose ». Il ne s'agit donc pas d'une découverte du moment. En réalité, Van se rappelle ici deux choses : non seulement sa mission de « mère des âmes », mais aussi sa « grâce de Noël[48] ». En effet, la proximité du jour de *Noël*, qu'il note dès le début de

48. Nous trouvons ici une ultérieure confirmation du rapport mentionné plus haut entre la « grâce de Noël » et le rôle de « mère des âmes ».

sa lettre, ne se réduit pas à une banale indication chronologique. Van le suggère en évoquant d'abord la signification de ce jour dans son expérience spirituelle (« Noël, jour de *joie* pour tous et en particulier pour moi qui ai reçu tant de *grâces* autrefois en cet heureux jour »), puis en décrivant la paradoxale et mystérieuse conjonction de la joie et de la tristesse dans laquelle il se trouve : « Je suis *très joyeux*, bien que mon cœur reste sec et *rempli de tristesse* !... » On se rappellera que la grâce de Noël est une *grâce de force* qui rend Van capable (et en même temps lui confie la mission) de « changer la souffrance en bonheur », et cela sans supprimer la souffrance (cf. : aut 439). Or, c'est précisément au moment où il lui est « difficile de trouver les mots pour dire [sa] souffrance » que revient à sa mémoire comme une lumière porteuse de sens sa mission de maternité spirituelle. Dans le récit de sa grâce de Noël, il indiquait la source de sa capacité de changer la souffrance en bonheur : *« puisant sa force dans l'Amour »* (aut 439). Dans sa lettre à Tê que nous venons de présenter (le seul autre texte de lui où l'on retrouve l'expression « Mon âme est mère »), il disait : « J e suis joyeux, mais uniquement parce que je veux être joyeux. C'est *parce que j'aime*, que je suis joyeux ». L'amour qu'il a reçu est devenu en lui force d'aimer comme Jésus[49].

Le texte qui suit immédiatement déploie en quelque sorte la lumière qu'apporte à Van, en ce moment de souffrance, le rappel de sa maternité spirituelle. Nous pourrons faire avec lui un pas de plus dans la compréhension de cette mystérieuse conjonction de la joie et de la souffrance qui s'enracine dans l'amour comme Jésus. « *Au lieu de* goûter [...] de grandes consolations », ce qui serait normal pour lui à l'approche de Noël, Van souffre pour que « ses enfants éloignés [...] plongés dans la douleur » puissent jouir de *sa part* de bonheur. Nous sommes en présence d'un mystère de *compassion* qui va jusqu'à un *échange de place ou substitution* qui, comme nous le verrons, constitue le sens ultime de la maternité spirituelle. L'on ne peut manquer de penser à Jésus qui, « *au lieu de* la joie qui lui était proposée, endura une croix, *dont il méprisa l'infamie* » (He 12, 2).

49. Cf. : Jn 13, 34 : « Je vous donne un commandement nouveau : vous aimer les uns les autres ; *comme je vous ai aimés*, aimez-vous les uns les autres ». Le contexte dans lequel Jésus donne ce commandement est celui du lavement des pieds, mais aussi, indirectement, celui de l'institution de l'Eucharistie. Ne peut-on penser que Jésus qui aime les siens jusqu'à se donner en nourriture les invite aussi à l'imiter aussi en cette manière d'aimer, leur rendant possible de participer d'une certaine manière à son don eucharistique. C'est, me semble-t-il, la portée ultime du symbolisme nutritif lié à la maternité spirituelle.

Ces derniers mots nous conduisent à souligner un autre élément du texte de Van qui nous rapproche encore de l'agonie de Jésus. Il témoigne d'une tension dans sa volonté quand il affirme «*Je dois* me résigner à souffrir», mais en même temps «*sent le besoin*» de témoigner de cette façon plus d'attention et de tendresse à ses «e nfants éloignés [...] plongés dans la douleur». C'est à ce moment de sa réflexion que Van se sent submergé par la souffrance: «*Arrivé ici*, mes yeux se voilent... Je ne vois plus rien...! Et je sens mon âme sombrer dans *une indicible tristesse*». Il y a ici comme un écho de ce qu'a vécu Jésus à l'agonie: «Mon âme est triste à en mourir [...] Abba (Père)! tout t'est possible: éloigne de moi cette coupe; pourtant, pas ce que je veux, mais ce que tu veux» (Mc 14, 34.36; cf.: Jn 12, 27-28).

Passant du registre existentiel de la souffrance et de la joie à celui plus objectif de la théologie du sacrifice, Van enrichit d'un autre thème sa réflexion sur la maternité spirituelle en parlant de son âme comme d'une «*victime*» offerte au Seigneur. Comme nous le verrons, nous ainsi sommes ramenés à un élément mentionné au début de ce chapitre quand nous avons cherché à comprendre pourquoi Van (à la suite de Thérèse) dit «Mon âme est mère», plutôt que «Je suis mère». Nous avons alors parlé de quasi-identification au Christ. Il s'agit là de la condition fondamentale de réalisation de ce mystère de la maternité. Nous reprendrons ici pour la compléter la réflexion déjà amorcée sur ce thème qui, dans les textes précédents de Van, se trouvait exprimé en d'autres catégories: celles de sponsalité et de toute-petitesse[50].

Voyons d'abord de plus près ce que signifie pour Van cette expression de *«victime»*. Dès le 30 avril 1946, dans les *Colloques*, Marcel demande à Jésus: *«Alors, petit Jésus, dis-moi ce que veut dire "Victime d'Amour"»*. Ce à quoi Jésus répond: *«Ce sont des victimes qui, par amour, s'offrent à l'Amour.*

50. Ces trois façons d'exprimer la condition fondamentale pour participer au Mystère rédempteur pourraient refléter chacune de façon privilégiée (par mode d'appropriation) la relation à l'une des personnes divines. L'expression «victime de l'Amour» et l'image du feu réfèrent en effet à l'Esprit Saint. La sponsalité convient particulièrement pour désigner la relation au Christ. En effet, bien que Yahvé se présente dans l'Ancienne Alliance comme l'Époux d'Israël, c'est bien dans le Fils que Dieu devient une seule chair avec sa créature. Et la toute-petitesse désigne de façon privilégiée la relation au Père. En effet, c'est parce qu'il est représentant du Père qu'on peut attribuer à Jésus une relation de paternité envers les siens (cf.: Is 9, 5; Mc 10, 24; Jn 13, 33; He 2, 13), relation souvent exprimée dans les *Colloques* de Van avec Jésus.

Ces victimes laissent à l'Amour toute liberté *d'accomplir en elles ses volontés, mais d'elles-mêmes, elles ne font rien pour* se consumer ; c'est l'Amour, c'est-à-dire l'Esprit Saint, qui spontanément agit en elles... » (col 564). L'image du feu, ici suggérée par le verbe « se consumer » s'explicite quand Van emploie l'expression « victime d'holocauste », comme, par exemple, dans une lettre à son père spirituel : *« Me voici donc*, victime d'holocauste *offert au feu de l'amour*[51] » (cor 04-1951, au Père Boucher). Van explique d'ailleurs lui-même le sens et la portée de cette expression :

« Dieu m'a transformé *en victime d'holocauste offerte à son Amour. Il a choisi le 8 septembre 1952, jour de la Nativité de Marie, pour l'offrande de la victime sur l'autel. Aussi, quelle joie peut égaler celle de m'approcher de l'autel pour* m'offrir moi-même *comme victime au Seigneur. De fait, je n'offrirai pas seulement une partie de moi-même ou une partie de ma vie, mais je m'offrirai* tout entier et pour toute la vie. *Cela veut dire que je m'offrirai à Dieu comme victime d'holocauste (comme victime* entièrement consumée par le feu*)* » (cor 22-08-1952, au Père Drayer Dufer, o.p.).

Dans l'Ancienne Alliance, le fait de consumer totalement la victime, impliquait un renoncement total à sa possession. Mais la soustraction de la victime au monde profane voulait signifier avant tout son entier passage dans le monde de Dieu, sa totale prise de possession par Dieu, dont la présence et l'action étaient symbolisées par le feu. Dans la Nouvelle Alliance, où le sacrifice est offrande intérieure des personnes, le sacrifice d'holocauste implique bien entendu la totale offrande de soi, mais cela ne suffit pas, il faut aussi l'action transformante du feu de l'Amour divin (l'Esprit Saint), qui a la priorité absolue. Van le souligne en commençant par les mots : « Dieu m'a transformé en victime d'holocauste[52] ».

Ce texte est parlant non seulement par son contenu mais aussi par le contexte dans lequel il se situe : celui de la profession perpétuelle de Van, le 8 septembre 1952. Ce contexte permet de rapprocher les expressions « victime » et « épouse ». À l'approche de sa première profession (le 8 septembre 1946), Van avait formulé en langage sponsal la même réalité fon-

---

51. La ressemblance avec Thérèse est ici encore évidente et mériterait une étude particulière. Cf. THÉRÈSE DE L'ENFANT-JÉSUS, Pri 6 (« Offrande de moi-même comme Victime d'Holocauste à l'Amour Miséricordieux du Bon Dieu ») ; VAN, col 248 ; 524 ; 728.

52. Dans une lettre de Van à sa mère, la signification d'*appartenance* à Dieu du sacrifice est explicite : *«* J'appartiens *à Dieu, je suis la victime du sacrifice ».* Et un peu plus loin : *« Je suis une victime* appartenant totalement *à Dieu »* (cor 18-05-1950, à sa mère).

damentale qu'il exprime maintenant en langage sacrificiel. Il s'agit de laisser en lui toute la place à l'Amour de Dieu dans une sorte de fusion ou quasi-identification à Jésus :

« *Quelle est donc l'âme qui ne pourrait te reconnaître pour son Époux, comme je le fais moi-même ? Puisqu'il s'agit des âmes, je ne puis faire de distinction entre homme et femme ; mais, mon petit Jésus, je puis toujours t'appeler mon Amant et mon Époux. Plus j'aime, plus j'étreins étroitement l'objet de mon amour, plus aussi je vois clairement qu'il y a dans mon cœur un amour dont la dimension est égale à ton Amour infini. Il n'y a à cela rien d'étonnant, car en m'appelant ton épouse, et en me permettant de t'appeler l'Époux de mon âme, certes, tu dois aussi faire en sorte que nous ayons tous les deux un amour égal ; c'est à cette condition qu'il nous sera possible de nous aimer l'un l'autre. N'est-ce pas, petit Jésus ? Ainsi donc,* ton Amour infini est également mon Amour infini. *Vu que tous les deux nous ne faisons plus qu'un, il n'y a aussi qu'un seul amour qui nous lie tous les deux ensemble* » (col 720).

Van utilise en outre un procédé original pour signifier son union avec Jésus. Juste avant de raconter sa première profession religieuse, il écrit dans son *Autobiographie* : « *Oui vraiment, Jésus-Marcel et Marcel-Jésus, voilà deux noms qui n'en font plus qu'un* » (aut 854). On retrouve ce mode d'expression dans les lettres à Jésus écrites au cours de son second noviciat[53], et qu'il adresse à « Jésus-Marcel » et signe « Marcel-Jésus[54] ».

C'est la même exigence de quasi-identification au Christ qui est signifiée à travers le langage de la toute-petitesse, lui aussi cher à Van, comme on l'a déjà vu. Sur ce point, un autre texte, tiré des *Colloques*, est particulièrement éloquent :

« Mon enfant, *plus ton amour pour moi est petit, plus le mien l'enveloppe de son intimité. {...} O mon enfant, mon amour enveloppe le tien, et cela durera jusqu'au*

53. Chez les Rédemptoristes, étant donné la grande dévotion de saint Alphonse à Jésus Enfant, il était de coutume au noviciat (et au second noviciat) de fêter le 25 de chaque mois comme « petit Noël ». À cette occasion, chaque novice était invité à écrire une « lettre à Jésus ».

54. Cf. les « lettres à Jésus » du 25 de chaque mois, d'avril à août 1952 (Cahiers du P. Boucher, p. 281a-281d). Dans le récit de la première profession de Van (8 septembre 1946) que l'on trouve dans son *Autobiographie*, l'utilisation de l'expression « Marcel-Jésus » est sans doute le fait de l'une des dernières révisions de ce texte qui, comme on le sait,.a connu quatre rédactions successives (cf. : aut 1). Sauf erreur de ma part, on ne connaît pas en effet d'autre occurrence de cette expression avant le second noviciat de Van (mars-septembre 1952).

moment où ton amour se perdra entièrement dans le mien... O mon enfant, à l'exemple du tout petit, contente-toi de me regarder, et je pénétrerai le fond de ton cœur mieux encore que la maman ne pénètre le cœur de son enfant... » (col 122).

La petitesse de l'amour ne signifie évidemment pas ici le peu d'amour, mais plutôt la disposition à laisser toute la place à l'amour de Jésus pour qu'il pénètre totalement le cœur. En recourant à l'exemple de l'amour maternel pour signifier la puissance de son amour, Jésus affirme implicitement comme caractéristique de l'amour maternel un pouvoir spécial de pénétrer le fond des cœurs. C'est un tel pouvoir qu'est appelé à exercer celui qui reçoit la mission de « mère des âmes », en totale dépendance de l'Amour de Jésus qui seul est Rédempteur.

L'EXERCICE DE LA MATERNITÉ SPIRITUELLE

Plusieurs expériences tirées de la vie de Van pourraient servir à montrer chez lui la maternité spirituelle en exercice. On en a déjà présenté une très significative avec l'épisode du Docteur Le Roy Desbarres, qu'on a appelé « son premier enfant », en reprenant l'expression choisie par Thérèse pour indiquer sa relation avec Pranzini. Dans ce contexte, on a pu entrevoir comment le père de Van peut être compté lui aussi parmi ses enfants spirituels. La dernière période de la vie de Van serait éloquente pour illustrer l'aspect de substitution ou échange de place avec les pécheurs, que comporte la maternité spirituelle. Des confrères rédemptoristes ayant vécu avec Van témoignent ainsi de sa motivation à retourner à Hanoi, en milieu communiste, au moment même où beaucoup de catholiques fuient vers le Viet-Nam Sud : « À quelqu'un qui lui demandait pourquoi il voulait vivre en zone communiste, il répondait : "J'y vais pour qu'il y ait quelqu'un qui aime le Bon Dieu au milieu des communistes"[55] ». Il me semble pourtant que les textes de Van concernant le sort des enfants qui meurent sans baptême d'eau nous permettront de mieux mettre en évidence la mystérieuse solidarité entre les âmes et la profondeur de la participation à l'Amour rédempteur impliqués dans la maternité spirituelle. C'est dans les *Colloques*, au 24 juillet 1946 que l'on

55. Témoignage des Pères Joseph Laplante et Denis Paquette, en annexe à l'*Autobiographie*, p. 351 (version typographiée par le P. Antonio Boucher).

trouve les affirmations qui nous intéressent[56]. Van, conscient d'avoir une mission d'« apôtre particulier des enfants », se demande si les « enfants qui meurent avant d'avoir reçu le baptême » pourront « aller au ciel » et avoir « la vision de leur vrai Père durant toute l'éternité ». Voyant son inquiétude Jésus lui dit :

« *Naturellement, les petits enfants, n'ayant pas encore l'intelligence, n'ont pas non plus de volonté. L'intelligence sert à comprendre si une chose est bonne ou mauvaise, et la volonté à agir conformément à ce que comprend l'intelligence. Ces deux facultés sont les plus nécessaires. Or ces facultés nécessaires, les enfants ne les possèdent pas encore. Ainsi donc,* il faut maintenant qu'une autre volonté prenne place dans le cœur de ces petits enfants*; et si cette volonté agit d'une façon conforme au bien (à la droite raison) c'est tout comme si ces petits enfants agissaient eux-mêmes. {…}*

Maintenant, tout ce que tu as à faire, c'est de placer ta volonté dans le cœur des petits enfants, *et alors, eux aussi appartiendront aussitôt à la Sainte Église. Et s'ils viennent à mourir avant l'usage de la raison, ils monteront quand même au ciel avec moi, parce qu'ils ont* ta volonté qui agit en eux.

Petit frère, comprends-tu cela ? Offre-moi ta volonté, et moi, je la mettrai *dans l'âme des petits enfants qui vivent sur cette terre...* » (col 699-700).

Nous avons déjà vu plus haut que la maternité spirituelle se réalise en ce que quelque chose de la « mère » passe en ses enfants. Cela a été exprimé par l'image du « *lait spirituel* » ou encore de la « *force vitale* ». Nous avons aussi noté comme caractéristique de l'amour maternel la capacité de pénétrer le cœur de son enfant. On retrouve ici la même dynamique : il s'agit de conduire les âmes à Jésus, à Dieu, mais ce que l'apôtre-« mère » est appelé à transmettre, c'est sa *volonté*, plus précisément sa volonté conforme au bien. C'est là l'affirmation capitale de notre texte : la possibilité pour quelqu'un de placer sa volonté *dans le cœur* d'un autre, marqué par le péché originel, pour l'ouvrir à la grâce du Christ. Mais comment quelqu'un peut-il vouloir à la place d'un autre ? Cela n'est-il pas mépriser la dignité et l'autonomie de la liberté humaine ?

En fait, il s'agit ici de la possibilité de la Rédemption. Car par elle-même la liberté humaine est incapable de se guérir du péché et de se réorienter vers Dieu. Cette possibilité se réalise concrètement dans le Christ, car « tout a été créé par lui {…} et tout subsiste en lui » (Col 1,

56. Il n'est pas possible de faire ici une étude complète de cette « doctrine ». Je me contenterai de souligner un point-clé pour la compréhension de la maternité spirituelle.

16-17). Seul le Christ, parce qu'il est le propre Fils de Dieu et qu'il est à l'origine et au fondement même de notre existence et de notre liberté, et non seulement un homme à côté des autres, peut prendre notre place sans se juxtaposer à nous, nous laissant ainsi à l'étroit. En assumant notre place, il ne nous l'enlève pas mais nous la redonne en la refondant, alors que le péché nous avait désaxés de notre place dans l'Économie divine. Seul le Christ peut pénétrer la liberté humaine de l'intérieur sans lui faire violence. Mais ce qu'il est seul à pouvoir faire, il ne veut pas le faire sans nous. Il manifeste par là la grandeur de son Amour, dont Van s'émerveille :

« Dieu est toujours infiniment puissant ; mais il est encore infiniment plus digne de louange quand il se sert d'une petite créature sortie de ses mains créatrices pour réaliser les œuvres conformes à sa volonté. Oh ! Quel mystère ! » (aut 517)[57].

Si la coopération à l'œuvre du salut qu'est la maternité spirituelle va jusqu'à une participation à ce pouvoir d'amour qu'a Jésus de pénétrer les libertés de l'intérieur sans les violenter, l'on comprend que la condition fondamentale d'exercice d'une telle maternité soit de laisser en soi toute la place à cet Amour rédempteur, ce qui implique l'identification la plus totale qui soit possible à une créature[58] avec Jésus. Saint Paul disait : « *Ce n'est plus moi* qui vis, mais le Christ qui vit en moi. Ma vie présente dans la chair *je la vis* dans la foi au Fils de Dieu qui m'a aimé et s'est livré pour moi » (Ga 3, 20)[59]. Avec Van, nous avons exprimé cette exigence en termes de caractère victimal, de sponsalité et de toute-petitesse. Nous voyons mieux maintenant la raison et la portée de cette exigence.

Mentionnons en terminant que cette participation à l'œuvre du salut qu'est la maternité spirituelle n'est jamais une vocation isolée ; elle est

---

57. On retrouve un texte analogue chez Thérèse : « Ah ! c'est que Jésus a pour nous un amour si incompréhensible qu'Il veut que nous ayons part avec lui au salut des âmes. Il ne veut rien faire sans nous. Le créateur de l'univers attend la prière d'une pauvre petite âme pour sauver les autres âmes rachetées comme elle au prix de tout son sang » (LT 135).

58. J'ai parlé plus haut de quasi-identification, simplement pour exclure la pure et simple identité qui reviendrait au panthéisme.

59. C'est paradoxalement quand ce n'est plus moi qui vis, que je vis le plus intensément et personnellement. Nous retrouvons ce paradoxe dans le texte de Van sur son apostolat envers les enfants qui meurent sans baptême. Jésus lui demande, d'une part, de *placer lui-même* sa volonté dans le cœur des petits enfants et d'autre part, il lui dit : « Offre-moi ta volonté, et *moi, je la mettrai* dans l'âme des petits enfants ».

d'abord celle de toute l'Église, qui se réfracte ensuite dans les vocations particulières, l'on pourrait dire dans la mesure où elles sont ecclésiales. Cela apparaît dans la formule qu'utilisait Van pour exprimer son apostolat-maternité envers les enfants qui meurent sans baptême :

« *Petit Jésus, je t'offre les enfants qui n'ont pas encore été baptisés. Je veux croire et t'aimer à leur place* selon l'intention de la Sainte Église, ma Mère. *Daigne les reconnaître comme véritables* enfants de la Sainte Église. *Et s'ils viennent à mourir avant l'usage de la raison, conduis-les au Ciel avec toi, afin* qu'en union avec les saints, *ils puissent t'aimer éternellement, selon la promesse que tu m'as faite* » (col 702).

Dans le même esprit, Thérèse avait affirmé : « *Dans le Cœur de l'Église, ma Mère*, je serai l'Amour[60] ». Plus elle est enfant de l'Église, plus elle peut participer à sa maternité. C'est la même logique que l'on retrouve chez Van. Il s'agit de la logique de l'Amour rédempteur.

Rome, le 31 décembre 1999

60. Ms B 3v°.

L'ÂME SACERDOTALE

PÈRE JEAN-CHRISTOPHE THIBAUT
Prêtre du Diocèse de Metz
Professeur au Séminaire d'Ars

Un des épisodes les plus troublants de la vie de Marcel Van est probablement celui où sainte Thérèse lui annonce que Dieu ne veut pas qu'il devienne prêtre. La scène se situe en novembre 1942, à Quang Uyen, aux portes de la Chine, quelques semaines seulement après sa première rencontre avec la sainte carmélite. Van rapporte l'événement dans son *Autobiographie* avec force détails. En découvrant son récit, le lecteur ne peut que partager sa peine et son désarroi.

En effet, de sept à quatorze ans, Van avait beaucoup souffert pour préserver sa vocation sacerdotale. Entré fort jeune à la cure de Huu Bang, il endura de dures épreuves morales et physiques. Mais jamais, il ne renonça à son projet de devenir prêtre. Il resta fidèle à cette vocation en toutes situations, jusqu'à l'héroïcité parfois.

Une telle fidélité semble alors bien mal récompensée lorsque Thérèse annonce à Van, presque avec brutalité : « *Van, mon cher petit frère, Dieu m'a fait connaître que tu ne seras pas prêtre* » (aut 649). Son âme d'enfant en est profondément meurtrie. Autant il pouvait supporter les oppositions à sa vocation de ses proches, de son entourage et, pourquoi pas, des prêtres, mais de Jésus, comment cela est-il possible ? Tout son être se cabre devant une telle décision et sa réaction ne se fait pas attendre :

« *Mais pourquoi cela ? Comment se fait-il que je ne puisse pas devenir prêtre ?... Oh non non jamais je ne me résignerai à vivre sans être prêtre. Je veux devenir prêtre pour offrir la messe, pour aller prêcher la religion, sauver les âmes et procurer la gloire de Dieu. Oui, c'est une chose décidée, il faut que je devienne prêtre* » (aut 649).

Bien sûr, nous devinons derrière cette volonté divine un dessein plus grand encore que celui que le petit Van imaginait. À son « simple » désir du sacerdoce, Dieu lui substitue la mission d'être un « Apôtre de son Amour » et plus particulièrement d'être « l'Apôtre caché de l'Amour ». Sa grande sœur spirituelle sainte Thérèse tente de le lui expliquer en disant :

« ... S'il ne veut pas que tu sois prêtre, c'est pour t'introduire dans une vie cachée où tu seras apôtre par le sacrifice et la prière, comme je l'ai été autrefois. En réalité, la volonté de Dieu n'a rien de cruel. Dieu te connaît mieux que tu ne te connais toi-même (...) Petit frère, réjouis-toi et sois heureux d'avoir été mis au nombre des "Apôtres de l'Amour de Dieu" qui ont le privilège d'être cachés dans le cœur de Dieu pour être la force vitale des Apôtres missionnaires. Oh petit frère, peut-il y avoir un bonheur plus grand que celui-là ? » (aut 651).

La vocation de Van, un appel au sacerdoce ?

Van est encore trop jeune et trop simple pour comprendre ce projet d'amour qui vient du « *cœur de Dieu* ». Lui désire devenir prêtre, parce qu'il sent depuis son enfance un appel à se donner à Jésus. Il raconte au début de son *Autobiographie* la genèse de sa vocation, vers l'âge de sept ans, juste après sa première communion :

« Chaque fois que je recevais Jésus, je sentais ce désir (de me consacrer à Dieu) comme retentir en mon âme et me presser très fortement. Sans hésiter, je reconnus que c'était là l'appel de Jésus à mon âme. Aussi, sans la moindre pensée de résistance, je répondis sur-le-champ à sa voix, et je pris la décision de chercher un moyen de me conformer parfaitement à sa volonté » (aut 102).

Ce « moyen », il croit le trouver dans la personne de l'abbé Nha et de sa cure à Huu Bang : il voyait le lieu, disait-il, où il pourrait *« réaliser son désir de devenir prêtre »* (aut 122) : *« si ma mère me permettait de rester chez lui maintenant, comme je serais content ! En effet, j'avais le goût de me consacrer à Dieu sans retard, car si j'attendais d'être grand, je craignais de ne jamais y arriver »* (aut 118).

Nous découvrons donc chez ce très jeune garçon un fort appel à se « consacrer à Dieu », dont il lui semble que la seule façon d'y répondre pleinement consiste à devenir prêtre. C'est, à sa connaissance, la manière « d'entrer en religion » comme il l'exprime souvent à sa mère dans ses tendres années. Joachim Van n'a pas une fine connaissance de la vie religieuse, ou de tout autre état de vie consacrée. Au point que, lorsque sainte Thérèse lui annonce son entrée en religion pour répondre à sa vocation « d'Apôtre caché de l'Amour », il pense immédiatement au Carmel. Et nous assistons à ce dialogue savoureux entre Van et Thérèse :

« – *Ma sœur, en quoi consistera cette vocation cachée ? Si je ne deviens pas prêtre, alors que pourrais-je bien faire ?*

– *Tu entreras en religion.*

– *Comment entrer en religion ! Ah ma sœur, quel bonheur ! Oui, je vais demander d'entrer au Carmel comme vous, pas autre chose.*

– *Un garçon entrer au Carmel ? dit Thérèse en riant.*

– *Oh vous venez de me dire que ma vocation serait une vocation cachée... or, il n'y a qu'au Carmel qu'on mène une vie cachée...* » (aut 653).

À ce stade de son évolution spirituelle, l'essentiel pour Van est encore de « faire quelque chose » pour Dieu, de satisfaire la « pression » qu'il ressent dans son âme. Or, rien ne laisse entendre que, contrairement à ce qu'il croyait depuis sa petite enfance, le Seigneur l'ait précisément appelé au sacerdoce. Pour Van, la prêtrise représentait d'abord un état de vie connu, qui rend visible aux yeux de tous cette consécration radicale au Seigneur. Se « consacrer à Dieu » se confondait dans son esprit avec le ministère presbytéral, à savoir « *offrir la messe, aller prêcher la religion, sauver les âmes et procurer la gloire de Dieu* » (aut 649). En d'autres termes, réaliser ce qu'il voit faire, ou souhaite voir faire par les prêtres de son entourage.

Or, la vocation de Van n'est pas celle du sacerdoce. Ce n'est pas parce qu'il croit discerner cet appel dans son cœur qu'il correspond à celui de Dieu. Thérèse, d'ailleurs, lui rappelle, qu'autrefois elle aussi, a « *désiré devenir prêtre pour aller prêcher l'Évangile. Mais Dieu n'a pas voulu* » (aut 649). Sans cesse, Thérèse le recentre sur ce qu'est réellement une vocation, à savoir la réponse libre à la volonté libre de Dieu : « *Si Dieu veut que ton apostolat s'exerce dans un autre état de vie, qu'en penses-tu ?* » (aut 649).

Thérèse précise bien que ce n'est pas une question de dignité ou de capacité : « *je ne t'ai pas dit que tu ne pouvais pas devenir prêtre*, explique-t-elle, *qui oserait se vanter d'être digne de la vocation sacerdotale ?* » (aut 649), mais bien de vocation :

« *L'état sacerdotal est un état sublime, mais il est impossible de l'embrasser en dehors de la volonté de Dieu. Avant tout et par-dessus tout, l'état qui prime tous les autres, c'est de se conformer entièrement à la volonté de notre Père du ciel* » (aut 650).

Et la volonté de Dieu, en ce qui concerne Van, est d'être un « Apôtre de l'Amour de Dieu ».

Tout en n'étant pas prêtre, tu as une âme sacerdotale

Lorsqu'il demande à sainte Thérèse avec tristesse «*pourquoi le bon Dieu ne me choisit pas pour être prêtre ?* », elle lui fait une curieuse réponse :

« *Allons petit frère, tout en n'étant pas prêtre, tu as quand même une âme de prêtre, tu mènes une vie de prêtre et les désirs d'apostolat que tu te proposais de réaliser dans l'état sacerdotal, tu les réaliseras tout comme si tu étais prêtre* » (aut 650).

Que signifie cette parole où il est dit que, sans recevoir le sacrement de l'ordre, il a « une âme de prêtre » et qu'il réalisera ses désirs d'apostolat tout comme s'il était prêtre ?

Il faut regarder le petit frère au terme de son existence terrestre pour découvrir qu'en effet, Van portait profondément en lui cette « âme sacerdotale ». Au point qu'il écrira dans une des dernières lettres que nous possédons de lui, en juillet 1956, d'un camp de rééducation où il est prisonnier :

« *En ce qui me concerne, depuis le jour où je suis arrivé dans ce camp de Mo-Chèn, je suis très occupé, comme peut l'être un petit curé de paroisse. En dehors des heures de travail obligatoire, je dois continuellement accueillir les gens qui viennent les uns après les autres chercher du réconfort auprès de moi, qu'ils considèrent comme quelqu'un qui ne connaît pas la fatigue* » (cor 20/07/56 au Père Paquette).

Sans être prêtre, il termine sa vie dans une paroisse inattendue, où Jésus lui permet effectivement de réaliser les désirs d'apostolat de sa jeunesse, de sauver des âmes en les conduisant au Christ :

« ... *Dieu lui-même m'a fait savoir que c'est sa volonté que j'accomplis ici. Bien des fois que je lui ai demandé la faveur de mourir dans ce camp, mais chaque fois il m'a répondu :*

– Je suis bien prêt à suivre ta volonté comme tu suis toujours la mienne, mais il y a les âmes qui ont encore besoin de toi ; sans toi, il me serait impossible d'arriver jusqu'à elles. Alors qu'en penses-tu mon enfant ?
– Seigneur, c'est à toi d'y penser pour moi » (cor 20/07/56 au Père Paquette).

Dans ce camp de Mo-Chèn, Van vit bien quelque chose de l'apôtre, mais nous sentons que l'essentiel n'est pas ici. Ne vouloir le comprendre qu'à partir de son activité apostolique dans le camp de rééducation nous ferait passer à côté de la profondeur de sa vie spirituelle et risquerait de nous tromper sur la vraie nature de sa mission. Le plus important reste caché. Déjà, au couvent des Rédemptoristes, rien ne laissait apparaître à ses confrères cette « âme sacerdotale », connue de son directeur spirituel uniquement, le Père Antonio Boucher. En lisant les écrits de Marcel Van, on comprend aisément que sa mission dépasse largement le cadre étroit de ce qui est visible extérieurement. En effet, le cœur est exprimé en peu de mots par Thérèse lorsqu'elle lui dit :

« Et si (Dieu) veut que tu ne sois pas prêtre, c'est pour t'introduire dans une vie cachée où tu seras apôtre par le sacrifice et la prière, comme je l'ai été autrefois » (aut 651).

Apôtre par le sacrifice et la prière

« Apôtre par le sacrifice et la prière » : voilà le résumé de son « apostolat dans le monde » qu'il doit *« exercer sans retard »* (aut 651). C'est par le sacrifice et la prière que Van est appelé à devenir un *Apôtre de l'Amour de Dieu*, à la suite de sainte Thérèse de l'Enfant Jésus, durant sa vie terrestre.

Toute l'histoire de Van et sa spiritualité seront marquées par cette mission qu'il reçoit de Dieu lui-même. La prière et le sacrifice courent tout le long des nombreuses pages de son *Autobiographie*, de sa *Correspondance*, mais aussi des *Colloques*, qu'il nous a laissés comme témoignage de son âme.

Et le premier grand sacrifice auquel il est appelé est précisément celui de ce qu'il croit être sa vocation : son désir de devenir prêtre. Il doit renoncer sans aucun délai à tout ce qui a donné sens à son existence depuis l'âge de sept ans, à tout ce pour quoi il a supporté tant d'épreuves et d'humiliations. Il doit abandonner le pivot autour duquel son existence s'organise, dans un grand acte de foi et d'abandon. Le renoncement est d'autant plus exigeant et redoutable que sa vocation semble être pourtant confirmée par son entourage :

« Les gens disaient de moi : "De toutes façons, il deviendra un saint prêtre". Et moi, j'étais fermement résolu de devenir un prêtre parfait, un apôtre qui sait se sacrifier lui-même. Et pour rester fidèle à cette résolution, j'ai dû m'imposer de nombreux efforts tant au point de vue spirituel que corporel. (...) Ma seule raison de vivre était Dieu, et c'est vers lui que je voulais tout faire converger. Pour arriver à ce but ardemment convoité, je n'avais qu'un désir : devenir un prêtre voué tout entier à l'amour de Dieu. Hélas ! En dépit de ce rêve si beau et si sincère, voilà que Dieu a bien voulu guider mes pas sur une autre route... » (aut 648).

Van ne comprend pas le sens de ce sacrifice, comme Abraham ne comprend pas que Dieu demande de lui sacrifier son fils Isaac. Van est « au pied du mur », appelé à un acte d'obéissance radical. S'il n'avait pas dit « oui » à ce qu'il ressent pourtant comme une grande blessure infligée par Jésus, s'il s'était cramponné à son désir de devenir prêtre comme à une bouée de sauvetage, il ne lui aurait pas été possible de devenir un *Apôtre de l'Amour*. En effet, toute la fécondité spirituelle de Van dépend de cet abandon à la volonté divine. C'est précisément parce qu'il fait passer la volonté de Dieu avant la sienne qu'il devient un « *apôtre de l'Amour de Dieu* ».

Le passage de sa volonté propre à la volonté de Dieu

Ce jeudi d'octobre 1942, au pied de la colline de Quang-Uyên, en fin d'après-midi, la vie spirituelle du petit Van bascule radicalement. On pourrait dire qu'il y a un « avant » et un « après », puisque le jeune garçon entre dans une démarche de remise de lui-même, un abandon de toute sa personne à Dieu. Il passe du « *je veux* », « *il faut que je devienne prêtre* » au « *que faut-il que je fasse ?* ». Van dépose, non sans une certaine résistance au départ et une réelle souffrance, sa volonté propre dans les mains de Dieu. Il accepte alors, dans une grande docilité, d'entrer entièrement dans la volonté de Jésus. À partir de ce moment, sa vie sera totalement conduite et gérée par Dieu. Toute son existence se confondra avec la mission qu'il reçoit de Jésus par la bouche de sa sœur Thérèse. Jour après jour, Van apprendra à « *ne faire qu'un avec la volonté de Dieu* » (aut 593).

Sainte Thérèse sera la première « maîtresse des novices » de sa vie spirituelle, bien avant qu'il entre dans la congrégation des Rédemptoristes. Comme elle-même l'a vécu au Carmel de Lisieux, elle lui apprend à être totalement tourné vers Dieu, à être pure obéissance, pur abandon : « *Offre à Dieu ton tout petit cœur* » (aut 599), lui demande-t-elle. À partir de ce moment, l'*Autobiographie* est truffée de recommandations de Thérèse lui indiquant cette voie de l'enfance spirituelle qui réjouit tant le cœur du Père :

« *Peut-il y avoir pour un Père une joie comparable à celle de voir son petit enfant le suivre partout, lui offrir tout ce qu'il peut ramasser, et enfin toute liberté de le porter dans ses bras et de le caresser selon son bon plaisir ?* » (aut 592).

Trois ans plus tard, le petit Van est suffisamment docile pour entendre la voix de Jésus au noviciat et mettre par écrit avec minutie, sans se poser de questions, ce trésor spirituel que l'on appelle les Colloques. Van devient alors un simple stylet dans la main de Jésus : « *Petit apôtre de mon amour, sois pour moi un crayon à mon usage* » (col 20).

Ce total abandon à la volonté de Dieu, toute à l'image de l'obéissance parfaite du Fils au Père, a une finalité qui dépasse largement la stricte relation de Van à Jésus. Ce dialogue d'amour produit des fruits dont l'objet n'est rien d'autre que le salut des âmes. La mission de Van ne se borne pas à être simplement un porte-plume dans la main de Jésus, mais bien d'être un acteur du salut de l'humanité par sa prière et ses sacrifices, aussi petits et humbles soient-ils.

Cette obéissance à la volonté divine est, nous le savons, la marque de celui qui porte le titre d'apôtre. L'apôtre, c'est-à-dire « l'envoyé », est directement associé à une décision trinitaire éternelle, celle du Père qui envoie son Fils dans le monde pour le sauver : « Je ne suis pas venu dans le monde de moi-même ; mais c'est le Père qui m'a envoyé » (Jn 8, 42). Le Père envoie son Fils dans un acte libre et cette mission est opérée par l'Esprit Saint qui permet l'incarnation du Fils dans le sein de Marie.

Ainsi, toute mission terrestre trouve son origine dans cette « mission » divine : « Comme le Père m'a envoyé, moi aussi je vous envoie » (Jn 20, 21) dit Jésus. C'est donc bien en contemplant la mission trinitaire du Christ que l'on peut comprendre la mission des apôtres, c'est-à-dire des envoyés, des « missionnaires ». Ils prolongent l'unique mission du Christ. L'Eglise poursuit l'œuvre du salut pour le monde, en particulier par ses saints.

Les différents modes d'apostolat

L'activité missionnaire de l'Église se rattache à la mission que Jésus confie aux apôtres qu'il se choisit. Dès le début de son ministère, Jésus « appela à lui ceux qu'il voulut, et en institua douze pour être ses compagnons et les envoyer prêcher » (Mc 3, 13 ; Mt 10, 1-42). Comme il avait été lui-même envoyé par le Père, il envoya ses apôtres dans le monde entier en leur donnant cet ordre : « Allez par le monde entier proclamer la Bonne Nouvelle à toute la création » (Mc 16, 15). Toute l'activité missionnaire de l'Église « continue et développe au cours de l'histoire la mission du Christ lui-même, qui fut envoyé pour annoncer aux pauvres la bonne nouvelle » (*Ad Gentes* 5). Ainsi, tout « envoyé » reçoit mission du Christ de poursuivre son activité missionnaire : la prédication, la guérison, l'expulsion des démons.

Ces apôtres rendent présent l'aspect ministériel de Jésus. Cette activité missionnaire de l'Église jouit d'une visibilité, elle est en mouvement et en acte. Les prêtres, par le ministère de l'ordre qu'ils reçoivent, mais aussi plus largement tout baptisé, missionnaire, catéchiste, laïc, participent à cette mission qui est le fondement de l'Église : « De sa nature, l'Église, durant son pèlerinage sur terre, est missionnaire, puisque elle-même tire de la mission du Fils et de la mission du Saint-Esprit, selon le dessein de Dieu le Père » (A.G. 2).

Mais, à côté de l'apostolat actif, le Corps mystique du Christ s'enrichit d'un autre type d'apôtres qui répondent à un appel différent : celui de la contemplation. À l'image de Jésus se rendant sur la montagne pour prier le Père dans le secret, les moines et les moniales offrent « à Dieu un sacrifice éminent de louange, éclairent le peuple de Dieu par les fruits très abondants de leur sainteté, l'entraînent par leurs exemples et l'étendent par une secrète fécondité apostolique. Ils sont ainsi la gloire de l'Église et la fontaine d'où jaillissent les grâces célestes » (*Perfectatae caritatis* 7). Parallèlement à l'apostolat actif se développe donc un apostolat dont « l'efficacité » pour le monde est cachée dans le mystère de la prière et de la communion des saints.

Or, il existe un apostolat encore plus caché, qui « porte » et soutient tous les apôtres en étant « leur force vitale ». Cet apostolat est associé au lieu précis de la rédemption du monde : celui de la Croix.

La Croix est le sommet de la Mission du Fils, l'Heure attendue toute sa vie (Lc 12, 50), le lieu central hors du temps où se joue le Drame divin. Ceux que Jésus associe au mystère de la Croix participent avec Lui à ce mystère insondable où Jésus se « fait péché pour nous » (2 Co 5, 21).

Or Jésus se plait, dans une totale gratuité, à choisir des âmes pour les associer au plus près à son œuvre rédemptrice. Avec saint François d'Assise, premier stigmatisé de l'Église, des hommes et des femmes jouissent d'une grâce particulière qui consiste à être unis de manière très étroite au mystère de la Croix du Christ. Nombreux sont les mystiques qui revivent la Passion du Christ sous différents modes, dont certains, comme Marthe Robin, avec une fécondité tout à fait remarquable : rien n'est visible à l'extérieur, ou si peu, mais le lien intérieur à Jésus crucifié est si fort qu'il produit du fruit au centuple...

Cet « apostolat du mystique » s'ouvre à la dimension de l'univers et tisse un lien entre ciel et terre. Le petit Van appartient à cette catégorie d'âmes dont la mission dépasse largement le cadre de la vie terrestre, qui est un don pour l'Église universelle, un cadeau de la miséricorde divine.

La croix, le lieu de l'apostolat de Van

En acceptant le sacrifice de sa vocation sacerdotale dans une totale obscurité, Van entre alors dans un chemin d'obéissance qui le mènera, avec Jésus, jusqu'au Calvaire. Ainsi Van, sans le savoir encore, en mourant à sa volonté propre, entre dans une nouvelle dimension de sa vie spirituelle : celle de la participation à la mission du Fils envoyé par le Père. Or, c'est dans l'obéissance de la Croix que le Fils a accompli de manière parfaite sa mission reçue du Père. C'est dans cette kénose absolue, cette immobilité du corps cloué sur le bois du supplice, cet abandon de tous, où la Parole est muselée, que le Christ réalise pleinement sa mission salvatrice.

D'une certaine manière, en acceptant de ne pas devenir prêtre, Van fait lui aussi l'expérience de l'enfouissement du grain tombé en terre. Il accepte de ne pas devenir un apôtre « visible » aux yeux du monde, « actif » dans son apostolat, mais d'être totalement immergé dans l'Amour qui a triomphé du mal et de la mort. Van obtient l'extraordinaire et redoutable privilège d'être pleinement associé à cet Amour et à cette souffrance inimaginables du Vendredi et du Samedi Saint où Jésus a accompli sa mission pour laquelle il s'était offert pour l'éternité. Il reçoit la mission d'être « un petit rédempteur » attaché à la mission salvatrice de l'unique Rédempteur.

On comprend alors mieux l'enthousiasme de sainte Thérèse lorsqu'elle tente d'expliquer à son petit frère la « *faveur exceptionnelle* » que Dieu lui a accordée :

« *Petit frère, réjouis-toi, et sois heureux d'avoir été mis au nombre des "Apôtres de l'Amour de Dieu" qui ont le privilège d'être cachés dans le cœur de Dieu pour être la force vitale des Apôtres missionnaires. Oh ! Petit frère, peut-il y avoir un bonheur plus grand que celui-là ?* » (aut 651).

Thérèse laisse entendre que cet apostolat est supérieur à tous les autres, puisque cette « vocation cachée » dans le cœur de Dieu permet « *d'être la force vitale des Apôtres missionnaires* », manière de dire que, loin d'exercer un seul apostolat limité dans l'espace et le temps, Van pourra exercer tous les apostolats en devenant « force vitale » de toutes les missions personnelles.

Plus remarquable encore, Thérèse explique que cette vocation n'est pas donnée pour le temps où il sera « au Ciel », mais que dès maintenant, il peut exercer cet apostolat : « *Dans sa sagesse, (Dieu) a dû arranger les choses de façon que tu puisses exercer sans retard ton apostolat en ce monde* » (aut 651).

Cette « vocation cachée » n'est pas différente de celle de sainte Thérèse en son temps. Il s'agit bien d'une mission parallèle à celle de la sainte carmélite :

« *Si Dieu ne veut pas que tu deviennes prêtre, c'est pour t'introduire dans une vie cachée où tu seras apôtre par le sacrifice et la prière, comme je l'ai été autrefois* » (aut 651).

Cette vocation de l'enfouissement se retrouve aussi chez d'autres mystiques. Marthe Robin, clouée sur un divan d'une chambre sans lumière au fond d'une ferme isolée, avait demandé à Jésus : « Cachez-moi en vous ». Et encore, saint Jean de la Croix écrivait : « Vous vous cachez dans les âmes et vous y demeurez, et par là vous les cachez elles-mêmes au regard des hommes et les mettez dans le secret de Votre Sainte Face, où elles sont à l'abri des agitations de ce monde »[1].

Ainsi, les deux modalités de cette vocation cachée de l'Amour sont la prière d'une part, et le sacrifice d'autre part. En recevant « l'apostolat de la prière et du sacrifice », et non pas celui du sacerdoce comme il l'espérait, Van est bien devenu un « apôtre » comme sainte Thérèse le lui indique : « *Quant à toi, petit frère, toujours tu auras pour fonction d'être l'Apôtre caché de l'Amour* » (aut 653). Sa mission se situe dans l'acte le plus profond du Christ, à savoir celui du mystère du Calvaire. En effet, sur la croix, le Christ continue bien sa mission, mais sur un plan différent. Aux yeux du monde, il n'agit plus : « Qu'il descende de la croix et nous croirons en lui ! » (Mt 27, 42). C'est pourtant dans le silence de l'agonie et « par ses blessures » que l'humanité, esclave du péché depuis Adam, est définitivement sauvée. La mission de Jésus devient alors comme cachée sur la croix.

En recevant sa mission des lèvres de sa sœur Thérèse, Van entrait dans sa nouvelle demeure, la croix du Christ.

Et sur la croix, il ne reste que la prière et le sacrifice.

1. St Jean de la Croix, *Œuvres spirituelles, Vive flamme,* strophe 2, Seuil 1947, p. 956.

Petit apôtre de mon Amour

Lorsque l'on regarde de près les *Colloques*, on découvre que Jésus lui révèle pleinement le sens de sa mission, sur terre déjà, mais surtout lorsqu'il sera au Ciel. D'abord, la mission qu'il reçoit et qui fait de lui un « petit apôtre » est un don d'Amour de Jésus :

« *Oh mon "petit apôtre" ! C'est parce que je t'aime que je te donne ce nom de petit apôtre ; les paroles que je te dicte sont destinées uniquement aux petites âmes qui s'abandonnent totalement à ma volonté. (...) Plus tard, d'autres âmes feront comme toi l'œuvre que je leur confierai ; elles se succéderont sans interruption et je les appellerai elles aussi mes "petits apôtres, les apôtres de mon amour". Ce nom, je le réserve aux âmes qui écouteront les paroles que tu écris ici ; ce sont mes paroles, et elles profiteront aux âmes qui les écoutent...* » (col 12-13).

Sa mission est d'être un « intermédiaire » entre les âmes appelées à être « petits apôtres » à leur tour et Jésus :

« *Plus tard, tu verras, j'aurai toute une armée d'apôtres, et tout ce que je leur enseignerai, ce sera de m'aimer comme tu m'aimes toi-même. Mais il faut quelqu'un qui me serve d'intermédiaire... Tu seras donc cet intermédiaire, n'est ce pas ? Mon "petit apôtre", est-ce que tu acceptes ce rôle ? Il te suffira d'écrire mes paroles, et ensuite ton œuvre sera accomplie et mon amour se propagera...* » (col 13).

Jésus, puis Marie, lui demandent en particulier de prier et de se sacrifier pour les mauvais prêtres :

« *Si je te faisais voir la peine que me causent tous les jours les prêtres par leur conduite envers moi (...) Apôtre de mon Amour, tâche de prier et de t'imposer de petits sacrifices pour consoler mon Cœur si aimant. Prie aussi pour que le temps que j'accorde à ces prêtres, dans l'espoir qu'ils reviennent à moi, se prolonge encore un peu, et qu'ils en profitent pour se convertir* » (col 25).

Mais le choix libre dont il fait l'objet, et qui réjouit tant sa sœur Thérèse, le propulse dans une dimension spirituelle hallucinante. Le mystère de la présence du Rédempteur dans son apôtre ouvre l'apostolat de Van au champ de toutes les âmes. Cette habitation de Jésus en lui (« *tu es devenu un autre moi-même* » dit Jésus (col 575)) lui permet de déployer sa participation à l'acte rédempteur du Christ au niveau de l'univers tout entier : « *Je suis la mère des âmes* », finira par avouer Van dépassé par ce tourbillon d'amour divin qui le submerge...

Il comprend que s'il ne sera ni prêtre, ni missionnaire, il reçoit la mission d'aller dans le cœur de tous leurs missionnaires pour être leur force vitale. C'est grâce à la réserve de prière et de sacrifices qu'il constitue qu'il peut aimer dans le cœur de tous les missionnaires (col 260). Il découvre que grâce à cette capacité d'offrande de lui-même, il peut se placer dans le cœur des autres pour aimer Dieu :

« *Ô Mère, avec Jésus, je me cacherai dans toutes les âmes qui sont sur cette Terre, pour t'aimer en chacune d'elles* » (col 589).

Cet amour par substitution peut aller jusqu'à aimer dans le cœur même de ceux qui font le mal : « *Oh Mère, je serai même dans les âmes qui ne t'aiment pas afin que là aussi, tu sois aimé* » (col 589). Et plus particulièrement dans le cœur des « mauvais » prêtres : « *Je t'aime pour les prêtres qui ne t'aiment pas* » (col 477).

Cet admirable échange, qui n'est possible que parce que le Christ s'est offert pour l'humanité entière, ouvre l'apostolat de la prière et du sacrifice de Van aux dimensions universelles. Cette prière substitutive ne connaît plus de limites. Ainsi, le petit frère comprend qu'il peut tout demander à Jésus pour le salut du monde. Ainsi : « *Je te prie pour Hô Chi Minh (...) Donne-moi un peu de peine à sa place, n'est-ce pas ?* » (carnet 2, 66). Et encore :

« *Je t'offre mes sacrifices de tous les jours comme une prière pour ce chef d'État et son gouvernement* » (carnet 2, 66) ; « *Je m'offre en victime d'expiation pour la République de Chine ; donne-moi une grande part aux injures que les communistes chinois profèrent contre toi et contre ceux qui t'aiment* » (carnet 2, 57).

Van va prier ainsi pour M. Diêm, pour le Vietnam et surtout pour la France et les prêtres...

La souffrance de Van offerte en consolation de l'Amour de Jésus

En acceptant la grâce d'être associé au mystère de la Croix en devenant « Apôtre caché de l'Amour », Van participe alors aux peines intérieures et aux souffrances de Jésus au Golgotha. La souffrance marque toute son existence : « *La souffrance, voilà l'image de toute ma vie* », écrit-il au Père Boucher au début de son autobiographie (aut 7). Des sévices et humiliations subis depuis sa tendre enfance, jusqu'à son martyre au camp de Yên-Bay le 10 juillet 1959, voilà le chemin suivi par notre petit rédemptoriste.

Mais, à côté de ces souffrances physiques et morales, les « *peines intérieures* » (col 37) ne furent pas les moindres : comme Jésus sur la Croix,

Van connut douloureusement les expériences de sécheresse, de dégoût (col 3), la tristesse (col 17), la solitude, l'abandon (col 21), le délaissement (col 57-58), l'absence de Jésus (col 154). Ces peines sont données par le Christ « *à mes épouses qui m'aiment d'un cœur sincère* », parce que « *les petites âmes je les reconnais pour mes épouses, je les prends à mon service et leur confère la dignité de mère des âmes que je veux sauver* » (col 27).

Il s'agit bien pour ces âmes que Jésus appelle « ses épouses » de subir elles-mêmes les souffrances de Jésus (col 27), « *d'endurer les souffrances à la place de Jésus* » (col 80), de recevoir chacune « *sa petite part à la blessure qui m'a été infligée par les pécheurs* » (col 37). Van est appelé à toujours dire « oui » à ce ministère de consolation du cœur blessé de Jésus : « *Pour consoler mon Amour et expier les péchés, accepte de bon cœur les souffrances que je t'envoie, au moment où je devrais t'envoyer des joies et des douceurs* » (col 29).

Cet apostolat de prière et de sacrifice s'exercera sur un lit de souffrance intérieure que peu d'âmes auront connu, que Jésus réserve à ses « *épouses les plus intimes* » : le dégoût sera si intense que Van ne voudra plus manger (col 211) et Jésus lui dit que « *le seul fait d'entendre prononcer mon nom, le nom de Marie et des saints, ne fera… qu'accroître ton tourment* » (col 212).

Les dix années qui suivent son noviciat seront encore plus terribles : lorsqu'il sera éloigné de son père spirituel, le Père Antonio Boucher, Van devra boire jusqu'à la lie « *le calice d'amertume* » annoncé durant son année de noviciat :

> « *Et durant ce temps, il m'exhorta à souffrir et à me sacrifier d'un cœur joyeux. Ainsi donc, toute ma tâche consiste à monter avec Jésus jusqu'au sommet du Calvaire et y endurer la mort en union avec lui. De là qu'il ne me sera pas donné de mourir d'un accès de bonheur mais plutôt après avoir répandu mes sueurs, et que mon cœur aura épuisé la dernière goutte de mon sang… Oh ! quand se réalisera cette vision lointaine dont j'ai soif maintenant comme un homme rendu à bout de souffle…* » (aut 859).

En attendant cette mort qu'il aperçoit en une vision lointaine, Van sera « *plongé dans les ténèbres* » (2aut 542), « *l'aridité et la tristesse* » envahiront son âme (2aut 543). Durant les premiers mois passés à Saïgon, l'Amour en lui n'est plus que « *tristesse et vide* », « *étang desséché* », « *désert fermé de tous côtés* ». Le cœur est « *froid* », « *seul, mélancolique, n'éprouvant plus aucune joie* ». Comment ne pas entendre dans ces descriptions de nuit intérieure les plaintes douloureuses de Jésus pendant sa Passion ?

En lui confiant cet apostolat, Jésus n'avait d'autre intention que de l'associer à son œuvre de salut :

« *Oh ! mon enfant, mon cher petit ami, par amour pour les âmes, collabore avec moi à l'œuvre de leur salut. Ta part à toi, c'est de sacrifier de bon cœur les moments de douce intimité que tu goûterais auprès de moi, pour me permettre d'aller à la recherche des âmes* » (aut 867).

C'est plus particulièrement en faveur des prêtres que Van doit accepter les souffrances que Jésus lui envoie :

« *Je te demande toutes ces souffrances dans l'unique intention de t'associer à moi dans l'œuvre de la sanctification des prêtres, afin que, conformément à leur vocation, ils travaillent avec ardeur au règne de l'Amour dans le cœur des hommes...* » (aut 867). Jésus confirme : « *Ce que tu m'as donné est à moi ; je m'en servirai pour le donner aux prêtres* » (col 653).

Van, un vrai rédemptoriste

Lorsque le petit Van accepte de ne pas devenir prêtre en ce mois de novembre 1942, il devient, sans le savoir encore, un vrai fils de saint Alphonse. Sa vocation est d'être totalement attaché au Très Saint Rédempteur et de poursuivre son œuvre salvifique dans le monde. Loin d'être une vocation inférieure à celle du sacerdoce, elle est un « privilège » rare, dit sainte Thérèse, et « *il ne peut y avoir un bonheur plus grand que celui-là* » (aut 651).

On pourrait se demander si Van n'est pas devenu rédemptoriste « faute de mieux », puisqu'il n'y avait pas de Carmel d'homme au Vietnam, où il aurait pu mener « une vie cachée ». Une lecture trop rapide de la phrase de sainte Thérèse qui dit à Van que « *Dieu a choisi pour toi une congrégation proportionnée à tes forces* » pourrait le laisser penser. Mais comment imaginer, lorsque l'on connaît l'ensemble de la vie de Van, qu'il eut été considéré comme trop faible pour supporter les rigueurs du Carmel, lui qui endura tant de brimades, d'humiliations, jusqu'à la lente agonie du cachot ? Non, il ne serait pas juste de dire que Van ait moins souffert que sainte Thérèse ou que sa faiblesse fut plus grande. Les textes montrent, au contraire, l'identité de ces deux âmes sœurs, taillées dans le même bois et attelées à la même mission. Elle-même l'exprime avec des mots bouleversants de tendresse :

« *Grande était ma joie, quand je voyais dans ton âme des points de parfaite ressemblance avec la mienne, et une conception de l'Amour ne différant en rien de la mienne. C'est là un effet de l'Amour divin qui, dans sa sagesse, en a disposé ainsi* » (aut 591).

Le choix divin de la congrégation du Très Saint Rédempteur correspond absolument et intégralement à la mission du petit frère. Sainte Thérèse lui dit au tout début de leur première rencontre :

« *C'est un mystère et nous ne pouvons que croire en la miséricorde de Dieu notre Père qui dans sa sagesse règle les moindres détails de la vie de chacun d'entre nous* » (aut 592).

Il est peu crédible de penser que Dieu qui est maître du temps et de l'histoire soit contraint de se contenter du peu de choix qu'il a à sa disposition ! Van peut écrire en toute vérité : « *Rien ne me remplit de joie comme de porter le nom de Jésus Rédempteur. Jésus et moi sommes un* ». En effet, le but que saint Alphonse assigne aux Rédemptoristes est de « continuer le Christ sauveur » (*Constitutions* 1).

La règle précise encore : « Occupés aux diverses tâches du ministère apostolique ou réduits à l'inactivité… dans la souffrance et dans la mort, nous sommes tous à la même tâche : le salut du monde » (*Constitutions* 55). Van ne peut que porter pleinement le charisme de son Père saint Alphonse, qui avait fait inscrire sur les armoiries de sa congrégation la parole d'Écriture : « *Copiosa apud eum redemptio* » (abondante est auprès de Dieu la Rédemption).

Van peut affirmer avec sa candeur d'enfant : « *Je suis un petit rédempteur* ». Il mènera dans sa congrégation une vie cachée, tout offerte pour les pécheurs, les prêtres et, élément qui lui est propre par rapport à sainte Thérèse, les enfants. Finalement, c'est dans l'obscurité la plus absolue que l'œuvre sera consommée.

« Tu ne seras pas prêtre… » mais tu as quand même une âme de prêtre

Il reste que cet apostolat de la prière et du sacrifice aurait pu s'exercer malgré tout dans la prêtrise. Un saint Jean-Marie Vianney, curé d'Ars, fut, d'une certaine manière, enfoui dans son petit village des Dombes, sans grand relief, oublié de tous. Et c'est précisément par la prière et le sacrifice qu'il fut, lui aussi, un apôtre de la miséricorde à la fécondité étonnante.

C'est que Dieu voulait certainement donner à l'Église un témoin profondément sacerdotal dans son cœur, mais qui ne soit pas un prêtre. Peut-être pour rappeler à l'Église l'importance de ce que le concile Vatican II appelle le « sacerdoce commun des baptisés », si mal compris encore aujourd'hui. Le Pape Jean-Paul II disait aux prêtres français à Notre-Dame le vendredi 30 mai 1980 :

> « Tous les baptisés forment un peuple sacerdotal, c'est-à-dire qu'ils ont à offrir à Dieu le sacrifice spirituel de toute leur vie, animée d'une foi aimante, en l'unissant au Sacrifice unique du Christ. Heureux concile qui nous l'a rappelé ! Mais précisément pour cela, nous avons reçu un sacerdoce ministériel pour rendre les laïcs conscients de leur sacerdoce et leur permettre de l'exercer ».

Exercer ce sacerdoce non ministériel renvoie directement au sens du sacrement du Baptême :

> « Les fidèles du Christ sont ceux qui, en tant qu'incorporés au Christ par le baptême, sont constitués en Peuple de Dieu et qui, pour cette raison, participant à leur manière à la fonction sacerdotale, prophétique et royale du Christ, sont appelés à exercer, chacun selon sa condition propre, la mission que Dieu a confiée à l'Église pour qu'elle l'accomplisse dans le monde » (CIC, can. 204, §1).

Le Christ, c'est-à-dire « celui que le Père à oint de l'Esprit Saint » est l'Unique Grand Prêtre. L'épître aux Hébreux présente la croix comme un sacrifice offert une fois pour toutes, à la suite duquel le Christ ressuscité est « prêtre pour l'éternité » (He 7,17.21 ; cf. : 7, 23-24). Il est désormais « toujours vivant pour intercéder en notre faveur » (He 7, 25). Par son sacrifice, il a réconcilié une fois pour toutes Dieu et les hommes, ainsi que les hommes entre eux et il nous a donné une vie nouvelle.

Or, le baptême nous rend participants de l'unique sacerdoce du Christ, c'est-à-dire qu'il nous associe à son sacrifice parfait dans l'offrande qu'il a fait de lui-même à son Père en devenant ainsi le « médiateur de la nouvelle alliance ». Dire que Jésus seul est prêtre, c'est affirmer que lui seul réalise la pleine communion de l'homme avec Dieu. Le sacerdoce du Christ est un dialogue perpétuel entre l'initiative de Dieu et l'activité libre de l'homme. En effet Jésus ne s'est pas donné la mission de réconcilier l'homme avec Dieu, il a reçu mission du Père. « Dieu a envoyé son

Fils unique dans le monde afin que nous vivions par lui. » Jésus est envoyé, il est même l'Envoyé, et toute sa vie est communion avec Celui qui l'envoie. La mission du Christ et son sacerdoce sont une seule et même chose.

Si Jésus ne veut pas que le petit Van devienne un prêtre, au sens ministériel du terme, il n'en est pas moins, comme tout croyant, participant du sacerdoce du Christ, associé à l'unique sacrifice et à son œuvre de rédemption. Cependant, ce qui distingue Van de tout autre baptisé est, précisément, l'appel particulier qu'il a reçu de s'unir plus étroitement à la personne même de Jésus, presque ontologiquement pourrait-on dire. S'il reçoit le titre d'apôtre, c'est en raison de cette élection divine dont il fait l'objet et de la mission particulière qui en découle, mission pour l'Église, mission qui le fait entrer de plain-pied dans le mystère des relations intratrinitaires. L'âme sacerdotale de Van a ce quelque chose d'unique réservé aux âmes choisies depuis toute éternité. Thérèse lui dit lors de la première rencontre :

« *Dieu connaît tout parfaitement. De toute éternité, tout est présent à ses yeux* » (aut 601) ; « *Thérèse a toujours été ta Thérèse, et toi, Van, tu as été également le petit frère de Thérèse, depuis le moment où nous existons tous les deux dans la pensée de Dieu* » (aut 592).

Cette élection de Van, selon les desseins d'amour de la Providence, lui permet de « déployer » l'âme sacerdotale qu'il a en lui depuis son baptême. La mission qu'il reçoit de Jésus fait de lui un apôtre jouissant pleinement de l'unique sacerdoce. En étant « *un avec Jésus* », il est à la source de l'Amour, il est libre d'utiliser le grand réservoir de miséricorde divine mis à sa disposition selon son bon plaisir. Il est réellement caché dans le secret de l'Amour de Jésus, c'est-à-dire dans son Sacré-Cœur lui-même. Au même titre que l'eau et le sang coulent du flanc percé de Jésus, sacrements donnés aux croyants pour la rémission des péchés et pour leur sanctification, Van, comme sainte Thérèse, deviennent par leur prière et leur sacrifice, instruments de l'amour miséricordieux, c'est-à-dire signes de l'amour de Dieu pour son peuple. Tel est le sens de cette exclamation bien connue de sainte Thérèse : « Ma mère, dans le cœur de l'Eglise, je serai l'Amour ». De même, le frère Marcel Van peut dire : « *L'Amour me connaît* ». Et parce que l'Amour le connaît, Van peut tout porter avec Jésus, tout transformer : le mal en bien, la souffrance en bonheur, la tristesse en joie.

Le sacerdoce de Van : être la force vitale des prêtres et des missionnaires

Lorsque sainte Thérèse annonce à son père son désir d'entrer au Carmel, elle dit :

> « Toute la journée je suppliai les Saints Apôtres de prier pour moi, de m'inspirer les paroles que j'allais avoir à dire...N'était-ce pas eux en effet qui devaient aider l'enfant timide à devenir l'apôtre des Apôtres par la prière et le sacrifice ? » *(A-50-r).*

« L'enfant timide » de Lisieux va recevoir « un enfant aux mains vides » du nord Vietnam pour en faire, par la prière et le sacrifice, un « *Apôtre universel des autres apôtres de mon amour* » (col 388). Elle ajoute, en parlant des prêtres :

> « L'unique fin de nos prières et de nos sacrifices est d'être l'apôtre des Apôtres, priant pour eux pendant qu'ils évangélisent les âmes par leurs paroles et surtout par leurs exemples » *(A-56-r).*

Van n'aura pas d'autre mission que de prier, de se sacrifier pour les prêtres, comme sa sœur Thérèse, en particulier pour les prêtres français. S'il ne devient pas prêtre, lui qui pourtant le désirait (et qui le pouvait, étant un garçon !), il offre à Jésus sans réserve toute sa vie, ses souffrances, son « tout petit cœur » pour le renouveau du sacerdoce !

Parce qu'il est caché dans le cœur de Jésus, et que « le sacerdoce est l'amour du cœur de Jésus » comme le dit le curé d'Ars, Van connaît « de l'intérieur » ce qu'est le prêtre :

> « *Dieu a voulu me montrer ces choses afin que je connaisse mieux les prêtres pour souffrir et prier davantage en leur faveur... Je ne serai jamais prêtre : pourtant, il n'est pas certain que parmi les prêtres il s'en trouve beaucoup qui comprennent leur dignité comme je la comprends moi-même...* » (aut 225).

Comme Thérèse, Van devient la force vitale des missionnaires, des prêtres. Son sacerdoce consiste à être caché et agissant dans le cœur des prêtres, à redonner fécondité à ceux qui ne portent plus de fruits, à ramener à Jésus ceux

> « *qui se sont égarés loin de l'Amour et qui marchent pieds nus dans la boue du péché...* » (col 477) : « *Ô mon petit frère, reste aujourd'hui près de la croix, embrasse mes pieds et ne cesse de répéter : Ô Jésus je t'aime pour les prêtres qui ne t'aiment pas. Fais que ton Amour pénètre librement au plus intime du cœur des*

prêtres. Fais que les prêtres fervents soient remplis de zèle pour mon Amour » (col 477).

Le sacerdoce de Van est caché mystérieusement dans le mystère de la croix. Comme Marthe Robin, clouée avec Jésus sur son lit de bois, disait aussi : « Qu'il est beau notre sacerdoce à nous, qui s'exerce dans l'ombre et le silence, caché comme Jésus Hostie » (Raymond Peyret, *Petite vie de Marthe Robin*, Desclée de Brouwer, 1988, p. 46).

Thérèse et Van anticipent les intuitions du Concile Vatican II

Van et Thérèse voulaient devenir prêtres. Ce désir du sacerdoce chevillé à l'âme n'avait rien de déplacé ou de revendicatif. Il correspondait à une attraction intérieure de l'âme voulue par Dieu. Le Père Daniel Ange, dans un livre récent sur sainte Thérèse, écrit très justement :

> « Son désir d'être prêtre s'identifie pratiquement à celui d'être apôtre. Pour elle, le ministère sacerdotal est essentiellement une mission. À son époque, seuls les prêtres pouvaient être effectivement envoyés en mission. En fait, elle anticipe la révolution de Vatican II, qui fera de la mission une dimension essentielle de toute vie baptismale.
> Sans en avoir encore la formulation, elle a l'intuition de ce qu'est le Sacerdoce royal des fidèles[2] ».

Le Cardinal Lustiger développe cette même idée :

> « Thérèse quant à elle, en revendiquant comme un désir intense de participer à l'apostolat qui semblait réservé aux prêtres, ne faisait que traduire très justement non pas une jalousie à leur égard ni une lutte de pouvoir, mais la revendication de la réalité spirituelle que nous appelons le "sacerdoce royal des fidèles[3]" ».

Thérèse et Van anticipent les intuitions du Concile Vatican II et permettent de mieux comprendre la dignité et la complémentarité de chaque état de vie. En étant placés au « cœur de l'Église », au « cœur de l'Amour », ils peuvent contempler le corps mystique du Christ dans son ensemble et dans son inégalable harmonie. Pour que les prêtres retrouvent leur zèle apostolique, pour les consoler des fatigues du ministère, Thérèse et Van s'offrent en « *victimes d'holocauste* ». Plus que d'autres, ils

2. *Thérèse l'enfant, apôtre et martyre,* Fayard, 1999, p. 172.
3. *Une sainte pour le troisième millénaire,* Ed. du Carmel, 1997, p. 118.

portent dans le cœur la conscience de la grandeur du prêtre (« le prêtre est quelque chose de grand », disait saint Jean-Marie Vianney). Quand Van demande à Jésus pourquoi il « aime tant les prêtres », il lui fait cette surprenante réponse : « *C'est parce que les prêtres sont d'autres moi-même. Leur dignité l'emporte sur celle de ma Mère... Cependant Marie est plus puissante, puisqu'elle est ma Mère ; et par conséquent, les prêtres étant d'autres moi-même, ils sont aussi les enfants de Marie. Dans le Ciel, l'âme d'un prêtre sera l'objet de vénération de tous les saints et de toutes les saintes, y compris par notre Mère Marie* » (col 478).

On retrouve le même accent dans les paroles d'un curé d'Ars qui disait : « Si je rencontrais un prêtre et un ange, je saluerais le prêtre avant de saluer l'ange. Celui-ci est l'ami de Dieu, mais le prêtre tient sa place. Sainte Thérèse baisait l'endroit où un prêtre avait passé » (A. Monnin, *Esprit du curé d'Ars*, p. 87).

Van, l'orphelin du sacerdoce par amour du prêtre, redonne aux baptisés leur mission d'engendrer les prêtres par l'offrande de leur prière et de leurs sacrifices. À l'heure de la crise des vocations, le peuple de Dieu reçoit avec Van et Thérèse cette responsabilité vitale de donner au monde et à l'Église les prêtres dont elle a besoin, pour que le corps du Christ puisse continuer à croître. Van écrit dans son autobiographie :

« *Une fois que le prêtre est perdu, le monde ne peut que tomber dans un état pitoyable* » (aut 225).

L'Église aura toujours besoin de prêtres, et de saints prêtres, pour le monde, pour les familles. Or, il n'y a pas de familles chrétiennes sans prêtres, il n'y a pas de prêtre sans familles totalement unies au sacerdoce du Christ.

Peut-être bien des difficultés pastorales d'aujourd'hui, des tensions entre laïcs et prêtres, consacrés et religieux seraient évitées si l'on laissait nos deux enfants de lumière, sainte Thérèse et Marcel Van, nous enseigner.

L'avenir appartient aux enfants.

MISSION À DEUX VOLETS :

Van s'efface pour laisser parler Dieu

Père Antoine BIROT*
Professeur de Théologie dogmatique au Séminaire d'Ars

* Aujourd'hui, il rédige une thèse sur l'œuvre de Hans Urs von Balthasar.

PLAN

PREMIER VOLET : **La Mission dans la Trinité**

Au Ciel, le Drame divin
Le Fils s'est vidé de lui-même
Mission trinitaire : le Père envoie son Fils
La Croix
Mission (temporelle) comme expression de la Procession (éternelle)

DEUXIÈME VOLET : **La mission de Thérèse et Van**

1. Les missions des créatures, inscrites dans la Mission première
   Tableau : les deux volets d'une mission surnaturelle
2. L'illustration de la Mission première par la mission de Thérèse et Van
   – Élection
   – Vocation
   – Mission
   Mise en dépôt et vie dans la mission
   Conscience de mission
   Liberté, Amour, abandon
   Amour et entraide : la communion des saints
   L'échange de mérites…
   … fondé sur l'échange christologique de places
   On peut aimer par substitution
   Amour et expiation substitutive : la fécondité de l'Amour
   Souffrance : naturelle et surnaturelle
   Mission dans la nuit : le premier trou
   Pause
   De nouveau dans la nuit
   Mission chrétienne christologique
   Thérèse et Van : mission commune
   Van, prolongement et écho de Thérèse
   Particularité de cette mission commune
3. Dans le plan divin : la communion vivante entre le Ciel et la Terre
   Thérèse, de la Terre au Ciel et du Ciel vers la Terre.
   Van s'interroge : au Ciel, comme sur la Terre ?
   Et la souffrance ?
   Dans le Christ, l'unité vivante du Ciel et de la Terre
   Conséquence : l'abritement des créatures en Dieu, et l'accomplissement céleste des missions

C'est toujours dans la gratitude, dans l'action de grâce à *Dieu* source de tout don, que l'Église considère les saints : ces hommes et ces femmes semblables à tous les autres, membres de la même famille, mais par suite d'une élection particulière de Dieu tirés du lot, élevés, consacrés, remplis de la grâce et propulsés dans des voies particulières ouvertes par Dieu, voies uniques, peut-être originales, souvent difficiles, mais en toute hypothèse offertes à ces élus comme les voies propres que Dieu leur a préparées au sein de son plan d'ensemble, et sur lesquelles il les attend, lui qui de chacune de ses créatures connaît le nom et le garde depuis l'éternité « gravé dans la paume de sa main » (Is 49, 16).

Ceux que l'Église reçoit de son Seigneur et regarde ainsi dans la gratitude sont des *envoyés*, des *chargés de mission*, que Dieu s'est choisis et mis à part (Ep 1, 11) pour leur confier une place et un rôle particuliers dans son plan de salut pour le monde. Par eux, à travers eux, c'est la voix de Dieu lui-même qui se fait entendre (2 Co 5, 20), pour toucher les hommes et les ramener à lui. Avec eux, *Dieu* est là. En eux, quelque chose de Dieu est présent ; Dieu lui-même se montre, se donne, et se dit.

Or c'est parce que, à l'origine, *dans la Trinité* elle-même, le Fils, l'Élu du Père (Lc 9, 35), a consenti éternellement et voulu par Amour se laisser envoyer par le Père pour le salut du monde, qu'à partir de là il peut y avoir à côté de lui, ou plutôt : *en lui*, des « missions » : des missions qualifiées, spéciales, pour des créatures choisies et appelées dans l'Amour à une suite radicale du Christ, le Fils Envoyé. Ces missions de créatures, à la suite du Christ, sont voulues et rendues possibles *par Dieu*. Quel que soit leur point d'insertion dans l'histoire des hommes, elles sont à chaque fois des miracles de la grâce divine trinitaire, des fruits de la Rédemption accomplie par le Fils et déployée par le Saint Esprit de Dieu.

C'est la raison pour laquelle une mission chrétienne authentique, pour être décrite en vérité, doit être saisie au-delà même des traits de la personne en question, dans toute sa profondeur christologique et trinitaire ; comme une réalité, donc, à deux volets : le *premier volet* est la Mission trinitaire archétypique, autrement dit la forme absolue prise par l'Amour trinitaire lors de la décision de l'envoi du Fils par le Père dans l'Esprit ; sur la base de ce mystère, il peut y avoir le *second volet* : celui comportant les traits propres de la créature élue et toute entière réquisitionnée par la mission divine à elle attribuée. Le second volet est une forme d'écho du premier : Si une mission divine est possible et vivante pour une créature, c'est parce que *le Fils est là*, il nous a devancés. Depuis toujours le Père nous porte, le Fils est là, offert, et l'Esprit Saint opère notre insertion dans la Mission christologique qui nous ramène au Père. Ainsi, toute mission humaine s'inscrit dans celle du Fils, elle est déjà *portée* par celle du Fils, elle est *abritée* dans la Mission du Fils. Toute mission humaine est un *reflet* (un faible reflet, une faible image) de la Mission trinitaire du Fils[1].

Avant de voir comment cela se vérifie dans la mission de Van (mieux : dans la mission commune de Thérèse et Van), on doit rappeler comment la Mission est vécue en Dieu.

PREMIER VOLET : LA MISSION DANS LA TRINITÉ

L'Écriture l'atteste partout : Jésus, sur la Terre, se présente comme n'étant « pas venu dans le monde de moi-même ; mais c'est *le Père* qui m'a envoyé » (Jn 8, 42). En tant que Dieu, bien sûr, il est lui aussi impliqué, comme tel, à l'origine même de la décision trinitaire éternelle selon laquelle l'Amour va s'exprimer en une « Mission » absolue. (« Ma vie, pourra-t-il dire sur la Terre, nul ne la prend ; c'est moi qui la donne » Jn 10, 18). Mais Jésus pourtant est formel : les choses étant considérées depuis la Trinité, c'est *le Père* qui « a tant aimé le monde, qu'il a donné son Fils unique » (Jn 3, 16). La décision divine concernant le salut du monde par l'envoi du Fils est, dans la Trinité, une décision assumée par *le Père*. À travers cela précisément est révélé au monde l'Amour infini du Père Créateur ; l'objectif de la Mission n'étant autre que de sauver le monde (Jn 3, 17) c'est-à-dire de le ramener à Dieu.

Dans toute la Mission terrestre, l'attitude de Jésus par rapport à son Père se caractérisera par un Amour filial et une obéissance parfaite au

1. La compréhension christologique des missions créées, avec les critères qui en découlent et qu'on va mettre en œuvre ici, est un acquis récent de la théologie ecclésiale, dû à l'apport de Hans Urs VON BALTHASAR et Adrienne VON SPEYR. Cf. avant tout, respectivement *La Dramatique divine II/2 les personnes dans le Christ,* Culture et Vérité, Paris, 1988, et *Das Wort und die Mystik I. Subjektive Mystik,* Johannes Verlag, Einsiedeln, 1970.

Père. Or, on vient de le rappeler, il est pourtant *Dieu* lui aussi, comme le Père et l'Esprit. Question : comment se peut-il qu'un sujet qui est Dieu puisse vraiment *obéir* ? Comment peut-il se faire qu'une vraie *Mission* existe en Dieu ?

La réponse passe par la considération des mystères touchant les relations *personnelles* libres en Dieu (au sein de l'identité de nature qui est possédée par les Trois).

Au Ciel, le Drame divin

En Dieu, déjà dans l'éternité, l'Amour du Fils pour son Père est si infini que le Fils à aucun moment n'en viendrait à envisager de se détacher de son Père ; il possède au contraire la nature divine donnée par le Père sous le mode propre de la filiation, de la réceptivité absolue, en *laissant* le Père l'engendrer, et en *recevant* tout de lui dans la gratitude ; c'est-à-dire que le Fils, dans la Trinité, est et reste absolument « tourné vers le sein du Père » (Jn 1, 18).

Aussi, lorsque est apparu pour la première fois le péché de l'homme, c'est d'abord *dans le Père* que le Fils a ressenti et éprouvé son caractère offensant pour Dieu ; c'est-à-dire qu'il n'a pas considéré les effets du péché sur lui d'abord, le Fils (bien qu'il soit Dieu lui aussi, et qu'il soit donc autant touché par l'offense du péché), mais en ce qu'ils atteignaient *le Père et l'Esprit*. Et alors dans un mouvement de pur Amour (écho de l'Amour éternellement vivant de son Père qui le porte), avant même toute « considération » précise sur ce qui pourrait être fait pour « réparer » le péché du monde, *le Fils s'est offert au Père.*

Mais *le Père*, mystérieusement, est et demeure en Dieu l'origine de tout ; tout mouvement tire sa source de lui. C'est pourquoi la décision divine de sauver le monde, en tant que décision *trinitaire* (intégrant les points de vue des trois Hypostases, *chacune sous son mode propre*), a été indiquée plus haut, sur la base des paroles de Jésus, comme ayant mystérieusement son origine ultime *dans le Père* : comme une *prière*, peut-on dire, adressée par le Père au Fils, à laquelle celui-ci répond dans la *liberté* absolue (et d'une façon aussi éternelle que la demande du Père) par un mouvement total d'*offrande de soi* au Père. L'initiative divine du Fils est en fait exactement cette *entrée libre*, spontanée (et éternellement *simultanée*) *dans le mouvement donné par le Père.*

Ici gît le mystère de la *préfiguration de la Croix*, vécue par le Père, qui d'avance (avant même, en fait, la création du monde : 1 Pi 1, 20), voit son Fils Bien-aimé se tenir tellement dans l'Amour, s'oublier tellement soi-même, qu'il est, par Amour pour son Père, *disposé absolument à tout ;* c'est-à-dire même à assumer, s'il le faut, la figure de l'Agneau (1, 19) dont le sang réalisera le rachat de la créature (1, 18).

Comme l'a développé en notre siècle le théologien Hans Urs von Balthasar, c'est un authentique *Drame* (au sens étymologique du mot : une *action* entre des *libertés*) divin qui se joue avec la décision trinitaire (libre !) de l'envoi du Fils dans le monde pécheur : pour permettre au Fils l'expression extrême de l'Amour (que le Fils lui-même, *librement*, veut lui offrir), le Père, au Ciel, accueille et accepte son offrande totale de soi ; et il assume la responsabilité d'envoyer lui-même son Fils dans le monde. Mystère insondable que cette décision jaillie de l'Amour, lourde du plus grand sacrifice concevable pour Dieu : assumer cette décision en effet, dans l'absolue liberté de l'Amour trinitaire, signifie pour le Père prendre sur soi et porter déjà, par avance, tout le poids inimaginable des souffrances que le Fils devra connaître, mais qui, pour le Fils, à ce moment-là, n'entrent absolument pas en ligne de compte, dans la mesure où il est alors tout à la joie du don (absolu). (Considérer dans le détail les souffrances qui l'attendent, cela, pour le Fils, n'a pas lieu d'être ; ce serait le propre d'une logique pécheresse calculatrice. Il n'en va pas ainsi dans l'Amour-Dieu, où l'Amour prime et mesure *tout*, même la connaissance). L'Esprit divin, quant à lui, est autant engagé dans la décision trinitaire que le Père et le Fils : il est leur propre Esprit ; il sera le garant de l'accomplissement de cette décision divine commune.

Le Fils s'est vidé de lui-même

Entre le décret trinitaire éternel de salut du monde, et l'envoi effectif du Fils dans une Mission terrestre (assumée d'avance par le Père), se place alors un mystère qui est, comme point de départ de l'Économie, la condition même de possibilité d'une vraie Mission pour le Fils. Saint Paul a nommé ce mystère la *kénose* du Fils (Ph 2, 7). Il s'agit de ce mystère d'abandon, précisément : de l'acte de se *vider* de soi, que le Fils a réalisé dès lors que le Père a accueilli son offrande et consenti à son sacrifice total de soi. Ce mystère de la kénose de Dieu le Fils, aperçue par Paul selon une perspective christologique, a reçu chez Adrienne von Speyr une formulation *trinitaire* : que le Fils, l'Engendré du Père, se soit « vidé de lui-même », cela signifie que *dans sa relation au Père* (qui en l'engendrant lui a tout donné, mais vers qui justement il demeure éternellement tourné dans la gratitude : Jn 1, 18), il y a un abandon de soi au Père, une remise personnelle de soi tout à fait absolue, qui se traduit dans le Drame divin par un acte de « *dépôt* », *dans les mains du Père*, de tout ce qu'il est. Toute sa gloire divine (Jn 17, 5), tout son être divin, ses attributs divins qu'il possède comme Fils éternel de Dieu : *il les dépose auprès du Père*, afin que par cette remise de soi *le Père puisse disposer de tout de manière absolue,* dans le sens et dans toutes les modalités que lui même décidera dans son plan d'Amour.

Recevant le dépôt, c'est-à-dire : *tout* l'être du Fils, le Père va exercer sa paternité (lui qui assume dès lors, pour deux, la responsabilité entière de cet envoi) en envoyant maintenant, effectivement, son Fils dans le monde.

C'est parce qu'il y a eu en Dieu ce mystère du dépôt (comme forme d'expression de l'Amour filial), que fut rendue possible une *Mission* authentique (et non un semblant de mission). C'est là en effet un mystère central : sans dépôt, pas de vraie Mission ; on ne s'envoie pas soi-même. Or quand le Fils vient sur la Terre, en vérité ce n'est pas de lui-même ; mais il est envoyé en Mission par le Père. Lui-même s'est « vidé », dépouillé, et à partir de cet état de kénose, d'exinanition (*status exinanitionis*, disent les Pères) il peut être pure Mission.

Dans la Trinité, dans les échanges d'Amour infinis entre les Trois, c'est l'expression suprême de l'Amour, tel que le vivent les Trois, que ce mystère de la *mise en dépôt* à l'origine de la Mission du Fils.

Mission trinitaire : le Père envoie son Fils

L'Incarnation du Fils dans le sein de Marie est par conséquent non une action propre de celui-ci, mais un mystère opéré par *l'Esprit Saint* : c'est lui qui porte le Fils jusque dans l'état d'être-homme. Pendant toute la Mission terrestre du Fils, l'Esprit se tiendra au service du Père et du Fils. C'est grâce à lui que le déroulement effectif de la Mission est rendu possible. L'Esprit, celui qui procède du Père et du Fils, est alors « *Esprit de Mission* » (venant du Père, comme la colombe descendant *sur* le Fils : Mt 3, 16) et « *Esprit d'obéissance* » (présent sans mesure *dans* le Fils : Jn 3, 34).

Le Fils, dans la Mission, ne reviendra jamais sur ce qu'il a offert au Père, et sur tout ce qu'il lui a confié dans l'Amour. Il vit au contraire cette offrande et ce dépôt au quotidien, comme un acte permanent. Comme il a tout déposé, et qu'il demeure dans ce mouvement vivant de remise de soi, il est dans une dépendance absolue du Père, et tout ce qu'il vit (à commencer par son humanité créée) il le considère dans la gratitude et en vérité comme un don reçu du Père, comme une expression de l'Amour du Père. Il laisse le Père gérer tout. Par là, il lui laisse en fait la possibilité d'exprimer l'Amour à la façon qu'il veut, lui, le Père. Lui-même, le Fils, engagera toute sa liberté, avec toute sa créativité, dans l'accomplissement de sa Mission. Si bien qu'au cœur même de la Mission et de l'obéissance d'Amour qui remplit tout en elle, liberté et surprise, justement, ont leur place : c'est la vitalité de l'Amour.

Le Père, du Ciel, *porte* son Fils dans un mystère d'Amour indicible. Il le porte, dans cet état de Mission. Tout le mystère de la Procession éternelle est en vérité transposé dans la Mission (Saint Thomas, ST I. q. 43). Ce faisant, le Père *accompagne* son Fils, il est avec lui (Jn 16, 32), il ne l'a pas laissé seul (Jn 8, 16 ; 8, 29). Chaque fois que c'est nécessaire, il lui dit ce qu'il faut dire (Jn 12, 50), il lui montre ce qu'il doit faire (Jn 5, 19). C'est lui le Père qui l'a envoyé, et lui a commandé ce qui est à accomplir (Jn 12, 49).

De son Père, Jésus ne détourne donc pas les yeux (Jn 5, 19). Depuis son entrée dans le monde (He 10, 5), il se tient devant lui dans une obéissance totale (Jn 17, 4). De la période toute lumineuse de l'enfance (Lc 2, 49) à la tristesse mortelle et ténébreuse de la nuit à Gethsémani (Mt 26, 38), toujours c'est la même obéissance (Jn 8, 29), le même Oui au Père (Lc 22, 42), intact ; une obéissance d'Amour absolue (Jn 14, 31).

Tout ce qu'il fait durant sa vie, c'est de toutes façons l'œuvre du Père (Jn 9, 4), réalisée par et pour le Père. Le Nom de son Père qu'il aime tant (et cela il faut que le monde le sache : *ibid.*) est toujours sur ses lèvres, que la situation soit de joie et d'exultation (Mt 11, 25) ou qu'elle soit ténèbres, comme ce le sera à la Croix (Lc 23, 46). Oui, « sa nourriture », c'est « de faire la volonté du Père » (Jn 4, 34), c'est-à-dire « de mener à bonne fin l'œuvre qu'il lui a donnée de faire » (*ibid.*).

Pour réaliser dans chaque cas la volonté du Père, pour remplir dans chaque situation la Mission que celui-ci attend de lui, il se peut, bien sûr, que Jésus ait besoin d'utiliser ses attributs divins. Car justement le Père lui-même peut vouloir qu'il réalise aujourd'hui un miracle ; le Père lui-même peut désirer que maintenant Jésus lise dans les cœurs, annonce telle chose à venir, guérisse tel malade. En ce cas, toujours par obéissance (d'Amour) au Père, sans sortir de la Mission, Jésus recourra à ses attributs divins, dans la mesure exacte de ce qui est demandé par la Mission. Vu du côté du Père, c'est donc qu'il y a une manière (paternelle) de « gérer » le dépôt, selon les besoins de la Mission que lui-même détermine. Et pour le Fils le recours à ce qui est dans l'état de dépôt dans les mains du Père, se vit à l'intérieur du même et unique mystère d'Amour et d'obéissance filiale qui caractérise toute son existence de Mission.

Sa venue dans le monde est pour le Fils une « sortie » du Père (Jn 16, 28), mais en même temps par l'accomplissement de sa Mission il retourne au Père (*ibid.*).

Le Père, certes – on l'a déjà signalé –, ne l'a pas laissé seul (Jn 8, 29), et est mystérieusement toujours en lui (comme Jésus lui-même est toujours dans le Père : Jn 14, 11). Pourtant, comme le Fils a tout déposé dans les mains du Père, et se trouve maintenant dans un état absolu de Mission, cette présence du Père en lui et auprès de lui dans sa Mission *peut*, si la Mission le requiert, *n'être plus perceptible par lui* : ainsi à la Croix, lorsque l'assomption de tout le péché du monde entraîne en lui le voilement complet de sa vision éternelle du Père (Mt 27, 46 ; Mc 15, 34). Comme les autres attributs divins, la vision était comprise dès le départ dans le dépôt : elle peut maintenant être gardée toute entière par le Père. De soi, bien sûr, le Fils pourrait encore y recourir, car elle lui appartient toujours ; mais il ne le fait pas, car à ce moment-là ce ne serait pas conforme à la volonté du Père ; cela empêcherait l'ultime accomplissement de la Mission. Et on est justement à l'Heure de l'accomplissement.

La Croix

Cette Heure au contenu insondable, le Fils l'a attendue toute sa vie (Lc 12, 50), mais bien sûr sans vouloir en anticiper quoi que ce soit (Mc 13, 32), laissant au Père seul le soin de tout gérer. Quand elle est là, elle est d'autant plus dure (pour toute la Trinité) que le Fils doit la traverser *dans la nuit*. Car il ne pourrait y avoir aucune prise en charge du péché du monde par le Fils, si lui-même ne se laissait pas conduire maintenant jusqu'à la « place » précise où se trouve ce péché, afin d'en être chargé. Cette place où se tient l'homme pécheur, c'est la situation spirituelle d'*éloignement* de Dieu. Projeté à cette place, dans la nuit donc, l'Agneau s'effondrera sous le poids d'une souffrance dépassant à l'infini toute exigence concevable. Car pour celui qui est sans péché, l'assomption substitutive du péché du monde ne peut que signifier effroi, angoisse, contradiction, dégoût, honte, torture, solitude, échec, abandon, et ce jusqu'à éprouver la perte la plus inimaginable : la perte de la présence de son Père, la déréliction et la mort dans l'abandon de Dieu, avec finalement dans la mort la perte de la notion même du Père, l'Enfer.

Quand le Fils connaît la déréliction à la Croix, le Père en fait le porte toujours, mais en ne lui montrant plus du tout qu'il est là. En le privant de toute la lumière (qu'il garde en dépôt, lui le Père, dans ses mains), il donne au Fils de sombrer dans une nuit finalement intemporelle, vécue donc comme définitive. De même le Samedi Saint, lorsque le Fils connaît l'être-mort (He 2, 9), le Père garde strictement dans ses mains tout le dépôt. Cette manière extrême de gérer le dépôt est la condition pour que le Fils puisse connaître le point le plus bas, afin de porter le péché du monde vraiment dans sa totalité. Dans un Amour et une souffrance inimaginables, donc, le Père, le Vendredi et le Samedi Saint, se voile et ne se montre plus au Fils : par respect et Amour pour son Fils et sa Mission, cette Mission pour laquelle le Fils s'était offert dans l'éternité.

Avant de mourir, au sein même de la nuit où il éprouve la perte du Père, Jésus a remis sa Mission achevée (Jn 19, 30) au Père : il rend tout au Père, il ne garde rien, même pas l'Esprit (Lc 23, 46) qui avait rendu possible toute la Mission.

Ainsi, pour le dire en un mot, l'existence terrestre de Jésus fut *une existence absolue de Mission.* Vivant par le Père (Jn 6, 57), toute sa vie il n'a fait que renvoyer au Père (Jn 10, 38). l'Amour est si total en Dieu, et Jésus dans sa Mission est si totalement vide de lui-même, qu'il est parfaitement un avec sa Mission, il est pure Mission. En vérité donc, il est l'Image (Col 1, 15), la Parole (Jn 1, 1), l'Expression (He 1, 3) du Père ; et il peut dire à l'Apôtre Philippe (Jn 14, 9) : « Qui me voit, voit le Père ».

Mission (temporelle) comme expression de la Procession (éternelle)

Dans la Résurrection, le Père relèvera le Fils et lui redonnera tout l'être divin, toute la Gloire divine (Jn 17, 5) que celui-ci lui avait laissée en dépôt. Cette exaltation (passage du *status exinanitionis* au *status exaltationis*) n'est pas à proprement parler une abolition ou un dépassement, au sens d'une « revanche » sur l'état de kénose qui a précédé ; son éclat est plutôt l'éclat de l'Amour trinitaire *éternel*, lequel, prenant librement la forme de la Mission (étant donc présent en totalité *dès le départ de la Mission),* s'est réalisé tout au long de la vie terrestre du Fils dans cette forme humble d'expression. Par conséquent, dans l'événement de la Résurrection, la Mission n'est en rien « dépassée ». Elle était depuis le début l'expression parfaite de la Procession, c'est-à-dire une manifestation absolue de l'Amour trinitaire de Dieu. (Et la tâche comprise en elle fut si parfaitement accomplie par le Fils (Jn 13, 1), celui-ci a rendu sa Mission terrestre si bien achevée (Jn 19, 30) au Père, que toute la vie terrestre qui a été vécue dans cette Mission a reçu d'emblée par là un *abri* en Dieu.) La Mission terrestre étant accomplie, quand le Fils recouvre ses attributs divins, la forme économique (temporelle) de la Trinité n'est donc pas supprimée, mais est toute entière « relevée » dans la plénitude de la forme immanente éternelle.

DEUXIÈME VOLET : LA MISSION DE THÉRÈSE ET VAN

1. Les missions des créatures, inscrites dans la Mission première

C'est à partir de la Mission première, à partir de la Mission trinitaire du Fils, qu'on peut comprendre l'essence d'une mission créée, et donc les lois fondamentales qui jouent lorsque Dieu appelle l'un de ses enfants pour l'investir d'une mission spéciale dans l'Église.

Les moments fondamentaux sont cette fois : *l'élection* (éternelle : Ep 1, 4), *la vocation* (qui survient à un moment donné de la vie de l'élu), et *la mission* (temporelle, et qui se prolonge au Ciel où elle trouve son accomplissement ultime).

Nous esquissons ci-après, côte à côte, les deux volets du « diptyque » représentant une mission créée.

La mise en parallèle, point par point, des données essentielles du premier volet avec celles entrant dans la composition du second volet, laisse apparaître en quoi *tout le second volet est une forme d'écho du premier volet.*

(La trame grise, à gauche comme à droite, dans le diptyque, indique l'enveloppement, par ce qui est éternel, de tout le temporel.

Pour ce qui est de la demande de Dieu et du oui correspondant de l'élu, il y a dans le cas d'une créature un écart entre le plan éternel et le plan temporel : la vocation de la créature est forcément un événement temporel. Par contre pour le Fils éternel de Dieu, on a vu que tout ce qui s'exprime dans le temporel traduit en fait ce qui est décidé au plan éternel du Drame divin ; d'où l'identité, parfaite et « imprépensable » pour lui, sur la Terre, entre sa conscience de soi et sa conscience de mission).

De cette structure christologique de toute mission, il résulte que lorsqu'on voit un saint, un envoyé, le regard ne doit jamais s'arrêter à l'individu en tant que tel, mais à travers lui aller *jusqu'à Dieu*. Au delà de la personne du saint, le regard remonte *jusqu'à Dieu qui vit en ce saint* (et qui lui donne d'être ce qu'il est : un don pour l'Église).

Dans une vraie mission, c'est Dieu qui est présent. Et l'homme est admis dans cette Vie éternelle, où les Trois se glorifient.

Tous ceux que l'Église vénère comme saints, quels qu'ils soient, sont d'abord des apôtres, c'est-à-dire des envoyés, des chargés de mission, par la grâce de Dieu. Ce sont des élus qui à un moment donné de leur vie, ont été appelés de façon spéciale et envoyés, tout en étant portés et accompagnés par le Dieu trinitaire. Ils sont donnés à l'Église pour illustrer, raviver, rappeler à la mémoire des hommes la Mission première, celle du Christ. La mission de Van (et Thérèse), comme toutes les autres missions créées, s'inscrit dans ce cadre.

2. L'illustration de la Mission première par la mission de Thérèse et Van

Élection

Comme toute mission surnaturelle, la mission de (Thérèse et) Van s'enracine en Dieu, dans l'élection et le plan éternel de Dieu (Éphésiens 1) qui n'ont d'autre raison que la liberté infinie de Dieu.

A cette origine absolue, Van fut renvoyé lors de la première rencontre surnaturelle avec Thérèse en octobre 1942. *« C'est Dieu lui-même qui nous a ménagé cette rencontre... », « il veut que... », « c'est pourquoi il a daigné te choisir... », « il désire te confier... », « il a voulu... »* (aut 590), et cela non pas depuis aujourd'hui seulement, mais *« dans le regard mystérieux de la divinité », « avant même que tu existes »* (aut 591).

Avant même que Van soit là pour répondre, pour s'inscrire dans la mission, il y a donc ce mystère de l'élection éternelle par Dieu. C'est bien Dieu, le Père du Ciel, qui est à l'origine de toute mission, qui porte tout

LES DEUX VOLETS D'UNE MISSION SURNATURELLE

PREMIER VOLET LA MISSION DANS LA TRINITE	***SECOND VOLET*** **Les missions des créatures, inscrites dans celle du Christ**
– VIE ETERNELLE DE L'AMOUR – – GLORIFICATION ETERNELLE DES TROIS – **DRAME DIVIN** *(DECISION TRINITAIRE ETERNELLE DU SALUT DU MONDE)*	**Élection dans le Christ** (Les missions surnaturelles proviennent de Dieu, de son plan éternel conçu dans le Christ : Ep 1)
	Vocation dans le Christ Appel de Dieu consentement libre de la créature
MISE EN DEPÔT *LE FILS DEPOSE SES ATTRIBUTS DIVINS DANS LES MAINS DU PERE* *Ô « STATUS EXINANITIONIS »*	Remise de soi : **dépôt**, abandon à Dieu (dépôt de sa volonté, de ses propres projets)
MISSION	**Mission dans le Christ**
LE PERE (QUI DEPUIS LE DRAME DIVIN PORTE TOUT PAR ANTICIPATION), ENVOIE SON FILS	Dieu, qui porte tout par avance, envoie ses enfants, ceux qu'il s'est choisi
PORTAGE ET ACCOMPAGNEMENT DU FILS PAR LE PERE, A MESURE QUE SE DEROULE LA MISSION	Il les porte et les accompagne, chacun,
GESTION DU DEPÔT PAR LE PERE	leur donnant tout ce qui est nécessaire, toutes les grâces particulières pour avancer dans leur mission
MISSION COMME « FORME DE VIE » DU FILS : IL S'EST LAISSE ENVOYER ET SE TIENT, DANS L'ESPRIT DE MISSION, DANS LA DEPENDANCE DU PERE,	Dans chaque cas, l'élu s'est laissé réquisitionner, introduire dans la mission. Il vit maintenant une « existence de mission », qui s'exprime, quel que soit l'état de vie,
C'EST-A-DIRE DANS LA PAUVRETE D'AMOUR, LA CHASTETE D'AMOUR, L'OBEISSANCE D'AMOUR	en pauvreté, chasteté, obéissance d'Amour, laissant Dieu gérer tout.
IDENTITE PARFAITE ENTRE SA PERSONNE ET SA MISSION	Pas à pas il s'inscrit dans la mission, il devient l'écho de l'élection dont il a été l'objet
IL ENGAGE TOUTE SA LIBERTE DANS LA MISSION	Toute sa liberté est engagée dans la mission. (L'abandon à Dieu, en effet, dans la mission, n'est pas passif, mais la suprême expression de l'Amour.)

PREMIER VOLET **LA MISSION DANS LA TRINITE**	*SECOND VOLET* **Les missions des créatures, inscrites dans celle du Christ**
IL POSSEDE ET MANIFESTE UNE CONSCIENCE ABSOLUE ET IMMEMORIALE DE MISSION,	Celui que Dieu a, un jour, investi d'une mission, possède à partir de là une forte conscience de sa mission (enracinée en Dieu, non en lui-même)
ET EXIGE QU'A TRAVERS LUI ON RECONNAISSE DIEU, QUI L'A ENVOYE EN MISSION,	A travers l'envoyé, c'est Dieu qui nous appelle, nous parle, et exige notre obéissance
DANS CE MONDE MARQUE PAR LE MAL, QUI FAIT D'AUTANT PLUS SOUFFRIR L'AGNEAU QUE CELUI-CI EST IMMACULE.	Celui qui connaît l'Amour de Dieu vit d'autant plus douloureusement le non-amour et le refus que le monde oppose à Dieu
LORSQUE LA MISSION LE DEMANDE, IL RECOURT AUX ATTRIBUTS DIVINS	Même les miracles, quand il y en a, sont vécus dans l'obéissance à Dieu, qui attend cela de son serviteur
CROIX : DANS SA MISSION D'AMOUR, LE FILS SE LAISSE TRANSPORTER A LA PLACE DE L'HOMME PECHEUR ET REMPLIR DE SON PECHE, POUR LE PORTER. D'OU : DERELICTION	Dans les mystères de la Passion substitutive de son Fils, Dieu peut introduire ses élus et leur faire goûter quelque chose de la déréliction unique de son Fils ; jusqu'à la nuit du Samedi Saint.
SAMEDI SAINT : PORTE PAR LE PERE, L'AGNEAU DE DIEU CONNAIT UN ETAT DE MORT QUI EST LE POINT EXTREME PAR RAPPORT A DIEU (PLUS BAS QUE TOUT ENFER POSSIBLE POUR UNE CREATURE)	(Cette partie (= le cœur) de la mission restant en général cachée, inaccessible aux hommes, connue en vérité de Dieu seul)
RESURRECTION LE PERE RAPPELLE LE FILS (DE L'ETAT DE MORT). LE MONDE, PORTE PAR LE FILS, EST RAMENE A DIEU LE FILS RECOUVRE TOUT SON ETRE DIVIN DEPOSE CHEZ LE PERE —> « *STATUS EXALTATIONIS* » DON DE L'ESPRIT	**Résurrection dans le Christ** la mission trouve son accomplissement au Ciel, dans la Vie de Dieu
– VIE ETERNELLE DE L'AMOUR – – GLORIFICATION ETERNELLE DES TROIS –	A la louange de sa gloire

d'avance, qui assigne à chacun sa tâche (aut 19-20), et fixe d'avance tous les détails de son plan : *« Thérèse a toujours été ta Thérèse, et toi Van, tu as été également le petit frère de Thérèse, depuis le moment où nous existons tous les deux dans la pensée de Dieu »*. Ce sont là, explique Thérèse, *« les dispositions de la Providence »*, *« un effet de l'Amour divin qui, dans sa sagesse, en a disposé ainsi »* (aut 591).

Maintenant s'il est vrai que Dieu *« règle ainsi dans les moindres détails la vie de chacun »* (*id.*), que *« de toute éternité il connaît tout parfaitement ; tout est présent à ses yeux »* (aut 601), il reste que tout cela est pur mystère d'Amour et de liberté, non de déterminisme. Il y a en effet dans l'Amour ce mystère selon lequel, pour le dire en image, « la main droite peut et veut ignorer ce que fait la main gauche » (cf. : Mt 6, 3) ; à tel point que notre Créateur, bien que toujours tout puissant et connaissant toute chose, a pourtant voulu par Amour « s'abaisser lui-même jusqu'à nous » « comme s'il oubliait complètement qu'il est Dieu et qu'il connaît toute chose », allant jusqu'à éprouver lui-même une *« soif »* (aut 601), un *« ardent désir »* (3aut 803) d'entendre *« toutes ces petites histoires »* que ses enfants peuvent lui raconter, et tout cela dans le but unique *« de nous manifester son Amour et de recevoir l'amour que nous lui offrons »*, *« au point d'en verser des larmes »* (aut 601).

Vocation

Dans une mission divine, il n'est question que d'Amour et de liberté. Dieu donne librement, l'homme reçoit aussi librement. Celui qui est choisi par Dieu ne peut donc être envoyé que s'il *consent* à cette volonté de Dieu sur lui. Ce moment de liberté, de consentement libre à la mission donnée par le Père, le Fils lui, l'a connu au Ciel à l'origine, dans le Drame divin ; et, une fois incarné (après le dépôt de ses attributs divins) sa conscience fut d'emblée une conscience de mission. Une créature, par contre, ne peut recevoir et répondre à la mission qu'*à un moment donné* de son histoire sur la Terre : dans l'événement de la *vocation*, dans lequel la personne créée entend pour la première fois l'appel de Dieu. La volonté de Dieu qui se donne à connaître dans cet événement est *l'expression de l'élection éternelle* ; mais l'appel de Dieu touche la créature *à un moment donné de sa vie temporelle*.

L'appel de Dieu a touché Van au pied de la colline de Quang-Uyên, un jeudi d'octobre 1942, avant le repas du soir. Cet appel, on le sait, ne correspondait pas exactement à ce que Van s'était lui-même imaginé (la prêtrise). Guidé et aidé par Thérèse, il va alors entrer dans une démarche de remise de soi, un abandon à Dieu, dans lequel il se laisse dépouiller de *son* projet du sacerdoce, pour déposer sa volonté dans les mains *de Dieu*, afin que ce soit la volonté *de Dieu* qui se réalise et non pas sa volonté propre. On a ici un reflet très pur du mystère de la mise en dépôt, au Ciel, par le Fils, de tout son être divin dans les mains du Père.

Mission

– MISE EN DÉPÔT ET VIE DANS LA MISSION

À partir de là, ce n'est plus Van qui gère lui-même sa vie, mais c'est Dieu. Dieu (à travers Thérèse, Marie, ou Jésus lui-même) va conduire Van et l'enseigner, de la manière qu'on sait. Van expérimente d'une façon incroyablement concrète le fait d'être *porté* par Jésus, d'être *soutenu* par lui (col 206-207, 211-215, 767-770). Dieu qui l'*accompagne* lui donnera tout ce qui est nécessaire. Lui, Van, doit faire confiance, et laisser Dieu *gérer* tout. Sans cesse, depuis le premier dialogue avec Thérèse, et de façon toujours renouvelée, il sera exhorté a *tout remettre* à Dieu : « *Offre à Dieu ton tout petit* cœur », avait dit Thérèse (aut 599). Jour après jour, il faudra *vivre dans ce mystère de mise en dépôt* : « *Sois toujours prêt à lui offrir ton cœur, tes pensées et tous tes actes* » (aut 603).

« *Sois sincère avec lui en toute circonstance et en toutes tes attitudes* », lui offrant la joie comme la tristesse (aut 600), « *lui communiquant toutes tes intentions, tes paroles, tes actions et toutes tes démarches* » (aut 603).

La raison de cela est d'abord *théo*logique : « *Peut-il y avoir pour un Père une joie comparable à celle de voir son petit enfant le suivre partout, lui offrir tout ce qu'il peut ramasser, et enfin lui laisser toute liberté de le porter dans ses bras et de le caresser selon son bon plaisir ?* » (aut 592).

C'est ainsi qu'on peut « *ne faire qu'un avec la volonté de Dieu. (...) Cette unité est l'œuvre de l'Amour divin. Quant à toi, tu n'as qu'à aimer et à t'abandonner entièrement à l'action de cet Amour* » (aut 594). Trois ans plus tard, Jésus lui-même confirmera : il faut « *m'aimer et te livrer à moi en toute confiance* » (col 429), ce qui implique que « *pour le reste, petit frère, laisse-moi m'en occuper, n'est-ce pas ?* » (*id*). « *Après m'avoir tout remis dans les mains (...), tout ce qui te reste à faire, c'est de m'aimer. Pour le reste, je m'en charge* » (col 235), « *tu n'as plus à t'en occuper* » (col 46). « *Ton rôle à toi, ce n'est pas... mais uniquement...* » (col 28). « *Écoute !* » (col 3, 487) ; « *peu importe... ne te préoccupe pas* » (col 481). « *Silence !... Laisse !* (col 487), *ce n'est pas ton affaire* »... « *Ne te trouble pas, reste en paix* » (col 492) ; « *ce n'est pas ton affaire, mais la mienne* » (col 485). « *Assez ! ... je m'en charge pour toi* » (*id.*) ; « *C'est là exclusivement mon affaire, non la tienne* » (*id*). « *Cette affaire me regarde* » (col 566). « *Quant à savoir si..., il suffit que moi seul je le sache pour toi* » (col 453). Bref, Van apprend à se tenir là où Dieu veut, c'est-à-dire *dans sa mission*, strictement, en remettant toujours tout à Dieu ; pour, en retour, recevoir de Dieu ce que Celui-ci veut lui envoyer. L'acte préalable (libre) de consentement et de dépôt, sans lequel aucun accomplissement de mission ne serait possible, est un acte vivant, donc constamment renouvelé. Il va de pair avec la transparence, la limpidité de l'âme devant Dieu, l'attitude de confession : « *Toujours tenir notre cœur grand ouvert devant lui, comme le serait un livre* » (3aut 803) ; non pas forcément demander, mais toujours « *faire connaître* » à Jésus nos désirs et nos besoins (col 561) ; converser avec lui « *sans gêne, en lui montrant mon cœur tel qu'il était* » (3aut 808) ; tout lui remettre, même les pleurs (col 666), même le trouble (col 596), même la fatigue et le dégoût (col 653). Et jusqu'au désir du Ciel : « *il ne vient pas de moi, par conséquent je ne m'en préoccupe pas* » (cor 18/09/1949 au Frère André). Marie est là, pour aider : « *Oui, ô Mère, ... je ne m'en préoccupe pas, c'est toi seule qui dois t'en occuper à ma place* » (col 439). Marie elle-même, apprend d'ailleurs Van, ne veut pas tout savoir et comprendre du plan de Dieu : pour ce qui est de la date de la fin du monde, par exemple, dira-t-elle en réponse à une question de Van, « *il n'y a que la Sainte Trinité qui soit au courant de cette affaire* » ; et le mieux est de « *laisser à la Sainte Trinité le soin de s'en occuper* » (col 260). Van doit faire de même pour toutes les grâces reçues (col 576). Ainsi par exemple, la prophétie sur sa mort, que Jésus lui a faite un jour, Van ne doit pas la garder lui-même, mais plutôt la placer et la laisser dans un état de dépôt dans les mains de Thérèse ; plus besoin de se soucier de cette prophétie : c'est Thérèse qui, en Dieu, gardera le dépôt (1aut 66).

À travers tout cela s'exprime « *l'essentiel : aimer d'un cœur sincère* » (col 234) *et confiant* (col 97) ; « *tout le reste, je le remets à Jésus* » (cor 09/11/1950 au Père Boucher) et au Père (« *entre tes mains je remets mon esprit !* » : (2aut 543), et à Marie (col 282, 314), à Thérèse (col 284), au directeur spirituel (col 28, 46, 56, 178...). Et tous les jours, la mise en dépôt est renouvelée : « *Ô Jésus... comme je te l'ai promis, je t'offre mon cœur, mes soupirs et tout mon être ; dispose de tout comme tu le veux* ». « *Je t'ai déjà tout donné* » (col 59). « *Tout mon être, avec tout ce que je possède, t'appartient déjà ; que veux-tu de plus ?* » (col 746). « *Si tu désires encore d'avantage, il ne me reste plus que le peu d'Amour que tu me laisses pour me consoler... Si c'est nécessaire ô Jésus, prends tout cela pour en faire ce que tu veux* » (col 59).

Ainsi l'existence de Van devient dans tous ses aspects *une existence de mission*. Rien ne se vit plus maintenant qui ne soit pas inscrit dans la mission. En janvier 48 par exemple, il ressentira mystérieusement, à distance, la tristesse et l'abandon qui au même moment accablent Sau. Que Dieu lui permette d'éprouver cela à distance, cela n'est pas un problème en soi et ne constitue aucune sorte de difficulté pour Van. Non, dit-il à Sau, il ne trouve à cela rien d'étrange, « *puisque je crois et constate que tous les sentiments qui naissent spontanément dans mon cœur, c'est Jésus lui-même présent en moi qui les fait naître. Ainsi donc, quand je pense à toi et que j'éprouve de la tristesse, je puis savoir que tu es alors très triste ; et Jésus veut que j'éprouve ce sentiment, afin que je t'adresse des paroles de consolation* » (cor 18/01/1948 à Sau). D'où cette lettre du 18 au 25 janvier, qu'on ne pourrait qu'interpréter de travers si l'on ne voyait que c'est *Dieu* qui permet et veut cela, pour la mission. Parce que Van a tout déposé, *Dieu* peut gérer en conséquence, selon la mission.

Et cela vaut dans tous les domaines. Van en effet ne détourne plus son regard de Dieu, il ne vit plus désormais que comme quelqu'un qui se laisse porter et envoyer par Dieu à tout instant. Cette forme de vie, depuis le dépôt, se déploie dans les attitudes de *pauvreté* (col 570, 679), *chasteté* (col 622-623), *obéissance* (col 556) d'Amour, dans lesquelles on ne s'attache qu'à Dieu et on le laisse gérer tout. Ces trois formes d'expression d'une même attitude intérieure ne sont pas recherchées comme « vertus humaines », mais découlent théologiquement de l'Amour qui fait vouloir « *se conformer entièrement à la volonté de notre Père du Ciel* » (aut 650), à l'image de Jésus dont toute la vie « *se résume en une seule pensée* : la conformité à la volonté de son Père » (aut 801), et donc a comporté « *un mélange de joie et de tristesse* » non choisi et déterminé par lui, mais par le Père (*id.* ; cf. : col 562-564). Que Jésus par conséquent veuille choyer Van, ou lui envoyer plutôt des peines intérieures ; que ce soit le sourire, la joie, ou plutôt la souffrance : cela n'est plus le problème de Van. Il accueillera dans la gratitude tout ce qui vient de la main de Jésus (col 452), tout ce qui est envoyé par lui (col 22, 37, 179...).

– CONSCIENCE DE MISSION

Pas à pas donc, Van s'inscrit dans la mission. Il devient par là l'« écho » de l'élection dont il a été l'objet, de par Dieu. Il est et devient, chaque jour davantage, un envoyé ; autrement dit : *un apôtre*. Et de sa mission il acquiert une conscience très nette, d'autant plus forte que la mission s'enracine *en Dieu* et non en lui-même. C'est *Dieu* qui veut cette mission ! d'où l'urgence de la réaliser. En tout ce qu'il pourra dire, faire, écrire, Van manifestera une conscience très forte que cela ne vient pas de lui, mais à travers lui c'est *Jésus* qui nous parle, et qui veut précisément s'adresser *à nous* (col 51, 58). C'est donc *Dieu* qui exige notre obéissance. La lettre que Van nous transmet (col 772) n'est pas la sienne ; elle provient d'au-delà de lui-même, de Dieu.

– LIBERTÉ, AMOUR, ABANDON

La réponse quotidienne à Dieu, l'inscription progressive dans la mission, cela bien sûr ne se passe pas d'une manière passive, mais exige toute la *liberté*. Jamais l'abandon à Dieu ne peut être quelque chose de passif : il est la suprême expression de l'Amour. Ici, les voies qui s'ouvrent nous entraînent encore plus loin dans les mystères les plus profonds du christianisme.

– AMOUR ET ENTRAIDE : LA COMMUNION DES SAINTS

Dans le mystère de l'Amour trinitaire, où il n'est question que d'oubli de soi et d'abandon libre à la volonté de l'Autre, il nous est donné de pouvoir entrer, grâce à Jésus qui nous a tous portés à la Croix et qui veut emporter avec lui ses élus. Les horizons et les possibilités qui vont s'ouvrir pour Van, tout entier dans sa mission, ce sont les lois surnaturelles de *la communion des saints*. Ces lois de l'Amour, qui proviennent de la Trinité, et qui, de soi, sont ouvertes à tout croyant, se déploient sur la base d'un mystère de possible *immanence mutuelle* et *échange réciproque* des volontés (col 467-474, 495, 645, 710-774).

Au point de départ donc, il y a *l'Unité*, en tant que fruit de l'Amour. Ici gît le mystère de *l'être-époux* (col 721, et *passim*)[2], c'est-à-dire le mystère de l'unité de deux a(A)mours qui n'en forment plus qu'un dans l'Amour infini (*id.*) ; un mystère christologique-ecclésial (col 196) auquel toutes les âmes sont appelées (col 42, 538), et dont Jésus fait plonger les racines dans la Trinité même (col 636). Puis il y a tout ce qui s'appelle : *communion, présence à l'autre, action avec l'autre, présence l'un dans l'autre, action dans*

2. Le thème de l'âme « épouse » du Christ, omniprésent dans les Colloques (on dénombre *149* occurrences dans l'ensemble du livre), apparaît dès le premier dialogue avec Jésus (col 3).

l'autre, action pour l'autre, à la place de l'autre... Van va découvrir tout cela. Il dort ? Jésus est là avec lui (col 397-398). Il mange ? Jésus le fait avec lui, car « quand tu manges quelque chose, c'est comme si Je le mangeais moi-même, puisque nous ne faisons plus qu'un tous les deux » ; à partir de quoi Van, très content, mange deux bananes (*id.*). En tout ce qu'il fait, il sait : Jésus est là, « *vivant toujours en moi et agissant à ma place* » (col 710). Bien souvent Jésus rappelle à Van de ne pas se troubler : il agit lui-même, Jésus, *à sa place* (col 312, 440, 510, 578, 741-746). Van le prie éventuellement pour lui confier de réaliser quelque chose *à sa place* (col 642, 702, 743, 762), mais parfois c'est plutôt l'inverse (col 733). A Marie aussi Van sait confier telle ou telle chose à réaliser *à sa place* (col 336, 715, 717). Quant à Thérèse, elle est toujours elle aussi à ses côtés (col 99) : quand Van ne comprend rien dans son missel, il lui demande de comprendre *à sa place* : « *C'est elle qui en comprend le sens ; et elle, comprenant, c'est tout comme si je comprenais moi-même* » (col 483). Elle fera aussi *à sa place* les visites qui restent à faire (col 598). Avec Marie elle s'occupe de la relation de Van avec Jésus, *à sa place* (col 284) ; elle parle *à sa place* à l'oraison (col 203), elle aime Jésus *à sa place* (col 228), elle aime Van *à la place* de Jésus (col 624, 681), lui donne un baiser *à la place* de Jésus (col 136). Quand plus tard viendront les larmes elle sera toujours là, faisant tout *à sa place* (col 141), s'occupant de tout *à sa place* (col 222). Il a cependant lui aussi son rôle à jouer ; par exemple Thérèse lui demande de veiller sur les enfants *à sa place* (col 342, 346). Elle est celle qui offre Van à Dieu en permanence : « *même si tu ne t'offres pas, explique Jésus, du fait que tu as déjà demandé à ta sœur Thérèse de t'offrir comme victime à son exemple, c'est tout comme si tu t'offrais toi-même réellement. Parce que ta volonté se trouve en ta sœur Thérèse, quand celle-ci t'offre à la flamme de mon Amour, c'est toi-même qui t'offres, as-tu compris ? ... sois toujours joyeux* » (col 538). Van peut donc toujours s'en remettre à ceux du Ciel : si un soir, fatigué, il doit aller dormir, « *ce qu'il te reste à dire, ta sœur Thérèse le dira pour toi* » (col 502). Vraiment, dans l'Amour, tout est simple ; Van n'hésitera pas à emprunter ses lèvres à Jésus « *pour donner un baiser à Marie. Donne lui ce baiser* à ma place » (col 773). Ou encore, après la communion : « *j'ai demandé à ma Mère Marie et à ma sœur Thérèse de remercier Jésus* à ma place. *J'ai même demandé à Jésus de faire l'action de grâces* à ma place, *après quoi je me suis endormi* » (col 760).

– L'ÉCHANGE DE MÉRITES...

À ce qui vient d'être dit, un léger élargissement de la perspective va apporter un complément décisif : qui dit Amour, unité, action à la place de l'autre, dit aussi *échange mutuel, mise en commun, communauté des biens* (comme entre des « *tubes communicants* » [sic] : col 600).

Cette communauté des biens vaut avant tout au plan spirituel, en particulier si l'on considère les *mérites* acquis par une liberté. Le concept n'exprime pas encore le plus profond de la sotériologie biblique, mais sert pourtant traditionnellement à formuler le mystère de notre justification et de notre action dans le Christ. Jésus y recourt pour expliquer à Van la *pauvreté* intérieure : « *Mes moindres actions méritoires aux yeux de mon Père, j'en ai donné volontiers tout le mérite aux âmes* ». « *C'est pourquoi les mérites infinis que j'ai acquis sont vraiment la propriété de toutes les âmes, même de la tienne, Marcel.* » « *Jamais donc tu ne dois travailler pour acquérir des mérites, dans l'intention de les mettre en réserve pour toi.* » « *Seuls mes mérites t'ont déjà acquis le royaume des cieux* » (col 572).

Donc « *tous les biens spirituels que tu peux acquérir, c'est aussi grâce à mes mérites que tu les acquiers ; et par conséquent ils appartiennent également aux âmes et non plus à toi seul* » ; « *finalement c'est par mes mains qu'ils sont distribués* » (col 573) : parce que le Christ nous a précédés, nos actions bonnes peuvent être elles-mêmes « méritoires » (Trente : DS 1546-1548) et un mystère de « réversibilité des mérites » est possible. La désappropriation chrétienne et la communion des saints sont fondées dans le Christ. Et Jésus de poursuivre ses explications, afin que Van comprenne sans extrinsécisme le mystère de cette communion surnaturelle, à partir de la *fécondité* de l'Amour qui est manifeste en particulier dans le mystère christologique de la *substitution*.

– ... FONDÉ SUR L'ÉCHANGE CHRISTOLOGIQUE DE PLACES

La valeur de nos actions méritoires, c'est bien entendu, provient du Christ ; « *Dieu la prend dans le trésor infini de l'Amour, pour te l'attribuer* ». Car, petit frère, « *il faut te rappeler que de toi-même tu ne peux rien faire, que tu dois compter sur moi* pour que j'agisse à ta place ». « *Les œuvres que* tu fais, *c'est* moi-même *qui dois les faire* pour toi *; toutefois, devant ton Père du Ciel, c'est* toi-même *qui les fais... Tu as compris, n'est-ce pas ?* » (col 575 ; cf. : 722).

Oui, Van comprend qu'invisiblement, à la base de cette possible « communication de mérites », il y a le mystère d'une habitation, quelque chose qui ressemble à une possible entrée (positive et féconde) dans l'espace spirituel de l'autre, parce qu'il y a, au cœur, le mystère des deux volets, le mystère de *la présence personnelle du Rédempteur dans son apôtre*, une habitation et donc une action en lui, de sorte que *« tu es devenu comme un autre moi-même »* (col 575) ; et alors, par la pauvreté spirituelle, en offrant tout à Dieu pour les âmes pécheresses, et vu qu'alors il sera rendu plus facile à celles-ci de revenir, « chacune deviendra un autre moi-même » (col 576-577). A partir du Christ et de son action unique à la Croix, le mystère de la substitution est passé dans l'Église.

– ON PEUT AIMER PAR SUBSTITUTION

Van, l'enfant du Dieu d'Amour, instruit par Jésus lui-même sur sa *« dignité d'enfant de Dieu et d'épouse du Christ »* (col 199), appelé à être *« l'apôtre caché de l'Amour »* (aut 652), *« apôtre par l'Amour absolu »* (aut 519), comprend ces choses. Il est même, à vrai dire, aspiré tout entier dans ce mystère. Il ne sera ni prêtre ni missionnaire, mais, grâce à la « réserve » de prière mise à leur disposition (col 258), celui qui ira aimer dans le cœur des prêtres et des missionnaires. Il sera leur *« force vitale »* (aut 651*), « l'Amour qui brûle dans le cœur de tous les missionnaires »* (2aut 301) : l'Amour totalement distribuable pour les autres. Dieu fera qu'il *« prenne place »* (col 700) ainsi dans les autres, dans l'apostolat des autres. Et même, pourquoi pas, Van, pris dans cette dynamique d'offrande, ira se placer *lui-même* dans le cœur des autres et s'autorisera à agir, c'est-à-dire à aimer Dieu, par substitution, dans le cœur des autres : *« Ô Mère, avec Jésus, je me cacherai dans toutes les âmes qui sont sur cette Terre, pour t'aimer en chacune d'elles »* (col 589).

Qu'on puisse se porter n'importe où, tout en aimant Dieu : tant que cela se situe dans le monde des êtres non libres, depuis les poussières et les grains de sable (col 535) jusqu'aux tabernacles (col 466) en passant par la mouche (*id.*), cela n'a rien, somme toute, d'extraordinaire. Que cela soit possible par contre aussi *dans le domaine des âmes* (col 537), c'est-à-dire des libertés, cela suppose le mystère ultime (surnaturel) de la substitution christologique. *Dans le Christ on peut aimer pour un autre, à la place d'un autre.* Application exemplaire de cette loi générale, et importante pour l'apôtre des enfants : on peut aimer et offrir notre foi à Dieu depuis le cœur des enfants n'ayant pas encore l'usage de la raison et qui n'auraient pas reçu le baptême (col 700). Notre volonté, placée en eux, peut, puisqu'elle est conforme au bien, agir efficacement en eux ; et s'ils meurent ils iront au Ciel (col 701-702). Mais, ce qui est plus remarquable encore : la force de la fécondité de l'Amour rend possible (dans le Christ) une substitution *même en faveur de ceux qui sont dans le mal*, refusant Dieu et l'Amour (col 537). C'est bien ainsi que l'entendra Van, qui ira semer l'Amour « *en me mettant au rang des pécheurs* » (col 554) : « *Ô Mère, je serai même dans les âmes qui ne t'aiment pas, afin que là aussi tu sois aimée* » (col 589).

« *Mon cœur est déjà chez eux* » (col 554) pour t'aimer. On peut aimer par substitution ! Alors, tout de suite, « *je t'aime pour les prêtres qui ne t'aiment pas* » (col 477, cf. : 3), et puis « *je vais t'aimer à la place de tous les communistes* » (col 555), « *je t'aime à la place de ces âmes* » malheureuses, plongées dans le péché (carnet 6) ; oui, je vais aimer Jésus, comme il l'a lui même demandé, « *à la place de toutes les âmes qui le repoussent* » (col 416)... Échange admirable, qui s'opère là. Il est possible dans le Christ, parce que dans sa Mission universelle il a porté le monde entier, et à partir de là il nous a ouvert la possibilité de prendre part à son action (col 572-575). Van n'hésite pas, donc, et ouvre largement sa prière substitutive. Ainsi : « *Je te prie pour Hô Chi Minh ; (...) donne-lui des baisers (...) et donne-moi un peu de peine à la place, n'est-ce pas ?* » (carnet 2).

Quant au chef d'État qui vit dans le désordre : « *Je t'offre mes sacrifices de tous les jours comme une prière pour ce chef d'État et tout son gouvernement* » (carnet 2). Plus largement encore : « *Seigneur je m'offre comme victime d'expiation pour la république de Chine ; donne-moi une plus grande part aux injures que les communistes chinois profèrent contre toi et contre ceux qui t'aiment* » (carnet 2).

Et Van de poursuivre sa prière, pour M. Diêm (col 677), pour le Vietnam et pour la France, pour le Canada (col 311-312, 431), toujours à nouveau pour les prêtres, etc.

– AMOUR ET EXPIATION SUBSTITUTIVE : LA FÉCONDITÉ DE L'AMOUR

À l'échange surnaturel qui est possible depuis la Croix et la communion des saints, Van a été initié, par Jésus lui-même, depuis le tout début des colloques (octobre 45). Dès le premier jour en effet, le ton était donné : « Humble enfant de mon Amour, m'aimes-tu ? Je suis l'Époux de ton âme... N'est-ce pas que tu éprouves actuellement beaucoup de dégoût ? (...) *Offre-moi ce dégoût, afin que durant ce temps d'épreuve, je donne de la joie aux âmes qui se trouvent dans l'aridité.* C'est là un sacrifice que je veux toujours de toi » (col 3).

La souffrance de l'épouse est insérée dans le bien de l'Époux, et l'échange qui s'en suit est réglé par le Christ ; tout converge vers lui, et l'échange a lieu en lui. A l'occasion, Jésus apparaîtra comme le « chef télégraphiste » (col 34), aidé de Marie pour la distribution des « *colis de souf-*

frances » (col 79) qui font surgir fleurs et paroles d'Amour (mais qui malheureusement aussi reviennent parfois à l'expéditeur). Alors, grâce aux âmes qui aiment, des *« atmosphères saines »* sont créées dans le monde (col 72), les vilaines mottes de boues sont transformées en perles précieuses (col 116), les pécheurs reçoivent la grâce de se convertir facilement (col 23), les prêtres sont ramenés à l'Amour (col 25) ; et surtout, théologiquement : les paroles d'Amour des uns, adressées à Jésus, couvrent les paroles de blasphème des autres (col 311), les roses cueillies par Van sont offertes par Thérèse à Jésus (col 135-1 (134)), les pierres lancées contre Jésus par les pécheurs sont stoppées (col 382), les blessures infligées à Jésus sont guéries (col 37), les coups reçus sont oubliés (col 288) ; bref Dieu est consolé et aimé (col 311).

Il est aimé depuis partout, parce que ceux qui aiment n'ont pas refusé d'être plongés dans les ténèbres de ceux qui s'étaient éloignés de l'Amour. Ceux qui aiment connaissent là une participation à ce qu'a vécu l'Agneau de Dieu qui, « sans avoir connu lui-même le péché, a été fait péché pour nous » (2 Co 5, 21).

Ce sont là les merveilles accomplies par l'Amour (*souvent « sans que les hommes n'en soupçonnent rien »* (col 700), et qui ont pour nom *« offrande » substitutive* (de l'Amour des uns à la place des autres : col 728), *« sacrifice »* (de l'Amour qu'on pourrait recevoir en réponse mais qu'on préfère voir projeter directement sur les cœurs de pierre des pécheurs : carnet VI), *« expiation »* (du péché des uns dans l'Amour des autres : col 29, 49 ; carnet II), *« victime d'Amour »* (col 564), *« victime d'holocauste offerte à l'Amour »* (col 248) en lesquelles agit spontanément l'Amour, c'est-à-dire l'Esprit Saint (col 564).

– SOUFFRANCE : NATURELLE ET SURNATURELLE

Et c'est dans ce contexte précisément qu'on interprétera la souffrance et les épreuves intérieures caractérisées qui jalonnent la vie de Van. De la *souffrance* inouïe qui a marqué toute cette petite vie et qui aurait évidemment dû la broyer si la grâce de Dieu n'avait été présente, on hésite à parler. *« La souffrance, voilà l'image de toute ma vie »* avoue Van à son directeur qui lui demande le récit de sa vie passée (aut 7) ; et au fil des pages de l'autobiographie, on voit se lever en partie le voile. Depuis les terribles années à Huu-Bang : *« Sans cesse battu comme un animal »*, devant endurer *« des supplices qui peut-être ressemblent à ceux des martyrs »* (1aut 61) ; jusqu'à la mort dans le camp de Yên-Bay le 10 juillet 1959 ; en passant par les années de la jeunesse et de la vie religieuse : toujours, *« très peu de joies, mais de grandes souffrances »* (2aut 544), qu'il est à vrai dire impossible à Van d'exprimer vraiment : *« Il y a bien des pages de l'histoire de ma vie qui ne seront jamais lues en ce monde »* (*id.*).

Cela doit s'appliquer particulièrement, au delà des innombrables souffrances physiques et morales endurées par l'enfant, à ces *« peines intérieures »* (col 37) impliquant « solitude », « abandon », « tristesse » et « dégoût », présentes dans la vie de Van bien avant l'entrée en religion (cor 23/11/1943 au Père Boucher), mais qui commencèrent cependant à se manifester de manière très caractérisée peu de temps après le début des colloques avec Jésus (col 21-24, 8s ; cor 23/08/1945 à Jésus), et dont Van lui-même ne comprit pas tout de suite la vraie nature (col 23, 49) ; Jésus lui demandant d'ailleurs de ne pas s'occuper de cela mais d'en laisser le soin à son directeur (col 9). Ces peines, expliquera Jésus, n'ont pas une cause naturelle, mais *christologique* : elles sont permises et *« envoyées par moi »* (col 3, 5, 17, 22...) *« à mes épouses qui m'aiment d'un cœur sincère »*, d'abord peut-être *« pour éprouver la solidité de leur Amour »* (col 17) ; mais surtout, parce que *« les petites âmes, je les reconnais pour mes épouses, je les prends à mon service et leur confère la dignité de mère des âmes que je veux sauver »*.

En plus des marques d'Amour, je dois donc leur faire connaître *« mon malheureux sort »*, c'est-à-dire que, mystérieusement, elles peuvent en quelque sorte le subir elles-mêmes (col 26), elles peuvent *« endurer les souffrances à la place de Jésus »* (col 80) : *« chacune reçoit sa petite part à la blessure qui m'a été infligée par les pécheurs »* (col 37).

Van est donc invité, par Jésus, à *« souffrir tout comme moi des traitements qu'on m'inflige »*.

« Pour consoler mon Amour et expier les péchés », en particulier ceux des prêtres, *« accepte de bon cœur les souffrances que je t'envoie, au moment où je devrais t'envoyer des joies et des douceurs »* (col 29).

Et *« mon enfant, prépare ton âme à l'épreuve »*, car *« tu auras à souffrir encore beaucoup »*. Les souffrances imposées, non explicables psychologiquement mais seulement christologiquement, iront grandissant. *« Ce genre de souffrance servira à expier les péchés des prêtres qui ne cessent de me repousser »*.

« Mon Amour voudrait bien t'épargner la souffrance, mais ce même Amour me force à te traiter comme je le fais ». *« Quand viendra l'épreuve que je t'ai prédite,*

tu auras alors l'impression que ton cœur est séparé du mien, mais il n'en sera rien ». « *Toujours je me tiens avec toi, te pressant dans mes bras* » (col 53).

Thérèse aussi sera là, bien sûr, toujours à tes côtés, sans que tu en saches rien (col 99, 105, 203...). Maintenant, de ta persévérance, « *tu n'as pas à te préoccuper* (cf.: col 203). *Il appartient uniquement à ton directeur de s'occuper de tout cela à ta place. Tout ce que tu as à faire, c'est de le suivre les yeux fermés* ».

« *Garde une entière confiance en ton directeur comme en moi-même, c'est là que tu trouveras mon Amour* » (col 46).

Dès les tout premiers colloques avec Jésus (on est en octobre et novembre 1945), tout est donc là, en place: les « nuits » chrétiennes, christologiques, de la substitution par Amour sont toutes proches (col 133-134), mais Van y est préparé, sur la base de ces premières expériences surnaturelles de sécheresse, dégoût (col 3), tristesse (col 4), solitude, abandon, (col 21), délaissement (col 48), absence de Jésus (col 156) à l'occasion desquelles Jésus a expliqué déjà l'essentiel: « Mon petit enfant, voulant accorder à un pécheur la grâce de se convertir facilement, je lui ai enlevé toutes ses hésitations, en te chargeant de souffrir à sa place. Si tu n'avais pas accepté, il aurait fallu encore beaucoup de temps avant que ce pécheur ne revienne à moi » (col 23 ; cf. 58, 189-190 ; carnet 6).

– MISSION DANS LA NUIT : LE PREMIER TROU

Alors vont venir les larmes (col 60-61). Car Van ayant offert un oui entier à Dieu (« *Dispose de tout comme tu le veux* » : col 59), il va connaître ce que le Ciel avait annoncé si souvent. Le 30 décembre 1945, c'est-à-dire trois mois après le début des colloques, Jésus redonne une longue explication: Van va passer par une souffrance « *que je réserve à mes épouses les plus intimes* » : le dégoût sera tel que « *tu ne voudras plus me manger* » (col 208) ; « *Le seul fait d'entendre prononcer mon nom, le nom de Marie et des saints, ne fera... qu'accroître ton tourment* » (col 212).

Toi qui « *es bien faible* », et qui « *as besoin d'être soutenu en tout par moi* » (col 237), « *Tu devras accepter l'amertume* » (col 208), mais sache que même si tu ne me vois pas « *je te donnerai des baisers et te presserai sur mon Cœur, et cela toujours, toujours, toujours, toujours, toujours, toujours* » (col 207).

Thérèse, qui autrefois a enduré elle aussi ce genre de souffrances, « *a pu passer à travers, car la souffrance n'étant pas notre œuvre mais celle de Jésus, c'est lui-même qui doit se charger de tout* » (col 215).

Deux jours plus tard, le 1er janvier 1946, Van entend de Jésus qu'Il sera *« occupé à dormir, cette année »* (col 228) ; et il est de nouveau exhorté à ne pas avoir peur : *« Après m'avoir tout remis entre les mains, pourquoi aurais-tu peur de ta faiblesse ? Tout ce qui te reste à faire, c'est* de m'aimer. *Pour le reste, je m'en charge »* (col 235).

Avec l'explication de la *« petite balle »,* le lendemain, la séparation est clairement annoncée ; Van sera *« mis en pièce »* (col 240). Et finalement, le 2 janvier 1946 au soir, commence le *« trou »*[3] : Van, envahi par la tristesse et le dégoût, entre (c'est la première fois) dans une nuit qui va durer trois mois, où il connaîtra l'abandon, la solitude, l'absence de consolation (col 211, 241-242) : Jésus ne parle plus, il *« dort »* (col 243). Le 3 janvier, alors que les symptômes d'un *« trou »* s'accumulent (col 240-247), c'est au tour de Thérèse de se taire. Le 5, Marie annonce qu'elle aussi va se taire, et le 7 au soir, après qu'elle a rappelé à Van que *« ce que Jésus préfère avant tout, ce sont les roses de la souffrance ; et ton occupation à toi doit être de cueillir beaucoup de ces roses pour les lui offrir »* (col 272), elle disparaît elle aussi dans le silence, et ne reparlera brièvement que le 12 pour conforter Van. Lumière et Amour ne sont plus ressentis car ils sont déposés en Dieu, explique-t-elle : *« Si tu ne ressens pas cet Amour, c'est que tu l'as déjà offert tout entier au petit Jésus »* (col 282). Même si l'âme est submergée par la souffrance (col 287), il faut donc renouveler le oui, garder la joie, ne pas revenir sur le dépôt, cueillir les roses, renouveler l'offrande (col 287, cf. : 54)... Les pages qui nous décrivent les jours qui suivent prennent un ton pathétique. L'intensification de la souffrance, mais aussi du oui, est perceptible partout ; elle devient tragique, les prières deviennent des cris, des S.O.S : *« Ô Mère, où es-tu ? »* ; *« Tu ne me réponds pas »* ; *« Ô Mère, Mère, Mère, Mère, Mère, Mère... »* ; *« Ô Marie, soutiens-moi, de peur que je ne succombe sous le coup de la souffrance... Ô Mère, Ô ma Mère... »* (col 292). *« Marie, Marie, Marie, Marie, Marie, Marie ! »* ; *« Ô Mon Amour, je t'aime, je t'aime, je t'aime... »* ; *« Ô Mère, quoi qu'il arrive, je veux continuer à aimer Jésus, et si mon Amour pour lui est trop faible, tu voudras bien l'aimer avec moi. Et si cela ne suffit pas encore, je demande à Jésus de s'aimer lui-même, en union avec moi »* (col 292-296).

Van sait toujours que la flamme d'Amour qui brûle en nos cœurs *« provient tout entière du foyer qui brûle dans le Cœur de Jésus »* (*id.*) ; pourtant dans ce vécu qui lui est *« imposé »*, la déréliction est toujours plus profonde : il

3. L'expression est de Adrienne VON SPEYR, *Kreuz und Hölle, I,* 1966, 13 et *passim* ; *Erde und Himmel, ein Tagebuch, I-III*, 1975-76, *passim.*

expérimente d'être *« resté seul »*, *« tout seul »*, *« absolument seul »* (col 308), *« à mille lieues de Jésus »* (col 308). Il se rend compte aussi que ses paroles deviennent bien difficiles à comprendre, *« car je parle sans aucune suite »* (col 308).

Le joug de la souffrance l'accable, dans cette situation de *« tristesse »*, *« dégoût »*, *« amertume »*, *« désolation »*, où *« peut-être n'y a-t-il plus d'espoir de revoir jamais le jour promis par Jésus »*. *« Quels mots employer pour faire comprendre aux gens ce que sont les peines intérieures ? »*. Il est finalement *« impossible de les décrire en ce monde »*, et *« seules les âmes qui en ont fait l'expérience sont à même de le comprendre »* (col 314). Il continue à tout *« déposer »* (col 310-312), laissant Marie *« s'occuper de tout à la place de son enfant »* (col 314).

Il *« ne voit que des croix, rien que des croix »* (*id.*), mais dans son Amour brûlant il accepte, offre, se sacrifie (col 317), pendant que Thérèse offre ses roses à Jésus (col 320). L'esprit des ténèbres le trouble (col 331). Mi mars, un sommet semble avoir été atteint dans le désarroi (col 315). Fin mars, il goutte de nouveau un peu de joie (col 340) ; puis, toujours dans le trou, rédige des pages décisives sur la conscience qu'il a de sa mission auprès des enfants (col 336). Enfin, le 2 avril, arrivera la fin du trou : Jésus reparle ! (col 350). L'épreuve aura duré trois mois.

– PAUSE

Alors, en plein Carême, Van se voit être comblé de joies par Jésus, qui veut par là l'éduquer à une indifférence toujours renouvelée (col 352). Et les dialogues réguliers reprennent, pour environ six semaines. Ce sont ces enseignements variés et intenses qui, en nombre de pages, constitueront la moitié du manuscrit des Colloques (col 347-695). Ils sont ponctués d'appels répétés : à la remise de soi et à la disponibilité (col 363-364), à la mise en dépôt (col 385, 438, 445), à la joie (col 430), au renoncement à la volonté propre (col 467-468), à l'Amour (col 470-472), à l'obéissance, à la substitution (col 477), au dépôt de tout ce qui n'est pas la mission propre (col 485-486), à l'offrande, au sacrifice (col 493), à laisser le Père déterminer le contenu et le moment de l'« heure » où viendront les souffrances (col 437), à suivre la volonté de l'Église plutôt que la ferveur personnelle pour ce qui est du jeûne (col 543), à ne pas se préoccuper (col 553), à rester en paix (col 556), à l'obéissance, qui est la meilleure mortification (col 556), à l'imitation, à l'attitude de confession (col 561), à l'imitation de la parfaite obéissance de mission vécue par Jésus (col 562), à ne pas vouloir toujours comprendre (col 564) et se mêler des affaires de Jésus (col 566), à n'être jamais triste (col 567), à la pauvreté de cœur (col 570), à offrir à Dieu toutes les grâces reçues et toute chose faite par Amour, pour que Dieu les distribue aux âmes, en laissant l'Amour s'occuper pour nous de tout ce qui nous concerne (col 577), à patienter comme Jésus (col 585), à offrir à Dieu le trouble et à rester en paix (col 592), à la prière (col 597), à l'échange substitutif (col 600), à donner à Jésus les respirations et les regards (col 603), à être pauvre jusqu'à la fin (col 610), à ne pas suivre sa volonté propre (col 618), à cueillir et offrir les fleurs procurées par Thérèse sur la demande de Jésus (col 620), à offrir le dégoût et à ne pas se préoccuper (col 624), à l'acceptation (col 644), à la confiance (col 648), à la joie (col 653), à aimer sans vouloir tout connaître (col 666), à endurer la souffrance en regardant Jésus et en lui donnant un sourire (col 687) ... et à tout offrir à la Trinité en consentant à tout donner en aumônes aux âmes, sans rien se réserver (col 690).

– DE NOUVEAU DANS LA NUIT

Après ce mois et demi de dialogues quotidiens arrive, autour du 16 mai, de nouveau le silence, le trou (col 694s). Et cette fois, pour une durée qui semble bien s'étendre jusqu'à la fin des Colloques en janvier 1947 (pour se prolonger jusqu'au mois d'août (col 772) et encore après, les années qui suivent : aut 878s ; 2aut 534s ; cor 31/07/1949 à Tê et suivantes ; carnet I 06/03/1949). Van connaît une solitude terrible. *« J'ai tout perdu ; même mon sourire naturel a disparu lui aussi »* (col 697).

Le démon lui souffle à l'oreille qu'il n'a *« plus de Mère, que le Paradis et Jésus, cela n'existe plus »* (*id.*).

L'intelligence et la mémoire sont retirées, enlevées par Jésus. Il reste que *« je vis, mais sans sentir que je vis, sans connaître ce qu'est ma vie »* (col 698).

Pendant un mois, plus aucune note n'est prise. Fin juillet 47, Jésus reparle ponctuellement, c'est-à-dire *« de temps en temps, quand il se trouve des choses importantes que je ne comprends pas »* (col 699) ; et il donne en particulier, un jour, l'explication sur les enfants qui meurent sans le baptême (col 699).

Le 28 juillet on est manifestement de nouveau dans le trou, ainsi que le 8 août : *« Ô Mère... Dès que j'ai fait quelque chose, je l'oublie immédiatement. Le petit Jésus me laisse vivre, mais sans me laisser connaître que je vis. C'est vraiment étrange ; je ne sais où se trouve actuellement le petit Jésus »* (col 703).

Plus tard : *« Ô Marie ! ... Mon âme est recouverte d'une couche de sombre nuage, et sous cette couche de nuage, je reste seul, abandonné, moi, ton enfant »* (col 707) ; *« Jésus m'ayant enlevé toute mon intelligence »*... *« après avoir corrigé un paragraphe, si je le relis, je ne comprends même pas ce que je lis »* (col 708).

« Ô ma Mère, Marie... Où est donc le petit Jésus ? » (col 709). Là dessus Van répond d'une manière remarquable à des tentations du démon, manifestant une identification parfaite à la mission (*id.*), lors même que le dépôt est géré strictement par Dieu (mémoire et intelligence, retirées à Van, sont gardées en dépôt en Dieu). Puis en retraite, fin août : *« dès que la prédication est terminée, j'oublie tout. Je ne me rappelle plus absolument rien. ... Je ne comprends rien, je ne retiens rien »*. *« J'ai tout oublié »*. *« Le petit Jésus a de nouveau emporté mon esprit quelque part. (...) Ô Mère, juste au moment où je cause avec toi, il s'en vient m'enlever la mémoire »*. (...) Avec les confrères, *« je dis des choses insignifiantes, sans queue ni tête »* (col 713-714).

N'empêche que trois jours plus tard, toujours dans le trou, Van manifestement sous la dictée, met par écrit *« sans rien y comprendre »* des réflexions très profondes sur l'être-épouse (col 722) : C'est Dieu qui gère tout et dépose en lui ce qui est nécessaire pour la mission. Les notes des jours suivants montrent un dénuement toujours plus radical (col 725), un décentrement complet de soi (*id.*), quelqu'un de toujours plus donné : même la manière de s'offrir à Dieu lui est retirée, alors Van laisse cela à Thérèse (col 728). Le 8 septembre 1946, Van fait sa profession religieuse. C'est un jour tout de lumière, mais qui est suivi par un retour brutal au milieu des ténèbres (858-872). Le 15 septembre transparaît, dans une prière à Jésus, le fait que malgré la souffrance la remise de soi est intacte, on ne revient pas dessus : *« Tout mon être, avec tout ce que je possède, t'appartient déjà ; que veux-tu de plus ? »* (col 746). Jésus, quant à lui, se montre de façon ponctuelle et explique des choses, mais Van ne retient rien (col 751) : La mémoire reste gardée par Dieu, qui veut qu'à ce moment-là le dépôt soit géré de cette façon-là. Le 20 octobre, Marie invite Van à prier chaque samedi *« spécialement pour mes petits apôtres, (...) afin que mes petits apôtres puissent progresser plus rapidement »* (col 755).

En janvier 1947, le désir de voir Jésus, qui habite Van, se conjugue avec des doutes sur l'existence du Ciel, et devient une grave *« blessure d'Amour »* (col 763-766). Le 11 de ce mois, Thérèse se montre pour dire : *« c'est fini »* (col 764). Et c'est dans ce contexte christologique de nuit que prennent fin les dialogues avec le Ciel. Pour Van, c'est *« le vide complet » ; « le jour comme la nuit tout est ténèbres profondes »*, il est *« seul et abandonné »*, avec le désir ardent de retrouver Jésus, mais aussi, en même temps, *« l'impression d'avoir été trompé »* (col 766).

Souvent dans les années qui suivent, il aura ainsi *« l'impression de vivre comme un athée, sans foi ou sans aucun but »* (carnet II 109). Aussi *« comme une jeune épouse qui a eu le malheur de devenir veuve »*, il *« n'espère plus rencontrer aucune joie sur cette Terre »* (col 771).

Et cependant, au beau milieu des larmes, il implore la grâce d'accepter avec joie les souffrances (col 766), il remplit sa mission jusqu'au bout en transmettant, en mars 47, au père Boucher *« la lettre pour les Français »* (col 770) ; et il écrit cinq mois plus tard une lettre au *« cher petit Seigneur de mon cœur »* pour le rassurer : au milieu de toutes ces nuits, il garde quand même le sourire (col 773).

– MISSION CHRÉTIENNE CHRISTOLOGIQUE

Ce que Jésus attendait de Van, dans ces périodes de souffrance, c'est toujours : que *« par Amour des âmes, tu collabores avec moi à l'œuvre de leur salut »*. Toutes ces souffrances et celles à venir, je te les demande *« dans l'unique intention de* t'associer à moi *dans l'œuvre de la sanctification des prêtres »* (aut 867).

Aussi *« ma tâche, peut dire Van, consiste à monter avec Jésus jusqu'au sommet du Calvaire et y endurer la mort en union avec lui »* (aut 859). Et Jésus d'ajouter : *« Ce que tu m'as donné est à moi ; je m'en servirai pour le donner aux prêtres »* (col 653).

Les dix années qui suivent seront marquées de souffrances encore plus grandes. Surtout lorsqu'il sera loin du Père Boucher, Van devra boire jusqu'à la lie *« le calice d'amertume »* annoncé depuis le noviciat (aut 859 ; 2aut 534-543).

Il est alors *« plongé dans les ténèbres »* (2aut 542). *« L'aridité et la tristesse »* ont *« envahi son âme »* (2aut 543).

Pendant les premiers mois à Saïgon l'Amour en lui n'est plus que *« tristesse et vide », « étang desséché », « désert fermé de tous côtés »*. Le cœur est *« froid », « seul, mélancolique, n'éprouvant plus aucune joie »* (*id.*).

La volonté de Dieu lui semble parfois n'avoir plus de sens (aut 879), jusqu'à ce jour où Jésus lui redonne la paix (*id.*). Toujours il garde un visage souriant, « *de sorte que tout le monde me voyait joyeux, sans soupçonner la sécheresse de mon cœur* » (2aut 545).

Il se cache sous le manteau de la Vierge, et continue à « *aimer dans la joie* » (2aut 546). Le sens de sa vie demeure : « *servir Dieu avec le sourire* » (*id.*). A Dalat ensuite, puis à Hanoï, toujours les mêmes dispositions. Puis c'est l'arrestation, cinq mois dans le cachot de la sûreté, le tribunal, la condamnation aux travaux forcés ; le camp de Mo-Chèn, puis celui de Yên-Bay avec trois mois dans les fers, le cachot pendant deux ans (après cette évasion où l'objectif n'était que de ramener l'eucharistie dans le camp) ; l'agonie, la mort (10/07/59).

Environ douze ans plus tôt, le 3 janvier 1946, Van, envahi par le dégoût et ressentant comme jamais l'abandon, entrait pour la première fois dans le « trou ». Marie lui avait dit alors : « *Il faudra que tu souffres encore beaucoup* ». Puis, lui donnant un baiser et l'enveloppant dans son manteau : « *Malgré les souffrances, tu restes toujours abrité sous mon manteau en compagnie du petit Jésus. Tu n'as rien à craindre. C'est aussi mon manteau qui recueillera tes larmes* » (col 244-2). Enfin, le soir : « *Mon enfant chéri, je te porte dans mes bras, je t'offre au petit Jésus et lui te consumera dans le feu de l'Amour, de sorte que mes mains seront comme l'autel du sacrifice, tandis que toi tu seras, à l'exemple de la petite Thérèse de l'Enfant Jésus, la victime d'holocauste offerte à l'Amour, et que le petit Jésus acceptera* » (col 248)[4].

---

4. Les états de nuit qui furent connus par Thérèse, surtout durant les dix-huit derniers mois de sa vie, semblent très proches de ceux traversés par Van. Cf. : l'analyse précise de Hans Urs VON BALTHASAR dans *Thérèse de Lisieux. Histoire d'une mission*, Médiaspaul, Paris, sd, 269-272, dont les conclusions nous semblent être applicables pratiquement telles quelles à Van. Sur la nuit vécue par Thérèse, voir aussi les pages spécifiques d'Adrienne VON SPEYR dans *Das Allerheiligenbuch, II,* Johannes Verlag, Einsiedeln, 1977, 79-80. Ajoutons qu'en reprenant ici, dans notre analyse, le terme général de « trou » auquel recourt Adrienne von Speyr dans la description de ses propres expériences dans *Erde und Himmel* et *Kreuz und Hölle*, il ne saurait être question de laisser croire à une quelconque possibilité de réduction et uniformisation de ces états, qui en fait possèdent des caractéristiques spécifiques différentes selon les personnes et les missions. L'essentiel a été précisé : que ces expériences de désolation, quand elles sont authentiques (de multiples formes de désolation, qui n'ont rien à voir avec la véritable nuit, sont conditionnées par le moi, produites par réflexion sur le moi), sont de nature *christologique*, à savoir : des participations au Vendredi et au Samedi Saint du Fils, des introductions par grâce, donc, dans cette Nuit insondable de la Croix où tout le péché des hommes fut porté par l'Agneau en vue de la Rédemption du monde. Et à cet égard, on remarquera combien la catégorie (ascétique) de « purification », souvent utilisée à cet endroit par les auteurs spirituels, est peu adéquate : elle ne permet pas de rendre compte

–THÉRÈSE ET VAN : MISSION COMMUNE

Il nous reste maintenant à considérer la mission de Van dans son lien avec celle de Thérèse, pour mettre en évidence la particularité de leur mission commune et les ultimes fondements doctrinaux.

La présence de Thérèse dans la vie de Van, le rôle décisif qu'elle a joué pour la découverte de sa vraie mission, sa manière de l'aider, de le porter (avant même qu'il ne le sache : aut591), sa manière de le précéder, de le guider, de l'accompagner, de le suivre, de le seconder (« Sur la barque de l'Amour, tu rames et je tiens le gouvernail » : col 149), sa manière aussi de jouer avec lui, comme de prier, de l'inspirer, etc., tout cela est assez exceptionnel et spectaculaire pour qu'on le remarque d'emblée à la lecture des écrits de Van. La présence de Thérèse se révèle ici être une présence et un accompagnement de tout instant[5]. A partir de là, si l'on prête attention, au delà des personnes et des faits de vie, *à la mission*, force est alors de constater que, avec Thérèse et Van, on est en présence d'*une mission commune*, dans laquelle il y a bien eu d'abord, dans le temps du monde, une phase d'autonomie, pour les deux envoyés (c'est très clair pour Thérèse, qui a précédé Van dans le temps, mais c'est vrai aussi pour Van), puis une phase ou Dieu a progressivement réuni les deux missions de sorte qu'elle n'en fassent plus qu'une.

du cœur de l'expérience, et laisse croire que son centre de gravité est dans le sujet (dans sa purification en vue de sa propre perfection), alors qu'il est en réalité dans le Christ et dans la Rédemption du monde. Ce qui ensuite, dans les expériences (imposées) de nuit, apparaît comme modalités plus spécifiques, est à comprendre théologiquement toujours en fonction de la *mission* déterminée par Dieu, avec ses caractéristiques propres selon chaque cas. Pour la base christologique, exposé d'ensemble dans *Das Wort und die Mystik, I. Subjektive Mystik,* Johannes Verlag, Einsiedeln, 1970, 88-107 : *« Passionsmystik »* et 108-125 : *« Die Nacht des Karsamstags ».* Pour des descriptions différentiées selon les saints (là où la mission incluait de tels états), cf. : *Das Allerheiligenbuch I-II,* Johannes Verlag, Einsiedeln, 1966, 1977 et *Kreuz und Hölle II. Auftragshöllen,* Johannes Verlag, Einsiedeln, 1972, 447-455.

5. Et non une simple intervention *ponctuelle* comme dans d'autres cas connus d'apparition de Thérèse (par ex. à Marthe Robin (France) en 1926, à qui elle demande en quelque sorte si elle veut bien poursuivre sa mission (à rapprocher de E 62 ; E 19) ; à Maria Esperanza de Bianchini (Betania, Venezuela) en 1954, qui ne songeait qu'à la vie religieuse et à qui Thérèse annonce que telle n'est pas sa vocation, mais qu'elle fera son chemin comme épouse et mère, rayonnant au milieu du monde ; etc.). A chaque fois, on a là un de ces pétales de roses dont Thérèse, sur Terre, avait déjà la certitude qu'elle en ferait pleuvoir une fois au Ciel.

Du point de vue de Dieu, cette mission commune, unique, est prévue depuis toujours (aut 591). C'est pourquoi les deux missions n'ont une autonomie que *relative* ; en fait, dès l'origine, elles sont orientées l'une vers l'autre ; elles sont tendues l'une vers l'autre, et ne peuvent recevoir qu'avec l'autre leur accomplissement. Van, sans Thérèse, est inimaginable : seul, il n'aurait pas su sa mission et n'aurait pas pu la remplir. Mais Thérèse aussi, de son côté, est incomplète tant qu'elle n'a pas rejoint son jumeau. Seule, elle a bien, déjà, toute sa valeur ; cependant elle demeure comme suspendue, dans l'attente de son complément. Son élan missionnaire, son orientation vers le pays de Van, précisément, avant même qu'elle ne connaisse Van (et pour cause : il n'est pas encore créé), sont des marques positives du fait que Dieu la préparait déjà à cette mission commune. De la même façon Van, avant la rencontre décisive avec Thérèse, aspirait aussi, sans le savoir, au complément ; en témoigne la joie indicible qui le remplit lorsqu'il découvre l'*Histoire d'une âme* et fait connaissance avec cette sainte dans laquelle il se retrouve totalement (aut 569-574). En Dieu donc, dans le temps de Dieu, les deux missions sont depuis toujours polarisées, orientées l'une vers l'autre. Même si, dans le temps du monde, elles apparaissent comme distinctes et successives, en Dieu elles sont déjà pensées dans l'unité, et donc elles se tirent mutuellement. Et ce n'est qu'une fois réunies qu'elles trouveront leur pleine mesure, au Ciel.

Finalement, donc, à travers cette unité de Thérèse et Van, il nous est donné de percevoir comment Dieu, de par son élection, peut donner quelque chose comme le complément et l'ajustement d'une mission, dans une autre mission qui est le prolongement, l'écho de la première[6].

– VAN, PROLONGEMENT ET ÉCHO DE THÉRÈSE

En tant qu'il est le *prolongement de Thérèse*, l'*écho* de Thérèse, qu'en est-il de la mission de Van ? L'étude menée ci-dessus devrait l'avoir suffisam-

6. Que la mission de la petite Thérèse puisse avoir besoin d'être « ajustée », c'est là une thèse que nous n'avons pas à exposer ici dans le détail. L'ouvrage (cité plus haut, note 4) que Hans Urs von Balthasar a consacré à cette mission fournit tous les éléments, qu'on pourra compléter par les multiples descriptions de Thérèse fournies par Adrienne von Speyr et dispersées dans les *Nachlasswerke* (en particulier NB I/2 (*Allerheiligenbuch II*, 1977), 64-88 ; NB II (*Fischernetz*, 1969), 67-68 ; NB III et IV (*Kreuz und Hölle I-II*, 1966 et 1972 : 15 passages où il est question de Thérèse) ; NB VIII-X (*Tagebuch*, 1975-76 : 40 passages).

ment montré. Comme Thérèse, Van a pour « mission spéciale » d'être *« apôtre plus par l'Amour que par la parole ou une activité extérieure ; apôtre par l'Amour absolu, c'est-à-dire par une vie cachée de prière et de sacrifice »* (aut 519).

Comme petit frère de Thérèse, il *« a été mis au nombre des "apôtres de l'Amour de Dieu" qui ont le privilège d'être cachés dans le Cœur de Dieu pour être la force vitale des apôtres missionnaires »* (aut 651). Sa fonction, donc, est d'être *« l'apôtre caché de l'Amour »* (aut 652), l'*« apôtre de l'Amour de Jésus »* (1aut 76, cf. : col 13, 27, 69, 86, 93, 124, 131, 209, 252-1, 337), *« l'apôtre caché de l'Amour, tout occupé à transmettre l'Amour à tous les prêtres missionnaires », « l'Amour qui brûle dans le cœur de tous les missionnaires »* (2aut 301).

Cette mission était déjà celle de Thérèse, qui se voit décerner ici par Jésus le titre de *« Apôtre universelle des autres apôtres de mon Amour »* (col 388).

« La France, dit Jésus, ce pays que j'aime le plus (...), est le pays qui a produit la première petite fleur, et en a fait naître beaucoup d'autres depuis lors. Cette petite fleur chérit et gâte les autres petites fleurs, et c'est elle que j'ai choisie pour être, ô ma petite fleur, ta sœur aînée » (col 74-75).

Oui *« j'ai voulu, ô ma petite fleur, que dès le début de ta croissance, tu sois orientée par la petite fleur de France, vers le soleil de mon Amour »* (col 110-111). L'union entre les deux petites fleurs symbolisera aussi l'union entre la France et le Vietnam (col 107).

Alors le petit frère de Thérèse, *« son petit frère chéri »* (col 113), peut constater et dire à sa grande sœur : *« ma vie est en tout semblable à la tienne : même tige, même parfum, même beauté »* (aut 3).

Et finalement, il ne se définira pas autrement qu' « *un pétale détaché de la fleur* Thérèse de l'Enfant Jésus » (*id.*) ; d'où la ressemblance : *« Thérèse est la fleur, et moi, étant un pétale de cette fleur, comment pourrais-je ne pas lui ressembler ? »* (aut 4) ; d'où, finalement, le caractère d'*écho* de la *mission* de Van par rapport à celle de sa sœur : *« Jésus ! je suis l'humble pétale de la fleur, ma sœur sainte Thérèse, ayant à accomplir la même mission qu'elle : te faire connaître et aimer dans le monde ! »* (carnet II 31/08/1952).

Sur la Terre, cette mission s'exerce essentiellement par la prière et le sacrifice, l'acceptation, l'offrande joyeuse de la souffrance. Aussi Van est-il exhorté (par Marie notamment) à prier beaucoup : *« prie en paroles, prie par tes soupirs, prie par tes désirs »* (col 256). La prière, dit encore Marie, peut être *« prière de la volonté, prière des œuvres, prière de sentiment »*. Marie en a besoin, comme *« l'arme et la nourriture qui serviront plus tard à mes enfants privilégiés. Je veux en faire une très grande réserve que je tiendrai à leur disposition »* (col 254-264).

« Cette mission de prière, dit Marie, *tu dois la remplir pendant que tu es encore sur la Terre »* (col 254). Van sait que, de fait, *« un jour viendra où cette mission prendra fin »* (cor 11/06/1954 à Tê).

Et Marie ajoute : *« Ensuite, quand tu seras au Ciel, je te confierai une autre mission »* (col 254-255). Si *au Ciel* la mission d'Amour ne peut plus s'exercer comme sur la Terre dans la prière et la souffrance, elle se déploiera cependant selon une autre modalité que Van connaît déjà : l'action directe (quoique invisible) auprès des âmes, surtout les enfants, pour porter l'Amour jusque dans leur cœur. Déjà sur la Terre, nous l'avons vu, Van vivait cela (lorsqu'il allait se placer lui-même dans le cœur des autres pour aimer Dieu). Au Ciel, ce sera *« sa mission spéciale »*, et même, il en a une conscience très forte, ce n'est que là haut qu'il pourra remplir cette mission : *« apprendre aux âmes à aimer Jésus »* ; et il faudra *« exercer cette mission tout particulièrement auprès des âmes d'enfants »* (col 326).

Oui, c'est là sa mission : *« être l'apôtre des âmes, et apôtre particulier des enfants »*. Mais la modeste condition actuelle *« ne me permet pas de remplir immédiatement cette mission. Ce n'est que plus tard au Ciel que je pourrai la remplir parfaitement »* (col 347 ; cf. : col 589).

En janvier 46, Marie l'avait dit clairement à Van : *« Plus tard, dans le Ciel, tu auras une mission semblable à celle de ta sœur Thérèse. Tu seras comme une seconde Thérèse de l'Enfant-Jésus (...), occupé à venir en aide aux Apôtres de mon règne »*. C'est *« la mission que je veux te confier plus tard »* (col 252-1).

En fait, Jésus lui-même avait annoncé tout cela dès le début des colloques. Ainsi le 13 novembre 1945 : *« Mon enfant, dans mon Amour, je te donne le nom de seconde petite Thérèse. Dans le Ciel je te donnerai comme fonction à toi, petite Thérèse, d'aider Thérèse, ta sœur aînée à répandre dans le monde la confiance en mon Amour »* (col 108).

Conséquence immédiate, pour Van encore dans la phase terrestre de la mission : *« Continue donc avec Thérèse à cueillir des roses en très grand nombre, de façon à en remplir mon cœur »*. Mais ensuite, là-haut, *« plus tard dans le Ciel, tu n'auras comme Thérèse qu'une occupation : faire tomber une pluie de roses sur ton pays et sur le monde entier »* (*id.*)

– PARTICULARITÉ DE CETTE MISSION COMMUNE

Finalement, pour résumer, si l'on s'interroge sur la mission commune de Thérèse et de Van à partir de *la manière dont Thérèse a accompagné Van pendant la phase terrestre de sa mission*, on notera que la particularité de cette mission c'est *la communion des saints, la communion vivante entre le Ciel et la Terre.* Avec la présence de Thérèse auprès de Van, nous est donnée et manifestée une modalité particulière d'expression de l'Amour, voulue par Dieu : *une expression de l'échange d'Amour entre des baptisés, des créatures de Dieu, au plan même de la relation entre le Ciel et la Terre.* C'est une illustration saisissante, qui nous est accordée, de la communion des saints, et qui nous donne de comprendre un peu mieux *de quel Amour vivant le Ciel est habité, comment une mission se poursuit au Ciel, combien le Ciel est proche de la Terre, et comment le Ciel peut féconder la Terre* lorsque celle-ci répond en se laissant façonner par Dieu, en se laissant introduire dans la Mission de Dieu.

3. Dans le plan divin : la communion vivante entre le Ciel et la Terre

Thérèse, de la Terre au Ciel et du Ciel vers la Terre

Que la vie terrestre puisse être introduite et abritée dans le Ciel, et que les missions ne s'interrompent pas avec la mort mais reçoivent de se prolonger dans le Ciel, cela est mis en évidence de la façon la plus claire par la présence et l'accompagnement de Thérèse auprès de Van. « Cette Thérèse » qui parle à Van et l'aide de mille manières depuis le Ciel, oui : c'est bien « la Thérèse qui a vécu sur la Terre, à Lisieux, 50 ans auparavant », et dont Van avait découvert la vie à Quang-Uyên en lisant le livre *Histoire d'une âme.* C'est bien *la même Thérèse*, qui est maintenant au Ciel *avec tout ce qu'elle était*, avec toute sa petite voie, sa relation d'enfance à Dieu, sa confiance en Dieu, ses roses, la petite balle, l'ascenseur, etc., bref : avec toute sa doctrine sur Dieu et tous ses enseignements, *« qui se résument dans l'amour et l'abandon d'un petit enfant »* (3aut 847).

Ce qui fut vécu par elle dans la mission sur la Terre, et qui est si caractéristique, est donc passé tout entier dans le Ciel (premier aspect : de la Terre au Ciel) ; et sa présence active auprès de Van atteste que sa mission n'est pas arrêtée maintenant, mais se poursuit encore depuis le Ciel (deuxième aspect : du Ciel vers la Terre). Le fait de ce prolongement céleste de la mission, au sein de l'Église totale, est d'ailleurs, à l'occasion, formulé par Thérèse elle-même ; ainsi dans ce message qu'elle adresse aux prêtres de France le 1er janvier 46 : *« Ô prêtres de France, mes frères, (...) rappelez-vous que de là-haut, votre petite sœur Thérèse ne vous abandonne jamais, car* la mission qu'elle avait sur la Terre, elle continue de la remplir encore maintenant dans le Ciel » (col 231).

Plusieurs questions théologiques se posent ici, pour lesquelles seule la christologie pourra offrir un cadre de réponse : comment une mission peut-elle se poursuivre au Ciel ? Et déjà, comment se peut-il que ce qui est terrestre (ce qui a été vécu dans la mission sur la Terre), n'ait pas été supprimé ou dépassé, mais ait au contraire trouvé son abri dans le Ciel ?

Van s'interroge : au Ciel, comme sur la Terre ?

En tant que témoin et premier bénéficiaire de l'action de sa sœur Thérèse depuis le Ciel, Van avait évidemment, pour sa part, une conscience très forte qu' *« une mission particulière commence d'abord en ce monde, pour se continuer ensuite dans le Ciel »* (carnet II 26/05/1951), et il en va ainsi, note-t-il dans son journal le 26 mai 51, précisément sur la base de la Mission christologique accomplie sur la Terre et donnée en partage aux fidèles (*id.*).

Cinq ans avant, un jour d'avril 46 (on était au cœur des Colloques), une interrogation lui avait traversé subitement l'esprit : au Ciel, *la relation avec Jésus* restera-t-elle la même que maintenant ? Aussitôt il posa la question à Jésus (col 415-418).

Ce qu'il reçut alors pour réponse, c'est l'indication générale d'une *continuité* (ce sera « comme maintenant » : col 417) en même temps qu'une *différence* (« ce ne sera plus comme maintenant » ; « tout sera changé, tout sera rayonnant de clarté » : col 418) ; différence consistant essentiellement, continue Jésus, dans le fait que « nous n'aurons plus besoin de parler le langage de ce monde, nous ne parlerons que *le langage de l'Amour* » (id.). Et Jésus s'en tiendra à cette explication, qui demeure pour le moins sommaire.

Et la souffrance ?

De cette indication encore fort générale sur la vie au Ciel et la relation qui demeure avec la vie sur la Terre, on peut rapprocher quelques données fournies ailleurs sur la question particulière de la souffrance et très précisément *la relation qui au Ciel peut être gardée avec la souffrance du monde*. Fin 45, Jésus avait dit à Van, à propos de la souffrance : *« c'est là un devoir qui te revient »* ; *« vu que tu es encore en ce monde, il faut que tu souffres pour moi »*. Et ceux du Ciel ? demande Van. *« Ta Mère Marie et ta sœur Thérèse, étant au Ciel en ce moment,* ne peuvent plus souffrir pour moi » (col 223).

Entendu. Mais quatre mois plus tard (le Vendredi Saint 19 avril 46), Van reçoit, de la bouche même de Jésus, une déclaration qui semble aller dans le sens inverse : *« Marcel, Marie est ta vraie Mère, et toi tu es son véritable enfant. (...) Elle connaît tes souffrances, elle est toujours près de toi, te portant sans cesse dans ses bras, et te couvrant de ses baisers. (...) Jamais Marie ne s'éloignera de toi dans tes souffrances. D'ailleurs, quand tu souffres,* c'est encore elle qui a le plus à souffrir *puisqu'elle est ta Mère »* (col 480-481).

Marie connaît donc encore la souffrance ? Van n'y comprend plus rien. Sans doute alors voudrait-il un supplément d'explication, mais non, Jésus lui rappelle l'heure, il doit aller manger. C'est donc le lendemain (20 avril 46, Samedi Saint) qu'il interrogera Marie : *« le petit Jésus m'a dit hier que j'aurai encore à souffrir, mais que toi-même, ô Mère, tu souffrais encore d'avantage. Qu'est-ce que cela veut dire ? Je pensais, moi, que tu n'avais plus à souffrir »* (col 482).

« Ce qu'a dit le petit Jésus est très juste, lui répond Marie. Voici comment : j'ai deux enfants qui, tous les deux, doivent souffrir. C'est pourquoi la douleur que j'éprouve en te voyant souffrir est double de la tienne. Oui, je suis vraiment la Mère des douleurs, car tous mes vrais enfants ont à souffrir. Et si grand que soit le bonheur que je goûte, quand je vous vois souffrir vous mes enfants, je ne puis m'empêcher d'en ressentir de la douleur, et cela en qualité de Mère aimante » (col 482-483).

Marie ajoute alors une précision, sur la *« douleur »* qu'elle (et elle seule) ressent, qui est quelque chose de plus fort que la souffrance de ses enfants (*id.*). Mais de nouveau l'heure est passée, et Van doit poser son stylo*; « vite, vite, tâche de suivre ma volonté »*. L'explication n'ira donc pas plus loin.

Dans ce dialogue du Samedi Saint 46 avec Marie, incluant l'affirmation qu'une certaine souffrance, une « douleur », n'est pas incompatible pour notre Mère avec la béatitude aimante du Ciel, nous avons pratiquement le point extrême que Van nous permet d'atteindre, quant à l'expression de la relation qui au Ciel peut être gardée avec la souffrance du monde : Au sein du « bonheur, si grand qu'il soit » qu'elle « goûte » (premier aspect :

la béatitude), Marie, quand elle voit souffrir ses enfants, ne peut s'empêcher d'en « ressentir de la douleur » (deuxième aspect : la possibilité que co-existe une « douleur ») ; et ce, parce qu'elle est notre « Mère aimante » (affirmation ultime, qui supporte les deux autres). On est ici, en fait, juste au seuil d'un mystère pour lequel Van n'offrira pas d'autre formulation que cette simple juxtaposition de deux aspects, supposés donc ne pas être incompatibles dans le mystère englobant de l'Amour. On effleure aussi, sans l'élucider en rien, l'arrière plan christologique, c'est-à-dire le mystère des deux volets : « J'ai *deux enfants* qui, *tous les deux*, doivent souffrir… ».

Quelques autres passages des Colloques seraient à rapprocher, où il est fait état de la compassion de Marie (col 256, 260, 286, 382, 671) et de Jésus (col 259, 378, 523, 525). À l'occasion, Jésus apparaît triste (col 689), dans un état douloureux (col 163), voire en train de pleurer (sur la France : col 137). Thérèse, de son côté, se montre un jour pleurant sur la France (col 127, 128). (Van en est alors si ému que lui aussi ne peut plus retenir ses larmes : col 128-b).

Mais quoi qu'il en soit, ces indications qu'on trouve sous la plume de Van ne permettent aucune synthèse surplombante sur la question de la souffrance au sein du rapport (dans le Christ) entre le Ciel et la Terre. Tout au plus nous acheminent-elles au seuil du mystère, en nous interdisant d'y donner une réponse trop simple comme celle qui consisterait à affirmer l'absence absolue de relation du Ciel avec la souffrance du monde[7].

Si, par leur caractère trop fragmentaire, les données fournies par Van ne permettent pas d'aller plus loin, c'est qu'il n'entrait pas dans la mission de Van et Thérèse de nous offrir plus que ces aperçus. Ce qui, par contre, positivement, est au cœur de leur mission, nous l'avons dit : c'est la communion des saints en tant que communion vivante entre le Ciel et la Terre, avec les mystères de l'abritement dans le Ciel de la vie terrestre

7. Derrière la question de l'accès encore possible, pour une créature au Ciel, à la souffrance du monde, il y a la question de la Passion du Christ qui, comme Tragédie, est l'écho (dans l'histoire du monde) du Drame divin éternel. La question théologique ultime est donc ici celle concernant la souffrance *de Dieu*, à savoir : le rapport entre la Passion du Christ et la souffrance trinitaire. Si la Passion (historique) du Fils fut possible, c'est qu'il y a dans l'éternité de Dieu un *fondement* (à partir duquel elle fut possible). Ce fondement, comme nous l'avons vu au début (cf. *« Au Ciel, le Drame divin »*), n'est à chercher nulle part ailleurs que dans le mystère de l'Amour, par essence oublieux de soi.

vécue dans la mission, l'achèvement céleste des missions (lesquelles provenaient depuis toujours du Ciel) ; enfin, le mystère de la fécondité qui peut en résulter dans l'Église, dès lors que les enfants de Dieu sur la Terre vivent, comme leurs aînés au Ciel, dans l'obéissance d'Amour.

Or, on doit en fournir ici l'ultime vérification, tout cela est fondé *dans le Christ*, en qui le monde fut créé, et *dans la Mission duquel est réalisé l'échange entre le Ciel et de la Terre.*

Dans le Christ, l'unité vivante du Ciel et de la Terre

Nous n'avons rien voulu faire d'autre, dans cette étude, que de considérer Van et sa sœur la petite Thérèse dans une perspective théologique-biblique ; c'est-à-dire en voyant les personnes, comme nous y invite fortement le Nouveau Testament (en particulier Paul), *dans le mystère du Christ.* Dès lors qu'avec l'Écriture est adopté un tel regard, la théologie christologique contemporaine permet d'apercevoir et de décrire les saints en ce qu'ils sont objectivement au plus profond : des apôtres, c'est-à-dire des envoyés, des chargés de mission, donnés par Dieu à l'Église. Quand ils vivent, comme Paul ce n'est plus eux qui vivent en fait, mais le Christ qui vit en eux (cf. : Ga 2, 20). Car avec le Christ ils ne sont plus qu'un, leurs noms eux-mêmes, comme deux volets, ne sont plus séparables (*« oui vraiment, Jésus-Marcel et Marcel-Jésus, voilà deux noms qui n'en font plus qu'un »* : aut 854).

Quand Van, donc, se laisse approcher, on l'a vu : c'est en transparence. Lui-même s'efface pour laisser parler Dieu.

Rappelons donc ce qu'on avait dit au début sur *le fondement christologique des missions* : elles sont dans leur origine des formes d'expression de l'Amour jaillies du cœur brûlant de l'Amour divin trinitaire. Maintenant, si le vécu terrestre peut être abrité dans le Ciel, et si une mission trouve son achèvement dans le Ciel, c'est bien en fin de compte parce que *les missions proviennent du Ciel* ; vu trinitairement : les missions des créatures sont *portées par la Mission universelle du Christ*, laquelle traduit dans l'Économie la Procession éternelle du Fils à partir du Père. Le monde fut projeté et créé par Dieu dans le *Christ* (Ep 1, Col 1), autrement dit dans le mystère englobant de l'Agneau de Dieu « prédestiné avant la création du monde » (1 Pi 1, 19). Et c'est de son Corps que nous sommes tous membres (1 Co 12). En réalité donc il n'y a bien qu'une Mission qui porte tout, la Mission trinitaire du Fils, et toutes les missions des créatures proviennent d'elle, sont portées par elle, s'inscrivent en elle, et reçoivent leur achèvement en elle. Par là, les missions des créatures ont pu être dépeintes comme des réalités à deux volets : Chaque mission a bien toujours son caractère unique, un profil, un format, un ensemble de caractéristiques propres (deuxième volet) ; mais le substrat de chaque mission ne peut être autre que christologique (premier volet).

Or, considérons de nouveau le premier volet : Jésus dans sa Mission sur la Terre. Sa Mission traduit sa Procession éternelle. Aussi, tout ce qui apparaît dans la Trinité économique est l'expression d'aspects provenant du mystère de la Trinité immanente. Et par conséquent on doit trouver dans la Mission de Jésus, comme dans sa Procession, un double mouvement de *sortie* et de *retour* dans le Père. Jésus lui-même nous le dit : sa Mission dans le monde est *une sortie du Père* (Jn 16, 28a), et par l'accomplissement de la tâche comprise dans la Mission, *il retourne au Père* (Jn 16, 28b). C'est là l'essence même de la Mission : elle est tout à la fois « envoi » (donc, « sortie du Père »), et « possibilité, permission de revenir au Père » (par l'accomplissement de la tâche donnée par lui). Ces deux aspects ne peuvent être séparés : Jésus, dans la Mission, est *à la fois* tourné « depuis le Père vers le monde » (premier aspect) et « avec le monde, dans un mouvement de retour au Père » (deuxième aspect). Si ces deux aspects simultanés caractérisent la Mission, donc, c'est parce que dans l'événement éternel de la Trinité se trouvent à la fois la sortie du Père et le retour dans l'action de grâce au Père (Jn 1, 18).

Or c'est exactement à la lumière de ce mystère christologique-trinitaire que s'éclaire pour nous *le rapport (dans le Christ) entre le Ciel et la Terre* (lesquels, pris ensemble, constituent bibliquement « le monde », créé par Dieu dans le Christ). Le double mouvement se retrouve :

– Premier aspect : le Fils, dans la Mission, vient sur la Terre avec tout son mystère, toute sa relation au Père (dans le Saint Esprit) ; *il porte donc avec lui le Ciel sur la Terre.*

– Deuxième aspect : acquiesçant depuis toujours à la Volonté du Père et accomplissant la Mission, Jésus est dans une attitude constante de retour au Père, et par là *le vécu terrestre est d'emblée inscrit dans le Ciel*. Or la Mission est ordonnée à la réconciliation totale du monde avec Dieu (2 Co 5, 18), l'Incarnation du Fils doit donc aller jusqu'à la « chair de péché » (Rm 8, 3,7), pour une prise en charge totale du monde pécheur. Dans sa Mission universelle le Rédempteur assumera et portera tout ce qui est terrestre, tout ce qui était éloigné de Dieu mais qui par lui est réconcilié avec le Père. En lui donc, et par lui, *le terrestre (réconcilié) est introduit et mis à l'abri dans le Ciel.*

Bref : le Fils dans la Mission est *l'échange vivant, concret, entre le Ciel et la Terre.* Alors, ici, peut s'insérer déjà une réflexion à propos de la forme particulière des colloques de Jésus avec Van, réflexion qui découle de ce qu'on vient de dire. Que dans sa Mission trinitaire, Jésus soit celui qui porte le Ciel sur la Terre, et qui en même temps vit une vie terrestre qui d'emblée a sa place au Ciel (étant alors lui-même le lieu du retour du monde à Dieu), cela laisse au Fils, une fois glorifié à la droite du Père, l'authentique et suggestive *possibilité de se manifester sur la Terre (sans quitter le Ciel) dans les traits mêmes qui le caractérisaient pendant les années de sa Mission terrestre.* Ainsi, avec celui qu'il destine à être l'Apôtre des enfants, Jésus se manifestera de façon privilégiée sous les traits du « petit Jésus ». Et réellement, il se comporte avec Van avec la simplicité désarmante du petit enfant qui aime rire, jouer, taquiner (col 399). Une autre fois, par contre, comme le Vendredi Saint 46, ce sera le visage empreint de tristesse (col 488). Ou, pourquoi pas encore, une autre fois, dans un berceau (col 181) ; ou bien assis sur les genoux de Marie (col 417), ou à l'âge de huit ans (col 179), ou à treize-quatorze ans (col 488), etc. Tout le vécu des années terrestres, tout ce que le Père a donné au Fils incarné de vivre dans la Mission, *cela n'a pas disparu* à la fin avec l'Ascension ; mais en réalité, de par le fait que cela a été vécu dans la Mission (qui s'origine au Ciel, chez le Père), *cela a reçu d'emblée sa place au Ciel.* Ce n'est même pas que cela aurait « reçu » une place au Ciel après avoir « d'abord » existé de façon indépendante ; mais plutôt : de par le mystère de la Mission, tout le vécu était, dès l'origine et au plus profond, enraciné dans le Ciel, pure expression, donc, de la Vie et de l'Amour du Dieu Trinité, autrement dit : expression terrestre de l'Amour du Ciel, le Ciel sur la Terre, traduction dans le terrestre des mystères mêmes du Ciel.

Tout cela est possible parce que dans la Vie trinitaire, dans la plénitude de Dieu, ne manquent ni « espace » ni « temps » divins pour recevoir tout espace et tout temps créés, et donc toute réalité susceptible d'être vécue par le Fils dans la Mission sur la Terre.

Conséquence: l'abritement des créatures en Dieu, et l'accomplissement céleste des missions

Du premier volet (la Mission du Christ) on peut maintenant revenir au second volet (la mission des créatures), et considérer celui-ci dans son caractère de reflet du premier volet :

– Quant au *vécu terrestre*, d'abord, et au mystère de sa mise à l'abri dans le Ciel : si la vie de la créature a été vécue dans la mission (laquelle provient du Ciel), elle a alors mystérieusement *toujours déjà eu sa profondeur dernière dans le Ciel*, elle était déjà enracinée dans le Ciel ;

– Vu du côté de *la mission*: on dira équivalemment que pendant sa phase terrestre, *déjà, mystérieusement, la mission agissait dans le Ciel*[8]. (Thérèse, semble-t-il, avait en son temps déjà pressenti ce mystère[9]) ;

– Pour la créature admise auprès de Dieu au Ciel, *après la mort*, la vie qui fut vécue sur la Terre (et pour laquelle un abri avait déjà été ouvert pour elle dans le Ciel) ne peut pas n'être qu'un simple souvenir ; *la vie vécue sur Terre conserve au Ciel une présence (mystérieuse) permanente* ;

– Quant à la mission en tant que telle, de par son caractère surnaturel (c'est-à-dire de par son origine dans le Ciel), *elle ne s'arrête pas à la mort*,

---

8. L'*Apocalypse* présente à plusieurs reprises des attestations de ce mystère. Ainsi par exemple, lorsqu'à Jean est donnée la vision des vingt-quatre vieillards devant le trône de Dieu : sans le savoir, il se voit lui-même (il est l'un des douze de la *Nouvelle Alliance*). Par l'accomplissement, sur la Terre, de sa mission (qui est ici de recevoir les visions pour les transmettre à l'Église), il glorifie Dieu, il prend part à l'adoration de Dieu au Ciel ; c'est-à-dire que tout en étant sur la Terre, du fait de la mission divine il a déjà un mode de présence et d'action dans le Ciel. Ce qui, en bas, s'appelle combat, drame, mission, est, vu d'en haut, liturgie, glorification de Dieu. Autre attestation de cette mystérieuse unité entre le drame terrestre et la liturgie céleste : les 144000 présents sur la Terre sous la menace des anges préposés au vents (Ap 7, 1-8), et qui sont vus en même temps au Ciel en train de glorifier Dieu (Ap 7, 9-17 ; 14, 1-5). Ailleurs encore : le même événement qui provoque sur la Terre une immense plainte (Ap 18, 9-19 ; 21-24) devient sans transition un joyeux alléluia dans le Ciel (18, 20 ; 19, 1-4, 6-8), auquel la Terre est invitée à s'unir en retour ; etc. Cf. le commentaire d'Adrienne von Speyr sur ces versets dans *Apokalypse* (Johannes Verlag, Einsiedeln 1950), et la reprise de Hans Urs von Balthasar dans *la Dramatique divine, III. L'Action* (Culture et Vérité, Namur 1990), 15-19 : « l'espace » (dans l'Apocalypse), et *IV. Le Dénouement* (id., Namur 1993), 375ss : « le Ciel vers la Terre ».

9. Cf., dans les *Conseils et Souvenirs* qui suivent l'*Histoire d'une âme* (édition complète, Office central de Lisieux, s.d.), 270-271.

mais reçoit bien plutôt au Ciel son accomplissement définitif ; *la mission s'épanouit, après la mort, dans la vie éternelle.*

– Une conséquence peut en être soulignée, qui concerne la forme de l'attitude intérieure des saints au Ciel. Là-haut, tout l'écart qui sur Terre pouvait demeurer entre une personne et sa mission, est résorbé ; l'identité est parfaite entre la personne et l'idée de Dieu sur elle. Rien n'existe plus maintenant qui ne soit pure expression de l'Amour, c'est-à-dire, par l'Esprit du Dieu trinitaire, pure *correspondance* à Dieu. Liberté et obéissance ne font plus qu'un. On a, par grâce, été admis dans l'Amour. On est en Dieu, avec le Christ, dont le Oui nous a précédé et remplit tout. Si Dieu alors veut confier à un saint une tâche, une mission particulière, cette mission sera reçue par le saint comme une occasion d'exprimer l'Amour, une occasion de glorification de Dieu par l'accomplissement de cette mission *dans l'obéissance d'Amour.* Ainsi Thérèse, dans sa mission céleste auprès de Van : du sein de l'Amour et de la liberté céleste, elle obéit à Dieu, elle se tient dans une volonté déterminée de Dieu, dans une mission déterminée par Dieu, et qui mystérieusement « prolonge », en l'achevant, la mission que Dieu lui avait confiée lorsqu'elle était sur la Terre[10].

– De là se laisse apercevoir un autre mystère du Ciel, un mystère chrétien que la mission de Van et Thérèse a placé sous nos yeux d'une façon incomparable : il s'agit de cette possibilité mystérieuse du *« parrainage »* (sans doute, dans la plupart des cas, invisible à nos yeux tant que nous sommes sur la Terre) que Dieu, dans son dessein éternel, peut très bien

10. Le fait, pour un saint du Ciel, de recevoir de Dieu une mission avec un objectif terrestre, ne peut absolument pas engendrer en lui (comme ce serait le cas pour un pécheur de la Terre) un quelconque sentiment d'orgueil. Bien au contraire il y a là, caché, un mystère d'*humilité* de l'Amour, lequel est de soi toujours disposé à assumer de nouvelles tâches (quand bien même celles-ci se révéleraient être humiliantes et coûteuses) dès lors que la volonté ou le bien de l'Aimé le requerrait. Ainsi, dans l'acceptation de toute mission reçue de Dieu au Ciel et dirigée vers la Terre, on doit postuler la présence d'une forme d'humilité, disons même : une disposition *a priori* de l'Amour à l'humiliation, d'autant plus réelle et sérieuse qu'est impliquée effectivement dans une telle mission la nécessité d'entrer à la suite du Fils dans la région éloignée de Dieu où le Fils lui-même a connu l'humiliation extrême. Mais là justement, l'Amour considérera la mission comme une grâce et une occasion de s'exprimer, dans le service et la glorification de Dieu. Ce mystère christologique et ecclésial de l'humilité de l'Amour qui accepte *a priori* la perspective de l'humiliation, renvoie finalement à un ultime mystère trinitaire. Cf. : *Das Allerheiligenbuch, I/2*, Johannes Verlag, Einsiedeln, 1977, 104-109.

avoir fixé au sein des relations mystérieuses et infiniment variées qui unissent toutes les missions dans l'unique Corps du Christ. C'est-à-dire qu'à un saint du Ciel, Dieu peut confier, à un moment donné, d'accompagner un autre de ses enfants qui est encore sur la Terre, et qui, de par la volonté de Dieu, a besoin de cette aide pour accomplir la mission propre que Dieu lui destine. Les dimensions ultimes de ce parrainage surnaturel ne seront vraiment connues qu'au Ciel. Mais sans doute est-ce là un point central que Dieu, par Van et Thérèse, a déjà voulu dire, ou redire, à l'Église.

– Ajoutons pour finir qu'à travers le parrainage de Van par Thérèse se laisse apercevoir non seulement le mystère de *correspondance* entre les différentes missions qui composent l'Église en tant que Corps universel du Christ, mais avec cela le mystère, en quelque sorte corollaire, de la *fécondité* surnaturelle particulière qui est attachée à cette communion vivante ; fécondité donnée par Dieu lorsque l'Église de la Terre se tient comme Marie dans la disponibilité et l'obéissance d'Amour, unie alors à l'Église du Ciel et ouverte à son action[11].

Tout cela, c'est la Mission du Christ qui le permet. Elle est le trait d'union, mieux : *l'accolade* qui porte tout et qui, depuis l'origine des temps (colp 1, 4 ; 1 Pi 1, 20 ; Ap 13, 8), a uni le Ciel et la Terre. C'est dans le Christ que tout fut créé et que tout subsiste (Col 1, 16-17) ; *c'est dans sa Mission universelle qu'est réalisée l'unité entre le Ciel et la Terre.*

Cette Mission est une Mission *absolue*, parce qu'elle est dans la Trinité l'expression de la Procession éternelle du Fils. Elle est *la forme absolue de l'Amour*, la révélation du Mystère trinitaire dans cette forme économique par laquelle s'est ouvert à nous le Mystère immanent de Dieu. D'avance, éternellement, elle enveloppe tous les temps, tous les êtres, toutes les missions possibles. Elle est le *premier volet* sans lequel il n'y aurait pas de *second volet*, la Mission première qui porte toutes les missions créées et qui vit en elles. « Comme le Père m'a envoyé, dit Jésus, moi aussi je vous envoie » (Jn 20, 21).

11. Pour tous ces points, cf. la synthèse de Hans Urs VON BALTHASAR dans *Theodramatik, IV. Das Endspiel* (Johannes Verlag, Einsiedeln, 1983), 341-376 : *« Einbergung » ;* 377-388 : *« Gegenseitigkeit »*. Chez Adrienne VON SPEYR, cf. avant tout *Apokalypse* (Johannes Verlag, Einsiedeln, 1950) ; à signaler en particulier : l'explication de la première résurrection (Ap 20, 5-6), 655-662. Pour le parrainage entre les missions, illustration tout à fait exceptionnelle (à partir des grandes missions de l'histoire de l'Église, jusqu'à notre siècle) dans NB II (*Das Fischernetz,* Johannes Verlag, Einsiedeln, 1969, 65-113).

Les Amis de Van

L'association *Les Amis de Van* (loi de 1901) est reconnue comme « association privée de fidèles ». Par sa vocation internationale, elle participe à la communion entre les Églises et à l'édification de l'Église universelle.

Ses principales activités :

– Le parrainage de séminaristes au Vietnam crée des liens entre les séminaristes vietnamiens et leurs parrains occidentaux par l'échange d'une correspondance régulière.

– La publication de l'histoire de Van dans plusieurs langues.

– La préparation du dossier de béatification de Van.

La cause de béatification de Van a été introduite le 26 mars 1997, dans le diocèse de Belley-Ars, comme Confesseur de la foi.

*

Si vous avez un témoignage à donner, si vous avez reçu une grâce par l'intercession de Van, si vous avez des renseignements sur sa vie, vous pouvez écrire à :

Les Amis de Van

15 rue de l'Orangerie

78000 Versailles - France

Téléphone : 33 (0) 1 39 51 30 90 - Fax : 33 (0) 1 39 51 30 89

Courriel : amis@amisdevan.org

Impression et finition Saint-Paul France S.A.
55000 Bar le Duc
Dépôt initial : mars 2000
Dépôt légal : octobre 2000
N° 09-00-1466